中国人的教训

（上册）

李国文　著

图书在版编目(CIP)数据

中国人的教训.上册/李国文著.—北京:北京大学出版社,2015.6
ISBN 978-7-301-25353-3

Ⅰ.①中… Ⅱ.①李… Ⅲ.①中国历史—通俗读物 Ⅳ.①K209

中国版本图书馆 CIP 数据核字(2015)第 005436 号

书　　　名	中国人的教训(上册)
著作责任者	李国文　著
策划编辑	王炜烨
责任编辑	王炜烨
标准书号	ISBN 978-7-301-25353-3
出版发行	北京大学出版社
地　　　址	北京市海淀区成府路 205 号　100871
网　　　址	http://www.pup.cn
电子信箱	zpup@pup.pku.edu.cn
新浪微博	@北京大学出版社
电　　　话	邮购部 62752015　发行部 62750672　编辑部 62750673
印　刷　者	北京宏伟双华印刷有限公司
经　销　者	新华书店
	730 毫米×1020 毫米　16 开本　23 印张　348 千字
	2015 年 6 月第 1 版　2018 年 1 月第 6 次印刷
定　　　价	48.00 元

未经许可,不得以任何方式复制或抄袭本书之部分或全部内容。
版权所有,侵权必究
举报电话:010-62752024　电子信箱:fd@pup.pku.edu.cn
图书如有印装质量问题,请与出版部联系,电话:010-62756370

目 录

第一章　先　秦

003　齐桓公兴衰

009　晏子破局

013　孔夫子人在窘途

022　屈原的非正常死亡

033　廉颇蛮拼的

038　草根李斯的沉浮

第二章　秦　汉

049　刘项原来不读书

056　生死司马迁

064　达者马援的"不达"

069　董卓，"豺狼也"

073　倒霉的蔡邕

083　"建安七子"的生活环境

094　祢衡、孔融、崔琰、杨修为何而死

103　曹操的权术

117　炒作关羽

第三章　三国魏晋南北朝

133　"仁义"刘备

147　诸葛亮的悲剧

170　司马懿的阴暗面

177　嵇康和阮籍的活法

188　何晏的游戏

197　赌一把的陆机

204　王徽之作秀

212　极致狂人谢灵运

221　一生低首谢宣城

第四章　隋 唐 五 代

233　武则天传奇

245　李隆基的帝王周期率

255　李白很给力

273　李白与王维的内幕

285　孟浩然梦碎

294　李泌的所谓聪明

302　陆贽的不合作

309　另一面韩愈

319　"乐天派"白居易

329　人间唯有杜司勋

337　风流陶学士

349　李后主的不归路

第一章

先　秦

齐桓公兴衰

齐桓公（？—公元前643）　春秋时齐国第15位国君。他推行改革,齐国逐渐强盛。他北击山戎,南伐楚国,成为中原第一个霸主。他晚年昏庸,最终在内乱中饿死。

公元前第七世纪,在齐国的国都临淄,有一场关于国君用人的大辩论。

辩论的甲方,当然是齐桓公姜小白;辩论的乙方,为他的上卿管仲。此时的姜小白,已是天下诸侯的霸主,不大可能理会针对他的任何讨论。但管仲却例外,他提出来要统一认识,"春秋五霸"之首齐桓公也只好点头。

柏杨先生在《中国人史纲》里,这样评述这对君臣:"姜小白的霸业即管仲的霸业,姜小白只是躯壳,管仲才是灵魂。但姜小白更为伟大,因为他能任用管仲。"后面这句话让我们了解:领导,说到底,一是谋略,一是用人;更高的领导,连谋略都不必放在心中,只要用对人就行了。齐桓公的伟大,就在于他用了管仲,而且,这个管仲曾经反对过他,差一点将他一箭射死,但他能够放下仇恨,不计前嫌,给予充分的信任,放手大胆地使用。管仲的谋略,使地处偏僻的齐国成为诸侯的霸主,姜小白风风光光地过了四十多年辉煌岁月,不但诸侯,不但周王朝,甚至全中国都视他为共主,以他马首是瞻。

用一个反对过自己的人,而且重用,更忘掉昨天一切的不快,这样的最高统治者不伟大,还有谁当得起这样的赞誉呢?

用人,用什么样的人,怎么样去用人,既是一个关系到国家存亡兴废的根本大计,也是一个关系到地方、单位、机关、部门成败治乱的大政方针。无论南面为王的国家最高统治者,无论各级领导、大小主管,握有一定权柄的人;不管其本事大,或者不大,不管其水平高,还是不高,只要他善于用人,敢于用人,用对了人,用好了人。在国家,则是成功的领袖;在军队,则是出色的统帅;在地方、单位、机关、部门,则是优秀的领导干部。相反,这个人,也许极有本事、极有水平,但用人不当,

>>> 公元前第七世纪,齐国发生了一场关于国君用人的大辩论,甲方是齐桓公,乙方则是他的上卿管仲。

所用非人,甚至用了奸人、佞人、小人、坏人之流,早晚要出问题,而且必然是大问题。所以,毛泽东说:"政治路线确定以后,干部就是决定因素。"这句话深中肯綮。无数的历史事实证明,对于握权的人来说,用人是绝不能轻略的头等大事。

　　齐桓公在得到这个国君的位置前,与他弟弟姜纠同时流亡在国外避难,一在鲁国,一在莒国。这时的管仲是姜纠的谋士,自然也是姜小白的反对派。公元686年,公孙无知杀从弟齐襄公自立;次年,齐大夫雍林杀公孙无知。齐国大乱,国君空缺,这两兄弟闻讯之后,都由庇护国往临淄赶去,谁先到达都城,谁就继承这个国家的统治权。

　　管仲是一位谋略家。第一,知道姜纠不是姜小白的对手;第二,鲁国离齐国虽近,走的是山路,莒国离齐国虽远,却是一马平川;于是,第三,管仲先行一步,单枪匹马,抢在途中,拦住姜小白一行人,说是有紧要机密大事,必须面觐陈辞。谁知姜小白的车队刚刚停下,未及对话,说时迟,那时快,管仲挽弓射箭,一箭飞了出去。眨眼工夫,姜小白应声而倒。其实,这支箭偏巧碰在他腰带的扣环上,侥幸不死。命不该绝的姜小白立刻佯死,要知道,那也不是一个等闲之辈,早听说管仲的箭术厉害,怕他再补一箭,那可就真的要命了。他立刻做中箭状,倒在座驾上,口吐鲜血,不省人事。管仲以为稳操胜券,不慌不忙地离去。谁知他前脚走开,姜小白策马挥鞭,以最快速度到达都城,接管了前政权。

　　胜利者从来嘴大,姜小白向庇护其弟的鲁国发出通牒,必须在某月某日之前,交出一个死的姜纠、一个活的管仲,否则,没有好果子吃。鲁国是小国,岂敢得罪大邦,只好捏着鼻子照办。大家都以为姜小白饶不了管仲,非报此一箭之仇不可。谁知他做了一个让全国都跌破眼镜的决定,谈了个通宵达旦以后,任命管仲为上卿,公示天下。

　　春秋时代,接连兴起五个霸主,史称"春秋五霸"。"五霸"的第一霸为齐桓公,即姜小白。他所以能够被周王室称为侯伯,伯即霸,为诸侯之霸,就在于他这个用对了人的决定。其实,姜小白对管仲这一箭,也不见得不怀恨在心,但政治家算大账,他的谋士鲍叔牙说得再透彻不过,你的愿望只是想当齐国的国君,你用我为你的上卿就够了,如果你的心胸中不仅只有齐国,而怀有天下的话,那么你就必须借重管仲。于是,齐桓公沐浴焚香再三,亲迎于郊,尊之为"仲父",请教强国富民之术、称霸诸侯之道。

由于管仲的辅佐,改革齐国之经济、内政、军事、政治制度等,对内"设轻重鱼盐之利,以赡贫穷,禄贤能",实行富国强民政策。在外交上,打出"尊王攘夷"的旗帜,使处于式微的周室,得以有一份名义上的中央政府的虚荣,而使自己实际上成为诸侯的领袖,这些都是管仲制定的治国图霸方略。按《史记》的说法:"管仲既任政相齐,以区区之齐在海滨,通货积财,富国强兵,与俗同好恶。故其称曰:'仓廪实而知礼节,衣食足而知荣辱,上服度则六亲固。四维不张,国乃灭亡。下令如流水之原,令顺民心。'故论卑而易行。俗之所欲,因而予之;俗之所否,因而去之。"看起来,齐国能在公元前7世纪的上半叶,称霸将近半个世纪,"九合诸侯,一匡天下,管仲之谋也"。

这次在临淄发起的用人大辩论,应该是在管仲死前的第三年或第四年进行的。

管仲逝于公元前645年(齐桓公四十一年),在此以前,他的健康状况日益不佳,也意识到自己将不久于人世。他看到功成名就、天下归心的齐桓公已经达到他人生的巅峰状态。太得意了,太满足了,太成功了,当然也就太骄傲了。不论谁,上至国君,下至草民,一骄傲就头脑膨胀,就不知所以,就会走向自己的反面。这使处于病痛中的管仲,对这位国君,乃至对这个国家的未来,产生了深深的忧虑。一个过于自信的人,常常听不进去别人的反面意见;相反,却往往迷恋于别人对他的甜言蜜语中,陶醉于别人对他恭维捧场中。而且,管仲注意到在齐桓公的周围,出现了易牙、竖刀和公子开方等曲意阿附,投其所好,巧言迎合,讨其欢心,渐渐对其产生影响,步步起到作用的亲信集团。

于是,有了这次历史性的用人大辩论。

甲方的齐桓公问:"将何以教寡人?仲父!"

乙方的管仲回答:"请允许我向您建言,您身边的三位宠臣——易牙、竖刀和卫公子开方,作为陛下私下的亲近朋友,当无不可。但我还是建议您尽可能地疏远他们,如果做不到这点,至少从今而后,切不可让他们掌握政治权力。"

"这该怎么讲呢?"

"因为他们的品德,不可信;因为他们的言行,不可靠;因为他们的动向,不可测。所以，对他们的未来，不放心！"

齐桓公哈哈大笑："仲父啊仲父，你太过虑了。"他告诉管仲，这三位亲信能够得到他的信任，能够受到他的宠遇，能够讨得他的欢心，是因为，他注意到了多年以来这三位好战友对他的忠诚，对他的唯命是从，对他的那一种无所顾惜、自我奉献的精神。他说："易牙，是一位烹饪方面的行家里手，他总是在我想什么东西的时候，端来我正好想要吃的东西。哪怕半夜三更，我的胃口有一点吃的欲望，易牙肯定会适时地送来美味佳肴。有一次，我对易牙说，天底下的东西我都吃遍了，唯一没有品尝过的就是人肉了。当天的晚餐桌上，就有一盘异常鲜美柔嫩的蒸肉。易牙告诉我，这就是我想吃的人肉，而且还是三岁小孩的肉。我问他，你怎么能知道这盘肉，是一个三岁的孩子呢？易牙说，那是我的儿子。我说，这怎么可以呢？易牙说，忠臣心目中只有君王，为了君王，是不必顾惜家人的。易牙烹其子以快寡人，犹可疑乎？"接下来，齐桓公又夸奖竖刁："这更是一位了不起的人，所以了不起，就是他的不惜牺牲自己、心甘情愿地割掉了传宗接代的男根，这是何等舍己为人的高尚品质啊！他为了服侍寡人，为了贴身效劳寡人，为了能进入宫廷效忠寡人，自愿接受宫刑，成为太监，成为宦官，这可不是谁都能做到的。竖刁自宫以近寡人，犹可疑乎？"然后，他又说到公子开方："这样一位卫国的贵族，去其千乘之太子，而臣事君，15年来追随寡人，连家都没有回过一次，这样的忠贞之士，怎么能够不信任，不重用呢？"

对于管仲的答辩，柏杨先生是这样综合起来写的："人性是这样的，没有人不爱自己超过爱别人，如果对自己身体都忍心残害，对别人岂不更忍心下毒手！没有人不爱自己的儿女，如果连自己的儿女都能下得狠心，他对谁下不得狠心？没有人不爱自己的父母，如果十五年之久都不想见父母一面，连父母都抛到脑后，对其他的人又有谁不会抛到脑后？"姜小白问："这三个人在我身边很久，你从前怎么不提？"管仲说："国君在私生活中，应该享有他的癖好，否则国君便没有丝毫乐趣了，但这些癖好，必须不干扰到国家大事。我死之前，还可以防止他们；我死之后，恐怕他们会像洪水一样地溃决堤防。"姜小白一生都在管仲的指导之下，只有这件事他大大地不以为然。

据注释《史记·齐太公世家》的颜师古所云，这场辩论，尽管齐桓公大不高兴，但他还是在口头上答应了管仲,将这三人逐出宫外。"管仲遂尽逐之,而公食不甘心不怡者三年。公曰:'仲父不已过乎?'于是皆召反。"因为管仲已死,再也无人敢于进言谏阻。而且,他完全置当年那场用人大辩论于不顾,不但将那三个奸佞找回来,还予以重用。

姜小白平生好色,有夫人三,"如夫人"六,公子十又余人,平时恃骄持宠,相互倾轧,埋下他死后的动乱之本。公元前643年,管仲死后的第三年,姜小白——这位诸侯之伯,也走完了他的人生途程,一个曾经叱咤风云的霸主,是怎么也想不到自己会死得这样难看。他一断气,他最欣赏的、最依赖的,也是最后放心将国家托付给他们的这三位亲信——易牙、竖刁和公子开方,各各拥立公子,拉帮结伙,争位相残,内讧不已,一个个打得头破血流、鼻青脸肿之际,完全忘记他们的父王还停尸在宫中,根本顾不得收殓,没有一个人想到应该让死者入土为安,只知道像一群狼一样在厮杀,在咬龀,在争夺,在打得不亦乐乎。

《史记》中有一段精彩的注释:"公有病,易牙、竖刁相与作乱,塞宫门,筑高墙,不通人。有一妇人踰垣入至公所。公曰:'我欲食。'妇人曰:'吾无所得。'公曰:'我欲饮。'妇人曰:'吾无所得。'公曰:'何故?'曰:'易牙、竖刁相与作乱,塞宫门,筑高墙,不通人,故无所得。'公慨然叹,涕出,曰:'嗟乎,圣人所见岂不远哉!若死者有知,我将何面目见仲父乎?'蒙衣袂而死乎寿宫,虫流于户,盖以杨门之扇,二月不葬也。"齐桓公直到最后一刻,才想到自己没脸在地下去见管仲。

一个极其成功的人,最可怕的敌人其实就是他自己。在中国历史上,有多少曾经英明过、贤明过、圣明过的君王,最后都难以幸免走向自己的反面,着实令人为之痛惜。而在制造这种命运悲剧的过程中,最常见的败局,就在于用错了人。由于极其成功的人,也是极其自信的人;由于极其自信,自以为是,自以为老子天下第一,这样的人通常不肯认错,尤其不会改错,甚至明知错了,也要错到底。因此,也就只好眼看这个极其成功的人,一条道走到黑了。

史称:由于宫廷作乱,无暇殓其尸,以致姜小白的尸体搁于宫中达67天(或说三个月)。腐烂不堪的尸首,只蒙着一扇门板,蛆虫都溢于户外。从此,齐国中衰、失霸。

归根结底,齐桓公之死,怪不得别人,英雄末路,是他自己所走;壮士折节,是他自己作践。这就是说,齐桓公霸业之兴,在于他用对了人;同样,齐桓公霸业之衰,也在于他用错了人。姜小白的一世英名,最终败坏在他所宠幸的佞臣易牙、竖刁和公子开方身上。

用人,是必须慎之又慎的事情。

晏子破局

晏子(公元前578—前500) 春秋时政治家、思想家、外交家。他聪颖机智,能言善辩;内辅国政,屡谏齐王。他出使不受辱,捍卫了齐国的国格和国威。

晏子是春秋时代齐国很贤明的宰相,也是个成功的外交家。有一次,他出使楚国,楚王热情地招待了他,正喝得兴高采烈之际,两个警卫人员押解着一个嫌犯进得门来。显然,这是狡猾的楚王做出的精心安排,想达到屈辱来访使节的目的。因为晏子的名声很大,他不但善于治理国家内部事务,在外交上也是一位纵横驰骋于列国之间的谈判高手。孔子都赞扬过他的外交成就:"善哉!不出尊俎之间,而折冲于千里之外,晏子之谓也。"

楚王假惺惺地问道:"你们绑来这个家伙,是怎么回事呀?"下面的人回答他说:"这是齐国人,是个惯偷,行窃时被我们当场抓获。"楚王听后,转过脸来问晏子:"这样的事已经发生过多起,我不禁要问,难道贵国的人,具有偷盗方面的天性吗?"

晏子连忙站起来,很有礼貌地回答楚王:"我听说橘子生在淮河以南的,为橘,生在淮河以北的,为枳。这两种树木,品种相同,枝叶相似,但结出来的果子,味道却大有差别。大王,你猜这是什么缘故?根本原因就在于水土不同。老百姓生长在齐国的时候不偷不盗,为什么到了楚国,就又偷又盗呢?是不是楚国的水土有什么问题,使得老百姓这样堕落呢!"一番话驳得楚王有口难言。

从这个小故事,看出晏婴应对机敏,娴于辞令,头脑睿智,答辩如流的大外交家的风采。晏子,"莱之夷维人也",即今山东高密一带的人。一般来讲,齐鲁人氏,体格魁梧,世称"山东大汉"。梁山泊英雄大半为山东籍,个个都是高高大大的好汉之辈。东三省的居民,身材也很健壮,可能与历史上山东人移民的后裔较多有些关系。据说,连清河县的武大郎先生,也查证出来不是矮子,给平反了。报载,根本不是《水浒传》里所歪曲的"三寸丁谷树皮"那样,而是一米八的大高个子。言之凿凿,是从挖掘出来的尸体遗骸,所测量得出的数据。

但山东地方的这位古代杰出的外交家晏平仲,却千真万确是矮个子。《史记》说,甚至给他驾车的车夫都比他神气。不过,矮子也有其优势,五短身材的人,脑子离心脏的距离,要比丈八大汉的人靠近若干厘米,因此主动脉供血充足,携氧量高,脑细胞要比身高者来得活跃、灵敏、聪明、快捷。

齐景公是相当差劲儿的一个国君,"好治宫室,聚狗马,奢侈,厚赋重刑"(《史记·齐世家》)。此人好猎,可箭法又并不高明,常常大张旗鼓出猎,回回一无所获归来,为此很恼火、很败兴。后来,有人想出一个主意,在鸟的脚爪部拴上细线,像风筝一样,可收可放,操纵自如。这样的猎鸟法,叫"弋"。一次射不中,可以再射,反正有线绳系着,无法逃脱,总会被他射中的。有一次,不知什么原因,一只被"弋"的鸟,飞得无影无踪,齐景公气得要死,火冒三丈,把管鸟的那位名叫烛邹的官员找来,下令当场处死。

晏子当然不能支持这种残暴行径,可要改变如此昏庸之君的决定,又谈何容易,弄不好连自己都得搭进去。于是,才思敏捷的他,请求景公让他陈述为什么要杀烛邹的理由,然后再执法,要烛邹死得心服口服。齐景公想想也是,便同意了:"好吧!"然后,晏子声严色厉地申斥:"你知道吗?烛邹,你为吾王管鸟,却把鸟管飞了,罪也该死。因为鸟飞了,害得吾王生气,为了鸟的缘故开了杀戒,罪也该死。杀了你倒还罢了,可在诸侯间,都以为吾王重鸟轻人,造成极坏影响,罪更该死。"说到这里,他对刽子手说:"三条罪状已经宣告完毕,你可以执行了!"

齐景公这位昏君还算没有糊涂到底,于是说:"勿杀,寡人闻命矣!"就收回成命。这就不得不佩服晏子的机智、干练和正直,以及对国家人民的忠心赤胆。该讲话的时候,还是敢于直陈己见,不过,他很懂得讲话的技巧,能够把握讲话的时机、了解讲话的对象罢了。

俗话说,伴君如伴虎。晏子历仕齐灵公、齐庄公、齐景公三朝,伴过三只老虎,确实表现出其非凡的才能。后人尊他为一代名相,就因为他以其内政外交的政绩著称于世。司马迁评价这位政治家时说:"其在朝,君语及之,即危言;语不及之,即危行。"这就是说,君主问他什么事情的时候,他极其谨慎地回答;不问他的时候,他则小心去做事。

齐灵公有一个癖好,喜欢他后宫里的后妃们——穿男装,戴男帽,着男靴,佩男人的饰物。于是,上行下效,在全国范围内,形成一股女服男衣的风气。灵公很不高兴老百姓学宫廷里的样子,下令各级官吏严禁,凡是在街道上、市集中、乡里之间,有女人敢穿男人服装者,把她的衣裾扯碎,绦带剪断。结果,一眼望去,全国上下,到处都是衣衫被剪切得零碎破烂的女人,她们在风中飞舞,飘飘欲仙,成为一道想不到的奇特风景线。

这位齐国的君王气坏了,便问晏子:"寡人下了这样的命令,为什么老百姓敢于违抗,屡禁不止呢?"

晏子说:"大王呀!你在宫廷里提倡,而在宫廷外禁止,就等于是挂了一个牛头在大门口,卖的却是马肉一样。你要想让全国的妇女不穿男服,只要宫廷内不穿,谁穿就罚谁的话,老百姓还会有人敢以身试法的吗!"

灵公说:"好吧,那就试试。"果然,没出一个月,国内再看不到一个穿男装的女人。

其实,这也就是我们常说的:问题出在底下,根子却在上头,古今都是同样的道理。上面好的风气,能够带动下面一大片好的风气,上面带个好头,对下面而言,就能起到无言的榜样作用。同样,上面一个错误的行为,带一个坏头的话,也能够形成下面的一大堆问题。

在《晏子春秋》里还有一个寓言,讲的也是类似的事例:楚灵王喜好腰身很细的臣下,他认为这是男性美的一个重要标准。于是,做大臣的都十分讲究减肥,不敢发福,不敢多吃一口饭,怕因此失去君王的宠幸,一天到晚,屏住气把腰带往死里勒,结果,腰太细了,使不上劲儿,只好扶着墙,才能站立起来。在这样一个束腰的风气下,一年以后,整个朝廷的官员都被折腾得没有人样。有一句话,"楚王好细腰,国人皆饿死",就说的是这回事。

这部《晏子春秋》,显然是战国时期的人,假托晏婴的名义,去采集他的言行而编辑成书的。其中的许多寓言,看来专门是讲给皇帝听的。因为对至尊至贵、至知至明的君主,臣下是没有资格教导他该怎样不该怎样的,只能拐弯抹角地予以晓谕。而晏子特别善于通过寓言手段,使齐王明白他想说的道理,大概也是他的一种谨慎的,然而是有效的表达方式。

晏子说过这样一个寓言,有一家卖酒的铺子,招牌挂得很高,酒具也洗刷得很卫生,可是酒卖不出去而变酸了。铺子老板问左邻右舍,你们为什么不来买我的酒啊?邻居们说,我们不是不想来沽你家的酒,但我们拎着酒瓶到你家门口,你家养的那条猛犬就扑上来咬我们,谁还敢来买呀?所以,你铺子的酒只好摆放在那儿变酸了。接着他又说另外一个寓言,有一座土地神的庙,是用木头捆扎起来的墙,然后再在外面涂上一层泥巴,结果内部成了老鼠的窝,很讨厌。想用烟熏的办法驱赶,怕把木头烧着了;若用水灌的话,又怕把泥巴泡烂了。于是,眼睁睁地拿这些老鼠没办法。

晏子最后总结说:"夫国亦有猛狗,用事者是也。""此鼠之不可得杀者,以社(即土地神)故也。"讲到这里,这位充满智慧的贤相,分明是要君主慢慢去体会,为什么你这样脱离群众呀?为什么你听不到人民大众的心声呀?为什么大家不肯或者不敢靠近你使你的酒放在那里无人问津而变酸呀,为什么你的土地庙里老鼠成灾呀。很简单,大王呀!你身边是不是有很凶的狗,是不是有什么令人生出投鼠忌器的顾虑之处呀?

我想,这些公元前500年的寓言,虽然太古老,老得掉牙,但未必没有现实意义。我们在日常生活里,不是常常感慨领导与群众之间的不能沟通,所谓政令不畅,所谓视听不明,所谓下情不能上传,所谓方针不能贯彻等方面的弊端,那么是不是有可能重蹈那位卖酒的或者那位土地神的覆辙?如果肯打开门看一看,有没有拦路挡道的猛狗;或者扒开墙看一看,有没有被你保护的社鼠。

温故而知今,对一个部门、一个地方的领导来说,通过晏子的这些故事多一分清醒的话,一定会对社会大有益处的。

孔夫子人在窘途

孔子(公元前551—前479) 春秋末期思想家、教育家、政治家,儒家学派的创始人。他曾带领部分弟子周游列国14年,晚年修订了《六经》。相传他有"弟子三千,贤人七十二"。他的弟子及其再传弟子把他及其弟子的言行语录和思想记录下来,整理成儒家经典《论语》。他被后世尊为"圣人"、"万世师表",他的思想对中国和世界都有深远的影响。

公元前489年,孔子在陈州绝粮。

与他一起被围而饿肚子的,还有他的学生颜渊、闵子骞、冉伯牛、仲弓、宰予、子贡、冉有、季路、子游、子夏,共十人,也称"孔门十杰"。

在《论语》中,关于这件事,有33个字的简略记载:"在陈绝粮,从者病,莫能兴。子路愠见曰:'君子亦有穷乎?'子曰:'君子固穷,小人穷斯滥矣。'"孔子的意思是:君子陷于困境之中,穷而弥坚,不失志节;而小人到了穷途末路之时,就无所顾忌,什么事情都会做得出来。在陈州的明代古碑《厄台碑》上,将孔子陈州绝粮与"天地厄于晦冥,日月厄于薄蚀,帝舜厄于历山,大禹厄于洪水,成汤厄于夏台,文王厄于羑里"相提并论。由此可证,百炼成钢,不焠火无以锋利坚硬;剖璞为玉,不雕琢很难晶莹剔透。古往今来的先贤绝圣、达者通儒、巨匠国手、仁人志士,无不要经历艰苦卓绝的磨炼,无不要受到生死存亡的考验,才能达到凤凰涅槃、浴火重生的蜕变。发生在孔子和他门徒身上的这次磨难,也就是所谓的"厄",对他们思想境界的提高、精神品质的升华、人生视野的开阔、学问阅历的增长,不但起到了飞跃的推动作用,而且对其一生,都有着很大的影响。

孔夫子的一生,不算走运,落魄的时候甚至被人嘲笑为"丧家之犬"。不过,他的志向,他的追求,堪称伟大。其目标是要在广泛和普遍的范围内,贯彻其"治国、平天下"的儒家思想。一般来讲,伟大之所以伟大,就是因为其难以实现。如果一蹴而就,顷刻间神鬼附体,顿成不朽;如果阿猫阿狗,忽然间人五人六,领袖群伦,如同时下那些一脱而红的过气明星、一炒而火的钻营作家、一抄而名的无聊学者,像二踢脚那样制造轰动效应以后,随即销声匿迹,也就谈不上什么伟大了。有生之年的孔子,一直为这个理想世界奔走,然而,其一,其命不济;其二,其时不应;其三,小人太多;其四,到处碰壁。古往今来,所有应该伟大而没有伟大的人,都因为这四大不顺而埋没一生。孔夫子更惨,差一点饿死在陈州。

由于汉武帝刘彻用董仲舒之议,"罢黜百家,独尊儒术",孔子死后五百年,坟头冒烟,开始抖起来,封为"至圣先师",尊之"百代素王",历代帝王都跑到山东曲阜的孔庙里给他磕头。中国文人从来是磕头的命,给当官的磕,给有钱的磕,更给拿刀拿枪的磕,甚至给拿板子的衙役磕,因为那板子专打文人的屁股,但是所有这些当官的、有钱的、拿刀拿枪拿板子的,都得朝孔夫子磕,也实在是给中国文人出了口气。

孔子生前很"伟小",没想到死后却伟大起来,一直到辛亥革命、五四运动,打倒孔家店,他才不怎么吃香;后来到"文化大革命",批林批孔,批宋江架空晁盖,他更是灰头土脸。幸好,他老人家的行情似乎逐渐看涨,许多自己没有读好文言文的名流,去鼓励孩子穿上长袍马褂读经。许多自己不成器却望子成龙的家长,也要孩子磕头拜师读私塾。许多深爱中国传统的"孔孟之徒",更希望孔子的思想发扬光大……看来,孔子的价值,还大有潜力可挖。记得耄耋老人季羡林还未仙逝前,在病房里提出来把孔子抬到奥运会上去,绕场一周,以弘扬儒家文化云云,可见两千六百多岁的圣人,有着与时俱进的永久生命力。孟子说过,孔子乃"圣之时者也",这话是有一定道理的。"圣之时者也"这句话,20世纪30年代被鲁迅翻成"摩登圣人",不过,他也认为:"孔夫子做定了'摩登圣人'是死了以后的事,活着的时候却是颇吃苦头的。"

"颇吃苦头的"孔丘,生于公元前551年,逝于公元前479年,鲁昌平乡陬邑(今山东曲阜东南)人。父早死,寡母持家,艰辛度日。做过乘田(看管牛羊)和委吏(主管会计),相当于区乡干部,待遇一般,勉强糊口。直到公元前500年(鲁定公十年)才出现转机,为中都宰(熬到区长一级),所以很卖力气,擢任小司寇。随后就发达了,也许是大器晚成吧,竟然做到鲁国的大司寇,相当于司法部长的高官,这年他五十二岁。第二年,公元前499年(鲁定公十一年),"由大司寇行摄相事"。相,乃主宰一国之总理,圣人的仕途达到最高峰。没想到"面有喜色"的他,还未来得及得意,官运竟到此戛然止步。不过也好,他多少尝到一点成功的味道,能够在发号施令的位置上,得以实践他的理想抱负。这一点很重要,从此信心十足,只要给他以权力,他就能做到他想做的一切。

《史记·孔子世家第十七》称他在这短暂的辉煌中,也曾大刀阔斧地干成几件事,很是了得,很是神气。"诛鲁大夫乱政者少正卯,与闻国政三月,粥羔豚者弗饰贾,男女行者别于涂,涂不拾遗,四方之客至乎邑者不求有司,皆予之以归",一百天左右的新政,可以说是他一生中最牛的日子。公元前497年(鲁定公十三年),鲁国的利益阶层跟他闹翻,他想给特权人物以颜色,没想到对手早就要收拾他。加之齐国挑拨离间其中,美女也来了,骏马也来了。子路一看来势凶猛的糖衣炮弹,便替圣人担忧,劝说他:"夫子可以行矣!"不要再恋栈了。孔子说且慢,"鲁今且郊,如致膰乎大夫,则吾犹可以止"。知识分子处事,总是机会主义,未必吧,不至于吧,哪能呢?把事情往好处想,结果,当年郊祭,国君居然连祭祀的腊肉,也没能照例送给孔子一份,这实在太不给面子了。

此事放在今天,算什么,不给就不给,可夫子一气之下,率其弟子出走。

这就是中国文人好不容易挤进权力盛宴中,却又轻易地被挤出饭桌的悲剧了。说白了,文人在当道者眼里,不过摆设罢了,用得着摆,用不着就不摆。所以挤上台面的文人,第一,挣口气,坐上主位,让在座者仰着脸马屁你;第二,如果坐不上主位,至少也要靠主位近到可以附耳而言,让在座者不敢小觑你。否则,那就够你一受。即使你有请柬,你有VIP卡,同席者与你握手,避不住桌子底下拿脚踹你。孔夫子学问虽大,脸皮却薄,既然不给俺这份脙肉,对不起,那就拜拜再见。虽然郊祭上供的猪头肉脏兮兮的,给也未必吃,不给却不行,攸关脸面,这就逼得他非走不可。于是,匆忙上路。

在中国,不要脸的人活得比要脸的人好,就在要不要这张脸上见分晓。

要面子的圣人只有离开鲁国,好在有一大帮门生跟随着他,虽然有的中途退出,有的半路参加,但始终坚持下来的铁杆,有十数人,抱着传道的决心,拥有必胜的信念,迈着整齐的步伐,鼓起无比的勇气,开始周游列国。

仇十洲畫 文徵明書 聖績圖

>>> 孔子曾在陈州绝粮,与他一起被围而饿肚子的,还有"孔门十杰"。图为明朝仇英画、文征明书的《圣迹图》中的孔子像。

孔子希望能找到接受其政治主张和儒家思想的国度,好继续实现其"以仁为本"的治国理念。由于走得仓促,也没有进行必要的调查研究,人家欢迎你这不速之客呢?此乃一;人家不担心你们这个工作队来者不善吗?此乃二;人家过去跟你有交情现在跟你有联系吗?你是老几?你算老几?你觉得自己是块料,人家未必当你是块料,此乃三。撞了好多的锁,尝了好多的闭门羹,好不容易敲开的门,你还没转身,人家马上就关上了。再接着走下去,热情开始下降,劲头儿逐渐衰减。这支队伍的行进速度,日见缓慢。

最主要的原因,春秋末期的大形势是礼崩乐坏,各自为政,互相倾轧,纲纪不存。诸侯崇信"丛林法则"(The Law of the jungle),不是弱肉强食,就是强衰弱食,怎么想办法食人而不被人食,自己的国不灭而能灭别人的国,是生存的第一要务。孔圣人提倡"克己复礼",跟人家南辕北辙,背道而驰。温良恭俭让那一套,嘴上标榜倒也无妨,真正实行,坐等倒霉。所以,从公元前497年(鲁定公十三年)到公元前484年(鲁哀公十一年),共14年间,孔子和他的门生,一直马不停蹄地东奔西走,做广告,递名片,讲道理,做工作,套近乎,拉关系,走后门,装可怜,硬是无人搭理,更谈不到赏识。最初出发前的动员会上,何其信心满满,以为一出鲁国国门,鲜花铺路,红毡迎宾,马上就会有人延之为客卿,待之若上宾,提供政治试验田,由着你施展雄才大略。此刻来看,只是一个破灭的梦罢了。

那时的道路很糟糕,在秦始皇以前,各诸侯国的统治者修长城积极,修路不积极,对行路人来说,那可真是辛苦劳累。鲁迅就考证出来,圣人所以"食不厌精,脍不厌细"。就是因为这14年的行路难,颠簸出来胃下垂的病,才不得不如此讲究,而并非老人家摆什么穷谱。据《史记》载他至少周游了大半个中国,这其中包括卫、陈、匡、蒲、曹、宋、郑、蔡、叶、楚等诸侯国,行程数千里,木屐磨穿不知多少双,牛车坐坏不知多少辆。这是圣人之所以成为圣人,其让后人肃然起敬的地方。这种政治"走穴",可不是当下那些没落明星和野路子模特的走穴,只有脱得多,露得多,便无往而不利。孔子周游列国,自带干粮不说,还得背上铺盖卷。一路上,东碰钉子,西招不是,不是惹非议,就是受辱骂。尽管如此,九死不悔,百折不回,非要找到得以兜售其治国理念,推销其"仁政"思想的下脚之地,师生们就不信,天下这么大,没有识货的买主。但行路之人,有目的地,走一步,少一步,脚底有劲儿;

这支队伍，无目的地，总是走不到终点，精神全无。但师生们不停地走，有一点可以肯定，他们绝不回头。夫子这份执著，让人敬重；而他的主要弟子，鞍前马后，追随左右，不离不弃，不开小差。他老人家的这份魅力，就尤其令人钦佩了。

不过，我一直妄自判断，孔夫子离开他的出生地鲁国，是最大的错。他在鲁国再不济，却也经营多年，有人脉基础，有故土情谊，有家族信誉，有乡亲支持，这等资源何其可贵？一个人要是丢了根本，以为他的名望、学问、人品、政绩，走到哪儿都应该是香饽饽。就舍本逐末，大谬而特谬矣！所谓"品牌效应"，系对熟知的消费群体而言；所谓"名人效应"，系对特定的环境空间而言。距离根本越远，知名度越低；而知名度打不出去，推销难度必然大大增加；再加上贸贸然愤而出走，事先准备不足，包装宣传不足，舆论造势不足，财政支持不足，匆促上路，打一枪换个地方，你要人家接受你的"仁政"思想，你要人家按照你的办法治国平天下。难呀！第一，三言两语，说不清楚；第二，远水近火，救不得急；第三，陈、蔡、卫、叶，基本上是处于大国夹缝中的瘪三国家，仰人鼻息都来不及，哪敢接纳这样的庞然大物呀！

好了，公元前489年（鲁哀公六年），"吴伐陈。楚救陈，军于城父。闻孔子在陈、蔡之间，楚使人聘孔子"。楚是"春秋五霸"之一，大国礼请，夫子觉得很有面子，弟子们也都扬眉吐气，他们再次踏上征程。告别的时候，主客双方假惺惺惜别的场面，是少不了的。我估计，离去的一方，未免春风得意，露于形色；送行的一方，自然是陈、蔡两国的上层，脸上五官挪位，心底五味杂陈，大不得劲儿。孔夫子一生犯小人，而陈、蔡这些小诸侯国的小官僚，一个个小屁虫子，比小人还小人。他们很担心这支团队，抵达楚国以后，得到重用。夫子手下，文有颜渊，武有子路，理财有子贡，外交有宰予，这样一个领导班子，掌握实权，绝对不会对陈、蔡持友好态度。他们说："孔子圣贤，其所刺讥皆中诸侯之病，若用于楚，则陈、蔡危矣！"因此，一致决议，不能放虎归山，不能纵龙下海，他们要在楚国得意，我们就得饱受凌辱。这帮虫子商量好久，杀和关，都不是最好的办法，只有发动群众，围住他们，困死他们，饿死他们。将来楚国要人的话，唯老百姓是问好了。

这主意太阴了，陈、蔡两国的卿大夫够卑鄙的，躲在幕后当黑手，挑起这场"绝粮事件"。凡浪荡于江湖，混迹于官场，厮守于市井，裹乱于文坛的中国人，正经本领，通常不大，挑拨离间，无不一等。在他们的教唆煽动下，那些起哄架秧、啸聚好事之辈,那些趁火打劫、泼皮亡命之徒,那些寻衅找碴、无恶不作之流,那些唯恐不乱、心性歹毒之人,也就是孔子所说的"群氓"、"小人儒",毛泽东所说的"痞子先锋"、"流氓无产者",蜂拥而至,吆五喝六,层层包围,水泄不通;挡住去路,堵住来路,前进不得,后退不成。

中国的老百姓虽然善良,但被蛊惑到跳大神的错乱程度,那也就未必善良了。孔夫子碰上这样一次类似"文革"式的批斗场面,也真是活该倒霉。若围夫子一个人,三五壮汉足矣,而要围夫子及其弟子,没有三五十人,百八十人,恐怕不易奏效。因此,面对其势汹汹的数百愚民,他老人家相当镇静,还能够抚琴弄弦,歌之咏之,这也就是"厄于陈、蔡,弦歌不绝"的由来。

陈州,即今之周口市淮阳县,县城里至今犹有一座四合院式的古建筑,为该地观光名胜,即夫子临危不惧、临难不苟、体现出万世师表风范的弦歌台。

我是不大相信精神至上主义的,吃饱了可以精神变物质,肚子里没有食,饿得咕咕叫,绝对是一个唯物主义者。所以对夫子又拉又唱,或又弹又唱的弦歌行为,持怀疑态度。第一,绝粮一周,夫子有没有力气弦歌?第二,面对暴徒,夫子有没有勇气弦歌?第三,弟子反感,夫子有没有心气弦歌?都是值得打个问号的。而绝粮事件的最早版本《论语》,那33个字中,未见"厄于陈、蔡,弦歌不绝"的字样,这本由孔门弟子编纂的典籍,其具有的权威性无可置疑。"弦歌"说,显然,是后来人的演义了。

孔子陈州绝粮,除《论语》外,还在其他古籍中出现过,如《庄子》中的《让王》《山木》,如《孔子家语》中的《困誓》《困厄》,如《荀子》中的《宥坐》,如《墨子》中的《非儒下》,如《史记》中的《孔子世家》,如《孔丛子》中的《诘墨》,如《吕氏春秋》中的《任数》等等。

庄周(公元前369—前295)的《让王》就是从孔子的弦歌说起:

> 孔子穷于陈、蔡之间,七日不火食(不加热而食),藜(野菜)羹不糁(连小米粒也没有),颜色甚惫,而弦歌于室。颜回(掌厨)择菜,子路、子贡相与言曰:"夫子再逐于鲁,削迹于卫(在卫国受到铲除足迹的侮辱),伐树于宋(在宋国连他休息遮荫的大树也被砍掉),穷于商周,(一系列的倒霉碰壁之后)围于

陈、蔡,杀夫子者无罪,藉夫子者无禁。(这算是一个什么世界啊? 可我们夫子却若无其事地)弦歌鼓琴,未尝绝音,君子之无耻(这两个字可真是说重了,说狠了)也若此乎?"颜回无以应,入告孔子。孔子推琴,喟然而叹曰:"由与赐,细(见识短浅)人也。召而来,吾语之。"子路、子贡入。子路曰:"如此者,可谓穷矣(混到如此穷途末路的地步,先生怎么还有心思弦歌)!"孔子曰:"是何言也! 君子通于道之谓'通',穷于道之谓'穷'(一个人大方向明确就是通,大方向不明确才是穷)。今丘抱仁义之道以遭乱世之患,其何穷之为? 故内省(头脑保持清醒)而不穷于道,临难而不失其德(操守坚定不移)。天寒既至,霜雪既降,吾是以知松柏之茂也。陈、蔡之隘(即厄难),(这种磨炼)于丘其幸乎。"孔子削然(悄然)反琴而弦歌,(终于明白事理的)子路扢然(用力地)执干(盾牌)而舞。(终于觉悟的)子贡曰:"吾不知天之高也,地之下也。"(庄周总结说)古之得道者,穷亦乐,通亦乐,所乐非穷通也,道德于此,则穷通为寒暑风雨之序矣。(庄周是持出世观点的,在他看来,穷和通乃是一种有规律的变化。不赞成持积极入世观点的孔子,把穷、通看得太重。他认为,能够适应这种穷通之变化)故许由(古隐士,虽穷而)娱于颍阳,而共伯(即共伯和,曾一度被推为西周执政)得志乎丘首。

荀况(公元前313—前238)的《宥坐》,则继续他们师生间的这个"穷"和"通"、"达"和"不遇"的话题:

孔子南适楚,厄于陈、蔡之间,七日不火食,藜羹不糁(同"糁"),弟子皆有饥色。子路进问之曰:"由(子路自称)闻之,为善者天报之以福,为不善者天报之以祸,今夫子累德、积义、怀美,行之日久矣,奚(为什么)居(处)之隐(困顿状态)也?"孔子曰:"由不识,吾语女(汝)。女以知者为必用邪? 王子比干不见剖心乎! 女以忠者为必用邪? 关龙逢(夏之大臣,因正直而为桀所杀)不见刑乎! 女以谏者为必用邪? 伍子胥不磔于姑苏东门外乎! 夫遇不遇(得不得到重用)者,时(时机)也;贤不肖(能力的大和小)者,材(才能)也;君子博学深谋,不遇时者多矣! 由是观之,不遇世者众矣,何独丘也哉? 且夫,芷兰生于深林,非以无人而不芳。君子之学,非为通也,为穷而不困,忧而意不衰也,知祸福终始而心不惑也。夫贤不肖者,材也;为不为(做不做)者,人也;遇不遇者,时也;死生者,命也。今有其人,不遇其时,虽贤,其能行乎?苟遇其时,何难之有?故君子博学、深谋、修身、端行,以俟其时。"孔子曰:"由!居(坐下来)!吾语女。昔晋公子重耳霸心生于曹,越王句践霸心生于会稽,齐桓公小白霸心生于莒,故居(所处的环境)不隐(穷困没落)者思不远,身不佚(通'逸',奔走逃亡状态下)者志不广;女庸安(怎么)知吾不得之桑落(残秋败落,喻窘迫不堪)之下!"

《孔子家语》中的《困誓》,则把这支遭遇绝粮的队伍,在夫子的循循善诱下,全部成员都在思想上得到提升的过程写了出来:

孔子遭厄于陈、蔡之间,绝粮七日,弟子馁(通"馁",即饥饿)病,孔子弦歌。子路入见曰:"夫子之歌,礼乎?"孔子弗应。曲终而曰:"由(子路)来!吾语汝。君子好乐,为无骄(防止骄傲)也;小人好乐,为无慑(消除惧怕)也。其谁之子不我知而从我者乎(你是谁家的孩子,不了解我,却跟从着我呀)?"子路悦,援(持)戚(兵器,斧之一种,亦作舞具)而舞,三终而出。明日,免于厄,子贡执辔,曰:"二三子从夫子而遭此难也,其弗忘矣!"孔子曰:"善恶何也,夫陈、蔡之间,丘之幸也。二三子从丘者,皆幸也。吾闻之,君不困不成王,烈士不困行不彰,庸知其非激愤厉志之始于是乎在。"

磨难不可怕,可怕的是在磨难面前跌倒趴下。而经过陈、蔡绝粮的考验,肚子饿了,精神不垮;身体弱了,气势不竭;生命危殆,雄心犹在;刀枪威慑,凛然不屈,由此所激发出来的非凡能量,才是圣人和他门徒们此行的最大收获。

人称"西方孔子"的苏格拉底,有句名言:"逆境是磨炼人的最高学府。"自古以来,中国人所受到的磨难,可谓多矣,虽然磨难不是一件愉快的事情,但是不经磨难,哪能造就中国的辉煌,这也是历史证明了的真理。太快活了,太惬意了,太舒适了,太幸福了,就必然"好吃不过饺子,坐着不如躺着"地懒下来,就必然不想去奋斗、去争取、去发愤、去努力了。正如《国语·鲁语下》中所说:"沃土之民不材,淫也;瘠土之民向义,劳也。"

屈原的非正常死亡

屈原(约公元前339—前278)　战国时政治家、诗人,中国浪漫主义诗歌的奠基者。他倡导政治变革,主张对内举贤能、修明法度,对外力主联齐抗秦。后遭贵族阶层的排挤,被流放沅、湘流域,后在汨罗江怀石自杀。他在楚国民歌的基础上创造了新的诗歌体裁楚辞,是我国第一位伟大的爱国主义诗人。他的作品《离骚》《九歌》等,对后世产生了深远的影响。

中国非正常死亡的文人,第一位就是屈原。

可有史以来,文人能够享受到将其忌辰列为全国性节日,全民为之年年纪念者,也仅仅只有屈原。

中国老百姓对于文人的敬重,以此为最,这也说明中国文化传统精神之根深蒂固、之源远流长。也许某一个朝代、某一段岁月,灭绝文化的沙尘暴,会刮得乌天黑日、万马俱喑,然而,值得为之额手称庆的是中国文化生命力之顽强,世所罕见,史所罕见。即使书焚尽、儒坑绝,然而,云消雾散,霁天空阔,春风润泽,万物复甦,依旧是朗朗乾坤,文化中华。到了端阳这天,高悬艾叶,遍洒雄黄,龙舟竞渡,米粽飘香。

这就是中国文人的厉害了——死了,还活着,而且活得会比所有皇帝加在一起的年纪更长久。皇帝,总是要去的;但是屈原,中国人都记得住。

"屈原,名平,楚之同姓也。"这是司马迁《史记·屈原列传》的第一句。所谓"楚之同姓",因为他和楚王一样,原先都姓芈。这个稀见字读(mǐ),字典上的解释为"羊的叫声"和"姓氏"。芈姓,熊氏,后来改为昭、屈、景三姓,为楚国三大族。管理这三姓事务的官,就是三闾大夫。屈原被免掉左徒以后,一直到死,都担任着这个类似清朝宗人府的长官。第一,绝对的闲差;第二,绝对的清水衙门,这使出生于贵族门第、担任过政府要职、操作过国家大事的屈原,有点郁闷。

文人分两种,一种得意,一种不得意。得意者,怕郁闷;不得意者,无所谓郁闷。屈原相当得意过,所以感到相当郁闷。

其实,左徒不过是谏议国政的高官而已,所在为政府的一个职能部门。但屈原的实际权力还要更大一点,国事、外交一身挑,做到类似美国国务卿那样重要的职务,起到左右楚怀王的作用。所以,为左徒时的屈原,很牛、很抖。那时,楚国的都城在郢(今湖北江陵),城不大,人不多,前呼后拥的屈原,出现在街头,这个既风流又潇洒,领导时代潮流的明星人物,很引人注目。何况他是一个如兰似芷、洁身自好的男子汉呢!连楚怀王都十分欣赏他的风度和气派。

后来,诗人碰上了小人,最大的小人就是这个楚怀王,不幸也就随之而来,左徒被免,去做三闾大夫,失落是当然的。任何人,再有涵养,再有胸怀,都受不了这突如其来的遭遇,这是云泥之分的差别。屈原是诗人,诗人的感情本来要比常人丰富,而诗写得好的诗人,不是那种写顺口溜、写大白话、写标语口号式诗歌的诗人,那澎湃的、洋溢的、泛滥的、汹涌的感情,更是不可抑制,唯其难以忍受这种碧落黄泉式的跌宕,为此感到受不了,为此而写出不朽之作《离骚》,是可想而知的事,也是可以理解的事。

司马迁说:"屈平之作《离骚》,盖自怨生也。"太史公本人也经历过由沸点到冰点的人生体验,有过极深刻的体会,一锤定音,正好说到了点子上。

屈平(公元前339—前278),字原。虽然,他在《离骚》中称自己"名余曰正则兮,字余曰灵均",但是,数千年来,公众习惯称其为屈原。他是楚国丹阳(今湖北秭归)人,最早的祖先为有熊氏,从北方迁徙到楚地。《史记》称他"为楚怀王左徒,博闻强志,明于治乱,娴于辞令。入则与王图议国事,以出号令;出则接遇宾客,应对诸侯。王甚任之"。

"王甚任之"的"任",说明中国文人,像屈原这样在朝当官的,并非他一人。应该看到,三千多年的封建社会里,能够称得上文人者,百分之九十,都是在朝的。我们都很熟悉的"唐宋八大家",无一不具官员身份。也许所任的官职,可能有大,大如王安石为副宰相;可能有小,小如苏洵为县里的主事,无论如何,有个官家的差使干干,得到一份吃穿不愁的俸禄,对于文人来说,还是挺有诱惑力的。正因如此,悲剧也就来了,这就注定中国文人无法养成独立生存的能力,同时,也注定了中国文人必须依附国家机器,必须仰仗统治阶级,必须听命于上级、上司、上峰、上面的意志、命令、训示、指导。必须按照共同遵守的游戏规则,在一定的空间中、一定的时间内,做可以做的事情,而不做不可以做的事情。

这自然很不爽,可你别忘了老百姓有句谚语:"端谁的碗,服谁管;吃谁的饭,为谁干。"在这个世界上,只有伙计听老板的,没有老板听伙计的。

对统治者而言,你是文人,不错,但你更是陛下的臣仆。作为文人,也许你是自由的;作为臣仆,你就没有资格跟陛下谈自由了。中国皇帝不停收拾文人的原因,就在于他得到文人的自由时,常常忘却他作为臣仆的不自由。从这个意义上考较,绝对在野,自食其力,不领国家工资,不吃公家口粮的文人,应该拥有相对多得多的自由,然而,这样在野的文人,过去少之又少。即使在今天,依然如此,还是少之又少。因为,文人要靠稿费生活,别说老婆养不起,连填饱自己的肚皮,都难。因此,历朝历代,在野的削尖脑袋想成为在朝的,在朝的时刻担心犯错成为在野的;在野的为了挤进利益集团必须干掉在朝的,在朝的为巩固自己的位置必须预防在野的,这都是大家不言而喻的潜规则。况且,谁在野,谁在朝,都非终身制,而是在不停演变之中。今天在野,招安了、委任了、体制内了、黄马褂穿上了,明天就算是在朝之辈。同样,今天在朝,流放了、开革了、体制外了、扫地出门遣返回乡了,明天成为在野人士,也是常见的事。

因此,中国文人无论在朝的、在野的,都明白屈原得到"王甚任之"这四个字的斤两。何谓"任"? 第一,责任之任也;第二,任务之任也;第三,信任之任也;最后,也是最能体现这四个字的含金量者,落到实处的任命之任也。一个文人从陛下那儿得到这个"任"字,还愁没有权力可用,没有轿车可坐,没有银子可拿,没有待遇可享吗? 反之,若多一个"不"字,"王不甚任之",就意味着老坐冷板凳,不得烟儿抽,看上面白眼,受他人排挤。再反之,如果,"王不待见",甚至憎你、恨你,那你就等着吧,好则扫地出门、充军发配,坏则开刀问斩、脑袋搬家。

诗人屈原,正好亲身经历过从"王甚任之",到"王不甚任之",到"王不待见"的三阶段,最后只有一条路可走,那就是投汨罗江了。

楚怀王芈槐,也叫熊槐,是个昏君。中国出过二百多个皇帝,其中一大半属于昏君,熊槐则是其中最自以为是、最乱作主张、最不知深浅、最自取灭亡的一个。昏君的最大特点,都患有一种叫做"选择性耳聋"的大头病。君子想要陛下听的,他听不进,装疯卖傻,置若罔闻;小人想要陛下听的,他听得进,句句入耳,如闻纶音。这种病的临床症状表现为:只听甜言蜜语,不听直言谠论;只听顺耳的话,不听逆耳之言。而这个熊槐犯起病来,绝对是老百姓所讽刺的"死爹哭妈"的主。如果熊槐和他儿子熊横,也就是屈原碰上的楚怀王和楚顷襄王,智商提高一点,头脑清醒一点,屈原在跳江前也许会踟蹰一下,楚国还有救吗?楚国还能救吗?一想起他老姐女媭那句绝望的话,本来,听喇喇蛄叫唤,你还不种地了呢!可现在,楚国都没有了,老弟啊,你还种什么地。于是,走上自沉之路。

战国后期,群雄纷争,七国之中,秦和楚,地盘大,人口多,都是具有相当实力,而且拥有领袖野心的大国。秦国东进,要一统天下;楚国北上,也未尝不想一统天下。

秦为一流强国,楚为二流强国,二流当然干不过一流。然而,二流加三流加四流,肯定大于一流,这是傻子也能算得出来的题。"横则秦帝,纵则楚王"八个字,乃当时的大形势,屈原终于让这个昏君学会傻子也会做的算术题。熊槐开窍了,好吧,你就放手干吧!屈原的政治主张,说来也很简单,对内变法图强,对外联合抗秦。经他反复奔走,多次说服,终于将齐、燕、赵、韩、魏五国首脑,连蒙带唬,连骗带诈,加之许愿、收买、塞红包、给好处费等等,聚会于楚国京城郢都,结成反秦联盟,楚怀王被推为盟主。江陵这个城市,现在也不大,那时就更不大,满街都是来自各国的贵宾,和他们的侍卫、随从,因为没有实行普通话这一说,作为这个联盟秘书长的屈原,必须精通各地方言,安排吃住,组织观摩,准备礼品,送往迎来,忙得诗人差点吐血。

春秋战国时期,谁要能够一呼百应,纠合诸侯,歃血为盟,谁就是无上荣光的诸侯共主,最为人企羡。熊槐得到了空前的虚荣,马上觉得堪与祖先楚庄王媲美,高兴得挂不住汁,脸上五官挪位,更加赏识和重用屈原,自不用说,言听计从,百依百顺,弄得他老婆郑袖,好一个吃醋。此时的郢都,最快活、最得意的人,莫过于屈原,文人快活得意的标志,就是不再用功,不再写作,即或提起笔来,也是游戏笔墨。我记不得是否老托尔斯泰的名言：一个在赌场得意的人，他在情场必然是要失意的。仕途上进步，文学上退步，是自古以来文人难以治愈的痼疾。我在文坛厮混这多年，颇见识一些朋友，自从仕途上一路顺风以后，他们的文学人生，也就迅速进入了更年期。也许还会写，都属无用功，正如一个停止排卵的女人，还要她怀孕生育，那不是违背自然规律吗？这就是《离骚》中所写的"唯草木之零落兮，恐美人之迟暮"，时令不饶人，花期不再来，除非发生奇迹，上帝托梦，才能让他回复文学青春。

当上诸侯共主的楚怀王，遂将国家交给屈原全权处理。屈原入则议国事，出则会诸侯，忙得一塌糊涂，那些日子里，他一句诗也写不出来了，连学生宋玉、唐勒、景差所交的作业，也抽不出工夫批改。他在"王甚任之"的时候，作为文人所特有超乎常人的品质，如独到的观察角度、如敏锐的感知反应、如提前的预知能力、如应急的防范措施，统统置诸脑后。他不知道他在替楚怀王发布旨令增强国力时，他的敌人也在摩拳擦掌；他不知道他在为抗秦联盟的加紧团结而努力时，他的反对派也在磨刀霍霍。这个世界上，有益虫，就有害虫；有家畜，就有野兽；有君子，就有小人；有爱国志士，就有汉奸走狗。通常情况下，地球上生物链的构成，维持在一比一的平衡状态，而在诗人屈原的左右，老天爷好像特别眷顾，一比三，这就是打小报告的上官大夫靳尚、搞小动作的公子子兰、贪小便宜的王后郑袖三个人，结成一个反屈原的"铁三角"联盟。

屈原自然了解"铁三角"在他背后搞的一些名堂，但是，他最大的疏忽，是毫不戒备那个耳朵根子软的昏君的"选择性耳聋"，却认为步楚庄王后尘当上诸侯共主的楚怀王，感激他都来不及，岂有马上变脸翻牌的可能？诗人啊诗人，这就大错而特错了，对于王八蛋，对于那些具有王八蛋倾向的人，千万不能抱有幻想，尤其不能因为他一时之间，居然不王八蛋了，就认为从此以后，他永远再不王八蛋，那才真是百分百的痴人说梦，这恐怕是诗人最为失算的地方。屈原作为楚国的特命全权大使，游说除秦以外的五国，也是纵横捭阖、得心应手、运筹帷幄、决策千里的高段级谋士，但应对这个充满邪恶的"铁三角"，却无能为力，乏善可陈。他既未采取任何防范措施，也未实施有效的反击，顶多感叹两声"何灵魂之信直兮，人之心不与吾心同"，那可真是啥用都不顶的！

诗人宣泄情感的手段,当然就是作诗,其实到了正面冲突的时候,比诗歌更有力的是拳头。可完美主义者屈原,理想主义者屈原,不是该出手时就出手,而是吟诗作赋,这就注定他难逃失败的命运。他不会妥协认输,不会向恶黑势力低头,这是可以肯定的。但是,他也不会采取以其人之道,反治其人之身的办法,进行回击。他们告你的状,为什么你就不能告他们的状呢?他们无中生有地陷害你,为什么你不以牙还牙地中伤他们呢?他们不君子,你何必君子?再说了,"铁三角"真的就那么"铁"吗?为什么你不下点功夫,分而治之,拉住一个,稳住一个,集中火力打击第三个呢?对这班明码标价的小人,你姑且小人一回又何妨?

在狼的世界里,是按照"丛林法则"(The Law of the jungle)行事的,不是弱肉强食,就是强衰弱食。而在人类社会里,强弱之外,更有卑鄙,这就是人不如狼,或者是狼不如人之处。他卑鄙,你不卑鄙,你就被他干掉;他卑鄙,你也卑鄙,双方打成平手;他卑鄙,你更卑鄙,你就占了上风。中国知识分子最了不起的品质,就是清高;然而,害了中国知识分子终于做不成大事的,也是这个清高。凡清高者,不能降尊纡贵,不能营私逐利,不能藏垢纳污,不能低级趣味,因之贱不可为,俗不可为,浊不可为,恶不可为……当"铁三角"一心一意以除掉他为快时,主张孤高、主张洁净、主张纯真、主张正直的他,也只能毫无作为,毫不作为,唯有以诗明志,以诗感言:"吾不能变心以从俗兮,故将愁苦而终穷。""苟余心之端直兮,虽僻远其何伤?""世溷浊莫吾知,人心不可谓兮。"对诗人的书生气,真有夫复何言之感。

屈原所以还能沉得住气,因为他对这个楚怀王抱有信心,"王甚任之"这四个字,给了他勇气和力量。

在封建社会里,造成中国人全部不幸的原因,都是由于所碰上的皇帝,其智商并不比白痴、低能儿高明多少。这样才造成民不聊生的灾难,才出现暗无天日的岁月。司马迁在《屈原列传》中记述诗人由"王甚任之",到"王不甚任之"的过程,只是极其简单的两行字。为什么如此草草?因为他很气愤。靳尚编造谎言,太低级;挑拨手段,太拙劣。而熊槐信之不疑,太离谱;断然处置,太幼稚。大臣混账,国王更混账,太史公大概觉得不值得为这对混账多费文墨,故尔一笔带过。"上官大夫与之同列,争宠而心害其能。怀王使屈原造为宪令,屈平属草稿未定。上官大夫见而欲夺之,屈平不与,因谗之曰:'王使屈平为令,众莫不知。每一令出,平伐其功,曰非我莫能为也。'王怒而疏屈平。"

于是,屈原被降为三闾大夫,开始郁闷。

话说回来,郁闷对诗人来讲,并非坏事,不正好是创作冲动的最好契机吗? 尤其进了这个坐冷板凳的清水衙门,连创作假也不用请,还不笔走龙蛇,神驰八极,作你的诗赋。然而,屈原却写不出一行字,整日忧心忡忡。连他老姐女媭也劝他,你不要再对他们抱有什么指望了。屈原说,老姐啊老姐,我是觉得楚国快要完蛋了,才坐立不安的呀! 其实,那时的楚国离灭亡还远,但诗人先知先觉的神经,已经预感到祸祟将临,灾难即至,似乎危机就在眼前。中国文人也许确如人所形容:百无一用是书生。其实,最挂牵大地山河的,是文人;最惦记祖国母亲的,是文人。历朝历代,当父老乡亲陷于水深火热,当同胞兄弟沦为刀俎鱼肉,站出来投笔从戎、救亡奋斗、为国为民、杀身成仁的文人,不知有几多。在20世纪之40年代,日本帝国主义侵略中国时,多少大师、学者,多少名流、教授,多少作家、诗人,乃至多少文学青年,奔赴抗日前线。虽然,在北平的周作人,粉墨登场,变节卖身;虽然,在孤岛的张爱玲,勾搭汉奸,为虎作伥。但是,请记住,中国文人对于祖国的热爱,对于土地的眷恋,从屈原开始,从来就是历史的主流,并且浩荡不止。

果然,被诗人不幸而言中,秦国的谋士张仪,出现在郢都的迎宾馆,楚国从此江河日下,国将不国。

公元前304年(怀王十五年),熊槐再一次出现严重的选择性耳聋,竟然不听谏阻,糊涂到了不可救药的程度,竟相信张仪的鬼话。"秦甚憎齐,齐与楚从亲,楚诚能绝齐,秦愿献商、於之地六百里。"齐楚联盟是屈原多年来苦心经营的政治规划,也是常保楚地安泰的国策,秦国之所以千方百计地加以离间,正因为一加一等于二,甚至大于二,令其望而生畏;正因为二比一,强秦不敢轻举妄动。《史记》写道:"楚怀王贪而信张仪,遂绝齐。使使如秦受地,张仪诈之曰:'仪与王约六里,不闻六百里。'楚使怒去,归告怀王。怀王怒,大兴师伐秦。"

世界上竟有这样的笨蛋,而这样的笨蛋居然坐在一国之主的位子上,老百姓只能欲哭无泪。第一,你拿到了这六百里地,再与齐毁约背盟也来得及的呀! 第二,如果张仪坚持齐楚联盟不解散,六百里地不给,那你完全可以不见兔子不撒鹰,反正秦是有求于楚呀! 第三,即使上当了,秦国的土地没有得到,你也没损失什么,齐国的友谊泡了汤,还可以重修旧好,你一个二流强国,单打独挑,逞匹夫之勇,与一流强国较量,岂不是找挨打吗?

结果,熊槐被秦国打得灰头土脸,原来被屈原做了工作,成为其盟友的国家,也趁火打劫,落井下石一番。"秦发兵击之,大破楚师于丹、淅,斩首八万,虏楚将屈匄,遂取楚之汉中地。怀王乃悉发国中兵,以深入击秦,战于蓝田。魏闻之,袭楚至邓,楚兵惧,自秦归。而齐竟怒,不救楚,楚大困。"现在弄不清楚是熊槐觉悟到齐楚联盟的重要性,指派屈原使齐呢?还是心急如焚的屈原说服熊槐,由他出使齐国恢复联盟呢?秦国很在意楚国的这个动向,马上表示,将所侵占的汉中地还给楚国,表示友好。"秦割汉中地与楚议和。楚王曰:'不愿得地,愿得张仪而甘心焉。'张仪闻,乃曰:'以一仪而当汉中地,臣请往如楚。'"张仪,何许人也?他和苏秦,乃中国历史上最古老的两张名嘴,可以毫不夸大地说,凡战国时期所有大大小小的战争,无不经由这两张嘴的挑拨、教唆、忽悠、撺掇而打得不亦乐乎。他俩以后,中国再无一张嘴具有如此大的法力,所向披靡,无往不胜。

张仪"如楚,又因厚币用事者靳尚,而设诡辩于怀王之宠姬郑袖,怀王竟听郑袖,复释去张仪。是时屈原既疏,不复在位,使于齐,顾反,谏怀王曰:'何不杀张仪?'怀王悔,追张仪,不及"。这就是为什么屈原,总是输给张仪的缘故了,因为文学家玩政治,哪能玩得过所谓的政治家呢?据说,张仪初到郢都,观察到"王甚任之"的屈原,便对郑袖说:南后啊,您真是天下第一、世间无二的美人,然而,你知道吗,齐国通过屈左徒,正准备献给怀王陛下一打或者两打,不一定有您漂亮但一定比您年轻的姑娘,以示两国通好呢!可想而知,熊槐尽管非常赏识屈原,但哪禁得起"铁三角"的联合攻势。略施小计的张仪,就把诗人摆平了。

公元前305年(怀王二十四年)秦楚签订"黄棘之盟",本来与齐为盟,转而向秦靠拢,基本国策的改变,屈原当然是要竭力反对的。楚国的有识之士,也认为这是不平等条约,如果说过去的齐楚联盟是兄弟关系,那么现在的秦楚联盟则绝对是主从关系,这不是卖国吗?一时舆论大哗。这时楚怀王也好,"铁三角"也好,都觉得将屈原留在郢都,碍手碍脚,于是将他流放到汉北。

在封建社会里,处置异议文人,无非杀、关、管三道。杀,即杀头;关,即坐牢;管,即流放。关是要供给人犯吃喝的;管则是限定在一定区域之内,允许自由行

>>> 在中国人非正常死亡的名单中，屈原排在第一位。也只有屈原能够被全民将其忌辰列为全国性的节日。这就是中国文人的厉害——死了，还活着。图为傅抱石《屈原与渔夫》（局部）。

动,吃喝政府不管,是生是死,全看流放者的命大还是福薄了。也许因为流放,从经济角度看,省钱;从管理角度看,省事,所以,中国的清朝、俄国的沙皇,都热衷于将异议文人,流放到人烟稀少、荒凉偏僻之地。清朝为乌苏里江、沙皇为西伯利亚,那都是让人不死也得剥层皮的地狱绝境,文人发配到了那儿,基本上是很难活着回来的。

屈原比较走运,六年以后,公元前299年(楚怀王三十年),他从汉北回到郢都。让所有他的朋友、他的敌人惊讶的,他还是他,还是那个毫不顾惜自己的安危,敢于犯颜直谏的诗人,虽然他早就不再是"左徒",官职让楚怀王免去多年,但一日"左徒",终生谏诤。第一他忠君,第二他爱国。加之有话不说,有言不发,那不是屈原的性格。大家这才明白,汉北的流放,不是挫折了他,而是锻炼了他。他请求面见熊槐,对这位正兴冲冲要赴秦王"武关之会"的怀王,提出谏阻的意见。秦国乃背信弃义之国,武关乃权谋苟且之会,陛下已经上过当,为什么不接受教训,还要自投罗网呢?《史记》载:"怀王欲行,屈平曰:'秦,虎狼之国,不可信,不如毋行。'怀王稚子子兰劝王行:'奈何绝秦欢!'怀王卒行。入武关,秦伏兵绝其后,因留怀王,以求割地。怀王怒,不听。亡走赵,赵不内。复之秦,竟死于秦而归葬。"

"身死而天下笑",就是这位极糊涂、极白痴、极混账、极愚蠢的昏君的下场。

怀王死,其子熊横继位,是为顷襄王。公元前293年(楚怀王六年),秦将白起扬言讨伐楚国,熊横计穷,无奈,只有向杀父之国告饶。屈原写诗反对再度向秦求和,并表明他尽管受到迫害打击,却无论何时,无论何地,眷恋楚国,心系怀王,不忘欲反的忠诚感情,至死不渝。他提醒顷襄王熊横,王之所以落得尸横国外的结果,是由于"其所谓忠者不忠,而所谓贤者不贤也"。楚国的老百姓也认为,如果不是子兰的催促,如果听信屈原的劝阻,怀王不会死在异国他乡,这对令尹子兰构成很大压力。于是,这个坏蛋唆使另一个坏蛋,也就是靳尚,在顷襄王面前谗害屈原,"铁三角"再次发挥作用,置屈原于死地而不复,更何况熊横与他老子熊槐,可谓一丘之貉,于是一纸诏令,永远流放,不得再进国门。从此,屈原再也没有回到郢都,他老姐女媭天天倚门等待,直到泪尽,直到老迈,也未能盼到她弟弟的归来。

如果说,他的第一次流放,是对楚怀王的完全绝望;那么,他的第二次流放,则是对楚王国的完全绝望。

公元前278年(顷襄王二十一年),秦将白起攻破楚都,满城都是兵马俑般的枭悍秦兵,楚国臣民哪见过这等阵仗,只有拱手降服。次年,消息传到流放途中的屈原耳中,这位爱国诗人怎么也舍不得离开故土,更不愿意他心爱的故国灭亡在他眼前,悲愤交加,无以复生,只好自沉汨罗,以死殉国。

司马迁在这篇列传的最后,这样写道:

太史公曰:"余读《离骚》《天问》《招魂》《哀郢》,悲其志。适长沙,过屈原所自沉渊,未尝不垂涕,想见其为人。及见贾生吊之,又怪屈原以彼其材,游诸侯,何国不容,而自令若是!读《鵩鸟赋》,同死生,轻去就,又爽然若失矣。"

"同死生,轻去就",司马迁明白了,中国人也明白了,这就是中国文人对于生养自己的土地,那一份眷顾之情;这就是中国文人对于抚育自己的祖国,那一份热爱之心。此情此心,以此所形成的精神传统,也是中华民族得以五千年长存下来的巨大凝聚力。

年年岁岁,岁岁年年,每逢端午节,每个中国人,都会向屈原的爱国精神,肃然致敬的原因也在于此。

廉颇蛮拼的

廉颇(生卒年不详) 战国末赵国名将。"长平之战"前期,他以固守的方式成功抵御秦国军队。"长平之战"后,又击退燕国的入侵。晚年不得志,老死于楚。

公元前243年的战国时期。赵国的孝成王崩,子悼襄王立,年轻的帝王不愿用一位老爷爷级的下属,改用乐乘代廉颇领军,立刻引起廉颇大怒。

军人火气大;老军人火气更大;而为赵国抵御劲敌,拔城掠地,斩兵夺关,立功无算的廉颇,火气尤其大。他威胁道,乐乘敢来,我就打他一个灰头土脸,让他夹尾而逃。然后，当真排开一字长蛇阵，拉开架势，准备战斗。乐乘见势不好，只有退兵了事。这样一来，威风够了的廉颇，在赵国再难立足，就投奔到魏国去了。廉颇在魏，魏主对这位老爷子，上宾款待，国士礼遇，好吃好喝好待承，非常敬重，但也不敢太信任他，只是养着而不用。但他是将军、是元帅，是要领兵打仗的，他不能驰骋沙场，叱咤风云，那是多么不开心的事啊！

不久，赵为强秦所困，屡战屡挫，便想起这位曾经和秦国打过多年仗的老将军，打算将他请回来。姜总是老的辣嘛，也许由他来统帅军队，可以解秦之围。

廉颇赋闲在魏，英雄无用武之地，也挺郁闷，尽管他年事已高，但雄心不泯，总是觉得自己还应该策马扬鞭，再立新功。正如隔了多少年后的枭雄曹操的一句诗所写"老骥伏枥，志在千里"那样，不甘沉沦，不肯寂寞，抱负很大，期望值很高地等待着出山的机会。曹操这句诗，颇害得一干老爷子、老人家、老名流、老半吊子，不安于位，不识时务，不知进退，甚至不懂好歹。中国人习惯于敬老，对这班为老不尊者，通常也都尽量礼让。而大家对于前辈的回护之心，反而益发助长那些具有"老骥"情结的人，老而不肯老，老而不服老，自我感觉好得不得了。不上主席台，难受；上了主席台，不居中，难受；上了主席台，居了中，不拿麦克风，更难受。可他上了主席台，居中了，拿麦克风了，那陈谷子烂芝麻的车轱辘话，来回倒腾得没完没了，让台上台下不知有多难受，他却又是绝对感觉不到的。

所以，曹孟德这首《步出夏门行》中"神龟虽寿"一节，其中"烈士暮年，壮心不已"一句，很让那些下野的政客、过气的文人、没落的名流，以及不再重要的要人，是如何地坐卧不安，如何地五脊六兽，要重出江湖，要奋斗到底，这实在是大大的误解和误读。他们不明白，马是马，骥是骥，马中可能有被埋没的骥，但骥中绝无普通的马。只不过是一匹老马，却认为自己为老骥，那可是上了曹操的当。

古时伯乐相马，求骥于天下，千不得一，万不得已。《战国策·楚策四》记述了他为楚王觅骥的故事："夫骥之齿至矣，服盐车而上太行，蹄申膝折，尾湛胕溃，漉汁洒地，白汗交流，中阪迁延，负辕不能上。伯乐遭之，下车攀而哭之，解纻衣以幂之，骥于是俛而喷，仰而鸣，声达于天，若出金石声者，何也？彼见伯乐之知己也。"这匹千里马经过伯乐精心调养，后来随师出征，风驰电掣，出生入死，为楚国立了大功。

廉颇以为自己是那匹在太行落难的骥,以为削夺他兵权的悼襄王乃相中他的伯乐,这种认识上的误差,结果闹了个大笑话。当获知故国需要他回去抗秦以后,老人家很激动、很亢奋。第一,吩咐马弁备好坐骑;第二,命令副官收拾铠甲;第三,关照家人整理戎装;第四,将已经生了锈的刀枪剑戟,逐一打磨了一番。其后,大拍胸脯,慷慨陈词,既然陛下不忘老将,老将也就不计前嫌,回国效劳,义不容辞。他把话传回赵国,父老乡亲们,尔等就静待我挥师西征,踏平强秦,旌旗招展,凯旋而归吧!

悼襄王因为被强悍的秦军打得焦头烂额,才想出重用廉颇的主意。不过,他与这位老将,曾经有些芥蒂,有过疙瘩,便先派了一位组织部门的干部,到魏国去实地考察,了解一下阔别多年的老将军,还能力挽强弓否?还能指挥兵马否?使者前往魏国的途中,遇到一个叫郭开的赵国官吏,他不知道此人是廉颇的反对者。一路同行,晓行夜宿,这位使者就被郭开用重金收买了。估计郭开受命于那位接班不成、衔恨在心的乐乘,其中说不定还有别的什么猫腻和勾搭。总之,郭开控制了使者,别无他求,只是嘱其外调考察回国后,千万别给这位老军头说好话,往他的鉴定里塞点私货进去。

廉颇是个出色的军人,但不是一个出色的政治家,冲他当年和蔺相如闹的矛盾,便知道他四肢比较发达,头脑比较简单,战斗经验丰富,政治智商却有限。这位使者来到魏国的首都朝歌,那里原是纣王的首都,酒池肉林,莺歌燕舞,是个难得快活的地方。他大可以着人陪这位使者,在这个很繁华的大城市里,洗脚啊、桑拿啊、按摩啊,"三陪"啊,好好地声色犬马一番。然后,再往他的口袋里,塞进一些黄的白的,还怕他不为你好好美言几句。

谁知他"老骥"情结上来了,偏要向使者炫耀他的膂力,以为自己是个堪当重任的战争之神。上马下马,挥枪舞刀,当场作秀,贾其余勇。那一把老骨头,总算没有散架,老当益壮的神气,着实叫使者开眼。接着,一个骇人听闻的场面出现,他煮了一斗米为饭,割了十斤肉为菜,要吃给这位使者看。大概古人更相信"人是铁,饭是钢"这一说,我们这位老将军,将端了上来的这些饭、这些肉,风卷残云,狼吞虎咽,统统吃了个精光。

"如何?"

使者不得不赞叹:"老人家您确实了不起!饭量果然了得!"

此人回到赵国,向悼襄王汇报:"廉将军虽老,尚善饭,然与臣坐,顷之三遗矢矣。"(司马迁《史记》)

吃一顿饭,上三趟洗手间,听到此处,悼襄王眉头一皱,让他统帅三军,上了前线,大敌当前,总是提溜着裤子找厕所,会不会贻误战机啊?看来,"廉颇老矣",还是由他颐养天年吧!廉颇很恼火、很泄气,但也不肯就此拉倒。不甘心养老,不愿意等死,抱一息尚存、战斗不止之念,怀雄心壮志、大有作为之心,老是在家里坐不住,操心整个世界,总是要出来做点事,继续战斗到底。对这样的老人,我们可以敬佩、可以歌颂,可不能劝他当真、给他撮火。老同志活到一百岁、活成人瑞,有可能,但身体、精神、器官、部件,永葆青春如故,是一张可以无限透支的支票,那是绝不可能的。

老健、春寒、秋后热,都是不能保持长远的暂时现象,否则,也就不存在新陈代谢这个自然规律了。

恰巧,楚国对这位久负盛名的老将军,饶有兴趣,偷偷地派人跟他联络,将他迎到寿春去。不过,真给他兵,真让他打,终究不是当年。看走眼的楚国,对他的表现很失望,也就免了他的兵权。他还不服气,埋怨说,如果我带的是赵国的兵,绝不会屡战无功的。

最后,他悻悻地死在了异国他乡。

宋人洪迈在《容斋随笔》里的一则《将帅贪功》中这样写道:"以功名为心,贪军旅之寄,此自将帅习气,虽古来贤卿大夫,未有能知止自敛者也。"他说的这个"知止",就是懂得该结束的时候,必须结束;"自敛",就是明白该收摊的时候,马上收摊。他首先举的例证,就是战国时期的这位大将军廉颇。

人老了,做老骥状,可以;人老了,志在千里,可以。精神上的不服老,有一点"老骥"情结,用来自勉,可以;用来自强,更可以;用来自慰,也可以。但有了一大把年纪,仍要振翮展翅,仍要一冲斗牛,仍要重整旗鼓,仍要再做冯妇,那就很可能玩出"一饭三遗矢"的笑话。人老之后,如洪迈所说,一是知止,二是自敛,这可是金玉良言。如果应止不止、该敛不敛,还要事事插手、操劳不已,还要处处涉足、操心如旧,那就很有可能落一个令人摇头的结果。

洪迈在这篇随笔中，一口气地说了汉代的李广、赵充国、马援，唐代的李靖、郭子仪等"老骥"的例子。

汉武帝大击匈奴，李广数自请行，上以为老，不许。良久乃许之，卒有东道失军之罪。宣帝时，先零羌反，赵充国年七十余，上老之，使丙吉问谁可将，曰："亡逾于老臣者矣。"即驰至金城，图上方略，虽全师制胜，而祸及其子卬。光武时，五溪蛮夷畔，马援请行，帝愍其老，未许。援自请曰："臣尚能披甲上马。"帝令试之，援据鞍顾盼，以示可用。帝笑曰："矍铄哉，是翁也！"遂用为将，果有壶头之厄。李靖为相，以足疾就第，会吐谷浑寇边，即往见房乔曰："吾虽老，尚堪一行。"既平其国，而高甑生诬罔之事，几于不免。太宗将伐辽，召入谓曰："高丽未服，公亦有意乎？"对曰："今疾虽衰，陛下诚不弃，病且瘳矣。"帝悯其老，不许。郭子仪年八十余，犹为关内副元帅，朔方河中节度，不求退身，竟为德宗册罢。此诸公皆人杰也，犹不免此，况其下者乎！

在这个世界上、在这个社会中，有一种叫做自我感觉良好的毛病，颇为流行，但医院是不收治的。因为不是什么大病，也死不了人，但谁要是患上了以后，基本是无药可治。其实，有些老先生、老女士，充其量，只不过是一匹普普通通的马罢了。我们知道，马是以齿计龄的，到了这把岁数，说不定牙也掉得差不多了，已经成为留恋栈豆的驽马，却坚信自己仍旧是日行千里、夜走八百的老骥，这种自我感觉好得不得了的精神状态，便是"尚能饭否"的廉老将军，老往洗手间跑，老蹲在茅坑上下不来，给自己生添烦恼，给别人无限头疼的笑话了。

所以，老是一门学问，而之中学问最大者，就是将人老以后的自我感觉，千万要调适到"知止自敛"的程度。

为什么圣诞老人总是那么受到欢迎，并不因为他有一张乐呵呵的脸，给人慈祥的印象；并不因为坐在鹿拉的小车上，给人带来礼物。而是一年365天中，他只露一次脸，这才是他永远的魅力所在。

天天是圣诞节，天天是老爷爷，你试试看，不烦才怪。

草根李斯的沉浮

李斯(约公元前284—前208) 秦代政治家、文学家、书法家。他早年从荀子学帝王之术,学成后入秦,他的政治主张产生了深远的影响。后被腰斩于闹市中。

中国古代的知识分子,十有九,或十有九点五,对于权力场有着异常的亲和力。因为唐以前的举荐制度和唐以后的科举制度,统治者除了世袭、荫补、恩赐、捐纳诸渠道外,大部分官员还是按照孔夫子"学而优则仕"的金科玉律,从知识分子中选取的。因此,仕的来源为士,士的目标为仕。这两者基本上等于一块硬币的正面和反面,而其价值中心,则是一个"权"字。有权便有一切,无权便无一切,权比亲爹还亲,权比性命更重。

近代的知识分子是否也如此这般,不敢妄说,但我认识的一些作家、诗人、理论家,和什么也不是的混迹于文坛的人物,那强烈的权癖、那沉重的官瘾,一点也不让古人。谋取权力,崇拜权力,成为他们的人生取向,虽然戴着文人的桂冠,但更在意那一顶乌纱。于是,随之而来的官场运作,得意而红,失意而黑;背时而暗,风光而亮。那张小花脸上,便可欣赏到:一曰阿谀奉承,磕头巴结,膝行匍伏,诚惶诚恐的奴才相;二曰卑鄙无耻,不择手段,削尖脑袋,抢班夺权的恶棍相;三曰失去顶子,如丧考妣,致仕回家,痛苦万分的无赖相。大凡一个文人,沉迷于权力纷争中,就会人格失衡,就会忘却根本,就会像李斯这样完全沉没于权力的渊薮中。

李斯(约公元前284—前208),楚国上蔡人。早年在本地粮库,当过库管员。一个小县城粮站的工作人员,少不了肩挑背扛、码垛翻仓、杀虫防鼠、下乡收粮等体力活,是一项很劳苦、很琐碎、很没有意思的工作。此人不甘庸庸碌碌,当一个以工代干的库管库员,终了一生。于是离家去寿春投师,从学荀卿。荀卿乃大师,能拜他门下,成为高足,说明李斯也非泛泛之徒。在班上,荀卿特别器重两位同学,一为李斯,一为韩非,二人为大家公认的尖子生。因为这两位,第一聪明,第二能干,第三有点子,第四敢作敢为。学业结束后,身为韩国贵族的韩非,自然回国任要职去了。荀卿知道李斯来自穷乡僻壤,那里的油馍很劲道,薰兔很入味,可县城天地很小,空间不大,他这个小人物,既无政治资源,更无后台背景。看他是块料,有治国理政的才能,便为他在楚国首都的政府机关里,谋了一份差事。

儒家看人,往往注重好的一面,荀卿没有发觉这个小地方成长起来的知识分子,其渴望出头、野心叵测的另一面。李斯有他农民的狡猾,只是深藏不露罢了。他婉谢了老师的这份好意,虽然在寿春当公务员,比回上蔡县继续以工代干强上百倍。但他认为不能这样虚度光阴,混吃等死。李斯认为,"楚王不足事,而六国皆弱,无可为建功者,欲西入秦"。他对荀卿说,老师啊,天底下最可怕的事就是卑贱,最痛苦的事情就是穷困,我卑贱到极点,我穷困到极点,当今之务,我不能待在寿春以混日子而满足,而是应该赶紧西行,到咸阳去求发达。他相信:"今秦王欲吞天下,称帝而治,此布衣驰骛之时而游说者之秋也。"这一来,荀卿才知道这个河南汉子,乃是一个具大抱负、有大志向的学生,不觉肃然起敬。

人生道路,对平庸的人说,走对走错,是无所谓的。走对,好不到哪儿;走错,也坏不到哪儿。而对李斯这样一个强人,敢下大赌注,敢冒大风险,就很难说他入秦是对还是错了。不过,这位上蔡的农民,很坚定,有信心,乃辞别荀卿,西向入秦。

老师也就只好祝他一路顺风了。

李斯到秦国以后,果然干得出色,历任廷尉、丞相等重要职位。秦王封"皇帝"名号,废分封而行郡县制,统一六国文字为"秦篆";"以吏为师",禁绝私学,焚《诗》烧《书》,罢黜百家,坑杀儒生,箝制文化;严禁文人儒士,是古非今,谤议朝政;同时收缴武器,浇铸铜人,以防造反。这一系列的暴政,大都出自于这位上蔡县管库员的点子。因此,秦始皇视之为膀臂,授之以重任,仕途立现光明。从此顺风顺水,一路发达,他的官也做到了极点,他的辉煌也达到了极点。如此说来,李斯告别荀卿到秦国开拓的这一步路,是迈对了的。

《史记·李斯传》中,记载这个库管员到了咸阳以后,很快就暴发起来,暴富起来,暴红起来,连他自己也觉得暴到快要爆炸的程度。"斯长男由为三川守,诸男皆尚秦公主,女悉嫁秦诸公子。三川守李由告归咸阳,李斯置酒于家,百官长皆前为寿,门廷车骑以千数。李斯喟然叹曰:'嗟乎!吾闻之荀卿曰"物禁大盛"。夫斯为上蔡布衣,闾巷之黔首,上不知其驽下,遂擢至此,当今人臣无居臣上者,可谓富贵极矣。物极则衰,吾未知所税驾也。"唐朝司马贞在《索隐》中解释:"税驾犹解驾,言休息也。李斯言己今日富贵已极,然未知向后吉凶止泊在何处也。"树大招风,高处不胜寒,若是急流勇退不了,在官场这个绞肉机中,谁也不可能成为永远的幸运儿。问题在于他明白物极必反的道理,爬得越高,跌得越重;混得越红,死得越惨。可就是不肯收手,不甘罢休,不能煞车,不知回头是岸,于是,这位上蔡农民,只能与所有利欲熏心之徒、作恶多端之辈,一步步启向生命的终点。

不过他的最后下场,要更惨一点,"具五刑,论腰斩"。

按《后汉书·杨终传》:"秦政酷烈,违牾天下,一人有罪,延及三族。"唐朝李贤注释,"三族"应该是"父族、母族、妻族"。这时,他屈指一算,他的腰斩,要多少颗头颅陪葬,至少好几百条性命,受其株连。在中国历史上,他不是第一个被腰斩者,但他却是第一位被腰斩而死的名人。他最终得到的这个下场,回想他的西行入秦,到底是对还是错,又得两说了。

唐朝大诗人李白,有一组题名《行路难》的诗,其中之三,提到李斯在腰斩前一刻的后悔。这厮得意时,肯定没少腰斩别人,现在轮到他自己来领教这刑法,悔也晚矣!"陆机雄才岂自保,李斯税驾苦不早,华亭鹤唳讵可闻?上蔡苍鹰何足道!"现在通行的《史记》版本,只有"吾欲与若,复牵黄犬,俱出上蔡东门逐狡兔,岂可得乎"这一句,而从王琦注引《太平御览》曰:"《史记》曰:'李斯临刑,思牵黄犬,臂苍鹰,出上蔡东门,不可得矣。'考今本《史记·李斯传》中,无'臂苍鹰'字,而李白诗中屡用其事,当另有所本。"看来,李白所据的古本《史记》,今已佚失。

一般来讲,在田野里捕猎狡兔,鹰比犬更有用些。今本《史记》删节"臂苍鹰",也许并无道理。

如果李斯不迈出这一步,继续在粮站当库管员,到龄退休,领养老金,一样也活得自在,至少落一个正常死亡。李斯未发迹前,在上蔡那座小城里,放步东门,纵犬丘陵,兔奔人追,驰骋荒野,还是满自在的。尤其,夕阳西下,满载而归;尤其,四两烧酒,合家共酌。这种其乐融融的日子,老此一生,虽然平常、平淡,可平安,不比享尽荣华富贵,最后得一个腰斩咸阳的结果,强得多多?因为那是真正自由的快乐,发自内心的快乐,绝对放松的快乐,无忧无虑的快乐,最最底层的普通人的苦中之乐,最最贫苦老百姓的穷中作乐。可在他走出老家上蔡,来到秦国为相后,就不再拥有这样实实在在的快乐。获得权力,自然是大快乐,但是,这种紧张和恐惧的快乐,疑虑和忐忑的快乐,这种随时会被剥夺、随时降临灾难的快乐,这种物质虽丰富、精神却苦痛的快乐,到了上夹板腰斩的此时此刻,面对着与他同死的儿子,除了"牵犬东门"的那一份至真的快乐,还有什么值得回味、值得怀念的呢?

聪明的人,不一定就是理智清醒的人;能干的人,不一定就是行事正确的人。有点子的人,不上正道的点子,是既害人又害己的;而敢想敢干的人,一旦为非作歹起来,那破坏性会更大。荀卿的这位学生,始皇帝死后,为了巩固其既得利益,阿顺苟合于赵高。赵高是一个心毒手辣,无所不用其极的坏蛋。贪恋高官厚禄的李斯,利欲熏心,竟与魔鬼结盟,参与密谋矫诏,立胡亥而逼死扶苏。秦二世当权,自然宠信赵高,这是他失算的地方,胡亥智商不高,而智商不高的人,容易接受声色犬马,你李斯跟他大谈治国理念,宣扬专制政策,绝对是对牛弹琴,他怎么能听得进去?这位上蔡农民,以种庄稼的经验,这一茬不行,赶快换第二茬,改弦易辙,转变方向,怂恿他肆意广欲,穷奢极乐,建议他独享天下,恣其所为,向二世拼命讨好,巴结献媚。

赵高哪能容得胡亥任由李斯操纵。胡亥本是他手中玩弄的傀儡,他玩可以,李斯玩却不行。便设计构陷,令其上套,使二世嫌弃他;便捏造事实,不停诬告,使二世憎恶他。加上李斯的儿子李由,先前由于未能阻击吴广等起义农民军西进而获罪,新账老账一块儿算,以谋反罪腰斩于咸阳,那是公元前208年。

《史记·李斯列传》的结尾,司马迁感叹:"李斯以闾阎历诸侯,入事秦,因以瑕衅,以辅始皇,卒成帝业,斯为三公,可谓尊用矣。……持爵禄之重,阿顺苟合,严威酷刑,听高邪说,废适立庶。诸侯已畔,斯乃欲谏争,不亦末乎!"

问题在于利令智昏,尤其在庄稼地里跌打滚爬出来的老农民,目光之短视,心胸之狭隘,做事之投机,行径之取巧,往往会因眼前的、一时的、局部的,甚至个别的现象,而改变大方向、大格局、大前景、大事业,以至于功败垂成,坐失良机,大好形势,毁于一旦。当李斯即将进入其生命倒计时的最后一刻,无论怎样的后悔,也来不及了。

历史是不相信眼泪的,所以,我特别服膺捷克作家伏契克《绞刑架下的报告》

里,那最后一句语重心长的话:"人们,我是爱你的,可你要警惕啊!"因此,无论什么样的诱惑——金色的、银色的、红色的、黄色的、粉红色的,甚至五彩缤纷美轮美奂的,我们都应该尽量离得远些,更远些;看得淡些,更淡些;想得少些,再少些,这就是"东门犬"这样的典故,所蕴含的时代意义。

"二世二年七月,具斯五刑,论腰斩咸阳市。斯出狱,与其中子俱执,顾谓其中子曰:'吾欲与若复牵黄犬俱出上蔡东门逐狡兔,岂可得乎!'遂父子相哭,而夷三族。"这句既是临终,也是临别的话:"牵犬东门,岂可得乎!"便成为悔之晚矣的传世名言。

李斯所以要走出上蔡,所以要西去相秦,所以能够发达到"富贵极矣"的地步,"当今人臣无居臣上者"的显赫,起因说来可笑,那是由于他受到老鼠的启发。这就是《史记·李斯列传》开头所写:"年少时,为郡小吏,见吏舍厕中鼠食不絜,近人犬,数惊恐之。斯入仓,观仓中鼠,食积粟,居大庑之下,不见人犬之忧。于是李斯乃叹曰:'人之贤不肖譬如鼠矣,在所自处耳!'"厕所中的耗子,吃的是粪便,一见人来狗叫,慌忙逃避;粮库里的耗子,无一不吃得肥头大耳、膘满体壮,而且永远没有饿肚子的恐慌,永远没有人犬的惊扰,永远没有刮风下雨的忧虑。于是,他感到自己其实的渺小、真正的不足,上蔡这巴掌大的县城,对他这只具大抱负、有大志向的"耗子"来讲,就是"厕所"而不是"粮仓"了。

司马迁说李斯不过是"为郡小吏",那口气是鄙夷的。他所担任的那个职务,城关粮站的库管员,在一群乡巴佬中间,也算得上是出人头地的区乡干部了。但这个相当寒碜的"土老帽",目标正西方,一步一步向咸阳走去,那绝不回头的蛮劲儿和冲劲儿,真是值得刮目相看。一开始,李斯并未想投奔秦始皇,只要不当"厕"中之鼠,能够进入秦国统治集团,在那样一个"仓"中为鼠觅食,就相当满意了。但这个农民越走信心越大,越走野心越盛。中国农民,当他束缚在一亩三分地上的时候,手脚放不开,头脑也放不开,那种庄稼人的小心眼、小算盘、小天地、小格局、小农经济、小家子气,为其基调。然而,当他离开土地,离开乡村,变成一无所有的流氓无产者之后,马上就会成为毫无顾忌的、横冲直撞的、否定秩序的、破坏规则的强悍分子。攫取和获得,便是他们的主旋律。李斯到达咸阳,就不再是原来一口豫东口音的上蔡"土帽",而是满嘴地道秦腔秦韵的政坛新秀。

第一步,他知道吕不韦崇拜荀卿,便以荀卿弟子的身份,"求为秦相文信侯吕不韦舍人,不韦贤之,任以为郎"。第二步,他知道秦始皇和吕不韦的血缘关系,便由吕牵线,得以向这位帝王进言:"夫以秦之强,大王之贤,由灶上骚除(如除炉灶尘土一样容易),足以灭诸侯,成帝业,为天下一统,此万世之一时也。今怠而不急就,诸侯复强,相聚约从,虽有黄帝之贤,不能并也。"第三步,他出主意:"阴遣谋士赍持金玉以游说诸侯,诸侯名士可下以财者,厚遗结之。不肯者,利剑刺之。"从者给钱,不从者要命,李斯这两手都是够恶、够狠的。

汉朝主父偃说过"鄙儒不如都士",是有道理的。自古以来,由于城乡差别与受教育程度不同的素质差异,由于远离城市和隔绝文明的闭塞心理,由于缺乏广泛社会联系和多面人脉联系的无援状态,从乡野农村里走出来的知识分子,获得权力的机率,较之城市知识分子要低得多。所以,在权力场的争夺中,那些渴望权力而机遇却不多的乡下人,往往比城市人更多冒险意识、更多投机心理,也更多赌徒思想、更多不遵守游戏规则、更多为达目的而不择手段。而李斯,比他人更无顾忌一些,更愿意采取非常行径。按劣币驱除良币的定律,正是这份野心,使他在秦国权力场的斗争中,倒容易处于优势地位。

就在秦国权力场中的不停洗牌中,李斯脱颖而出,所向披靡,攀登到权力的顶峰。

李斯走出上蔡时,没想到会成为秦这个顶级强国的首相。当可能的敌手韩非——他的同班同学,出现在秦国地面上时,他就以他撵兔子的那肌肉发达的腿脚,坚定地要踏死这位贵族公子。尽管李斯在学养上、在谋略上、在文章的思想深度上、在决策的运筹力度上,远不是这位同窗的对手,但在卑鄙和无耻上、下流和捣乱上,李斯做得出的事,韩非却干不出来。这位高傲的公子,永远超凡脱俗、永远高瞻远瞩、永远扬着那思虑的头颅,注视着动乱不已的六国纷争,却从不提防脚下埋伏的地雷,和一心要算计他的"红眼耗子"李斯。因为他虽然跟李斯同样聪明、能干、有点子、敢作敢为,但却偏偏没有李斯的那份狼子野心。

应该说,人有一点野心,也是无妨的。虽说"野心"二字,口碑不佳,但并不完全是坏东西。野心会成为个人进取的推动力,朝着一个目标前进,并全身心投入,为之奋斗不已。不过,若是野心过了头,野心大到蛇吞象的地步,不择手段地去攫取,贪得无厌地去占有,无所不用其极,排除一切障碍,不达目的,死不罢休,野心而成家,那就是很可怕的了。李斯相秦,厥功甚巨。应该这样看,始皇帝的千古功绩,有一半得算到李斯的头上;同样,嬴政的万世骂名,也有一半是他出的坏主意所招来的。因为无法容忍韩非出现在始皇帝的视野里,李斯这个非常之人,就有可能做出非常之事,将他干掉。韩非一向口吃,不善说道,本来也没有必要和盘托出。话说半句,留有余地,岂不更为主动?可这位贵公子,绅士风度,贵族派头,竟然对李斯说,学长,让咱们两个人联起手来,共同襄助始皇帝成就这番平定六国、统一天下的宏图伟业吧!

李斯想不到这位同班同学,对他半点不设防,以为他还是当年班上的乡巴佬呢!于是,他做出农民式的天真无邪状,一脸质朴地问:"不知吾王意下如何?在下可是轻易不敢造次呢!"

韩非觉得不应该瞒住老同学,一点也不口吃地说出真情:"那你就无须多虑了,陛下金口玉言,说早就虚位以待,等着我的到来。"

当天晚上,李斯求见秦始皇:"陛下要委韩非以重任?"

"朕早说过,寡人若得此人与之游,死不悔矣!"

李斯阴险地一笑:"陛下欲并诸侯,韩国不在其中乎?"

"哪有这一说!"

李斯匐伏在台阶下,一把眼泪,一把鼻涕:"陛下别忘了,韩非为韩公子,是有家国之人。最终,他的心是向着他的故土,而不是陛下。这点道理,圣明的大王呀,你要做出睿断啊!"秦始皇一皱眉头,然后挥手,示意退下。李斯走下丹墀,心里盘算,明年的这一天,该是他老同学的祭日了。雅贵出身的韩非,想不到李斯端给他的,不是羊肉泡馍,不是桂花稠酒,而是一碗鸩药。

当公元前210年,秦始皇出巡途中,在沙丘平台驾崩后。赵高一手策划的宫廷政变中,想不到一个如此精明老道、如此能言善辩、如此才睿智捷、如此计高谋深的李斯,竟成处处挨打、事事被动、步步失着、节节败退的完全无法招架的庸人。看来大鱼吃小鱼,小鱼吃麻虾,一物降一物,此话不假。韩非败在李斯手中,因为他不是野心家;李斯败在赵高手下,则是这个最大的野心家,偏巧碰上了最坏的黑社会。什么叫黑社会?第一,绝对不按规则发牌;第二,绝对不在乎罪恶;第三,绝对无任何道德底线。一个曾经是纵横捭阖、兼吞六国、明申韩之术、修商君之法、入秦三十年来无不得心应手的超级政治家李斯,怎么能事先无远见卓识,猝不及防;事中无应变能力,仓皇失措;事后无退身之计,捉襟见肘,竟被智商不高的赵高、基本白痴的胡亥,玩弄于股掌之上?

赵高对李斯说:"上崩,赐长子书,与丧会咸阳而立为嗣。书未行,今上崩,未有知者也。所赐长子书及符玺皆在胡亥所,定太子在君侯与高之口耳。事终如何?"李斯一听,立马魂不守舍:"安得亡国之言,此非人臣所当议也!"李斯这句话,说明他至少还有所谓"人臣"的禁条和纲纪,尽管此人野心可怕,什么当做,什么不当做,还是有分际的。矫诏,岂是人臣敢为之事,他连想都不敢想的。但绝对不怕天打五雷轰的赵高,即使意大利西西里岛上的教父,也对他的黑手之狠之毒,望尘莫及。赵高看着李斯那张不以为然的脸,接连抛出五句话,如同五把钢刀,刺在这位库管员的心口上。"你的才能超过蒙恬?你的功劳高过蒙恬?你的谋略胜过蒙恬?你的声望名誉好过蒙恬?你与扶苏的私人情谊深过蒙恬?"

虽然,李斯明白,扶苏嗣位,必重用蒙恬,他就得谢幕,他是一点戏都没有的。但是,他觉得西出潼关,这多年来,扶摇直上,秦始皇待他不薄。"俺不过是河南上蔡的一个平头百姓,现在成为丞相,位列诸侯,子孙显贵,家有万贯,这全拜始皇帝所赐,我是不会有离心的。你就别再说了,我可不愿意跟着你犯错误!"赵高那张不长胡子的太监脸,不阴不阳地笑了两声:"阁下怎么就不明白呢?就变从时,圣人之道,你我同心,鬼神不知。"接下来,面孔一板,"你要是听我的安排,保管你吃香喝辣,荣华富贵;你要是不肯合作的话,祸及子孙,我想想都替你寒心啊!"

库管员最擅长的本领,就是在斤两上打算盘。这个被挟持住了的李斯,心中小九九算了好几遍,要不与魔鬼签约,从此一切归零,只有共同做恶,才是唯一生路。呜呼,他打心里愿意吗?他不愿意。可不愿意的结果是什么,他太了解这个被刿的黑社会教父,又岂能饶了他?"仰天而叹,垂泪太息曰:'嗟乎,独遭乱世,既以不能死,安托命哉!'"这一下,李斯碰上赵高,交手不过一二回合,便溃不成军,败下阵来。《史记》这样写的:"于是,斯乃听高。高乃报胡亥曰:'臣请奉太子之明命以报丞相,丞相斯敢不奉命!'"

赵高吃准了这个李斯,他绝不肯交出权杖。权杖是他的命,他能不要命吗?

李斯往日的杀伐果断也不知跑到哪里去了,其实他拥有这个国家举世不二的权力,却无法反扑这个割了男根的宦官,只好举手投降。有什么办法呢?中国的士人,智商未必低,头脑未必傻,对于形势,对于时事,对于大局,对于前景,未必就看不清楚,问题在于权力这东西,易上瘾,难丢手,而使得他们在行、止、进、退上拿不定主意。他何尝不想急流勇退,他何尝不想平安降落,但要他做出决断,立刻斩断与官场的牵连,马上割绝与权力的纽带,再做回早先的平头百姓,再回到上蔡东门外,遛狗放鹰逮兔子,那真比宰了他,还要痛苦,还要难受。

其实,库管员李斯的发迹史,与我们这个世界上所谓成功的人,走的是同一条路。第一,善于抓住机遇;第二,敢于把握机遇;第三,充分利用机遇。人的最可贵之处,就是有这一份自知之明;但是,人的最糟糕之处,就是不知道自己吃几碗干饭。

当你的才华,已经达到极致,再也不能产生激情;当你的智慧,已经迈上顶巅,再也无法制造惊奇;当你的年龄,已经不再辉煌,再也难有当年的力气;当你的周围,已经新人辈出,后浪在推前浪。这时候,即使你还在功成名就之际,即使你还在众望所归之时,能够及时急流勇退,能够及时新陈代谢,才是一种思想境界达到相当层次的行为,也是一种具有睿智的人物才能做出的行为。

然而,对那些已经在权力场中厮混过来的人们来说,尝到甜头,得到好处,捞到实惠,分到利益,所谓"食髓知味",便停不下脚,住不了手,轻易不肯退场。这也是我们的社会中那些看腻了的面孔,成为极其倒胃口的视觉污染,弄得大家很败兴的原因。

因此,有自知之明者,能懂得什么时候该行,什么时候该止;而没有自知之明者,或欠缺自知之明者,或一帆风顺失去自知之明者,往往掌控不了自己什么时候该进,什么时候该退。

人的一生,全在这"行止进退"四个字上做人做事。李斯要是早想到"税驾"的话,也许不至于被腰斩的。

第二章

秦 汉

刘项原来不读书

刘邦（公元前 256—前 195） 汉朝政治家、战略家。刘邦出身农家，为人豁达大度，不事生产。他注意纳谏，能充分发挥部下的才能，终于反败为胜，统一天下。

项羽（公元前 232—前 202） 秦末军事家。他早年在吴中起义，秦亡后称"西楚霸王"，后被刘邦所灭，在乌江边自刎而死。

后人议论起秦始皇来，第一个话题，就是他的暴政，他的焚书坑儒，多半想不到他作为"千古一帝"的辉煌业绩。其实，焚书，是始皇帝三十三年的事；坑儒，是始皇帝三十五年的事。将 640 名儒生坑于咸阳，是嬴政下令干的，因为他发现自己上当受骗，气急败坏，便对知识分子大开杀戒。但焚书，却是李斯给他出的主意，若要分清罪责，至少在焚书这件事上，秦始皇够不上主谋。

1933 年，鲁迅先生于《申报·自由谈》上，发表过一篇《华德焚书异同论》。因为当时，德国的希特勒上台执政，实行法西斯文化专制政策，纳粹分子焚烧书籍，禁止所谓"非德意志"（即不符合纳粹思想）的书籍出版和流通，弄得柏林、莱比锡等城市乌烟瘴气，一塌糊涂。至今在柏林洪堡大学的校园里，还有一块焚书碑，记叙这件事。当时，一些报章把希特勒与秦始皇相提并论，鲁迅先生觉得这样的比法，"实在冤枉得很"。他认为，秦始皇"吃亏在于二世就亡，一班帮闲们都替新主子去讲他的坏话了"。

这场焚书的无妄之灾，先是几位博士的闹腾，后是李斯的出谋划策，秦始皇才最后画圈的。

秦代的博士，都是大儒，不同于现在的博士，只是某一专业达到一定水准的学位标志。如今的博士多如牛毛，那时的博士全国才几十位，所以地位非常之高，政府对他们是相当礼遇的。始皇帝过生日，特地在咸阳宫置酒，专请博士们赴他的寿宴。显然，嬴政很愿意听这些有学问的博士，唱一曲 *Happy Birthday to You*，然后吹蜡烛,切蛋糕。

这就是中国特色了,历史上所有朝代的皇帝,打心底里不待见知识分子,他们宁肯要愚民——因为愚民好统治,知识分子有头脑、好思考,就比较难管理。但有时候,像蛋糕上必须有几粒红樱桃点缀那样,少了装点门面的知识分子还不成,这就是秦始皇一定要请博士们来喝寿酒的隐衷。这本应该是个愉快的集会,想不到,它却酿成焚书的悲剧。这事一怪那个山东老学究淳于越,二怪那个投机分子李斯。

历代的"文字狱",皇帝固然是罪魁祸首,这是毫无疑问的。但倘若没有想借帝王之手,屠灭同类,出坏主意,打小报告的小人,这台戏是根本唱不起来的。李斯在秦国,是外来户,一些人(自然也包括这些博士),一直想把他轰走,他很恼火,耿耿于怀,所以憋着劲儿要收拾他们,何况他是地道的小人。这样说,也许有些过分,但从他最后与赵高沆瀣一气,至少他说不上是君子。

寿宴上,吃完甜点,果盘也端来了,博士们就该一抹嘴,抬腿走路。但知识分子中的文化人,如作家、如诗人,在灵魂里都会有不那么肯安生的习性,由此就产生出一种强烈的表现欲。我原先以为"人来疯"是儿童多动症的表现,长大以后,就不治而愈的。后来,才渐渐品出来,有的人,这种"人来疯"的毛病,到了年纪一把、胡子一把、说话撒气漏风、走路跟头把式的时候,也会像老儿童一样,到了人多的场合,按捺不住要表演,想使大家注意他。否则,将老人家旁落于镜头之外,焦距没有对准他,会五计六受,十分痛苦的。

这就是文化人与生俱来的弱点了,从这些秦代的博士起,一直到清代康雍乾嘉"文字狱"的当事人,常有放着好好的日子不过,非要没事挑事的嗜好,生怕人家把他当哑巴卖了。譬如,说些帝王不中听的话啦,做些领袖皱眉头的事啦,与领导唱一唱对台戏啦,故意不买上峰的账啦,自以为得意。结果呢,往往是请得了神,送不了神,鸡蛋碰到石头上,惹恼了官家,弄不好还有可能付出头颅为代价。真到了那时,又磕头如捣蒜地求饶,上陈情表,写悔过书,深刻检查,认真忏悔,就不禁令人为之叹息。阁下,早知如此,何必当初!

那是公元前 213 年,咸阳宫外,小轿车停了一串,共有 70 位博士接来给陛下贺寿。博士跽在下面,嬴政坐在上面,主持团拜会的仆射周青臣,自然要讲一通颂扬的话："陛下神灵明圣,平定海内,日月所照,莫不宾服。"这也是人之常情,顺水推舟,谁过生日,愿意人家没头没脑地浇一盆洗脚水呢?博士淳于越在这场合跳出来,指责人家拍马屁,实在是既没有眼力,也没有什么道理。如按贾谊《过秦论》里描绘的,"振长策而宇内,吞二周而亡诸侯,履至尊而制六合,执敲扑以鞭笞天下"的祖龙神威,周青臣的赞颂虽有谀词之嫌,但说的也是实话。

现在很难了解淳于越一定要发这次难,所为何来了。是学问太多了的呆气,还是四六不懂的迂腐?是跪得腿疼、心火上升,还是蛋糕块小、嫌分得不公平?依我忖度,很可能是文化人的耐不住寂寞,受不了冷遇的天性所致。文人的出风头欲望,有时候是控制不住的。他这样做,而且用故意唱反调的办法,完全是希望引起始皇帝的注意?他跽着趋前一步,发了一通"事不师古,而能长久哉"的今不如昔的感慨,然后话锋一转:"今青臣又面谀,以重陛下之过,非忠臣也。"这意思,谁都听得出来,他才是顶呱呱的诤臣。

我很佩服秦始皇的雅量,对这位山东老夫子的指责,并未火冒三丈,而是"下其议",让大家讨论,够有风度。坏就坏在李斯身上,他提出了焚书的主意。这样严格来说,这个发明权,应该属于李斯,而不是秦始皇。

不过,李斯立论的基点,师今而不师古,是绝对正确的。他的名言:"五帝不相复,三代不相袭",很具辩证法,很符合时代发展的逻辑。生活不会停滞不前,它要发展,它要向前,不可能永远生活在前人的阴影里。无论那是一个多么伟大,多么辉煌,在历史上留过多么了不起英名的大人物。过去的,也就过去了。若是后来者,仍旧抱着棺材板不放,说相同的话,做不变的事,走一模一样的路,那就只能是一代没出息的侏儒而已,而侏儒是绝成不了气候的。

但他出的"焚书"这一招,实在够糟、够恶、够讨厌,谬种流传,遗患无穷,不但希特勒学得很是地道,一直到20世纪的六七十年代,红卫兵小将,也一个个无师自通地成为他的衣钵传人。那些连笔都握不好的手,在华夏大地上点燃起的焚书之火,不知多少书籍被付之一炬啊!秦始皇焚书,多少还有些选择,医学的书,农耕的书,是不烧的。而革命小将们的焚书,凡线装书,凡直行排印的书,凡文言文的书,凡外国人写的书,凡能归之于封、资、修的书,统统都往火里扔。这种焚书的极端,那才叫干净彻底。如果嬴政借尸还魂的话,对小将的这份革命洁癖,也会钦佩得无以复加,而自惭不如的。

秦代的书,是竹简,不大好烧,但烧起来,火光烛天,肯定更壮观些,但灰分较大,残留下的灰烬也肯定会堆积成山的。据说,在陕西省的渭南县境,一条叫做沈水的河岸边,至今还有暴露灰层的秦焚书灰堆的遗迹。在唐代,一位叫章碣的诗人,可能到此一游,写了一首《焚书坑》的七言绝句:"竹帛烟消帝业虚,关河空锁祖龙居。坑灰未冷山东乱,刘项原来不读书。"这首诗的后两句,脍炙人口,常常被人引用来说明,无论暴政多么持久,高压统治多么严酷,但思想是无法禁绝的,中国文化的生命力是不会断根的。秦始皇把书烧了,接下来的汉代,却是继诸子百家的春秋战国后,中国出现的又一个文化高潮时期。

嬴政以后的皇帝,好像悟过来了,焚书无用,焚了还可以再版,再版了还要再焚,多费事啊!不如坑儒,把你脑袋摘了,就什么也干不成了。干脆,治标不如治本,收拾知识分子,为上上策,重则杀头,轻则充军,让你写不成书,朕还用得着焚嘛?这世上不就有一个司马迁嘛,敢在受了腐刑以后,还有毅力去写《史记》的。绝大多数的文人,都会为了保住头颅,俯首帖耳地做顺民。

中国皇帝好焚书者,此后还有过好几位,但都不具秦始皇那种统一思想,传之万世的雄图大略,多为陷于困境中的歇斯底里大发作,纯属玉石俱焚的自弃自毁行为。如梁简文帝萧纲,在侯景兵围建康期间,曾经"募人出烧东宫,东宫台殿遂尽。所聚百橱图籍,一皆灰烬"。他的弟弟,梁元帝萧绎在江陵被围城破之日,下令焚烧古今图书14万卷,其中包括从建康为避兵灾而转移到江陵的8万卷书,梁武帝收藏的内府书画数万卷,统统付之一燔。昭明太子的这两位弟弟,真可谓一对难兄难弟。

后来,萧绎被北魏俘虏了,有人很奇怪地问他,你干吗要烧书,你不是手不释卷,爱书如命吗?他的回答是:"读书万卷,犹有今日,故焚之。"王夫之在《读通鉴论》里谈到这件事时,不禁叹息:"未有不恶其不悔不仁而归咎于读书者,曰书何负于帝哉?此非知读书者之言也。"

皇帝焚书,固然可恶,十分可恶,但应该看到,在中国焚书史上,他们焚的书,只是冰山可见的一角。而不可见的水面下的那九分之七,全是非皇帝的焚书者,对于中国文化所造下的罪孽,那才是罄竹难书的恶行呢!

就以渭南县焚书坑所能看到的残留物,何其可怜巴巴;对照近年来发掘出来的兵马俑遗址的焚烧规模,再联想史书所载"烧秦宫室,火三月不灭",两相比较,秦始皇焚书,真是小儿科得很,而不读书的刘邦先生,特别是"西楚霸王"项羽先生,放起火来,那才是大手笔。项羽西屠咸阳,连咸阳宫、阿房宫、六国离宫、秦陵都烧得片瓦不存,什么竹简之类是绝不会留下来的。

秦始皇焚书时被例外允许保留的医学、农耕书籍,从此荡然无存,连片纸只字都找不到了,这不是项羽干的好事,还有谁!所以,是秦始皇烧书厉害,还是西楚霸王和他的江东子弟,还有那些趁火打劫的人烧书厉害,也就不言自明。

如果上《吉尼斯世界之最大全》,秦始皇是第一位官方焚书者,那么,第一位民间焚书者的桂冠,给项羽戴上,是当之无愧的。

项羽那么勇敢地放火,因为他实际上是个没有什么文化的粗人。虽然他写过"虞兮虞兮可奈何"的诗,与现在一些附庸风雅的先生,胡诌两句打油诗的水平相差无几。正因为他没文化,不读书,所以比谁都恨书,就如同"文革"期间,只有初中和高小水平,而且老不及格的红卫兵小将,由于恨书、恨老师,焚起书来,一点也不会手软,是同样的道理。

别看项羽是楚贵族,但满脑袋装的全是小农意识,在咸阳捞了一票以后,就要衣锦荣归,三十亩地一头牛,老婆孩子热炕头,拥着虞姬回江东去了。在中国,凡具有小农意识的阶级或阶层,都对知识、对知识分子,存有一股狭隘的排斥的警惕心理,若说爱屋及乌的话,自然也就恨人及物,这是他能够连眼皮都不眨一下地大焚其书的内心动机。这就可以理解红卫兵像疯了似的一定要踩上千万支脚,让教授、学者、专家、走资派——一切有文化的人,永世不得翻身,恐怕也是这种拒绝文化的偏执心理在作怪而已。

由此可知,不读书的人,造反可能是把好手,革命也许可能坚决,做一个冲锋陷阵的痞子可能是块好料,但指望他们尊重知识、爱护文化、珍惜图书、摆脱愚昧,无异于"与虎谋皮"。越无知,越愚昧;越没有头脑,越容易迷信;越个人崇拜,越便于驱使。我记得,在那个黑白颠倒的岁月里,一群小将在小县城的百货商店门口贴出一纸勒令,不许他们出售"太妃糖"。可笑的,大家对这种无知不敢笑;更可笑的,商店居然将一块块糖纸剥掉再卖。

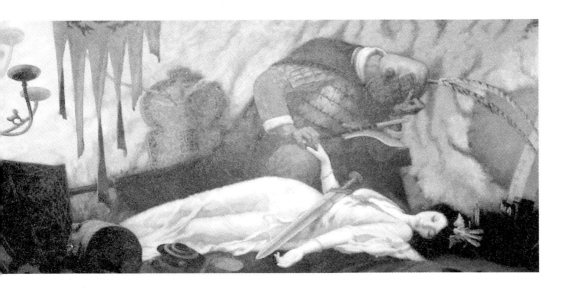

>>> 项羽可谓"民间第一焚书者",他那么勇敢地放火,把阿房宫、咸阳宫、秦陵等都烧得片瓦不存,因为他实际上是个没有什么文化的粗人。他虽然作过"虞兮虞兮可奈何"的诗,与现在附庸风雅的先生胡诌两句打油诗的水平,也相差无几。图为汤沐黎《霸王别姬》。

现在重提旧事,仿佛天方夜谭。项羽进咸阳后,带着他的江东子弟,杀人放火,大家觉得正常;而萧何到了关中,第一件事是派出人马,四处搜集秦国的文书档案,反倒令人感到蹊跷。谬误成为真理,书籍投进熊熊的大火中,也就是一种历史的必然了。

史称,项王"收其货宝、妇女而东"。他只要金钱和女人,这也是中国古代造反起义、亡命奋斗的不读书的领袖们,所追求的目标。达到了物质上的大满足,达到了性欲上的大满足,项王还会顾及其他嘛!在他的心目中,中华民族的文明精华,恐怕连擦屁股的手纸都不顶。所以,一部《二十四史》,像刘、项这帮不读书的英雄,才是焚书的真正主力。

鲁迅先生写《华德焚书异同论》这篇文章,我想不是给秦始皇平反,只是觉得将他与希特勒比,不合适。要当真地算一算账,皇帝焚的书,远不如无知百姓焚的书多。《大学衍义补》这部古籍里,就提出秦火和汉火的区别:"书籍自经秦火之后,固已无复先王盛时之旧,汉兴,多方求之,至哀帝时,刘歆总群书著《七略》,大凡三万三千九十卷……古书渐渐出也。不幸遭王莽之乱,焚烧无遗。盖秦火之烧,有意而烧,其祸蔓于君也。汉火之烧,无意而烧,其祸蔓于民也。"

从此,君之焚书,远不如民之焚书,继"王莽之乱"后,"董卓之乱"、"八王之乱"、"侯景之乱"、"安史之乱"……一"乱"接着一"乱",无论哪一"乱",都是不计其数的书籍付之一炬的悲剧时代。

如果我们沿着焚书的历史线索推寻下来,就该数到20世纪的"文革"动乱了。我不知道在将来修史者的笔下,这"十年浩劫",会记载在第多少史中。但肯定会标明为"乱",是无法翻案的。因为即使在《二十四史》中,也难找出一场类似的能够波及全中国范围的"乱"。我那时劳改于偏远省份的一个极闭塞的山城里,老百姓连火车都未见过。一日,突然从省城串联来的红卫兵,加上本地的忙不迭戴上红袖箍的响应者,把大堆的书,加上从县剧团抄出来的戏装、头面、盔甲、唱本,浇上煤油烧掉,那真是让人大开眼界。以这样一个小地方的焚书规模看,小将们那些年里,该焚掉多少书啊!这数字,恐怕神仙也统计不出来。

谁要有兴趣写一部《中国焚书史》的话,真希望这书的最后一章,就在"十年动乱"这一节打住。由秦始皇开始的第一把火,到红卫兵的最后一把火,从此结束中国焚书的历史，倒不失为一种饶有兴味的组合。不过，电脑科技的飞速发展，已经可以将整个大英图书馆的全部藏书，存储在一张巴掌大的光盘上，那么秦始皇，或者刘、项，或者"革命小将"，再杀将回来，还能焚得成书吗？

这一回，这些焚书者，大概是不会有什么戏了。

生死司马迁

司马迁（公元前145—前90）　西汉史学家、文学家、思想家。他先任太史令，后任中书令。他以"究天人之际，通古今之变，成一家之言"的史识，写出中国第一部纪传体通史《史记》，记载了从上古传说中的黄帝时期到公元前122年（汉武帝元狩元年），长达三千多年的历史，为《二十四史》之首。它被公认为中国史书的典范，被誉为"史家之绝唱，无韵之离骚"。

对中国历史稍有所知的人，都会知道司马迁这个名字；而知道司马迁是位历史学家的人，却未必知道他在公元前99年（天汉二年），因替李陵败降匈奴事辩解，说了几句真话，触怒汉武帝下狱，而受"宫"刑的历史；也许就更不会知道他在污秽肮脏之中，写作《史记》时难以承受的痛苦。

"宫"，即去势。司马迁可算是非正常死亡的中国文人中，一个很特别的例子，恐怕也是世界文学史上的"唯一"。

"宫"和去势，是一回事，但性质有所不同。"宫"是刑法，是无可选择的；去势，在有皇帝的年代里，是当太监的首要条件。若不想当，也就不必去势。当然也有或被父母鬻卖，或因生活无着而净身入宫，不无被迫的个例，但大多数被阉者是作为谋生手段甘愿去势，求得进宫的这份资质。因此，这班人对于不男不女的第三性状态，较少屈辱感。而且一旦成为太监，生活在无数相同的人中间，大家彼此彼此，谁也不可能笑话谁，便是无所谓的事了。

太监这行业，不仅中国有过，外国也有过的。如波斯阿契美尼德王朝，如克劳狄、尼禄、维特利乌斯和提图斯等罗马诸帝,如其后的拜占庭帝国诸帝,如奥斯曼帝国诸帝,都曾在后宫使用割掉生殖器的男人役使。中国明代大概是历史上破纪录使用宦官的帝国,故有"十万太监亡大明"这一说。任何朝代,太监或类似太监的人多了,都不是好事。

由于宦官有太多的机会接近帝王后妃,容易获得宠幸;加之阉人的变态性心理,嫉妒一切正常的人,便是他们的仇恨准则。一部《二十四史》,读来读去,凡太监都不是好东西,至少好东西极少。所以,对这卑污龌龊者多,阴暗险恶者众的一群,统统蔑称之为"阉竖",倒也合适。

但司马迁之被"宫",与"阉竖"的去势截然不同。老实说,历代皇帝收拾文人,手都不软,什么毒辣残忍的法子没有使用过呢?但把文人连根端掉者,刘彻是独一份。那是中国文化史上最黑暗的一页,文人之受屈辱者,莫过于此。

"宫"刑在中国,盛行于奴隶社会和封建社会初期,以阉割或损坏男女生殖器官,旨在使其余生在屈辱中度过。汉武帝异想天开,在"刑不上大夫"的年代里,他不杀头,也不判刑,更不戴上什么"分子"的帽子,而是采用"宫"刑,来对付他的国史馆馆长、国家图书馆馆长,使其丧失作为一个男人的尊严,既活不下去,也死不成。这一招,实在可谓既恶且损,加之下流、下作。

这奇耻大辱对司马迁来说,"肠一日而九迴,居则忽忽若有所亡,出则不知其所往,每念斯耻,汗未尝不发背霑衣也"。一位"英明"之主,竟对文人进行如此卑劣的报复,简直使我们这个具有悠久文明的中华民族,为之蒙羞。古代洋人的酷刑,能够将耶稣在十字架上钉死,能够将圣女贞德、布鲁诺在火堆上烧死,愤怒的革命群众甚至将路易十六夫妇送上断头台——铡死,不可谓不恐怖;在莎士比亚时代,将人犯的脑袋,割下来挂在伦敦塔桥上示众,也极其残忍。但像刘彻用"宫"刑对付一个文人,对付一个埋头在简牍中阅读历史的学者,这是世所罕见的野蛮行径。

每读毛泽东《沁园春》词中"秦皇汉武,略输文彩"这一句,我总会想起汉武帝"宫"司马迁这件丢中国人脸的事情,亏他做得出来,下得去手。我始终想,问题恐怕就出在这句"略输文彩"上。要是像他那老祖宗刘邦那样,虽能吼出两句"大风起兮云飞扬"却从不以诗人自居,也许司马迁说什么,他会不当一回事的。而汉武帝,诗词、歌赋都来得,虽"略输",还有点"文彩",这一有就坏菜,他把自己看做文人。文人对文人,就免不了计较,就要关心意识形态领域的问题。而且,有权的文人,嫉妒起同行来,往往不择手段。"宫"你一下,又何妨? 碰上一个有文彩的皇帝,哪怕"略输"一点,真还不是什么值得文人大众高兴的事情。

司马迁书读多了,有点呆气,他为什么不想想,同姓司马,那个司马相如被欣然接受,这个司马迁却被断然拒绝呢? 难道还不足以总结出一点经验,学一点乖吗? 为那张按捺不住的嘴,付出被"宫"的代价,真是太不划算了。《汉书·司马迁传》认为:"夫唯《大雅》'既明且哲,能保其身',难矣哉!"这意思就是说,若是司马迁能够"明哲"的话,也许可以"保身",具体一点,可以保住那命根子。但他心血来潮,跳出来为李陵主持公道,却招来了这场灭顶之灾。

不过,要一个具有责任感、使命感,特别是这位太史令,还多一份历史感的文人,让他懂得"沉默是金"的道理,让他对帝国的千疮百孔闭上眼睛,让他在这位年近花甲做了四十多年皇帝的汉武帝面前,装聋作哑,那是不可能的。"宫"司马迁的公元前99年(天汉二年),大汉王朝的日子不甚好过,大面上的风光依旧,内囊早全上来了。由于历年来徭役、兵役不断,狂征暴敛不已,人民负担沉重,大批农民流亡。这一年,齐、楚、燕、赵和南阳等地相继发生农民起义,所有这些败象,都是刘彻随着年事的增高,"英明"一天天少下去,不英明一天天多起来的必然结果。

孟德斯鸠说过,每个被授予权力的人,都易于滥用权力,并且将他的权力用到极限。康德也说过,掌握权力就不可避免地败坏理性的自由判断。意大利哲人马基雅弗利说得更干脆,久握权力,必致腐化。这也是所有长期执政的统治者,在其晚年,难以逃脱的失败命运。刘彻也如此,到了晚年,除了封禅巡幸,敬神祀鬼外,便是好大事功,大兴土木,与所有老年统治者一样,已成为悖谬颠错的老糊涂了。司马迁还以为他是当年意气风发的"英主",居然书生气十足地"欲以广主上之意,塞睚眦之辞",要为李陵败降慷慨陈词。

其实子承父业继任太史令的他,在国史馆里,早九晚五,当上班族,何等惬意? 翻那史籍,读那竹简,渴了,有女秘书给你沏茶,饿了,有勤务员给你打饭。上自三皇五帝、春秋战国,下至楚汉相争、刘氏帝业,那堆积如山的史籍,足够他皓首穷经,研究到老、到死的。而且,他和李陵,非亲非故,"趋舍异路",不相来往,更不曾

"衔杯酒,接殷勤之余欢",有过私底下的友谊。用得着你狗拿耗子,多管闲事吗? 但知识分子的通病,总是高看自己,总觉得他是人物,总是不甘寂寞,有一种表演的欲望。他认为他应该说话,他要不站出来为李陵说句公道话,还有谁来主持正义呢!他说:第一,李陵"提兵卒不满五千,深践戎马之地,横挑疆胡,仰亿万之师";第二,李陵"能得人之死力,虽古之名将,不能过也,身虽陷阵,彼观其意,且欲得其当而报于汉,事已无可奈何,其所摧败,功亦足以暴天下矣";第三,李陵"转斗千里,矢尽道穷,救兵不至,士卒死伤如积"。

学问太多的人,易愚;愚,则不大识时务;不识时务,就容易在错误的时间、错误的地点,做出错误的事情。他一张嘴,捅下天大的娄子。

汉武帝是让他讲话来着,他该懂得,陛下给脸,垂询你的意见,是要你讲他愿意听的话,你如果不想对李陵落井下石,你完全可以装糊涂,千万别进逆耳之言。这位多少有点受宠若惊的关西大汉,遂以"款款之愚"、"拳拳之忠"全盘托出他的真实想法。一句"救兵不至",不但毁了他的前程,连男人的象征物也得根除。他不是不知道,那个未能如期会师,致使李陵孤军奋战,兵败而降者,正是陛下心爱的李美人之兄长、贰师将军李广利。

谁知"明主不晓,以为仆沮贰师,而为李陵游说,遂下于理"。一个"略输文采"的统治者,收拾这个当场得罪了他,得罪了他小舅子,更得罪了他心爱的女人的文学同行,还不容易。但是,他吩咐下去,不用砍掉他的脑袋,只消"宫"他就行了。然后卷帘退朝。刘彻,肯定会为他这得意一笔,回到后宫,对着已逝李美人的遗像,觉得很可以告慰她的。妲己,曾让商王纣杀比干剖腹验心;褒姒,曾让周幽王举烽火报警取乐;那么,多情得很的汉武帝"宫"太史令,讨死去的美人欢心,又算得了什么?

宫刑,始于周,为"五刑"之一。《书·吕刑》曰:"爱始淫为劓、刵、椓、黥。""椓",孔颖达疏:"椓阴,即宫刑也",也就是去掉生殖器官;"劓",削掉鼻子;"刵",切掉耳朵;而"黥"和"墨",则是在犯人的脸上刺字;"刖",斩断手足。《孔传》曰:"截人耳鼻,椓阴黥面,以加无辜,故曰'五虐'。"古人对这类残酷的肉刑,也持否定态度。结果,"杀",在"五刑"中,倒成了最简单的刑法,因为砍掉脑袋,只需一刀了事。

远古时代,统治者视人民为草芥,老百姓真是如肉俎上,据《汉书·刑法志》:

"五刑,墨罪五百,劓罪五百,宫罪五百,刖罪五百,杀罪五百,所谓刑平邦用中典者也。"要是刑乱邦用重典的话,五百增加到一千,那就该是道路以目,动辄获罪,不知什么时候、什么场合、什么原因,就会掉耳朵、掉鼻子。所以,汉武"宫"掉司马迁,留一条命在,该磕头喊万岁才对。

读《水浒传》里,陆虞侯往林冲脸上刺字,押往沧州;武松在阳谷县犯事,脸上刺了金印发配,看来对人犯的施虐行径,到唐宋,还在延续。这种远古时期留下来的残忍和恶行,像基因一样,在国人的血管里流动着,一遇机会,就会爆发出来。要不然,"文革"期间,那些"造反派"和红卫兵,怎么想起给"走资派"挂黑板、戴高帽、剃阴阳头来折磨人呢?不学无术的"造反派",不可能从史书中得到启发,很大程度上是血管里的基因在起作用。

司马迁"下于理",大约是在他四十多岁的时候,他比那些知青作家还要小不少,正是泡吧泡妞泡桑拿的好年纪。但他却只能在"蚕室"里泡了。颜师古注《汉书》:"凡养蚕者,欲其温而早成,故为密室蓄火以置之。而新腐刑亦有中风之患,须入密室乃得以全,因呼为蚕室耳。"在没有麻醉剂、没有消毒措施、没有防止感染的抗生素,以及没有止痛药的情况下,按住司马迁施用宫刑,可想而知,那份痛苦,比死也好不了多少。

鲁迅先生在《且介亭杂文》中的一篇《病后杂谈》里说到:"例如罢,谁都知道从周到汉,有一种施于男子的'宫刑',也叫'腐刑',次于'大辟'一等。"先生认为"宫"刑,只施用于男子,事实并非如此,据《孔传》"宫,淫刑也,男子割势,妇人幽闭,次死之刑",女子也要受"宫"刑的。究竟如何对妇女实施幽闭,史无记载,一直是个不解之谜。据清褚人获《坚瓠续集·妇人幽闭》中透露:"《碣石剩谈》载妇人椓窍,椓字出《吕刑》,似与《舜典》宫刑相同,男子去势,妇人幽闭是也……椓窍之法,用木槌击妇人胸腹,即有一物坠而掩闭其牝户,止能溺便而人道尽废矣,是幽闭之说也。"记得有一位先生,突然说他明白了,写出文章,他认为古代是用杵击的野蛮方法,使妇人子宫脱垂,造成幽闭云云。其实也是摭拾清人余唾,别无新见。不过,如果说古代的行刑队,具有对男女生殖系统如此精熟的了解,证明鲁迅先生所感叹的,旧时中医对于人体解剖学的知识,甚至不如封建社会里专事行刑的刽子手,大概是有其道理的了。

>>> 对中国历史稍有所知的人,都会知道司马迁这个名字;而知道司马迁是位历史学家的人,却未必知道他因替李陵败降匈奴的事辩解,说了几句真话,触怒汉武帝,而受"宫"刑的历史;也许就更不会知道他在污秽肮脏之中完成《史记》的那难以承受的痛苦。图为司马迁画像。

话题或许离司马迁远了些,然而,若不知道中国旧时的统治者,和未成为统治者的起义军的领袖,那种把人之不当人待的残忍,也就无法理解司马迁之愤、之怨、之惨、之悲哀了。

《汉书·司马迁传》说:"受刑以后,为中书令,尊宠任职。"一个失去最起码尊严的男人,"尊宠任职",又有何补益?中书令为内廷官,必须阉人才能担任。他的男根没了,正好干这个差使。说白了,等于告诉大家,他没有那玩意儿,是狗男女,更是侮辱。

司马迁给故人益州刺史任安的信中,对他"重为天下观笑"的被"宫",痛苦之极,羞辱之极,感到简直没法再活在这个世界上。因为这种可耻的刑法,施之于他这样"士可杀而不可辱"的文人身上,那是无法接受的。他不由得不大声疾呼:"是余之罪也夫,是余之罪也夫!"作为家学渊源的太史令,过着这种男不男、女不女的日子,"重为乡党所戮笑,以污辱先人,亦何面目复上父母之丘墓乎!"西汉文坛的领袖,落到这等的境地,将何以堪,是可想而知的。对司马迁而言,创口之难以愈合,长期淌血流脓,腐臭不堪的苦难,也许能够忍受;那种"祸莫憯于欲利,悲莫痛于伤心,行莫丑于辱先,诟莫大于宫刑"的凄惶状态,"身残处秽,动而见尤,欲益反损,是以独抑郁而谁与语"的羞耻,和被隔绝的孤独,才是他的最大痛苦。

于是,他在充满血腥味的污秽蚕室中,第一决定不死,第二尤其不能死在刘彻之前,第三发愤著书。

记得在20世纪70年代,"文革"已近强弩之末,古籍开始部分解禁,我在一部一部读司马迁的《史记》这部不朽之作时,不禁惶惑。司马迁被"宫"后,在下体溃败、阴部朽坏、脓血弥漫、恶臭糜烂之中,坚持完成这部巨著,自然是不可思议的伟大。但是,在敬仰他惊天地泣鬼神的艰苦卓绝的同时,也不由得想,老兄,你的皇帝都不把你当人看待,让你人不是人,鬼不是鬼,你还有什么必要,来替这个狗屁皇帝,尽史官的职责呢?

后来我才明白,这固然是中国文人之弱,但这也正是中国知识分子之强。连我这等小八腊子,在那不堪回首的岁月里,还曾有过数度愤而自杀的念头呢!那么,司马迁,这个关西硬汉,能忍受这种度日如年、生不如死的苟活日子吗?他显然不止一次考虑过"引决自裁",但真是到了打算结束生命的那一刻,他还是选择了中国大多数知识分子在无以为生时所走的那条路，宁可含垢忍辱地活下去，也不追求那死亡的刹那壮烈。一时的轰轰烈烈，管个什么用！

因此，我想——

他不死，"所以隐忍苟活，幽于粪土之中而不辞者，恨私心有所不尽，鄙陋没世，而文采不表于后世也"。他相信，权力的盛宴，只是暂时的辉煌；不朽的才华，才具有永恒的生命力。

他不死，一切都要等待到"死日然后是非乃定"。活着，哪怕像孙子、像臭狗屎那样活着，也要坚持下去。胜负输赢，不到最后一刻，是不见分晓的。你有一口气在，就意味着你拥有百分之五十的胜出机率，干吗那样便宜了对手，就退出竞技场，使他获得百分之百呢？

他不死，他要将这部书写出来，"藏之名山，传之其人，通邑大都，则仆偿前辱之责，虽万被戮，岂有悔哉"。很明显，他早预计到，只要这部书在，他就是史之王，他就是史之圣；他更清楚，在历史的长河里，汉武帝刘彻者也，充其量，不过是众多帝王中并不出色的一位。而写出"史家之绝唱，无韵之离骚"（鲁迅语）的他，在历史和文学中的永恒地位，是那个"宫"他的刘彻，再投胎十次也休想企及的。

所以，他之不死，实际是在和汉武帝比赛谁活得更长久。

"汉武末年，巫蛊事起，自皇太子、公主、皇孙皆不得其死，悲伤悉沮，群臣上寿，拒不举觞，以天下事付之八岁儿"（南宋洪迈《容斋笔记·人君寿考》），越来越昏庸的刘彻，已经完全走向反面。唐朝司马贞在《史记·孝武本纪第十二》后的《索隐论赞》中，评价他"疲耗中土，事彼边兵，日不暇给，人无聊生，俯观嬴政，几欲齐衡"，认准他是与秦始皇一丘之貉的人。

被"宫"的司马迁，会看不出这位"宫"他的皇帝，已是伍子胥式"日暮途穷，倒行逆施"之人吗？他在《孝武本纪第十二》里，将这位"英主"真面目，一层层地揭了个底朝天。按顾颉刚分段标点的《史记》，汉武帝这篇《本记》，共49个自然段，其中涉及神鬼祥瑞者19段，涉及封禅祭礼者12段，两者相加31段，字数却超过全文的五分之四，这位"好神仙之道"（《汉武帝内传》）的皇帝，在司马迁的笔下，究竟是个什么形象，也就不言而喻。

对于司马迁坚持不死，哪怕糜烂到无可再烂也不死，有一口气就要著《史记》

的私衷,古往今来,只有一个人看得最清楚,那就是东汉的王允。在《三国演义》里,用"连环计"干掉董卓的那位王司徒,处决另一位也是书呆子的蔡邕时,旧事重提:"昔武帝不杀司马迁,使作谤书,流于后世。方今国祚中衰,神器不固,不可令佞臣执笔在幼主左右。既无益圣德,复使吾党受其讪议"(《后汉书》)。

王允明白,虽然文人是极其脓包的,统治者掐死一个文人,比碾死一只蚂蚁还容易;但极其脓包的文人,凭借着那支秃笔,却能把那些曾经不可一世的暴君、昏君、庸君、淫君,一一钉在历史的耻辱柱上,受到千年万载的诅咒。

到底谁更强些,谁更弱些?从比较长远的历史角度来衡量,还真得两说呢!

司马迁必须活下去,只有活得比刘彻长,哪怕长一分钟、一秒钟,这个能"宫"他的皇帝,就再无可能"宫"他的不朽之作。现在,"略输文彩"的汉武帝终于真正输了、死了;而在精神上升华了司马迁,此时此刻,那个早已不是他的肉体躯壳,已无存在的必要。于是,我们这位"史圣",遂不知所终地在人间蒸发了。

卒年不详,这或许是治史的司马迁,故意留下的一笔告白:生在哪年,是不重要的;死在哪年,也是不重要的;活着,才是人生的全部目的。

达者马援的"不达"

马援(公元前14—49) 东汉军事家。他为东汉的统一立下了战功,后请缨东征西讨,西破羌人,南征交趾。他老当益壮、马革裹尸的气概得到后人崇敬。

达,就是豁达,是一种生活态度;不达则执,执著同样也是一种生活态度。

一个人的生活态度,或达,或执,无所谓高低之别,上下之分。过分的达,放浪形骸,荡佚不羁,不管不顾,率意而为,随便过了头,也令人不敢恭维;过分的执,成为偏执、顽执、执拗、别扭,太认死理的话,也是使人敬而远之,来不及躲避三舍的。达和执,常常决定于人的性格、人的禀赋、人的成长环境,以及人的命运际遇。按道理讲,它们应该可以改变,但要真的改变起来,甚难。

不过，豁达之人，未必不会在某事、某时变得执著起来；反之，执著之人，在什么问题上突然表现出豁达，也不是不可能的。什么都"达"，或者，一切皆"执"，生活中、历史上有这样的人，不能不为其片面性而遗憾；如果，一个人能做到该"达"则"达"之，该"执"必"执"之，有张有弛，这才叫做既有原则性又有灵活性，这才能于人际交往中立于不败之地。

然而，这岂是说到就做到的吗？所以说，人的多面性和复杂性，也就表现在这些地方了。

读《后汉书》，不能不读《马援传》，这位伏波将军，在刘秀立国、群雄互争的时候，就表现出一种达者的魄力。他不只是一员很得军心的武将，更是个有头脑的政治家。"当今之世，非但君择臣也，臣亦择君矣！"这句名言，就是他说的。应该承认，他在这种选择中，表现出了明达识变的思路。他选择了刘秀，刘秀也选择了他，于是成就了他作为彪炳史册的一员名将。

马援还很年轻的时候，就有不凡俗的举止。他的哥哥马况要他正正规规地读书成才，这是一般人都要走的路。这也是中国人或者世界人直到今天，所有父母兄长免不了要对年轻人谆谆教诲的。但这普遍适用的规律，对于马援这样的个例则不灵，他自己很痛苦。《后汉书》说他"曾受《齐诗》，意不能守章句"，倒不是说他不想做章句儒，具有反潮流的气质，而是他的精神无法集中到书本上。他哥哥看出了这一点，就说："你走吧，我不拦着你！一位优良的工匠，是不会把未完成的工料展示给别人的。也许你将来会成大器，但现在，我还是按照你自己的愿望，让你到边郡放牧种田，当兵习武去吧！"

因材施教的马况，不照常规苛求马援，是"达"；听任马援自由发展，不加以绳束，是"达"；同样，"因处田牧，至有牛马羊数千头，谷数万斛"的马援，享受大自然，是"达"；最后"尽散以班昆弟故旧，身衣羊裘皮绔"，不能不说，这也是一种"达"；而且他对于劳动所得，物质利益，看得很轻，"凡殖货财产，贵其能施赈也，否则，守钱虏耳"。那就更是我们所不能企求到的"达"了。

在"王莽末年，四方兵起"、天下未定之时，马援暂时依附于西北的诸侯隗嚣，取得他的信任，"与决筹策"，这也是马援在没有更好的选择时表现出来的"达"。后来，公孙述在蜀中称帝，与刘秀抗衡。隗嚣派马援去观察形势，决定何去何从。

马援接受任务去了西蜀,一方面为隗嚣,一方面也是为自己的出路进行选择。

马援以为自己与公孙述同乡里,又是老朋友,到那里还不是"握手欢如平生"。谁晓得这位老乡,摆出帝王架子,搞一套觐见仪式,整个儿是一副小人得志的模样。马援看出这个沐猴而冠的家伙,决非成事之辈,便对他的款待和许愿,根本看不在眼里。回西北后他对隗嚣说,公孙述称帝时,连他自己都担心:"当皇帝容易,可当不长久怎么办?"他老婆倒想得开:"朝闻道夕死可也,哪怕当上一天皇帝也值得。"像这样一些井底之蛙,加之狂妄自大,你还能指望他什么呢?一席话说得隗嚣心乱意迷,于是马援建议这位军阀审时度势,"不如专意东方",也就是要他向刘秀示诚。其实,这也是他自己观察时局,而做出的抉择。

一个人若不能豁达行事,无大器度,也就无高瞻远瞩之胸襟,便会局促于眼前和部分的利益。隗嚣虽然接受了马援的建议,遣子入质,但不久又反覆变卦,致使作为使者来到刘秀身边的马援处境尴尬。不过,凡达者,都有其坦然自若的心态。他第一次见刘秀时,曾经问道:"我去见公孙述,他怕我挟带武器,盘查再三。我到你这里,你马上接见,并无戒备,难道你不怕我行刺吗?"刘秀笑道:"你怎么会是个刺客呢?顶多是个说客罢了。"所以,"居数月,而无它职任"。刘秀不用他,也是很自然的谨慎行为。马援不被任用,也能放达自如,从容对待。于是,已经来到刘秀身边的马援,一方面给隗嚣做工作,使之回心转意;一方面对光武帝请求:"三辅地旷土沃,而所将宾客猥多,求屯田上林苑中。"

刘秀还真的马上拍板同意,这就是两个达者的聪明对阵了。如果回到隗嚣那里,对马援来说,不过是踏上一艘沉船,与之同亡而已;对刘秀来说,放走他,则增加消灭未来敌手的难度;因为马援非常人也,这一点汉光武心里是清楚的。马援也知道,如果求职不遂,心生怨艾,面露不悦,徒使本不很信任自己的刘秀生疑见惧之外,不会有任何好处,倒不如带着部属,在刘秀的眼皮子底下躬耕上林为好。刘秀更明白,连这样一条出路也不给马援,等于为渊驱鱼,为林驱雀,逼得马援反戈相向,与他作对。他们俩若有一人不够通达,心存偏执,戏就唱不下去。

这个世界上,像马援与刘秀这样两达相遇,惺惺相惜的,委实并不多见。有些人常常是阴差阳错,变生不测,好事搞砸,反目成仇,于是,英雄落魄,壮士扼腕,天底下的许多别扭,就层出不穷了。所谓的"不达",通常是由人类自身的性格弱点造成的。再加之蝇营狗苟,斤斤计较,凡囿一己之私见,遂个人之欲求,图小团体之利益,存帮派狭隘排他之心者,无不狗肚鸡肠,心胸狭窄,争长较短,倾轧成性,也是使达者常常受挫的原因。马援的最后下场,不正说明这个问题吗?

回过头来,观察时下诸多是非,大半与缺乏这份最起码的豁达,不无关系。"君子坦荡荡,小人常戚戚。"而"达",首先,是要有一份大度。假如刘秀和马援都像文人相轻那样的话,怕就形不成这份无言的默契了。

不久,光武帝"率师西征嚣,至漆,诸将多以王师之重,不宜深入险阻,计犹豫未决。会召援,夜至。帝大喜,引入,具以群议质之"。第一,刘秀敢用马援,毫无隔阂,这是"达"。第二,马援也乐于为刘秀用,不存芥蒂,更是"达"。"于帝前聚米为山谷,指画形势,并示众军所从道径往来,分析曲折,昭然可晓。帝曰:'虏在吾目中矣!'明旦,遂进军第一,嚣众大溃。"

于是,光武帝便重用马援,公元33年(建武九年),拜为太中大夫,平凉州。公元35年(建武十一年)夏,拜陇西太守。在任时,他"务开恩信,宽以待下,任吏以职,但总大体而已。宾客故人,日满其门。诸曹时白外事,援辄曰:'此丞掾之任,何足相烦?颇哀老子,使得遨游'"。这表明马援为官的"达",不像某些一阔脸就变者,有了点权,立刻露出抓耳挠腮的浅薄,令人鄙夷不齿。

公元43年(建武十九年),马援南下九真、日南、合浦平叛,因斩征侧、征贰,传首洛阳,封为新息侯,食邑三千户。获此殊荣以后,这位伏波将军能够推诚对部属坦言:"吾从弟少游,常哀我慷慨多大志,曰:'士生一世,但取衣食裁足,乘下泽车,御款段马,为郡掾吏,守坟墓,乡里称善人,斯可矣。致求盈余,但自苦耳!'当吾在浪泊、西里间,下潦上雾,毒气重蒸,仰视飞鸢跕跕堕水中,卧念少游平生时语,何可得也。今赖士大夫之力,被蒙大恩,猥先诸君纡佩金紫,且喜且惭!"从这番话里,可以看到马援胜利时的清醒,他没有贪天功为己有,更没有不知天高地厚,能够认识到自己的"不过如此",也许是更值得赞许的明达了。

尤其,他在《诫兄子严敦书》里写道:"龙伯高敦厚周慎,口无择言,谦约节俭,廉公有威,吾爱之重之,愿汝曹效之。杜季良豪侠好义,忧人之忧,乐人之乐,清浊无所失;父丧致客,数郡毕至,吾爱之重之,不愿汝曹效也。效伯高不得,犹为谨敕之士,所谓刻鹄不成,尚类鹜者也;效季良不得,陷为天下轻薄士,所谓画虎不成,反类狗者也。"

但遗憾的是,像马援这样的明白人,到了晚年,却达者也有其"不达"的时刻。如此懂得自我约束的将军,怎么能毫无顾忌地在大庭广众之间,放肆地攻讦起权贵来呢? 不是小人之不可得罪,而是像他这样指挥过千军万马的将军,该懂得不能无端地发起攻击,对小人打无把握获胜的仗,打蛇不死,必遭蛇咬,怎能如此大意呢? 特别是他还极力提倡龙伯高的"敦厚周慎,口无择言",结果自己嘴上却没有把门的了。

廉颇老矣! 这是人们对具有光荣过去的老人家,常常挂在嘴边的一句惋惜之语。看来马伏波老了,我一直想,他这样与梁松过不去,向他发难、寻衅、挑战、找碴,是不是和他年纪越来越老有什么关系? 老而"不达",也是许多上了年岁的长者,被年轻人不大尊敬的地方。

《后汉书》载:"(马援)自九月到京师,十二月复出屯襄国,诏百官祖道。"这当然是他的莫大荣誉了,有功和年老,不等于他就拥有当众教训别人的权力。看来,他是老了,失去最起码的感觉。他对设筵送行的官员说:"凡人为贵,当使可贱,如卿等不可复贱,居高坚自持,勉思鄙言。"这话当然不错,第一,看对什么人讲;第二,看在什么场合讲。而他要教诲和训斥的不是一般人物,偏偏是势倾朝廷的新贵梁松,这人可是当朝皇上的女婿。碰上这个绝对意义的小人,自然是要遭到嫉恨的了。更有甚者,"援尝有疾,梁松来候之,独拜床下,援不答。松去后,诸子问曰:'梁伯孙帝婿,贵重朝廷,公卿已下,莫不惮之。大人奈何独不为礼?'援曰'我乃松父友也,虽贵,何得失其序乎?'松由是恨之"。这种行为,不仅是"不达",而是可怕的迂"执"了。

结果是马援这位老将军尝到了他这种过于"不达"的苦果。公元 48 年(建武二十四年),"秋七月,武陵蛮寇临沅,遣谒者李嵩、中山太守马成讨之,不克。……马援请行,帝愍其老,未许。援自请曰:'臣尚能被甲上马。'帝令试之。援据鞍顾盼,以示可用,帝笑曰:'矍铄哉,是翁也!'……遂遣援率四万余人征五溪"。这时他 62 岁,连汉光武帝都认为他不可能率军出战了。

老了,就得服老,他完全用不着逞强,更不该认为除了他,地球就不转了。但他过高地估计了自己,结果适得其反。这是许多英雄一世的老人,不早早给自己画一个圆满句号的悲剧。这也是力不胜任,犹要强撑,想不认输,却偏偏输了的典型例子。他挂帅出征,兵进湘中,在进军途中失利。这时的光武帝,也失去了早年的豁达,竟一点不肯原谅,派了恨不死他的梁松,"乘驿责问援,因代监军。会援病卒,松宿怀不平,遂因事陷之,帝大怒,追收援新息侯印绶"。于是,这位曾经何其明智的达者,因最后的"不达",落到的是一个死无葬身之地的结果。

看来,"达"与"不达"的区别,在于生活在大千世界中的我们,不仅仅要充分了解自己:长处和短处、强项与不足、能力有多大、弱点在哪里,能拿得起,放得下;还要能了解与自己有关联的一切人:对方底细、实力状态、周边情况、客观形势,能看得准,懂得透。只有知己知彼,才可以做到进退有据,得失不惊,行于其当行,止于其当止。若再记住马援晚年犯的小人不可得罪的这个错误的深刻教训,始终保持警醒的头脑,也许就能做到真正的"达"了。

董卓,"豺狼也"

董卓(? —192)　东汉末年权臣、凉州军阀。曾率军进京,掌控朝中大权。其为人残忍嗜杀,倒行逆施,招致群雄联合讨伐。后被亲信所杀。

在一般人心目中,董卓是和吕布、貂婵连在一起的。舞台形象是大花脸,将军肚,粗声浊气,酒色之徒。一见貂婵,马上表现出一种性的高度亢奋状,哇呀呀地冲动起来。那急不可耐的下三烂的样子,充分刻画出一个绝粗俗、绝低档,但有权有势的头面人物形象。明人王济写过一出戏,叫《连环计》,是昆曲,也改编成为京剧过,不知是否为拥有性特权的大人物所不喜欢,这出戏后来很少上演。

董卓,"豺狼也"。这是他同时代人对他的评语,充分说明他的恶本质。好色,只是他的一个侧面。一个人,混到了拥有极大权势的地步,弄个把女人玩玩,那就是"无伤大雅"的"小节"了。史书通常都不记载,只有小说家差劲儿,总抓住大人物这些"小地方"做文章。罗贯中的《三国演义》是一部讲权谋的书,全书的第一个计就是"连环计",也就是用女人来诱好色之徒上钩的"计"。中计的恰恰是董卓,于是编成小说,编成戏文,他和吕布都成了爱情至上主义者,为争夺貂蝉差点要像西洋人那样决斗一番。

其实,董卓一开始,并不是个完全充满兽性的杀人狂。

史书称他"少好侠"、"有才武",他本是粗鄙少文的一介武夫,在不停厮杀格斗的局面下,残忍不仁的性格益发变本加厉。所以,他成为长期独霸一方的"西北王",谁也不买账。

公元188年(灵帝中平五年),中央政权觉得他挟权自重,有异志,要他将兵权交给皇甫嵩,调他到京城任少府,他推托不就。第二年,又调他为并州牧,仍要他把兵权交出去,他再一次抗命。就在他任河东太守期间,恰逢黄巾事起,他不得不奉命征剿。可他这支部队,屠杀手无寸铁的老百姓和边民,是既残暴又凶恶的虎狼之师。可真刀真枪上阵,他和他的队伍却不堪一击,被黄巾打得一败涂地。

他因此获罪,很倒霉了一阵子。

所以,何进听了袁绍的馊主意,调他进京清除十常侍的命令一到,正中下怀,他带着队伍由河东直奔洛阳,这下子他大报复、大泄愤的机会可来了。谁也挡不住他,他一张嘴就杀气腾腾:"昼夜三百里来,何云避?我不能断卿头邪?"

这也是我们常常见到的,那些一朝得意,睚眦必报的小人嘴脸了。

老实说,这类小人是无论如何不能靠自己的真本事、真功夫、真能耐去获得自己想要的一切的,可是他们又非常之想得到这一切,所以只能靠非正当手段或凭借外力去攫取。谁教何进、袁绍给他这个机遇呢?可在此以前,这些吃不着天鹅肉的癞蛤蟆,心痒难禁,手急眼馋,日子难过,痛不欲生。在失意的时候,在冷落的时候,在什么也捞不着的时候,在谁也不把他当回事的时候,那灵魂中的恶,便抑制不住地养成了对于这个正常世界的全部仇恨。若是一旦得逞,必定是以千百倍的疯狂,进行报复。

若是小姐身子丫环命,顶多有些自怨自艾,红颜薄命,无可奈何而已。但怕的是奴婢身子奴婢命,偏又有许多非分之想,于是为达到目的,从卖身到卖人,什么都能干得出来的。

董卓终于虎视眈眈地来到洛阳,开始报仇雪恨。

他进到都城,第一件事,便是采取组织措施,先把少帝废了,把领导权夺在自己手中。废立,在封建社会里是大逆不道的行为,虽然想出了那些摆在桌面上的理由,其实是骗人的。包括这个可怜的小皇帝,兵荒马乱,被吓坏了,回答他的话不如陈留王利落,促使他要立陈留王为帝的说法,也是一种借口。主要的是董卓对拥戴少帝的领导班子早就心怀不满,那些京官根本没把他放在眼里,还整过他,因此他一得手就把皇帝换了。他自然权倾朝野,为所欲为了。

第二件事,他封自己为司空、为太尉、为相国、为眉侯、为太师,凡是能当上的官,他都要当,决不嫌多。这在心理学上叫做"平衡补偿",而且文化层次愈低的人,愈追求感官上的满足。当官,要当大的,当一把手,谁也不在他眼里,赞拜不名,剑履上殿,膨胀到了极点。"我相,贵无上也!"他给自己这个"相"做了规定,是顶尖的,是最大的,谁也超不过去。他还要当尚父,当皇帝的干老子,比皇帝还要高一格。这当然也是无所谓的,有了想干什么就干什么的权力,还不赶快过瘾?所以这些人迫不及待地抢官做,是在另一种危机心理支配下的行为。因为他们知道不定什么时候就要倒台,不趁热把一顶顶乌纱帽戴上,一凉,怕连戴帽子的脑袋都保不住。这样,自然是花子拾金,先热乎两天再说,到第三天,居然还在手里,还属于他,便高兴得手舞足蹈。小人得志,通常都是这样的。

第三件事,便是一人得道,鸡犬升天,徒子徒孙,沐猴而冠的"升官图"了。本来,物以类聚是正常的事,所以小人成伙,恶狗成群。人们说的拉帮结派,结党营私,都是不正派的人最乐于采用的手段。给家人封官,给亲信、部下、随从,乃至狗腿子们封官。除去论功行赏的意义外,更重要的是要把他的党羽,塞到每个关键岗位上去。

所以董卓靠他的喽啰们作恶,他的喽啰们也倚仗他的保护,上下交征恶,倒霉的便是百姓了。

《献帝记》有这样一段记载:"卓所爱胡,恃宠放纵,为司隶校尉赵谦所杀。卓大怒曰:'我爱狗,尚不欲令人呵之,而况人乎?'乃令司隶都官挞杀之。"对于这些和狗差不多的人,和人差不多的狗,能做出些什么好事来,还不了然吗?

董卓对自己的家人,就更不用说了,到了无所不用其极的地步。封他的老娘为池阳君,"置家令、丞"。他的家宅俨然是一个小朝廷,"卓弟为左将军,封鄂侯;兄子璜为侍中,中军校尉典兵;宗室内外并列朝廷",都一下子抖了起来。

很可惜,董卓的老婆究竟封了个什么娘娘,史无记载,查不出来。不过,失传的《英雄记》里有一段描写,似乎能隐隐约约地看到她在幕后操纵一切的影子。

"卓侍妾怀抱中子,皆列侯,弄以金紫。孙女名白,时尚未笄,封为渭阳君。于郿城东起坛,从广二丈余,高五六尺,使白乘轩金华青盖车,都尉、中郎将、刺史二千石在郿者,各令乘轩簪笔,为白导从,之坛上,使兄子璜为使者授印绶。"弄出这样一个不伦不类、不合章法的场面,显然有女人争一点风光的动力在内。古礼女子十五曰笄,未笄,也就是说不到15岁的女孩,再早熟,未必懂得要这种殊荣的。显然,这个场面是为了满足这个女孩的什么人的欲望才安排的。除了董卓的老婆能指使他外,想不出别人有这大面子。当然也有可能,董卓另有所爱,被貂婵迷得神魂颠倒,不得不对他太太做出这样的姿态吧?

以上三件事,虽是恶迹累累,终究还是有范围的祸国殃民。但他所做的第四件事,大开杀戒,弄得无国无民,一片焦土,就使他成了千古唾骂,万劫不复的败类了。好像所有这类报复狂人,无论他得手以后,是一国之主也好,是一邦之长、一方之首、一界之头也好,不扫荡干净敌手对头,天底下只剩下他孤家寡人一个,他那心头之恨总也解不了似的。希特勒杀犹太人,十字军杀异教徒,就是这种杀红了眼的典型。

董卓的恶行真是罄竹难书!

他曾"遣军到阳城,时值二月社,民各在其社下,悉就断其男子头,驾其车牛,载其妇女财物,以所断头系车辕轴,连轸而还洛,云攻贼大获,称万岁。入开阳城门,焚烧其头,以妇女与甲兵为婢妾"。

"尝至郿行坞,公卿已下祖道于横门外。卓豫施帐幔饮,诱降北地反者数百人,于坐中先断其舌,或斩手足,或凿眼,或镬煮之,未死,偃转杯案间,会者皆战栗亡失匕箸,而卓饮食自若。"

"卓获山东兵,以猪膏涂布十余匹,用缠其身,然后烧之,先从足起。获袁绍豫州从事李延,煮杀之。"

最大的罪行,莫过于董卓执意从洛阳迁都到长安大屠杀了,那是骇人听闻的焦土政策、"三光"政策,这种报复的疯狂性,令人发指。"卓即差铁骑五千,遍行捉拿洛阳富户,共数千家,插旗头上,大书'反臣逆党',尽斩于城外,取其金赀。尽驱洛阳之民数百万口,前赴长安。每百姓一队,间军一队,互相拖押;死于沟壑者,不可胜数。又纵军士淫人妻女,夺人粮食;啼哭之声,震动天地。如有行得迟者,背后三千军催督,军手执白刃,于路杀人。卓临行,教诸门放火,焚烧居民房屋,并放火烧宗庙宫府。南北两宫,火焰相接;长乐宫廷,尽为焦土……"

等到孙坚逼进洛阳时,"遥望火焰冲天,黑烟铺地,二三百里,并无鸡犬人烟"。连曹操后来说起此事,还是感伤不已的:"旧土人民,死丧略尽,国中终日行,不见所识,使吾凄怆伤怀。"

一座数百万人口的国都,最后只剩下数百户人家,董卓作恶之极,惨绝人寰。

这个"报复狂"董卓,恶贯满盈,终于被他的亲信吕布干掉了。死后,"暴卓尸于市。卓素肥,膏流浸地,草为之丹。守尸吏暝以为大炷,置卓脐中以为灯,光明达旦,如是积日"。

匹夫董卓,他想不到会有这样一个作恶必自毙的结果。

因此,凡走极端到伤天害理的程度者,最好摸摸自己的肚脐,是不是将来会有点灯的可能?

倒霉的蔡邕

蔡邕(133—192) 东汉文学家、书法家。先被流放朔方,后被重用,做中央和地方官员,最后死于狱中。他精通音律,才华横溢;他除通经史、善辞赋外,也精于书法。

蔡邕(133—192),字伯喈,陈留圉人。东汉时期的一位全天候,简直是于学无所不逮的文化巨匠。

汉末,他曾官拜左中郎将,故后人也称他为"蔡中郎"。南宋陆游有诗:"斜阳古柳赵家庄,负鼓盲翁正作场;死后是非谁管得,满村听说蔡中郎。"说书人口中的这个"中郎",就是蔡邕;到了元代,在剧作家高则诚的笔下演绎出赵五娘寻夫的

>>> 蔡邕是东汉时一位全天候、简直于学无所不逮的文化巨匠。但是他却被憎恶大师、难容大师的平庸社会,推上了死亡之路。他在绘画、书法方面也是高手,图为他书法的碑刻。

《琵琶记》,凄苦哀绝的她所找的那个丈夫,也是这个"中郎"。宋时说唱,元时戏曲,都以他为主角,敷衍铺陈出动情动容的故事,可见他很长时期内是个知名度很高的人物。

20世纪50年代后,厚今薄古;80年代后,重商轻文,便少有人提起蔡邕了。

历史上的蔡邕,并无重婚的事实,说他背妻再娶,是天大的冤枉;可他非常有学问,则是千真万确的。可以这样说,他的左中郎一职,名义上是禁军的将领,但因为他全知全能,学贯古今,某种程度上类似西方宫廷里领着做弥撒的神职人员,执行着"主"的使者的任务。一旦发生什么天象变化,如日食、地震、飓风、海啸;或者出现什么怪异状态,如飞蝗成灾、井出血水、久旱不雨、江河决口,汉灵帝就要把他这个左中郎找来咨询释疑。因此,蔡邕的作用,更接近原始部落里的巫师,为酋长弄神捉鬼,还要言之成理。为什么挑他来演这个角色,因为他读的书实在太多,引经据典,手到擒来,很快就能从典籍中寻找答案,来填补那些无知官僚们的精神空白。

譬如,"光和元年六月丁丑,有黑气坠北宫温明殿东庭中,黑如车盖,身五色,有头,体长十余丈,形貌似龙"。天上掉下来这么一条大虫子,灵帝刘宏显然被吓坏了。他是个很糟糕的皇帝,不怕得罪老百姓,但却怕得罪老天爷,于是忙问蔡邕:"怎么回事?"

老实讲,那些暴君、昏君、庸君,只要在台上一天,混蛋只有任其"蛋"之,恶棍只有任其"棍"之,无论他怎样地为非作歹,倒行逆施,可怜的老百姓是一点辙也没有的,除非他死掉。所以,死是唯一的,也是最后的治他们的办法。统治者虽然可以杀死所有反对他的人,但是总有一天,老天爷要摆平他。秦始皇够凶,也怕天,这才打发徐福去求长生不老之药,结果还是会翘辫子,和臭鱼烂虾混装在一起,运回咸阳。借助上天示儆的办法,让无道之君收敛,也是不敢造反的老百姓,于忍气吞声之下,那种无能为力、无计可施、无可奈何的自慰了。

蔡邕借此机会,一显学养深厚,二显忠诚社稷:圣明的陛下呀,上苍已经发出惩罚的预警,你该检点一些了。但大多数皇帝怕是怕,不到临终,也并不买老天的账,因此,进谏也等于白搭。可是,古人比后人要质朴,尤其古代的读书人,比较愚,认死理,总是一条道走到黑,管你爱不爱听,反正非说不可。

蔡邕书读得太多，认为应该尽责规劝皇帝。他说："所谓天投蜺者也。不见足尾，不得称龙。《易传》曰：'蜺之比无德，以色亲也。'《潜龙巴》曰：'虹出，后妃阴胁王者。'又曰：'五色迭至，照于宫殿，有兵革之事。'《演孔图》曰：'天子外苦兵，威内夺，臣无忠，则天投蜺。'变不空生，占不空言。"能在温德殿上听他演说的，自然都是些有头有脸的高级干部。他说罢，哭丧着脸，做忧国忧民状。大家是赞成他呢，还是反对他？却很难启口。这场面很尴尬，赞成，等于说皇帝不行；反对，等于说古书不灵，都不好办，颇费斟酌。《后汉书》里有一句现场描写："帝览奏叹息，因起更衣。"看来，刘宏也不想再听，心烦，借口到卫生间去方便方便，躲个清净。这样，大家也就可以不予表态。

当蔡中郎大抖学问，大显能耐，大谈特谈，把皇帝听得眉头直皱时，估计在场的那些官不比他小、权不比他少的手抱朝笏的高干们，肯定觉得不是滋味。这里特别要说明一点，在《三国演义》里搞"连环计"的王允，那时还不是司徒，为豫州刺史，偶尔来京汇报工作，也会在场。听蔡邕最后那两句话，"变不空生，占不空言"，板上钉钉，意思说陛下您就等着倒霉吧，那口吻，王允也不会受用，蔡先生口气是不是大了点？中国的知识分子，稍有些地位，人五人六以后，总觉得自己在权力的盛宴上，应该有一席位置。可哪里知道，你以为你是个人物，在统治者和高层官僚眼里，却其实什么都不如，找你来咨询，和找戏子来唱堂会，意思是差不多的，要你讲让皇帝开心的话，你却哪壶不开提哪壶，这不是找不痛快吗？

作为一个能出入宫门、得睹天颜的文人，有幸接近最高权力中枢，最聪明的状态，莫过于做黄花鱼，尽量溜边。上头让你助兴时，你可以扯开嗓子，大唱赞歌；皇上命你举杯时，你可以上蹿下跳，狂呼万岁。谨记一条，切莫卷进上峰钩心斗角的漩涡，切莫与其他臣工竞逐皇上的恩幸，尤其不能存有分一勺残汤剩饭的幻想。

屈原就吃过这亏，他自视甚高，认为只有他才能挽救楚国，结果楚怀王不买他的账，嫌他碍手碍脚，就把他放逐出都城，流浪在汨罗江边。既没人请他签名，与他合影，也没人邀他演讲，请他指导，喝不上鱼翅，吃不到海鲜，嘴淡得出水，心冷得瑟缩，他只有孤苦地咏唱："众皆竞进以贪婪兮，凭不厌乎求索；羌内恕己以量人兮，各兴心而嫉妒。"由此也证明了一条，嫉妒是人类的致命伤，古往今来的知识分子，常常不懂这种人性的基本弱点。蔡邕所犯的错误，与屈原如出一辙，四个字

"高标见嫉"，遂种下了杀身之祸。岂止那些嫉妒的官员要收拾他，即使他舞文弄墨的同行，也不会放他一马的。因为经过汉桓帝、汉灵帝的两次党锢之祸，汉末的知识分子，像割韭菜似的，一荐一荐，都削剪得所剩无几了。于是，蔡邕成了亮度最强的灯泡，别的文人都是小瓦数的灯泡，在他的强光前不由得黯然失色。加之，他太拔份、太冒尖、太无所不能、太抢大家的风头，可想而知，那些嫉妒的同行，会用什么样的卫生球眼泡看他？

公元175年（熹平四年），他要立万世名，因为他的毛笔字写得好，"奏求正定《六经》文字，灵帝许之。邕乃自书丹于碑，使工镌刻立于太学门外。于是后儒晚学，咸取正焉。及碑始立，其观视及摹写者，车乘日千余辆，填塞街陌"。他老人家站在太学门口，按照时下常规，必然被摄像机照着脸，被麦克风堵住嘴，被滚烫的赞颂塞满耳，被穿旗袍的礼仪小姐贴身搀扶着，汉代也许没有这一套仪式，但那成功的感觉、凯旋的感觉、晕晕乎乎的感觉，应该是一致的。

类似这样的盛会，不但古代有，当代也有，在那里既能看到被谀者那张幸福得意的面孔，也能看到谀人者那张天花乱坠的嘴巴，但更能看到会场外的撇嘴不屑、过道里的窃窃非议、洗手间里的摇头骂街、电梯间里的声声冷笑。尤其被问及感想、感觉时，与会者那莫测深浅的一笑，确有司空图评诗所云，大有"不着一字，尽得风流"的境界。蔡中郎大概认为人们挺热爱他，其实，这种在公开场合的捧场和叫好、比奶油点心还甜蜜的话语，是万不能当真的。

汉代兴不兴给评论家塞红包，未敢悬拟，但要一个作家免费而且真心地去赞美同行的作品，却是非常难的一件事，用《圣经》上的譬喻：富人想进天国，比骆驼穿过针眼还难来形容，也并不算过分。只有绝对的大师，肯对比自己大不如的同行，有一点施舍的慷慨，可以说几句好话；否则，只有绝对的小师，因为实在没有可以骄傲的资本，才会五体投地对所有比他强的同行叫好不已。除此以外，那些依靠权力使文章增值的作家、用钞票将自己堆成巨匠的作家、过去曾经发达如今业已过气的作家、自我感觉好得异常的作家、述而不作耍嘴皮吃白相饭的作家……所有以上这些在创作上徒有虚名的作家，其共同点，就是妒火中烧，酸性大发。对于同行，尤其比他强的同行，必视为仇雠，必不共戴天，必想尽办法灭了，才甘罢休。

因此，蔡邕的倒霉，不仅仅由于他有资格附在皇帝耳边说话，遭政治家的忌；

他的学博今古，涉猎文化艺术的各门各类，其造诣、其成就无不臻于极致，也遭到那些处于颓势、无法振作的同行嫉恨。这一点也不奇怪，中国人长期生活在自给自足的小农经济社会里，比较缺乏竞争精神，比较信奉平庸哲学，比较习惯你比我好不到哪块去，我也比你差不到哪里去的生存状态。这样，大家才能彼此彼此，相安无事。

由于要维系这种均衡，人们便"约法三章"，大家也恪守不移，谁也不能突出，不能越位，不能出列，不能格色地挤在一起，要死也死在一块；谁要比别人多干、多想、多得、多拥有，那就甭打算有好日子过。这就是一个平庸社会里，只能产生平庸的"沙丁鱼罐头法则"。然而，蔡中郎却不平庸，《后汉书·本传》称他"好辞章，数术，天文，妙操音律"。是一个能够驾驭文学艺术所有门类的全才，而且是能够居高临下并拥有绝对优势的大师。

蔡中郎的全部倒霉，就在于此。

我们常常感慨，欧洲"文艺复兴三杰"之一的达·芬奇，既是画家又是雕刻家，同时还是工程师和建筑师，甚至还是机关枪设计原理的最早构想者。万能的上帝怎么如此偏心，竟赋予他如此全面的智能？其实，在中国历史上，类似这种表现出全才全能的出类拔萃者，也是不乏其人的，蔡邕就是一个。只是在中国这种小农经济社会里，所奉行的谁拔尖就掐谁尖的"沙丁鱼罐头法则"，害得集文学家、辞赋家、史学家、绘画与书法家、音乐演奏兼制作家于一身的蔡邕，最后落了一个死于非命的下场。

刻在太学门口，成为样板的《六经》碑石，只是他书法成就的一个方面。最为后人高山仰止的，莫过于他独创的飞白手段。飞白，亦作飞白书，笔画中丝丝露白，像枯笔所写，形成书法的特异表现风格。中国的汉字，有多少人在写，写了多少年，谁不想出新，但他却能在工匠于墙壁间涂刷漆垩的过程中，得到奇窍，另辟蹊径，别出一格，写出新颖的令无数人叹服不已的字体。

唐朝李绰《尚书故实》说："飞白书始于蔡邕，在鸿门见匠人施垩帚，遂创意焉。"可见蔡邕的创造性，是与他无所不通的颖悟能力分不开的。唐朝张怀瓘《书断列传》载："伯喈入嵩山学书，于石室内得一素书。八角垂芒，篆写李斯并史籀用笔势。伯喈得之，不食三日，乃大叫喜欢，若对数十人。喈因读诵三年，便妙达其旨。"因此，他引用袁昂《书评》，说"蔡邕书，骨气洞达，爽爽为神"，认为蔡中郎"工书，篆隶绝世，尤得八分之精微。体法百变，究灵尽妙，独步今古，又创造飞白，妙有绝伦。嗜八分飞白入神，大篆、小篆、隶书入妙"。

在音乐才能上，从《后汉书·本传》上的一则记载，可见蔡邕在这个领域里所达到的高超境界，用"冠绝今古"这四个字来形容他，是一点也不过分的。"吴人有烧桐以爨者，邕闻火烈之声，知其良木，因请而裁为琴，果有美音，而其尾犹焦，故时人名曰'焦尾琴'焉。初，邕在陈留也，其邻人有以酒食召邕者，比往而酒以酣焉。客有弹琴于屏，邕至门试潜听之，曰：'嘻！以乐召我而有杀心，何也？'遂反，将命者告主人曰：'蔡邕向来，至门而去。'主人遽自追而问其故，邕具以告，莫不怃然。弹琴者曰：'我向鼓弦，见螳螂方向鸣蝉，蝉将去而未飞，吾心耸然，惟恐螳螂之失之也，此岂为杀心而形于声者乎？'邕莞然而笑。"一场误会，顿时化解。

张骘的《文士传》，就把他说得更神乎其神了，"邕告吴人曰：'吾昔尝经会稽高迁亭，见屋椽竹东间第十六可以为笛。'取用，果有异声"。伏滔《长笛赋》序："柯亭之观，以竹为椽，邕取为笛，奇声独绝。"讲的也是这件事。那具焦尾琴，也非虚应故事，直到南北朝时，还在国库里收藏着。从《南史·王敬则传》"仲雄善弹琴，江左有蔡邕焦尾琴在主衣库，上敕五日一给仲雄"，便知道实有其物，所传非假了。他的女儿蔡琰，被掠胡地，嫁为胡妻，思念中原，作《胡笳十八拍》，传之邺下，令曹操读后，不胜感伤，因为他"素与邕善，乃遣使者以金璧赎之"。看样子，她能写出这样哀婉悲愤的诗篇，自是家学渊源，是基因在起作用了。

在绘画方面，蔡邕也是高手，不过饱经魏晋南北朝的战乱，他的画作大都散佚。在唐朝裴孝源《贞观公私画史》一书中，尤可看到画目中所载的他的作品，至少有《讲学图》和《小列女图》。到了唐代，他的画作还作为官府的收藏，偶尔拿出来可供观赏。至于在辞章方面，只消看当时的士人所推许的名流郭林宗死后，"四方之士七千余人，皆来会葬，同志者乃共刻石立碑，蔡邕为其文"，也就知道他的文章在学林中被高看的程度。众望所归，蔡中郎也不遑多让，挥笔立就，竣稿后，"谓涿郡卢植曰：'吾为碑铭多矣，皆有惭德，唯郭有道无愧色耳！'"从他"吾为碑铭多矣"这句话，傲气中表露蔡邕自矜其长的疏狂，但他看到王逸所作的《灵光殿赋》后，因为早先他也有作这篇赋的打算，"及见延寿所为，甚奇之，遂辍翰而已"。这种自省,也可看到他不护己短的胸襟。但正如屈原深爱着他的楚国,而楚国的国君却并不珍惜这位伟大诗人一样,极具才华的蔡邕,却被憎恶大师、难容大师的平庸社会,推上了死亡之路。

提到蔡邕的死,必然要涉及两个人,也就是《三国演义》开始时就出现的董卓和王允。这两位,一为武将,一为文臣;一为丘八,一为书生。按道理说,秀才遇到兵,有理说不清,蔡伯喈有100个理由应当死在董卓手里,他也有过要杀他的意思。然而杀人如毛的军爷,却对这位大师,表示出一个大老粗军人对于知识分子的莫大尊敬和言听计从;相反,同是知识阶层,同是文化精英,却被小人般的嫉妒心所控制,对比他强许多的同行,略无顾惜,毫不怜悯,本人央求也不行,大家说情也不行,连眼皮也不眨一下,就推下去杀了。这就真应了世事难料的说法了,应该杀他,而且精于杀人之道的董卓没有杀他;不应该杀他,而且说实在也不大精于杀人的王允却下令将其处死。由此可见,文人要发起狠起来,有时候比武士更杀气腾腾。

于是,我想起一篇纪晓岚谈狐的文章。

有客问狐仙:您老人家已经道恒通天,修得仙体,还有您觉得可怕的什么吗?狐仙答曰:万物相生相克,岂有不怕什么的道理!客又问:若是如此,那您老人家最害怕什么呢?狐仙直白道出一个字来,曰:狐!客大不解,并大惶惑,问:既是同类,何以畏之?狐仙发表了一通很精彩的言论:"天下唯同类可畏也……凡争产者,必同父之子;凡争宠者,必同夫之妻;凡争权者,必同官之士;凡争利者,必同市之贾。势近则相碍,相碍则相轧耳。"(纪昀《阅微草堂笔记》)

客人闻之咋舌,想不到同类竟是如此可畏!因为纪昀也是被同行陷害过的,他有位姻亲在山东做官,出了点问题,这位老先生嘴快,透过风去,要他们检点些。好,那些嫉恨他的家伙,抓住一点,不及其余,将其牵扯到这宗案件里,有口难辩,只有认账,后被罚往乌鲁木齐效力。经过这次没太受罪的充军,纪晓岚对同行的认识,可谓深有感触焉!成精的狐仙尚且畏惧同类,更何况凡夫俗子的我们。

记得在1957年的反右运动中,一位不大的戏剧家、一位很大的文学家,像甲鱼似的咬住我,决不撒嘴,差点要了我的命。这些年来,在文坛冷眼观察,同类之间,若是旗鼓相当,量级相等,势均力敌,不相上下,决不会惺惺相惜。差不多水平的作家,有可能成为盟友,不会成为朋友。尤其是只有一份利益的时候,你得了,我就光头;我得了,你就零蛋。或者,一口陷阱在前,推我进去,你就活命;推你进去,我有生路。这时候,就必然成为相残、相整、相角力、相厮杀的死敌。这种甲鱼咬人的老戏文,多年来为什么不断上演的缘由,根源就在于此。

幸好,纪晓岚学问淹通,有一点类似蔡邕在东汉末年学林中的领袖群伦的地位。于书无所不读,三坟五典,诸子百家,稗史演义,方术五行,他不但读得要比别人深入,还能读出他的见识。出自他手的《四库提要》,"总汇三千年间典籍,持论简而明,修词淡而雅,人争服之"(昭梿《啸亭杂录》),便是雄证。这位才华出众的纪大烟袋,走运的是碰上了乾隆。虽然弘历也写诗,但他的职业是皇帝,算不上纪昀的同行,敢要他来当《四库》的总纂官。蔡邕倒霉,碰上心胸狭窄的王允,想当年,中郎先生在汉灵帝面前侃侃而谈的那会儿,王允只有站在后排竖着耳朵听的份儿,现在刀把子在这位同行手里攥着,你就把脖子伸出来挨宰吧!

按说,王允和蔡邕有着较多的共同经历,都为反对宦官干政而战斗过,都因为斗不倒阉竖而饱受过陷害,都被迫逃亡在江湖间流浪过,都有一颗爱国爱民的拳拳之心,他们应该能找到一些共同语言。可两人在性格上存在着差异:王允较偏执,认死理,心胸狭隘;蔡邕较豁达,不拘泥,思路开阔。王允只有小圈子的来往,颇冷清;蔡邕则有过往密切的文人朋友,如桥玄、马日䃅、王朗、卢植、曹操,很热闹。王允"刚棱疾恶",大概活得比较累;蔡邕会"大叫欢喜,若对数十人",这种多血质的性格,估计活得要比较轻松些……

或许这就是两位知识分子素不相能,形同水火的原因。而气量较小的王允,对这样一位风头太足的人物,肯定是会在心底里骂娘的,这种同类间由歧异生出的嫉妒,那是很可怕的。"中平六年,灵帝崩,董卓为司空,闻邕名高,辟之。"假设董卓也有一点文艺细胞,能写得几句歪诗,几笔孬字,还自费出版过一两本小册子之类,就怕也会像王允这样鼠肚鸡肠了。来了,就放手使用,这倒显出粗人的可爱了。"到,署祭酒,甚见敬重。举高第,补侍御史,又转持书御史,迁尚书。三日之间,周历三台。迁巴郡太守,复留为侍中。"老实讲,外行领导内行,固然弊端多多,但似懂非懂而装懂、略知皮毛硬充行家里手、门窍不通却非常敢想敢干甚至敢于蛮干的半瓶醋的顶头上司,那好像麻烦更多。

董卓,大老粗,知道自己知识不起来,但不装知识分子,既没有买张假文凭,也不到外国什么野鸡大学混个假学位,更不倒腾一些洋垃圾到国内来装新什么派,而是找一个现成的大知识分子来装点他的门面。开始,蔡邕拒绝了,董卓威胁他:蔡先生,你要不来给我做事,"我力能族人"。什么叫"族",就是满门抄斩。他一下腿软了,雇了一辆牛车,忙不迭地从杞县赶往洛阳报到。牛屁股被鞭子打得皮开肉绽,他总算没误期限,战战兢兢地上班以后,想不到颇受重用。居然这个杀人如麻的军阀,有时还把蔡邕的话认真对待。"卓重邕才学,厚相遇待,每集谳,辄令邕鼓琴赞事。"

作为屠夫的董卓,确实罪该万死,在肚脐上插一支蜡烛点天灯,也是他应得的下场。但作为对蔡邕破格相待的上司,没有知识分子的扭怩拿捏,酸文假醋,尽显老粗本色,确是倾心相待。我想,蔡邕作为知遇之人,为这个坏蛋的结束,说几句纯系个人感念之语,也不至于要杀头弃市。他本可以不说,他要是聪明人的话,他要是了解王允那种小人心态的话。但他就是那个真性情,毫不设防的蔡邕,还是把不说也可的话说了出来。没想到,"殊不意言之而叹,有动于色",这位大文人竟动了感情,掉了两滴泪水。

好,这下子被抓住了话把!"允勃然叱之曰:'董卓国之大贼,几倾汉室。君为王臣,所宜同忿,而怀其私遇,以忘大节!今日诛有罪,而反相伤痛,岂不共为逆哉?'即收付廷尉治罪。"积怨多年,妒仇嫉恨的王司徒,终于等到了这样一个得以报复的机会。其实,王允也是很卖力地给董卓当过差的。"董卓迁都关中,允悉收敛兰台、石室图书秘纬要者以从。既至长安,皆分别条上。又集汉朝旧事所当施用者,一皆奏之。经籍具存,允有力焉。时董卓留洛阳,朝政大小,悉委之于允。"正因为他同样为这个"几倾汉室"的大贼,马前鞍后地服务过,所以他在罗织蔡邕罪状时,才不提这一段,只是抠他不该因私恩而忘大节。

中国人因祸从口出而遭殃者不胜枚举,但像蔡中郎这样简直是没病找病者,真是少见。他大概以为王司徒,还是早先对他表示仰慕的二三流作家,在作品讨论会上,大家可以神侃乱弹呢!哪知道小人的妒心,有时毒如蛇蝎,至此,蔡中郎才意识到同行的可怕,后悔也来不及了,可怜的大师只要求给他留条命,"乞黥首刖足,继成汉史"。王允听都不听,拂袖而去,心里说:蔡先生,您就别做大头梦了!以言定谳,不足为奇,思想犯罪,古已有之,但只是人性之常,感情闪露,便十恶不赦,必死无疑,也太过分了。"士大夫多矜救之,不能得",太尉马日磾,实在看不过去,跑去对王允讲:"伯喈旷世逸才,多识汉事,当续成后史,为一代大典。且忠孝素著,而所坐无名,诛之无奈失人望乎?"

这就更戳了王司徒那根文化人的肺管子,你们越看重这位大师,我就偏要让他大师不成。古往今来的"文字狱",杀文人者,必为帝王,这一点是对的;但操刀者,则常是文人同行,这一点也是不错的。他荒唐地辩解:"昔武帝不杀司马迁,使作谤书,流于后世。方今国祚中衰,神器不固,不可令佞臣执笔在幼主左右。既无益圣德,复使吾党受其讪议。"(以上未注明出处者均引自《后汉书》)

马日磾听了这段道出他小人心思的混账逻辑以后,明白跟这个不可救药的东西,无法再谈下去,走出门来,仰天大叹:"王公其不长世乎!"果然,蔡邕被杀以后不久,王允也被董卓余部砍下了脑袋。这是发生在公元192年的事,一个妒人的小人,和一个被妒的大师,就这样匆匆谢幕,走下历史舞台。

然而,这种样式的戏剧,在"沙丁鱼罐头法则"继续有效的情况下,大概还会一演再演的。

"建安七子"的生活环境

"建安七子" 东汉建安年间(196—220),孔融、陈琳、王粲、徐干、阮瑀、应场、刘桢七位文学家的合称。他们对于诗、赋、散文的发展都做出过贡献,得到后世的承认。

历史好比一座出将入相的舞台,生旦净末丑,各类人物都是少不了的。要笔杆子的,自然也要走出来亮一亮相。尤其中国是一个文化古国,翻开"二十几史",文化人在这个舞台上,还是少不了的角色。古往今来,没有文人这个行当,还是真的要少了许多热闹。所以,文人很像凡中药方里都有的甘草一样,多一分不嫌多,少一分也不嫌少，但完全没有这味药，君臣配伍就要成问题，文化人就是要起这样一个点缀角色的作用。

在有皇帝的封建社会里，歌舞升平的随班唱和啊，文修武治的山呼万岁啊，歌功颂德的封禅加冕啊，皇恩浩荡的树碑立传啊，没有文人的帮衬，那许许多多的场面，就怕不会那么精彩了。数千年来，这样用惯了文人，也使他们出了风头，遂养成了其中一部分人，那种时刻准备着的，只要一掀帘子，就能登台献艺的本事。开场锣一响，便马上手之舞之、足之蹈之。表演欲强烈得过头的文人，甚至锣鼓家伙还没响起来，就会情不自禁地跳跶出来，在那里卖老、卖俏、卖苦、卖骚、卖病、卖隐，乃至于卖寡廉鲜耻、卖死猪不怕开水烫的"舞蹁跹"了。

这真是没有办法的事情，一是耐不住，二是不怕丑，三是挺自得，这或许就是曹丕所说的"文人类不护细行"的职业病了。

《三国演义》是中国第一部历史小说，写了那么多的帝王将相，笔锋之余，描绘了三五个文人雅士凑趣，也是理属正常的。现在看起来，魏晋文人，特别是建安时期的几位作家和诗人，也许是中国最早意识到作为文学家存在于社会之中的独立个体，他们作为文学家的个性更为突出了。在此以前，像司马迁、班固、班婕妤、司马相如、枚乘、邹阳之流，他们的身份，主要还是附庸于帝王贵族的官员、清客、幕僚、侍从，或者竟是医、祝、巫、仆的三教九流之类。这种职业身份，压倒他们的文学家身份，而文学不过是他们讨好皇帝老子，巴结王公贵族的一种谋生手段，很少作为表现自我的工具。到了汉末，这些文人，就是以文学名，以文学为生存手段，为文学而文学，以文学来表现自己了。至于职务，只是形式或象征意义的事情。

这些以文为生的作家，叫做"建安七子"，因为他们都是在汉献帝的建安年间，活跃于许都的诗人作家。那时的中国，在文化上有点号召力的，主要是曹操父子，其次是刘表。至于江东的孙吴，那时还不成气候，而刘备则是一个无处存身的亡命徒，处于犬突狼奔的状态之中。在中国古代，一旦落到肚子吃不饱，生活不安定的时期，领导人便只会破坏文化，是顾不上建设文化的。而自身文化素质很低的皇帝，更把文化视为末流了。回顾五千年文明史，中国文化的历次毁灭性劫难，大半是这些人造成的。

>>> 建安时期的几位文人,也许是中国最早意识到作为文学家存在于社会之中的独立个体,他们作为文学家的个性更为突出了。图为明朝王问《建安七子图》,描绘了他们的悠闲生活。

在中国帝王级的人物中间，真正称得上为诗人的，曹操得算一个。他的诗写得有气概、有声势。而且他能花重金，把蔡文姬从匈奴单于手里赎回来，就因为她的诗把他感动了，这绝对是诗人的浪漫行径，别的领袖人物未必能有这等胸怀。他还让蔡文姬，把她能记下来的她父亲蔡邕的已被战乱毁灭的图书文字，整理出来，以不致湮没，这也是一种了不起的行为。可就在"十年浩劫"期间，多少珍贵书籍被化成纸浆，再生产成擦屁股的卫生纸；多少稀世文物被砸被毁，从此成为绝响，这种文明与愚昧的倒置，不知道历史是进步还是倒退？

曹操在平定吕布、陶谦、公孙瓒、袁绍、袁术以后，公元196年的许都有了一个初步安定的局面，才使得他有可能在文化上有所建树。加之他手中有汉献帝这张王牌，对士族阶层、对知识分子，具有相当的招徕作用。"是时许都新建，贤士大夫，四方来集。"延揽了一批像崔琰、孔融这样的大士族和大知识分子，遂形成了中原地带的文化中心。当时，到许都去献诗作赋、吟文卖字，便是许多有名和无名作家竞相为之的目标。

当时驻镇在荆州的刘表，是一个志大才疏的人物，号称"八俊"，喜以风雅自命。这种经常舞文弄墨，偶尔谈诗论经，平素要找几个文化人装点门面，动不动来上几句酸文假醋的官僚，是中国官场的土物产品。凡是文人，哪怕是假文人，也有不大肯安生的毛病。由于中原混战之际，他在荆州得以偏安一隅，经营他的地盘，相对稳定，而且也网罗了像王粲这样的很负盛名的文人。因此，他在文化上，也想与北方的曹操分庭抗礼。其实，真的就是真的，假的就是假的，曹操的"对酒当歌，人生几何"的感叹，被后人咏唱了几千年，而现在看刘表，不过是以文博名的无聊政客而已。

项羽烧阿房宫的时候，不会想到作诗，到了在乌江四面楚歌的时候，就唱开"虞兮虞兮我奈何"来了。凡无出路、无出息，在仕途上晋升无望、拓展无门，但天性又不甘落寞、不肯归田，情不自禁犹想一搏，然而却无气力的吃政治饭者，就只有以附庸风雅、做斯文状为最佳的保持心理平衡之计了。亦文亦官，似官似民，有名有实，亦下亦上，说在位又不在位，说不管事又管事，说退了还很忙，说忙吧还忙里偷闲跳跳舞、唱唱歌、看看戏、指导指导创作，是中国官场中的落魄者和即将落魄者的最能接受的处境。

外国人不大搞这一套"假惺惺",打仗就打仗,决不唱偃武修文的高调;做官就做官,不表示自己案牍劳形,也不做清高状。拿破仑决不羡慕作家的荣誉,非要当一名作协会员。据传他从莫斯科败退时,把作家和驴子编在一个队伍里,放在最后,不知确否?伊丽莎白女王可以示意莎士比亚写她喜欢看的《第十二夜》,但决不亲自执笔,还要在剧本开头署上芳名。哈维尔当了捷克总统以后,就管做他的总统,不再当他的剧作家了,而且也不过问别人应该写喜剧还是写悲剧的事。一到我们这儿,什么儒将啊、儒吏啊,全出来了,最近更扩而大之,还有"儒商"一说。人们知道,商是唯利是图的,而儒是反对上下交征利的,儒和商联在一起,实在是有些莫名其妙。若以此类推的话,岂不是可以有"儒盗"、"儒匪"一说了么?那可就是真正的笑话了。

其实,像刘表这样的官僚,说穿了,有了足够的权力还不满足,和暴发户、百万富翁,有了许多的钱,甚至做到有钱能使鬼推磨以后,还觉得缺点什么一样,就因为中国是一个文化古国,事实上存在着一种权力、金钱之外的社会价值观,那就是文化。所以,文理不通、平仄不分的官员,要作两句歪诗,以显肚子有墨水;毛笔握不好,字像鬼画符的老爷,喜爱到处题词,表示自己有学问;分明文学白丁,却要指导作家,证明他什么都明白;唐宋元明,五代十国,都搞不清楚,也说不上来,却大讲历史教训,以示自己渊博。和有钱人在多宝格里摆假古董,在墙上挂赝品字画,修不今不古的亭台楼阁,雇几个作家为自己写传,或者当枪手弄出一部著作一样,不过是钱多了权有了以后,在文化方面沽名钓誉,给自己沾点书卷气而已。

荆州的平稳假象,使得刘表错以为他的感召力、凝聚力,和政治、经济、文化实力,可以与曹氏父子一埒高低。人通常缺乏自知之明,有一定实力的人物,尤其容易过高地估计自己。这也不只是文人的毛病,绝对清醒的政治家,和具有深刻自省意识的作家,终究是少数。处于中原战乱之外的荆州,不过是一个暂时安稳的地方,许多人的到来,逃难避乱,是一个很重要的原因。其实,明白人也看出虚名无实的刘表,前景不佳。《世说新语》引《魏志》曰:"裴潜,字文行,河东人,避乱荆州,刘表待之宾客礼。潜私谓王粲、司马芝曰:'刘牧非霸主之才,而欲以西伯自处,其败无日矣!'遂南渡过长沙。"可见有识之士,并不把他当成什么中心的。后来的荆州,实际上成了吴、蜀、魏的兵家必争之地,也就成为重灾区。刘表也成了过眼烟云,除了他的怕老婆名声外,现在谁还知道他在文化上的任何成就呢?就算他当时做了荆州作家协会的主席,又如何?

文人的不肯安生,也实在是没有办法。曾经在荆州待过的,那位很自负的青年才子祢衡,大概觉得刘表不过是个浮泛虚靡的人物,到底打了个铺盖卷,不远千里跑到许都,想在那里一鸣惊人,结果没想到却送了一条小命。写《登楼赋》的王粲,命运比祢衡强多了。刘表死后,劝他的儿子刘综依附曹操,也随之来到许都,跟着立了功。这位被刘表以其"貌寝通脱,不甚重之"的王粲,颇被曹操、曹丕倚重,很快成为"建安文学"的主力。

此其时也,许都的文学气氛达到了高潮。《文心雕龙》的作者刘勰,对活动着许多文人墨客的这个中心,有过这样一段评述:"自献帝播迁,文学蓬转,建安之末,区宇方辑。魏武以相王之尊,雅爱诗章;文帝以副君之重,妙善辞赋;陈思以公子之豪,下笔琳琅;并体貌英逸,故俊才云蒸。"孔融、杨修、陈琳、刘桢、徐干、阮瑀、应玚,和从匈奴赎回的蔡琰,真可谓济济一堂,竞其才华。刘勰距离这个时代约两个世纪,来写这段文坛盛事,是相当准确,并具有权威性的。

曹植的《与杨德祖书》中,说到这番繁荣景象,不免为他老爹的气派自负:"昔仲宣独步于汉南,孔璋鹰扬于河朔,伟长擅名于青土,公干振藻于海隅,德琏发迹于大魏,足下高视于上京……吾王(曹操)于是设天网以该之,顿八纮以掩之,今尽集兹国矣!"看起来,曹操是振一代文风的始创者,而曹丕、曹植是不遗余力的倡导者。所以,在三国魏晋文学中起先河作用的,正是曹氏父子和"建安七子",他们开创了文学史上的一个新时期。

文学的发展,与时代动乱与安定的关系至大。东汉末年,先是黄巾农民起义,九州暴乱,生灵涂炭;后是董卓那个军阀折腾,战祸不已。洛阳夷为平地,中原水深火热,这时候,一切都在毁灭败坏之中,文学自然也陷于绝境。因为农民革命虽然有其推动时代进步的作用,但其破坏文化和毁灭社会财富的极其消极的方面,则更可怕。董卓这个军阀,不过是一个穿上战袍的西凉农民而已,所以他的行动也自然带有农民革命家的那种仇视文化、仇视知识、仇视人类文明的特点,在这种涤荡人类文明成果的气氛里,在硝烟战火的刀光剑影中,文学这只鸟儿,只有噤若寒蝉,举步维艰。

"建安文学"得以勃兴,很大程度上是由于曹操削平袁绍,北征乌桓,统一中原,休养生息,出现了一个安定局面的结果。如果仍同吕布、刘、关、张没完没了地打,和"文革"期间没完没了地斗一样,除了样板戏,就搞不出别的名堂了。加之曹操本人"雅爱诗章",懂得文学规律,与只知杀人的董卓,用刀逼着大作家蔡邕出山,就是完全不同的效果了,"建安之初,五言腾踊"的局面出现了。

《文心雕龙》说到"建安文学"的特点时说:"观其时文,雅好慷慨,良由世积乱离,风衰俗变,并志深而笔长,故梗概而多气也。"曹操的《蒿里行》、曹丕的《燕歌行》、曹植的《送应氏诗》、王粲的《七哀诗》、陈琳的《饮马长城窟》、蔡琰的《悲愤诗》,以及《孔雀东南飞》等具有强烈现实色彩的诗篇,便成了"建安文学"的主流,也就是文学史所说的"建安风骨"。

经历了巨大的社会变乱,接触到遭受严重破坏的社会实景,加之当时一定程度的社会思想的解放,文人的个性得以自由舒展。"慷慨任气"便成为这一时期文学的特征。回忆"十年浩劫"结束以后,新时期文学所以如井喷而出,一时洛阳纸贵,也正由于这些劫难中走出来的作家,适逢新时期思想解放运动,写出那些产生轰动效的作品才形成的。这和"建安文学"的发展,颇有大同小异之处,就是对于那个动乱年代"梗概而多气",真实而深刻的描写引起读者共鸣的。"造怀指事,不求纤密之巧,驱辞逐貌,唯取昭晰之能",也是时代不容精雕细琢的产物,求全责备是大可不必的。无论后来的诸位明公,怎样摇头贬低,起到历史作用的文学,在文学史上便是谁也不能抹杀的。现在那些嘲笑新时期文学发轫作如何幼稚的人,其实正说明自己不懂得尊重历史唯物主义的幼稚。

由"建安文学"的发展看到,乱离之世只有遍地哀鸿,而文学确实需要有一个安定的环境,和思想解放的背景,以及适宜的文学气氛,才能繁荣起来。"建安文学"的发展,得益于曹氏父子的提倡,得益于相对安定的中原环境,也得益于"建安七子"为代表的文人个性的解放。

有一次,曹操派邯郸淳去看望曹植,据《三国志》裴注引《魏略》曰:"植初得淳,甚喜,延入坐,不先与谈。时天暑热,植因呼常从取水自澡讫,傅粉,遂科头,拍袒,胡舞,跳丸,击剑,诵俳优小说数千言讫,谓淳曰:'邯郸生何如邪?'于是,乃更衣帻,整仪容,与淳评说混元造化之端,品物区别之意,然后论羲皇以来贤圣名臣烈士优劣之差次,颂古今文章赋诔及当官政事宜所先后,又论用武行兵倚伏之势,乃命厨宰酒炙交至,坐席默然,无与伉者。"从这里,可以看到建安文人的浪漫、豪情,和无拘无束的自由。这和司马迁《报任安书》里那种对于帝王委曲求全到低三下四的心态,和司马相如给皇帝献赋时的那种唯唯诺诺到谄媚依附的神情,多了一点作家的自我意识,和不羁的精神。

从曹丕的《于谯作》中:"清夜延贵客,明烛发高光。"曹植的《箜篌引》中:"置酒高殿上,亲友从我游。"可以看到他们的宴游燕集、豪饮小酌、斗鸡胡舞、高谈畅啸的快乐情景。《文心雕龙》曰:"文帝陈思,纵辔以骋节;王、徐、应、刘,望路而争驱;并怜风月,狎池苑,述恩荣,叙酣宴,慷慨以任气,磊落以使才。"这类沙龙式文人聚会活动时的自由竞争、各驰所长、平等精神、批评空气,也是此前文人所不曾具有的状态。尤其是在党锢之祸将大批知识分子无情镇压,人人胆战心惊、唯恐连坐、精神萎靡不振的状态下,建安文人的崛起实则给中国文学注入一股活流。

曹丕《与吴歌令吴质书》里,具体地描写了他们的一次出游,也是很令人神往的:"每念昔日南皮之游,诚不可忘。既妙思六经,逍遥百氏,弹棋闲设,终以六博,高谈娱心,哀筝顺耳;驰骋北场,旅食南馆,浮甘瓜于清泉,沈朱李于寒水。白日既尽,继以朗月,同乘并载,以游后园,舆轮徐动,参从无声,清风夜起,悲笳微吟,乐往哀来,怆然伤怀。"这种文友间的平等来往,证明了建安文人思想解放的程度。作为五官将的曹丕,那时正如日中天,是个炙手可热的人物,能够这样不摆架子,与一个地方官吏友情深厚若此,恐怕时下的某些文化要人,也未必做得到的。

建安文人,可能是中国较早从绝对附庸的地位摆脱出来,以文学生存的一群作家。他们追求自由不羁、企慕放任自然、赞成浪漫随意、主张积极人生,并对礼教充满叛逆精神,成为中国非正统文人的一种样本。鲁迅先生认为这种文学态度,可以用"尚通脱"三字来概括。到了魏晋南北朝,由阮籍、嵇康、陆机、潘岳、陶渊明、谢灵运,一脉相承,"通脱"则更加发扬光大,一时成为文学发展的主流。

然而,文学的每一步,总是要付出不大不小的代价。因为任何新的尝试,总是要打破过去的格局,失掉原有的平衡,必定引起旧秩序维护者的反扑。倘若探索实验,一旦越出了文学的范围之外,被视做离经叛道、逾轨出格的话,就要以文人的脑袋做抵押品了。

"建安七子"的孔融,是死在曹操手下的。有一个被曹操送到采石场去劳动改造的人,那就是徐桢。还有一个不属"七子"之列的杨修,也是曹操杀掉的。至于文学新秀祢衡,虽然不是曹操杀的,但事实上也是他用"借刀计"让黄祖杀的。

曹操作为文学家,写诗是一把好手;作为政治家,杀作家也是一把好手。但掉脑袋的这三位,也有其不大肯安生而惹祸的缘由。孔融的地位相当高,曾任北海相,到许都后担任过将作大匠,也就是建设部长,这还不是曹操主要嫉恨的。由于他和曹操总过不去,经常发难,加之又是孔子后代的号召力,而成为士族豪门的代表、知识分子的领袖。他的府邸已成为反曹操的各种人物聚合的"裴多菲俱乐部"。这时就不管你的文章写得多好,和儿时让梨的美德了,于是找了一个叫路粹的文人,作家中的败类还不俯拾即是,写了封告密信,检举孔融"与白衣祢衡跌宕放言,云,父之于子,当有何亲,论其本意,实为情欲发耳。子之于母,亦复奚为,譬如寄物瓶中,出则离矣……大逆不道,宜极重诛"。书奏,下狱弃市。

杨修的职务要差一点,在曹操的指挥部里,只当了个行军主簿,大概相当于参谋,而且不是作战参谋,连行军口令还从别人嘴里听说,显然是闲差了。所以杀他不像杀孔融那样颇费周章,只"扰乱军心"四个字,就推出去斩首。《三国演义》里说曹操嫉妒杨修的捷才,生了杀心。其实,由于杨修不安生,介入政治,成为曹植的嫡系党羽,出谋划策,卷入了宫廷接班人的夺权斗争之中,而且出了许多臭主意,都被曹操拆穿了,才要把他除掉的。

老实说,文学家玩政治,和政治家玩文学,都有点票友性质,是不能正式登场的。在中国历史上,有几个像曹操这样全才全能的政治家兼文学家呢?因此,他的一生,既没有出过政治家玩文学玩不好的闹剧,也没有出过文学家玩政治玩不好把小命搭上的悲剧。所以鲁迅先生才说:"曹操是一个很有本事的人,至少是一个英雄,我虽不是曹操一党,但无论如何,总是非常佩服他。"

只看曹操对付那个自视甚高的徐桢,就可知道文学家永远不是政治家的对手。他把徐桢送去劳改的理由,就在于这位文学家崇尚"通脱",到了过头的地步,也是不怎么安生,越出了文学的范围,才惹祸上身的。有一次,曹丕在私邸宴请他的这些文学朋友,也就是"建安七子"中的几位。当时,大家酒也喝得多了些,言语也随便，曹丕的夫人甄氏是位闻名的美人，可能有人提出来想一睹芳容，也许这正是徐桢的主意。

《三国志》裴注引《文士传》中讲述了这段插曲："徐桢辞旨巧妙皆如是，由是特为诸公子所亲爱。其后，太子尝请诸文学，酒酣坐次，命夫人甄氏出拜。坐中众人咸伏，而桢独平视，太祖闻之，乃收桢，减死输作。"就因为看了一眼皇太子妃的"通脱"和不在乎，对不起，徐桢被关进劳改营去采石了。

过了一些日子，"武帝至尚方观作者，见桢匡坐，正色磨石。武帝问曰：'石如何？'桢因得喻己自理，跪而对曰：'石出荆山悬崖之巅，外有五色之章，内含卞氏之珍，磨之不加莹，雕之不增文，禀气坚贞，受之自然，顾其理，枉屈纡绕而不得申。'帝顾左右大笑，即日赦之"《世说新语》）。

看来，这篇即席吟诵的《琢石赋》，把文学家的曹操打动了，当场把他释放。看来，这该是最早的大墙文学了。张贤亮和从维熙两位先生，常为自己是否"大墙文学之父、之叔"争论不休，其实"大墙文学之祖"，这位徐桢先生倒是当仁不让的。

被政治家这样耍了一下以后，这位文学家还敢坚持建安文人所倡导的"通脱"吗？所以，文学家想搞些什么名堂，都以适可而止为佳，太自以为是了，罔顾一切，便有物极必反的回应。假如这反馈是一把悬在头上的达摩克利斯剑，大多数凡人，是不大容易潇洒得起来的。于是，不但不"通脱"，甚至还拘谨过分了。曹丕在徐桢死后，在给吴质的一封信里评说到他："公干有逸气，但未遒（尽）耳！"看来，在采石场劳改了一阵儿，不但为人，连文章也收敛了不少，所以这魏文帝才有"未遒"之叹吧？

以后听到有些不知世事深浅的年轻人，不问具体环境、具体条件，动不动指责一些作家为什么懦弱，为什么不说真话，为什么不顶着枪口上，为什么不杀身成仁？看似义正词严，掷地有声。其实不过是站在干岸上，说风凉话而已。且不说鼓吹别人去当烈士，那居心之险恶，而自己碰上这样状况，是否也说到做到，是大可怀疑的。因为这多年来，我很看到一些银样镴枪头的同行，嘴上说得不知多么激昂慷慨，事到临头，骨头比醋焖鱼还要酥软，两腿开溜得比兔子还快者，绝非不是一位。但愿这些说大话的勇者，能够真正的无畏无惧，文坛和人间也许更有希望一点。

　　建安文人,最早被曹操用来祭刀的,应该算是祢衡,公元198年就让黄祖杀了。208年孔融弃市,杨修是218年被曹操以军法处死的。在这前一年,也就是217年,许都流行了一场瘟疫,徐干、陈琳、应场、刘桢都未能逃脱,相继去世。王粲随曹操征吴,也在这一年死在路上。220年,曹操死;226年,曹丕死;曹植是建安文人中活得最久的,但到232年,也被他的侄子魏明帝用毒酒害死,于是"建安文学"便画了句号。

　　数千年过去,如今谈起建安文人,这些名字还是常挂在嘴上的,"融四岁,能让梨",是连小学生都知道的。至于谈到"建安文学",在非专业研究者的心目中,只有曹氏父子是居霸主位置的。曹操的"何以解忧,唯有杜康";曹丕的"盖文章经国之大业,不朽的盛事";曹植的《七步诗》(虽然不能证明是他的作品),还能在普通人的记忆之中,占一席之地。而像出类拔萃的王粲、地位很高的孔融、才华出众的祢衡,他们的作品,当然也很了不起,但已很少被现代人知悉。至于徐、陈、应、刘,他们写得东西,大半失传,如今只不过是文学史中的一个符号而已。

　　懂得这一点,也许最后连符号还混不上,多些自知之明该多好啊!文学界里那些年纪大一点的,必欲当祖师爷,要众人膜拜;名声响一点的,定要领袖群伦,一言九鼎才过瘾;位置高一点的,就成了容不下别人的把头,称霸排他;资格老一点的,便来不及地给自己建纪念馆,开研究会,树碑立传,立地成佛。这形形色色的表演,很大程度在于看不大透,才折腾个没完没了。

　　但继而一想,衮衮诸公的心有外骛,不在文学上争一短长,而忙于文学外的建树,很大程度上是由于创作力衰退,已如阉鸡,无振翅一鸣之雄风,才在这些地方寻找自我。如果不让他干这个,他又能做些什么呢?世界本是舞台,没有这些膀大腰粗的、迎风掉泪的、顾影自怜的、哗众取宠的老少作家,粉墨登场,你方唱罢我方休,也就不热闹了。

　　作为一名观众,不妨莞尔一笑,且看诸公如何把戏演下去就是了。

祢衡、孔融、崔琰、杨修为何而死

祢衡(173—196)　东汉末文学家。他个性恃才傲物,最后因为言语冲突而被杀。
孔融(153—208)　东汉末文学家。他少有异才,能诗善文,喜议时政,后因言被杀。
崔琰(？—216)　东汉末名士。他相貌俊美,很有威望,曾任要职,后被下狱赐死。
杨修(175—219)　东汉末文学家。他学问渊博,极其聪慧,曾任丞相府主簿。

　　在封建社会里,掌权者最乐于使用的对付知识阶层的手段,莫过于"文字狱"。只要将一两个异己文人消灭,就能对其他不安分的知识分子,起到杀一儆百的作用。对封建帝王而言,这是一项投入较少产出却极大的统治行为,只消深文周纳,上纲上线,几乎无需动用国帑,就能获得耳根清净的效果,何乐而不为之？在这方面,一辈子没当皇帝,可比皇帝还皇帝的曹操,算得上成就突出的一位。

　　近代学者陈寅恪说过:"夫曹孟德者,旷世之枭杰也。其在汉末,欲取刘氏之皇统而代之,则必先摧破其劲敌士大夫阶级精神上之堡垒,即汉代儒家思想。"祢衡等四位不肯膺服于他的知识精英,曾经表现出合作的意向时,也是吃香喝辣、优礼有加的;后来,梗起脖子,坚持异见,跟他较劲儿,对不起,就采取断然措施。刀起头落,横尸街衢,于是,掉了的脑袋,嘴张得再大,也喊不出吼不出,"士大夫阶级精神上之堡垒",还能产生什么影响？

　　后世的历代皇帝,基本上沿用曹操的办法,实施对文人的统治。

　　平心而论,在中国帝王级的人物中间,曹操是真正称得上文人的一位。他的文章写得有气概,诗歌写得有声势,至少写得要比这四位精英更出色些。"东临碣石有遗篇",后世多有人赞叹过的,颇透出英雄惺惺相惜之意。阿瞒的作品,今天还能流传,可祢衡、孔融、杨修的作品,则必须到图书馆里才能找到。中国喜欢舞文弄墨的帝王颇多,但清代乾隆一生写了4万首诗,却一句也不曾被后人记住,而"对酒当歌,人生几何","何以解忧,唯有杜康","老骥伏枥,志在千里"这些曹操的诗文,至今还常挂在人们嘴边。

曹操是真文人,因为他有真作品,非附庸风雅纯由词臣代笔的主子所能比拟。他甚至从国家银行拿出外汇,把写《胡笳十八拍》的蔡文姬从匈奴单于手里赎回来,这既有枭杰的豪爽,也有诗人的浪漫,后来的历朝领袖,未必能有此等投资文化的气概。他还让她把能记下来的其父蔡邕的已被战乱毁坏的图书文字,整理出来,不致湮没。虽然他对待不与他保持舆论一律的文人,习惯于砍头,但他理解文化、重视文化,颇在意于文化建树,这是很了不起的。

这番繁荣的文坛景象,让曹操的儿子曹植也为其父的气派而得意洋洋。他在给杨德祖的信中,对"建安文学"的盛景大加赞扬。他认为以前虽然也有一些文学名家,但他们没有今天这样的好作品,也没能像今天这样聚集于许都,形成一种波澜壮阔的文学气象。曹操可以说是一代文风的开创者,曹丕、曹植是积极的倡导者。而孔融、杨修、陈琳、刘桢、徐干、阮瑀、应玚,和从匈奴赎回的女诗人蔡琰,则是竞展才华的响应者。一个载入文学史的时代,恰逢其时地出现了。

文学与时代的动乱与安定休戚相关。东汉末年,先是黄巾起义、九州暴乱,后是董卓折腾、战祸不已。曹操有首《蒿里行》诗:"白骨露于野,千里无鸡鸣;生民百遗一,念之断人肠。"洛阳已不太平,中原民不聊生,这一切的毁灭败坏,全在诗人笔下写出来了。打鸣的鸡都没有了,还有能咏唱的文人吗?文学自然也陷于绝境而衰败不堪。

在战火硝烟和刀光剑影中,文学只能噤若寒蝉。"建安文学"的兴起,很大程度上取决于曹操削平袁绍,北征乌桓,统一中原,社会出现了一个安定的局面。"建安之初,五言腾踊"成为现实。

虽然从秦始皇起,所有杀知识分子的帝王,都会背上千秋万代的骂名,但好像也从未见哪位放下刀子,立地成佛过,却还是照杀不误。曹操是文人,当然更知道文人之杀不得,但当他曹氏统治的安危受到威胁时,文学家的曹操,就要让位于政治家的曹操。到这时候,他是无法手软的,于是乎,还是得诉之于杀头这一招。文人在与统治者的这场老鼠逗猫的游戏中,输牌是早已注定的。

曹操猜疑成性,尤其好杀,《捉放曹》里那句"宁叫我负天下人,休叫天下人负我"的名言,也颇让人胆战心惊,但一开始,对那些惹恼了他的文人,倒是尽量避免采取"铁血政策"。譬如,公元198年被他干掉的祢衡,他宁肯用"借刀杀人"之计,也不开杀戒。

祢衡,字正平,平原般县(今山东临邑)人,是个颇可笑的角色,他死的那年才24岁(据《三国演义》说)。小伙子一个,正处于青春期的躁动状态之中,很可能长着一脸的青春疙瘩豆。要用现代医学观点看,这位文学新秀,恐怕还有一点狂悖型精神方面的病症。大概一个作家,自负其才,不如其愿,长期郁闷,必然会憋出来这股邪火。他来到许昌,以求闻达,本以为京华冠盖,一律要向他脱帽致敬。结果,很失望。失望之后,经人唆使,无事挑事,没碴儿找碴儿,站台开骂,逼得统治者祭起刀来。

当代有的作家也患这种"祢衡病",出道后写出几篇东西,立刻自我膨胀,立刻感觉失衡,立刻不知天高地厚,东南西北,立刻喑喑然如狂犬状,连祖先爹娘一律都不认账。文学新锐祢正平,也是如此这般狂妄地到了许都,一是他看不上大家,二是大家也看不上他,"既而无所之适,至于刺字漫灭"(《后汉书·文苑传》)。刺者,名片也,在口袋里揣烂了,连烫金的名字也磨掉了,无人买他的账。他心理更趋变态,狂病也愈发加剧了。

"是时许都新建,贤士大夫,四方来集",阿瞒"挟天子以令诸侯",逐步培植曹魏势力。他的对立面,也就是陈寅恪所言的那些拥戴汉室、尊崇儒学的士大夫阶级,自然也要网罗人才,积蓄力量。孔融是这个营垒里一个马首是瞻的人物,也一直是曹操的反对派领袖,经常聚着一帮人,抨议时政。现在来了这么一位急先锋,当然要引为知己,赶紧给汉献帝打了个报告,把祢衡推荐上去。孔融在奏章里,将这个年轻作家,吹得天花乱坠,说是一个"不可多得"的"非常之宝"。而祢衡本就忾急躁狂,这一捧,就更加谵妄失常。他说,在许都,除了"大儿孔文举,小儿杨德祖,余子碌碌,莫足数也",谁也不在他眼里了。

鲁迅在《骂杀与捧杀》的文章中说,用"捧"来整死一个人,比"骂"还来得有效些和致命些。这话果然不错,这些年来一些中青年,很快红起来,很快暗下去,很快声名大噪,很快烟消云散,就因为被捧得神魂颠倒以后,屁股坐不到板凳上,忙着吊膀子,忙着争乌纱,结果一无所成。如果不是孔融的蛊惑教唆,祢衡也许不至于目空一切到这种地步。这个二十多岁的小青年，整天大放獗词，粪土一切，这正好符合四十多岁，身居要位的孔融心意。有些他想讲不好讲，想说不便说的话，就由祢正平的嘴道出了。

祢衡的倒霉，就是丝毫不懂政治的文人的悲剧了。

姜，永远是老的辣，年轻人总是容易上当受骗。所以，对时下文坛上那些别有用心的吹捧，年轻作家真得有几分清醒才是。祢衡是一个纯粹的文人，便相信凡文人皆纯粹，认为孔文举、杨德祖是同他心气相通的。其实孔、杨二位，是文人不假，但他们更是政客，亦文亦政，政甚于文。说得好听一些，是为了匡扶汉室，铲除元凶；说得率直一些，不过是各种政治派别的权力之争罢了。一个不谙世事的外省青年，搅进首都官场绞肉机里去，不粉身碎骨才怪呢？

骂了一顿以后，曹操居然没有发火，没有下令杀他，而是派了两个人，牵来三匹马，把他架在马上，两个人挟扶住这位才子，礼送出境。临行还搞了一次欢送会，很隆重，在许都东门为他饯行，当时的文人俊士，都命令去和他辞别，这场面很有点黑色幽默。再回头看那位老作家孔融，跟他挥手，拜拜再见。这时，年轻人明白也晚了，替孔融骂了曹操，给人家当了枪使，自己却被押解出境。到了荆州，刘表不傻，也不愿担杀知识分子的罪名，又把祢衡恭恭敬敬地送到江夏黄祖处。结果，这位青年作家还是因那张骂人的嘴，掉了脑袋。

如依历史所描写的，当场受辱，恼羞成怒的情况来看，祢衡一百个脑袋也砍了，但曹操却按捺住他的杀意，将他打发走了。这就是文学家的曹操，搞一点帮助消化的余兴节目了。因为祢衡充其量，不过是一个文人，能有多大作为，他也是作家，他当然有数。这种傻狂之徒，顶多言不及义，胡说八道罢了，不会危及他的统治，轰走也就拉倒了。《三国演义》里描写曹操听说祢衡被黄祖杀害以后，笑曰："腐儒舌剑，反自杀矣！"不过一笑了之的事。李白有诗，说到这两位："魏帝营八极，蚁观一祢衡。"是说到了点子上的。虽然，有出《击鼓骂曹》的京剧，那急口令式的唱段，是相当精彩的。骂得极其淋漓尽致，语惊四座。可痛快的同时，痛苦也来了，这位多少有点神经质的年轻人，没想到脑袋掉得如此干脆利落，连他自己还未意识到时，那刀已经落下来了。这种孤注一掷的，无济于事的骂街，从此成为绝唱，这就是知识分子的既勇敢又脆弱，有胆量无谋虑的弊病了。

直到公元208年,曹操才真的动了刀子杀文人,这一回轮到孔融。孔融,字文举,鲁国(今山东曲阜)人。当时,他是个大人物。

曹操杀他,大概颇费踌躇,因为孔融当时的名声很大。第一,孔子二十世孙;第二,"建安七子"之一。《后汉书》载:早年,孔融把国舅何进得罪了,何进手下的人"私遣剑客欲追杀融。有客言于进曰:'孔文举有重名,将军若造怨此人,则四方之士皆引领而去矣。莫如因而礼之,可以示信于天下。'进然之,既拜而辟融举高第"。由此可见孔融为一方诸侯,任北海太守,到了许都,又任将作大匠,也就是现在的建设部部长,说明他具有何等显赫的地位和人望。孔子二十世孙的这份无形资产,也使他增值不少。所以,他的门阀地位、士族资历、官僚职务、声名学问,都称得上众望所归,举足轻重,也就顺理成章地成为知识分子的领袖。刘备有一次被孔融请去救陶谦,这位织席贩履的手工业者,激动得简直不能自已,他问太史慈:"孔文举先生知道世间还有一个刘玄德吗?"他觉得被孔融如此看重,感到无上光荣,从这一细节也说明孔融的影响力,在当时是多么重要。

但是,他已经没了地盘,当然也就没有了实力,可曹操还是比较在乎他,留下他在许都,扮演着大名士的角色。名士,通常有两种,一种是被统治者用来当招牌的,一种是未当成招牌而与统治者闹别扭的,曹操希望他是前者,但孔融偏要做后者。他认为自己在给献帝做事,不买曹阿瞒的账,总是跟他不合作。曹操对于政敌的容忍,肯定是有限度的,所以隐忍不发,自然是时间不到。只是军事上的强敌袁绍未灭,江山不稳,才让使未对孔融下手罢了。一个统治者,可以不理会与当局不合作的知识分子,但不合作而且捣乱的知识分子,就不会轻轻地放过了,不过是时间早晚罢了。

孔融此人,学问很大,政治上并不十分成熟;勇气不小,斗争经验却相当缺乏;自信过甚,对时局常常估计错误;书生意气,以为他的自由论坛,能够左右政局。其实,他不过和曹操玩了一次以卵击石的危险游戏罢了。知识分子的毛病,就是有了一点声望之后,自我感觉马上就特别地好起来,好得不知好歹,好到不知冷热,好到晕晕乎乎,不知天高地厚。

《后汉书》载他和祢衡的一段对话:"衡谓融曰:'仲尼不死。'融答曰:'颜回复生。'"一个成了孔子,一个成了颜回,可以看到他们互相吹捧的热烈程度。正如今日文坛上,某些评家吹作家作品不朽,某些作家吹评家文章盖世的现象一样,那臭脚捧得相当肉麻而有趣。

当初,何进之所以不愿收拾他,很可能这位屠户出身的大将军,有点像《儒林外史》里的那位胡屠户,由于对他中举而疯了的女婿范进,认为是文曲星下凡,才敬畏的。而曹操,在文学上是领袖群伦的大手笔,在政治上更是一个纵横捭阖的强者,当然不会把这个大名士的文学成就多么当回事。但是,政治上的孔融在曹操眼里,是被看做他精神上的主要敌人,是"海内英俊皆信服之"的反对派,一点也不敢掉以轻心的。虽然,他有资格看不起出身微贱的曹操,敢当面问你算老几?但是他忘记了自己是一无兵卒,二无地盘,三无资本,四无奥援的毫无实力、徒有虚名的人物。更重要的一点,当时,名义上的皇帝是汉献帝,说好了,是傀儡;说不好,就是高级俘虏,用镀金牢笼关起来的囚犯。在许都,"挟天子以令诸侯"的曹操说了算,拥有生杀予夺的最高权力。曹操要他做政治花瓶,装饰门面,他不干;偏不自量地向曹操发动正面进攻,要成为与之抗衡的政治反对派。

从曹操下定决心讨伐袁绍起,孔融就与曹操意见相左,在大政方针上与曹操公开唱反调。他与被监视的汉献帝过往甚密,动不动就上表,也很犯曹操的忌。煽动祢衡在大庭广众中辱骂曹操,让他很是下不了台。有一回曹操禁酒,他反对曹操的极端做法,说:"尧正因为喝酒,才成为圣贤;桀、纣虽然以色亡国,但也不能为了防范,不许此后的男女婚姻呀!"袁绍失败以后,他给曹操写了封信,说:"武王伐纣,把妲己赐给了周公。"曹操犯了一次傻,问他:"典从何出?"他回答:"以今度之,想当然耳。"因为曹操打下冀州时,把袁绍那位漂亮的儿媳妇甄氏,给了自己的儿子曹丕。可想而知,曹操对他多么恼火了。

所以,孔融一经人告发,说他有诲谩诽谤之罪,立刻就把他抓了起来。也许是他的安排,在中国找两个告密者,是不费吹灰之力的。其实,他的两个儿子,早有预感,也知道他们的老子早晚要倒霉,所以,军吏来逮捕孔融时,这两兄弟正在下棋,别人劝他们赶快躲一躲,他们说:"覆巢之下,焉有完卵?"连小孩子都知道处境危殆,孔融还要当反曹的领袖,这就是文人永远玩不过政治家的原因了。按说,孔融的言论,严重程度也未超过祢衡,但曹操不杀祢衡的头,为什么对孔融却不肯轻饶呢?如果说孔融是大文人,曹操同样是大文人,由于文人相轻,嫉妒才华,才要置孔融于死地的话,那么陈琳在文章里,指着鼻子骂曹操,也不曾掉脑袋。那为什么要将孔融弃市呢?

政治家曹操最忌畏的,莫过于反对派结成一股政治势力。所以不杀祢衡,因他不过是一个幼稚的文学青年罢了,势单力孤,一条小泥鳅翻不出大浪。不杀陈琳,因他不过是一个写作工具,而且已经认输降服,不可能有多大蹦头。可孔融则非如此,"虽居家失势,而宾客日满其门",他自诩地说:"家中客常满,樽中酒不空,吾无忧矣!"他成为当时许都城里一股离心力量的领袖人物,这是曹操最深恶痛绝的、无法容忍的,他就只有伏刑了。

人头落地,曹操还不罢休。在周知全国的文告中,说这个孔融不孝无道,竟在大庭广众中宣传,说一个人对他父母不应承担什么责任,母亲嘛,不过是个瓶罐,你曾经寄养在那里面而已;而父亲,如果遇上灾年,大家饿肚子,你有一口饭,假使他不怎么样的话,你也不必一定给他吃,而宁可去养活别人。这样一来,曹操不仅把孔融打倒,还要把他彻底搞臭。文人对自己的成就、实力、影响、名声,估计过高,过于膨胀的话,不用太远,便要弄出笑话的。不论成就多高多大,谨慎谦恭一点,谅无坏处。

公元216年,曹操再一次整肃,处死了继孔融以后的士大夫阶层的头面人物崔琰。崔琰,清河东武城人,清河崔氏为魏晋时豪族,时人论冀州人氏,称琰为首。他的生年不详,死年为建安二十一年。

当年曹操与袁绍决战,攻入冀州后,他先把这块金字招牌抢到手,以做号召。在中国的门阀制度中,崔姓家族从来都在排行榜上居首席位置。一些帝王,都以结亲崔氏的办法,以改变原来的非贵族血统,这大概也和我们当代某些人,因为工农兵不吃香了,非要装贵族、装家学渊源、装精通洋务状的丑陋心态,如出一辙。尤其是后来的一些外邦君主,不知出于一种什么心理,非要通过婚姻的手段,来改换夷狄门庭,以求华夏同光,实在是很莫名其妙的。

崔琰算不上完全的文人,但是他代表着整个贵族集团,也代表着聚集文化精英的士大夫阶层,虽然他归顺曹操,却打心眼里不服,但他知道刀把子攥在人家手中,不得不低下头来,虚与委蛇,关键在于维护汉祚,延续汉献帝名义上的统治。

曹操现在走出称王这一步,他们认为是废帝的前奏,连最后的精神象征也不复存在的话,就不免义愤。其实,这班人并不理解曹操,他只是当一个魏王,并不想彻底废帝,这种过分反应,使他更为恼火。正好有人密报上来,说崔琰带头不赞成。于是要起到杀一儆百的效果,找这个有知名度的替死鬼,那就再合适不过。

"木秀于林,风必摧之。"崔琰之死,倒是有点"文字狱"的味道。当时,有一个叫杨训的文人,来不及上表祝贺曹操封为魏王,作这种文章是很难不肉麻的,要不吹捧,写这劳什子干什么呢?因为杨训是崔琰推荐提拔的,大家笑话这个"马屁精"的同时,也认为崔所举非人。崔先生沉不住气了,其实你就在家颐养天年,自求多福多好?高兴的话,喝两口兑冰的威士忌,谈谈风花雪月,何等潇洒!但文人有这种爱与众不同,爱出个风头,爱咬文嚼字,爱表现一番的毛病。从机要室找来杨训的奏文,读了以后,还要拿起笔来,以前辈的口气,给他写了封信,这就是不识时务了。信中写些什么,如今已不得而知,但《三国志》里留存下来的"时乎,时乎,会当有变时"的这一句,就足以使他招灾惹祸。曹操勃然大怒,什么意思,从"官渡之战"起,我延聘你为我的别驾从事,到今天都快二十年了,还一脑子变天思想,我岂能饶你!

尤令曹操愤怒不已的,是他在《赐死崔琰令》里所写的"琰虽见刑,而通宾客,门若市人,对宾客虬须直视,若有所瞋"那股不买账的劲头儿。老实说,无论哪朝哪代的统治者,都会反对下属在背后进行非组织活动的。已经把你关起来了,还和当年的孔融一样,与这些不肯降服的士大夫阶层,搞裴多菲俱乐部,那还了得?好!先摘了你俱乐部主任的脑袋,再收拾那些跟你来往的人、为你说情的人,看你们还能笑得起来?虽然,事后阿瞒也觉得这次对于文化人的打击,有些扩大化,但也不打算平反。

看来,枭雄老矣!人一老,必惧怕老,不甘于老,就会失去幽默感,一旦如此无趣无味起来,可想而知,就不会有任何最起码的宽容。如伍子胥所说的日暮途穷,倒行逆施,也在所不计。脸皮一抹,还有什么事做不出来的呢?在他死前的几年里,多次大规模地镇压,杀人无算,把汉王朝的残余势力,基本上荡涤一空。他死的前一年,公元219年,到底把他始终不甚放心的杨修送上断头台。

应该说,他不会善待杨修,因为杨修是杨彪的儿子,是袁术的外甥,这两位都是曹的劲敌,如此底子潮的人,他敢于使用? 据《典略》称杨修:"建安中,举孝廉,除郎中,丞相(曹操)请署仓曹属主簿。是时,军国多事,修总知外内,事皆称宜。"看来,人们一直认为曹操杀这个能够摸透他心思的杨修,出于嫉妒,事实恐怕是不尽如此。再则,如果曹操戒畏这个年轻人的话,不会允许曹丕、曹植与之来往,任其出入宫禁。"自魏太子以下,并争与交好。"《三国志》里说到对于一些忤恶曹操的人,他从来不轻易放过:"太祖(曹操)性忌,有所不堪者,鲁国孔融,南阳许攸、娄圭,皆以恃旧不虔见诛。"凡遭曹操忌恨的人,立竿见影,不假宽待,通常不会有好下场。因此很难设想,将这样一个他嫉恨的人,留在身边近二十年。

杨修(175—219),弘农华阴人。出身名门,世代簪缨,为曹操主簿(主典文书)。善交际,有才策,富捷智,好表现,这是他因之死于非命的原因。

评点过《三国演义》的李卓吾先生也认为杨修之死,咎由自取:"凡有聪明而好露者,皆足以杀其身也。"这种说法当然也有一定道理,孔雀因羽毛送命,狐狸因裘尾被猎,杨修的才华过分外露,有可能得到曹操的欣赏,也有可能引起曹操的反感,谁都知道,唯才是用是曹用人的一贯政策。我想,拖到他死前一年才处置杨修,可能是这位进入晚年的政治家,压根儿还是为他身后接班人的安危考虑,从大局出发的。封建社会中每一次政权的更迭、帝位的争夺,都会伴随着一场血风腥雨。

曹操不得不把他深深欣赏的,可也已经深深卷入宫廷斗争之中的杨修干掉。

杨修和曹操的儿子曹植,已经到了"数日不见,思子为劳,想同之也"的密不可分地步,显然已非一般的彼此唱和的文学沙龙式交流,而是出谋划策,纠集势力,形成反曹丕的政治上的共同体。曹操何许人也,他有情报系统,这些"牧司爪牙使",随时向他呈报宫廷政治动向。像这样的危险分子,曹操不能不忧虑,一旦他不在人世,便不可控制,将不知会造成什么样的灾难。

据《三国演义》,在曹操的指挥部里,杨修的职务并不高,看来他已经采取了防范措施,只当了个行军主簿,大概相当于参谋,而且不是作战参谋,连行军口令还从别人嘴里听说,显然是闲差了。所以杀他不像杀祢衡、孔融、崔琰那样颇费周章,"扰乱军心"四个字,就能把他推出去斩首。罗贯中说曹操嫉妒杨修的捷才,生了杀心。其实,由于杨修不安生,成为曹植的嫡系党羽,为其抢班夺权颇出了一些臭主意,又都被曹操拆穿,随便找了一个泄密的理由军法从事。这就是《典略》所说:"至二十四年秋,公以修前后漏泄言教,交关诸侯,乃收杀之。"

老实说,文学家玩政治,和政治家玩文学,都有点票友性质,是不能正式登场的。在中国历史上,有几个像曹操这样全才全能的政治家兼文学家呢?因此,他的一生,既没有出过政治家玩文学玩不好的闹剧,也没有出过文学家玩政治玩不好把小命搭上的悲剧。所以鲁迅先生说:"曹操是一个很有本事的人,至少是一个英雄,我虽不是曹操一党,但无论如何,总是非常佩服他。"

历史的任何一页,都会翻过去,说来说去,有一点值得记取的,就是鲁迅先生所说,无论政治家、文学家,不管是谁,必须要有真本事,才会永远。

否则,都是扯淡!

曹操的权术

曹操(155—220)　东汉末年政治家、军事家、文学家、书法家。三国中曹魏政权的缔造者,以汉天子的名义征讨四方,对内消灭割据势力,对外降服南匈奴、乌桓、鲜卑等,统一了中国北方,并实行一系列政策恢复经济生产和社会秩序。他精兵法、善诗歌、散文亦清峻整洁,开启并繁荣了"建安文学"的局面,他也擅长书法,尤工章草。

曹操这个人,他的伟大之处,是胜得起,也败得起。不像有些人,胜时,贪天功为己有;败时,半点自我检查也不写,把过错全部推给别人。得意时,嚣张,不可一世;失败时,便孬得把头缩到裤裆里面。

曹操在翦除袁绍以后,一鼓作气,平定乌桓,肃清残寇,招徕贤才,拓边安民。至此,冀、青、幽、并、辽,西到大漠,东到渤海,整个中国北方,一统于曹操手中。汉王朝一个最挠头的问题,也就是北方匈奴频繁扰边的积患,总算解决了。终曹操一生,平定的北方边界,没有使他再担忧分心过,这不能不说是大成就、大功绩。

>>> 曹操晚年毕竟老矣,到底不必当年,东临碣石,横槊赋诗;盛年时还有千虑一失之处,火烧赤壁,败走华容;到了晚年,又是怎样的呢?图为傅抱石《观沧海》(局部),描绘曹操东临碣石,纵观沧海的壮景。

所以,当他站在白浪拍天的渤海之滨,那踌躇满志的心情,那神采飞扬的姿态,那"东临碣石,以观沧海……幸甚至哉,歌以咏志"的诗怀,肯定是快乐得连胡子都飞扬起来的。

他赢了,不树碑,不立传,不要人们对他山呼万岁,而是作诗。就是毛泽东在北戴河写的"东临碣石有遗篇"了,这种胜利者的潇洒,古今罕见。

很显然,他从山东进军洛阳,掌握住汉献帝以后,一个最重要的战略决策,就是要除掉袁绍这个在长江以北的唯一与他抗衡的不能两立的政治和军事力量。强敌不除,中原不保。没有一个巩固的北方,曹操休想越长江天堑一步。然而,就在辽公孙康杀袁尚、袁熙和速扑丸,函首送诣曹操的建安十二年,也是诸葛亮隆中对策出台的那一年,这种重新划分政治版图的设想,不能不使曹操震惊。

诸葛亮出山时的隆中决策,实际上对三国的政治轮廓,重新划分,虽未尘埃落定,但也是基本成型了。历史上的曹操,和在《三国演义》里奸诈枭恶、残忍嗜杀的曹操,不完全尽似,他实际是一个政治家、军事家、文学家。如今,已很难于史料中发现曹操对诸葛亮这一战略思想的态度,但深谋老算的曹操,不可能对如此牵涉政治格局的新思维,会无动于衷的。他的谍报系统,不会那么无能;他的智囊团,不会略无动静。于是,迫使他提前实行战略重心的南移,要腾出手来对付荆州的刘表和江南的孙权,也是针对诸葛亮的这个"三分天下"的战略。

曹操几乎是不容间歇地挥师南下,大概有其对诸葛亮决策的反弹意义在内。否则,他不会不顾幕士多次建议休整,把曹仁派驻樊城,准备夺取刘表的荆州,更主要的是防范有强烈拓展野心的刘备。起用这样一员亲信将领,可见他对南下的重视程度。第一,曹仁是嫡系部队;第二,曹仁是有政治头脑的一员猛将;第三,曹仁和刘备作过战,深知对手。可见曹操防刘备,甚于孙权。他是不希望出现诸葛亮所设计的"三足鼎立"局面的。他的战略目光一开始就十分明确地落在了刘表的荆州版图上,让刘备无立足之地,也让诸葛亮的新思维无用武之地。

其实,也有人建议曹操,东吴更是心腹之患。但他很清醒,虽然孙权实力远胜刘备,但刘备在诸葛亮的辅佐下,政治上提出"三分天下"的主张,军事上,出新野,攻樊城,烧博望,势不可遏。在取得刘表的荆州土地后,也已到了瓜熟蒂落,坐享其成的地步。对曹操来说,刘备比孙权有更大的危险性,这两个人的存在同是他的障碍。但他不可能两拳并出,在时间上必有先后之分。曹操的兵向荆襄而去的决策,显然是正确的,而且果然把刘备打了个落花流水,落荒而逃。

这样,他又赢了,不但得到了荆州这块地盘,还打乱了隆中对策的时间表,使它不得不往后移了,至少晚了一两年才出现"三足鼎立"的局面。如果,曹操头脑能够冷静下来,不急于发动赤壁大战,而是在向南征前,进行军事准备;在政治上采取"休养生息"的方针,使荆州成为巩固的后方。那么,历史恐怕又是另外一个样子了。

现在,弄不懂曹操为什么那样执迷于一举而下江东的雄图大略?一个领袖人物,他的性格因素、感情作用,常常左右他的决策。一个太相信自己的领袖,最怕脑袋发热,自信自尊加之偏执,无不给国家人民造成灾难。而在历史上,功高之主,容易发热;功并不高的主,也同样发热,甚至有的其实无功,只不过是虚火,照样热得发昏。热的结果,便是胡来,胡来的结果,便是老百姓遭殃。这些发热的领袖们之所以"发热":一是听不进别人的正确意见;二是把以前行之有效的成功经验,弃之不顾;三是偏执到病态的程度,错了不认错;四是输不起,输了还要找个"替罪羊",替他搪灾。

很可能曹操在拿下荆州以后,功成业就,心满意足,开始头脑发热。置酒汉水之滨,庆祝克捷大会,那个说服刘表之子刘综降操的文人王粲,捧起酒来,吹捧曹操:"海内回心,望风而愿治,文武并用,英雄尽力,此三王之举也。"

一般说,失败的后遗症,是畏缩;胜利的后遗症,是狂躁。此刻的曹操,比在渤海边、碣石旁,更不可一世。他现在要做的第一件事,就是完成他的"山不厌高,水不厌深,周公吐哺,天下归心"的凤愿,立万世基业。

胜利接着胜利,在乘胜之威的追击途中,从统帅到士兵最易出现的倾向,一是急躁情绪;二是轻敌思想;三是由急躁、轻敌而形成的迷恋武力解决问题,但求速战速决,对于武力以外的克敌制胜之法,往往被急功好利者因其不能立见成效而疏忽摒弃,以致求快不快,反而忙中有失。这就是所谓的冲昏头脑了。

从魏武挥鞭的胜利到火烧赤壁的失败。曹操的这个历史教训,对于我们每个人,都是值得深思的。有的人,有了点本钱,马上喜不自胜;有了点权势,立刻情不自禁;有了点名气,急不可耐地招摇过市;有了点成绩,脑袋便开始发热,好像天和地之间,简直摆不下他。于是,指手画脚,为所欲为,信口开河,逐渐走向反面。如果曹操想到华容道在等着他时,能够冷静些、清醒些、谨慎些、深思些,也许不致那样狼狈了吧?

不过,他输得起,他给自己下台阶。他说,我自己要烧船的,周瑜不过徒得虚名罢了。就带着人马,杀向潼关,扑灭马超、韩遂在后院所燃之火,巩固阵脚去了。

是真英雄,赢是好汉,输也是好汉。只有苍蝇,碰了壁,才嗡嗡叫,几声凄厉,几声抽泣。

在《三国演义》里,曹操一生用了许多人,有"知人善察"的美名;但也杀过不少人,有"持法峻刻"的恶声,正因为如此,人多以"奸雄"视之。现代学者陈寅恪的分析是十分准确的。曹操代表着非正统的新兴政治力量,与正统的旧王朝为首的士族豪强集团,进行统治权的一场争夺战。作为阶级的对垒形势,曹操一方面善用人,建立新体制,构成自己的统治力量;一方面敢杀人,消灭异己,达到削弱、打倒旧阶层的目的,也就是很正常的统治行为。

曹操在控制住中原、挟持住汉献帝以后,当上了丞相,掌握了政权,但他的统治,实际上受到维护正统的汉王朝残余势力的挑战,尤其是那些有实力的州牧、有资财的豪门、有声望的士族,是不怎么对他服气的。除了他乱世奸雄狡猾无常的恶名声外,一个很重要的原因,就是他的出身不好。中国人好讲出身成分,倒也不是"文革"前后才兴起的。有个好爹娘,便好运亨通;投错了胎,成了"黑五类",便永世不得翻身。这种中国式的成分怪癖,要溯本寻源的话,从汉朝或更早一些年代就有。

那个写过《饮马长城窟行》的诗人陈琳,在替袁绍起草声讨曹操的檄文中,一上来,就是骂他:"赘阉遗丑,本无懿德,滑狡锋协,好乱乐祸。"因为曹操的父亲,是中常侍曹腾的养子,而常侍这种皇帝贴身的官,必太监充任。这些太监虽然很有权势,但也很被人看不起,所以和后来革命大批判文章,从揭老底开始,是异曲同工、古今同道的。曹操当政以后,这成为他的一个心理弱区,非常敏感。因为旧阶层的人,不但不接受他还反对他,这也迫使他要建立新体制,当然也就毫不客气地镇压旧阶层的代表人物。

孔融是有相当地位的大士族，经常在家里纠集一些人，吃吃喝喝，非议朝政，制造舆论，公开跟曹操唱反调。曹操找碴儿把这位孔子的后代杀了。杀鸡给猴看，别的士族便轻易不敢挑衅。祢衡是个少不经事的年轻作家，有点狂躁，被人煽动起来，击鼓骂曹，曹操转手交给别人杀了。别的文人，不得不摸摸自己的脖子，考虑是否结实到足以与曹操较量。杨修介入了宫廷接班之争，结党营私，曹操也借泄露军机把他杀了。这也等于警告所有知识分子，不能存有政治上的野心。许攸提出决漳河水淹冀州城，使曹操战胜袁尚。进城时，恃功的他竟以鞭指城门对曹操吆喝："阿瞒，汝不得我，安得进此门？"这一句话，使他脑袋从脖子上搬了家。虽然是许褚杀的，但肯定是曹操示意为之，这也等于向那些有功之臣打了个招呼，明白自己是吃几碗干饭的，不要越轨犯上。最突出的例子是荀彧，他曾经是曹操的首席谋士，为曹操南征北战，运筹帷幄，立下不少功勋。曹操先后在建安八年上《请爵荀彧表》，十一年又上书《请增封荀彧表》，为这位谋士请功。在表中把话都说到了绝对的地步："天下之定，彧之功也。"但在董昭出主意要让曹操称王上表时，征求荀彧的意见，他不赞成，这惹怒了曹操。结果曹操派人封了一份礼品给他，荀彧打开一看，里面空空如也，他明白，就服毒自杀了。

被人用者，哪怕作为领袖的智囊，要善于用。无论做出过多少杰出的贡献，得到如何的殊荣，切切牢记自己的身份，不得僭越。他可以与你亲密无间，你万不可跟他平起平坐。也无论怎样从大政方针到具体政策上，产生差异，以致忤逆上峰，除昏君外，仍可有获得理解的可能。但涉及领袖个人欲望方面，半点分歧的看法也不能表现出来，那绝对是不可饶恕的行为。荀彧的饮药自杀，固然在于他过高估计了自己，认为有资本可以教训曹操，而曹操不能对他怎样，结果曹操翻脸，他只好自杀。其实，他至死恐怕也不明白的一点，他是从维护汉王朝这个角度，反对曹操称王，触犯了曹操的神经敏感区，这才认为他罪不可逭。

《三国演义》里刻画了许多谋士，这也是中国甚至世界上任何一部作品中少见的。这些给主子出谋划策的知识分子，有成功的、失败的、走运的、倒霉的，至少有百十位登场表演过，其中贤愚巧拙，个个不一，善恶忠奸，鱼龙混杂，构成了一幅谋士群像图。在魏、蜀、吴鼎足三分的局面中，以曹操手下的谋士最众，人才最多，在许都他的相府衙门里，可以说是集中了东汉建安时期主要的知识分子和政治的上层人物,形成了一个巨大的智囊团。

曹操拥有的最大优势,就是手中握有一张王牌——汉献帝。别看这是一张不起眼的黑桃爱司,一个无权无势的傀儡,一个连老婆都保护不了的窝囊废,但曹操可以拿皇帝的名义,去统治那些不得不膺服于他的士族阶层,以及与士族有着千丝万缕联系的知识分子。

像孔融这样集豪强、名门、士族,和高级知识分子于一身的上层人物,代表着旧势力,当然不把非正统的曹操看在眼里,动不动还要找碴儿讽刺几句,跟他过不去。可他终于放下山东一方牧守的官位,跑到许都,在朝廷里当将作大匠,分管城市建设。看来他也是很想附丽于汉王朝和献帝这张皮的,很重视许都的这份差使,得睹天颜,以求恩泽的。读《后汉书·孔融传》,此公是经常给皇上递呈子、上表章的。那个击鼓骂曹的弥正平,就是他向皇帝推荐的。而祢衡也是从家乡跑到许都来求发展的,想附着在这块皮上,后来失望了,才破口大骂的。

毛泽东曾经谈到知识分子的"皮之不存,毛将焉附"的从属性质。那些看不起曹操的知识分子,可以不买这位枭雄的账,但不能不买汉献帝的账。人才便络绎不绝地往天子脚下的许都这个地方流来。《文心雕龙》作者刘勰形容当时许都的人文状态,用了"俊才云蒸"四个字,是很传神的。

当时,好多在许都曹操手下做事的人,都以为自己在为献帝效忠,做的是汉朝的官,曹操不过丞相而已。后来关云长被围土山,张辽劝其投降,其中有一条,就是降帝不降曹。曹操听了,哈哈一笑:"吾为汉相,汉即吾也!"无论孔融,还是关羽,或者荀彧,实际还是被曹操驱使的。不过,自我感觉有点毛病罢了,中国人好这一份"精神胜利法",只要名目上好听些,心理上就平衡多了。

但曹操,一方面,用汉献帝这张牌笼络住向往王朝的贵族势力,为他尽力。对不顺从者,则采取打击的办法。《三国志》引《曹瞒传》说:"诸将有计画胜出己者,随以法诛之。及故人旧怨,亦皆无余。其所刑杀,辄对之垂涕嗟痛之,终无所活。"另一方面,他要让更多没有机缘出头的非贵族阶层的人士,走到台面上,构筑新贵阶层,为他效劳。这就是曹操的两手,也是他高明的值得称道的地方。为了使人才脱颖而出,他还创立了他的"唯才是用"的人才理论,推行他的招揽人才计划。

第一,只要有本事,不管是哪个阶层的,他都用。"今天下得无有被褐怀玉而钓于渭滨者耶?"这样,使出身寒门的知识分子能有晋身之阶。第二,只要有能力,其他种种毛病缺点均可不必计较。如此大度和宽容,等于放开了纳士之门,使更多人才脱颖而出。他说过:"夫有行之士,未必能进取,进取之士,未必能有行也。陈平岂笃行,苏秦岂守信耶?"他以盗嫂受金的陈平为例,来搜求人才,甚至"不仁不孝而有治国用兵之术者",也要使用。这样,使很多人能够放下包袱,毫无顾虑地追随他。第三,哪怕过去反对过他,跟他打过仗,对过敌,只要调转枪头,真心投降,为他卖命,他能够不咎既往,一视同仁,这也不是任何一个领导者都能具有的气度。第四,凡为他立下功劳的谋士,皆奖掖有加,还是以皇帝名义的赏赐。不管他是真情还是假意,那个病死在北征乌桓途中的郭嘉,他是为之痛哭流涕过,要表示托以大事过,嗣后又一个劲儿地给遗孤增爵授勋过。

像曹操这样广泛地招贤纳士,还是历史上的帝王中还是少见的。他的用人胆略,历朝历代的统治者,无人可以相比。虽然,他对于反对派的无情镇压,在历史上的名声也是很坏的。可是,对不起,这个世界上有几个是毫无偏见的皇帝呢?要都从善如流的话,中国的封建社会岂不是早就终止了吗?

司马光在《资治通鉴》里说他:"知人善察,难眩以伪,识拔奇才,不拘微贱,随能任使,皆获其用……勋劳宜赏,不吝千金,无功望施,分毫不与。用法峻急,有犯必戮,或对之流涕,然终无所赦。"这个评价,应该说还是很准确的。

世界上还没有一本书,能比得上《三国演义》,讲了这么多的权谋。而其中的许多权谋,直至今天,还有其实用价值。当然,《三国演义》也讲了许许多多的谋士。三国时的这种谋士,和现在理解的参谋、秘书、文职人员这些部属还有所不同,也不完全是军师、顾问、参事、高参这些直接参与帷幕指挥的人员,更接近于"智囊",是进行战略决策时为领导人提供方案的高级辅佐人才。

领导靠谋士出主意,谋士为领导想对策。

读《曹操集》,其中有《遗荀攸书》一文,信中说:"方今天下大乱,智士劳心之时也。"这句话,表明了他十分地看重智士,看重智士的计谋,对于治理天下的作用。在三国时期,拥有谋士最多,使用谋士最力者,就是这个曹操;得益谋士最大者,也是这位魏武帝。

因为中国的知识分子,由于不能忍受压迫,而揭竿而起、铤而走险者,简直太少了。中国没有一个像普希金那样决斗而死的作家,也没有像海明威、法捷耶夫、茨威格那样壮烈自杀的作家,"文化革命"迫害了中国的那么多作家,但也只有老舍先生、傅雷先生,才采取断然结束生命的做法。这也是中西文化差异的所在,中国文化人对于生命的价值观念,远远要比自由、爱情、理想、真理、尊严、人格……看得重些。所以,"秀才造反,三年不成"的讽刺,就是因为不愿很轻易地拿生命为赌注而来的。有史以来,开国之君,来自文化偏低的阶层者为多,不是一介武夫,便是起义农民。

刘邦是流氓无产者,当了皇帝之后,还把儒生的帽子拿来做尿壶用的,这决不是他的潇洒,而是他的愚昧。对于知识、对于知识分子的作用,能有曹操这样一个认识水平的,并不多。所谓"得人者昌,失人者亡",谁拥有人才优势,而且给人才创造一个"各尽其能,各展所长"的良好环境,谁就会在竞争中占上风。

三国时期,曹操讲求"唯才是举",哪怕"负污辱之名,见笑之行,或不仁不孝而有治国用兵之术"的人才,"其各举所知,勿有所遗"的网罗,即使在现在社会里,有如此识见和气度的领导,也不多见。当时,在许都,可以设想,是一个多么人才济济的兴旺局面。就以文学来说,现在所讲的建安时期文学的繁荣景象,大部分作家都在曹氏父子周围。至于那些政治上、军事上的谋士,则更是曹营中的骨干力量。

"官渡之战"是决定曹操能不能立足于天下的最大考验,不消灭袁绍这个军事上、政治上的劲敌,他就一天不得安生,连觉都睡不踏实。而且,袁绍手下的谋士,像许攸、沮授、郭图,也都是一流的"智囊"。曹、袁之战,也是一场谋士之战,由于袁绍"多疑而寡决",手下谋士又分帮结派,纷争倾轧,可以打赢的仗,也打输了。曹操之胜,应该说,很大程度上获益于他这些谋士的高明对策。

"官渡之战"久攻不下的时候,曹操也动摇过,因为几无隔宿之粮,干脆不如撤兵算了。他同荀彧商量,这位谋士给曹操写了封信,信内建议:"公今画地而守,扼其喉而使不能进,情见势竭,必将有变。此用奇之时,断不可失。"以弱战强,正如狡兔和鸷鹰搏斗,只有一口气不停地拖住叼着它的鹰向前奔走,愈到最后时刻,愈不能泄劲,坚持到底才是胜利。哪怕稍一迟疑,全盘皆输,它就会成为鸷鹰的一顿美餐。官渡大捷以后,他向皇帝上表,给荀彧请功。这一点,倒说明曹操是"有功必赏,有过必罚"的英明领导,不像有些当官的,有了成绩,连忙贪为己有;有了过错,赶紧推诿给部属。这种人,在现实生活中,是经常可以碰到的。

曹操在这份《请增封荀彧表》中,说得相当实事求是:"昔袁绍作逆,连兵官渡。时众寡粮单,图欲还许,尚书令荀彧,深建宜住之便,远恢进讨之略,起发臣心,革易愚虑,坚营固守,徼其军实;遂摧扑大寇,济危以安。"他还设想,"向使臣退军官渡,绍必鼓行而前,敌人怀利以自百,臣众怯沮以丧气,有必败之形,无一捷之势"。所以,曹操承认荀彧的谋略,"以亡为存,以祸为福,谋殊功异,臣所不及"。即使在今天,能找到这样敢于襟怀坦白,承认自己"不及"部下的人,怕也是不多的。要是那些坐在主席台上,一握住麦克风,必哇啦哇啦发一通不切实际的指示,讲一些不咸不淡的话的先生们,有曹操这点自知之明,倒是台下听众的福气。

另一位年轻的谋士郭嘉,也是为曹操立了大功的。在击败袁绍、袁谭、袁尚、袁熙西遁乌桓蹋顿以后,力主乘胜追击,为统一北方做出了杰出贡献。所谓"智士劳心",就是不仅能够准确地把握住动乱不定、变化不已的局面,做出攻守得当、进退适宜的决策,而且能够高瞻远瞩,在看到今天的同时,看到明天和后天,做出与现在相衔接,而又与未来相匹配的正确决断。因此,不只要注意眼前的生存危险,也要重视今后会出现的潜在威胁。总是唱形势大好,而且还执拗地认为"就是好,就是好",其实,危机倒离得并不太远了。

当时,曹操部下对郭嘉的谋略不以为然,是有争论的。认为在取得如此辉煌的讨袁胜利之后,挥师南下,图刘表荆襄之地,不失为佳计良策。因为袁绍败后,唯刘表是一支可以抗衡的力量。若远征乌桓,许都空虚,倒有可能受到刘表、刘备袭击之虞。这种忧虑,也是不无道理的。

然而郭嘉却敢于悖众出言,建议大军西征乌桓,置刘表于不顾,这种出人意料的谋略,也难怪只有曹操才能赏识。他说:"唯奉孝为能知孤意!"因为不扫除边庭,消灭隐患的话,就不能巩固北方,确保中原,当然更不用说实现越江而下,囊括江东、荆襄、巴蜀的宏图了。然而,对于刘表会不会派刘备乘虚而入的可能,郭嘉和大家看法不一。他说:"刘表,坐谈之客耳,自知才不足以御刘备,重任之,则不能制,轻任之,则备不为用。"他掌握了刘表的弱点,和刘备、刘表之间的矛盾,做出这样的判断,这就叫胆略。

郭嘉敢提出来,曹操敢于拍板,主择臣,臣亦择主,智士能用,在于用智士者。郭嘉病逝在西征途中,曹操发出天下相知者少的感慨是真实的。

对于远期的潜在威胁,郭嘉能有超前识见,预先防范,恐怕是一般谋士所不及的。俗云,人无远虑,必有近忧。但鼠目寸光者、急功近利者、挖肉补疮者、寅吃卯粮者,又何其众也?对于小农经济思想所带来的短期行为,不足为奇。农民在春天里,只能看到秋天,来年怎么回事,全是未卜之数。那许多失误的产生,还不是很自然吗?

三国时期,像这样有远谋高见的智士,并非只是曹操帐下的荀彧和郭嘉两位,即使在袁绍军中,也曾经囊括了大部分河北名士,但他恰恰败在了不会用谋士上。所有的好主意,都被他优柔寡断、疑而不决的性格毁掉了。而他的谋士们,又陷于内讧和互斗的派系漩涡中不能自拔,这样一支离心离德的军队,怎能不败在曹操的手里呢?

并不是没有人才,而是要能发现人才,要能使用人才,要给人才提供发挥才能的条件和环境,更关键的是要有尊重人才、使人才的智慧成果得到应有报偿的"曹操式"的决策者。所以,韩愈悲叹"千里马常有,而伯乐不常有"。识人才能得人,得人而不识人,有人也等于无人。毛泽东讲:"路线确定以后,干部便是决定因素。"也就是这个道理。

怀疑,是人类感情的一种痼疾。

治怀疑的唯一药方,就是信任,可既已成病,这药就很难施效;于是,只有宽容,可气得肚子都鼓起来,一下子也难消得下去;要是这还办不到,那么最后的一个措施,莫如不予理会,或者尽量往好处想。否则,怀疑是一个恶性循环的怪圈,越往里钻,越转不出来。

若是没有提到你作品如何之好,应该不等于就说你写的东西,便是如何之坏;假如不曾在口头上向你的成就、不朽致敬,应该不等于就是抹杀了你,把你忘了;倘若谁跟谁在文学观点上更接近些,应该不等于把你排挤,或者把你抛弃;即或某个与你曾经相近的人,忽然与你相左的某位作家来往密切,应该不等于他也成了你的反对派；假如一个作家红了些，他的作品放在头条，你的作品放在了次要位置，应该不等于你从此就灰了些、黑了些……诸如此类的是是非非，有一大半都是由于人的神经比较脆弱，而造成的无谓纠纷。

魏文帝早说过的"文人相轻"，说白了，就是这个嫉妒。嫉妒不是女性的专利品，有些女作家固然爱较长计短，但男作家中的谁，要是发作起妒病，那一副妒妇心态，也是不可救药的。按说老作家是过来人，要想得开些，一辈子风风雨雨，按说该看穿了。可是文人的那股酸劲儿，倒像老陈醋那样，愈老愈爱跟年轻人过不去，无非因为后来人抢了他的风头，便老是在那里挑刺儿、说闲话，这都是醋在起作用的结果。

楚汉相争，刘邦其实从心里忌惮项羽的实力，有个叫陈平的高级间谍，对他说，你给我四万两银子，不要过问我的用途，让我在项羽军中离间他们的君臣关系，我保险能够瓦解他们。果然，在陈平的谣言攻势下，"意忌信谗"的项羽中了计，认为钟离昧要背叛他而不再信任，自毁长城。后来，项羽派一个使者到刘邦处探听虚实，陈平这里摆下盛宴，待使者来后，故作姿态，佯装原先准备接待的是范增的使者，见是项羽的人，便撤宴去酒，按一般规格接待。这个使者回去一汇报，项羽当然要怀疑范增了。

多疑，是最容易被"离间计"击中的；而握权柄者，位愈崇，权愈重，年愈长，也愈多疑，离间的成功率常常十之八九。现实中就是这样，某些人总是看不惯，总是发脾气，其实十有八九都是别人在他耳边灌风的结果。而处境危殆者、险象丛生者、无时无刻不在疑惧中生存者，也是"离间计"易于奏效的对象。同样，离间的目标，作用于对手的股肱，也就是老百姓所说的左膀右臂，那所产生的效果，往往是最具摧毁性的。

曹操在"赤壁之战"以后，一时难以击破吴蜀之盟，便下决心回师西北，扫清后院。但没想到，马超和韩遂联合起来对付他，在潼关连吃败仗，差点送了命。于是，采用贾诩之计，挑拨离间马、韩的关系，先虚张声势，含糊其辞，后扑朔迷离，制造假象，弄得马超对韩遂怀疑起来。假如曹操这一次的对手是诸葛亮的话，那情势肯定又是另一个样子。因为马超是四肢发达、头脑简单的一介武夫，力气有的是，脑子却懒得动，是最易离间的。同样，我们看到围在个别成名作家身边的那些耳目们,东家长西家短地不停灌输,再清醒的头脑,也会坠入五里雾中,而会做出失态的举止。

凡离间,首先得有可以施计的基础。作为个人,则是性格上的多疑成性、行为上的犹豫忐忑、思想上的警惧防范、动作上的举棋不定;作为集体,则是成员间的内部矛盾、意见分歧、观点不一、互相猜忌。这世界上,无疑人之心者,绝少。而越是把团结的口号叫得震天响的,正好说明是越不团结;愈是强调一致,那分裂也愈是欲盖弥彰。只要抓住这种政策的歧义、见解的不同,使其不信任的感情膨胀,便是"离间计"可以得以施展的机会到了。

所以,像马超这样的人不上当,还会有谁呢?

曹操在死前,也就是建安二十三年春正,许昌的一次未遂政变,自然也是由于他称王而使矛盾尖锐化,引发出的一场都城上层人士策划的小型暴动。虽很快给镇压下去,嗣后,曹操却也进行了一次轮盘赌式的生死游戏。他把政府官员拉出许都城,到漳河边办学习班。然后在教场上立下红、白两旗,集中全部人员,声称在这次政变大火中,出来救火的,站到红旗下;闭门不出者,站到白旗下。结果,众官自思救火者必无罪,多奔红旗之下,三停只有一停,站在白旗那里。曹操下令把红旗下的官员统统杀掉,理由是他们这些人唯恐天下不乱。他说:"汝等当时之心,非是救火,实欲助贼耳!"通过这次大屠杀、大清洗,重整了他的国家机关,把反对他的旧王朝势力彻底摧垮。

这是他和已经溃不成军的汉王朝正统派势力,做最后一次较量。

许都这场内部动乱的发生,其原因是多方面的。一是曹操对于士族上层人物的镇压,逼得他们起而反抗;一是曹操面临政权交班,而曹丕、曹植各树己党,统治集团出现分裂征兆;另外一个外界促变的因素,是关羽在荆州势力强大,重兵压境,这些拥帝反曹的大臣贵族,以为可做外援。加之他们的府邸里均养有私兵,便有可能乘机起事了。

在这以前,发生了政治斗争中的一个重要事件,曹操到底把大名士崔琰处死了。崔琰是士族执牛耳地位的代表人物,影响力相当大。当曹操在战胜袁绍、打下冀州城以后,第一件事,就是去拜访崔琰,许以高官厚爵,问以治理之道,一心要拉拢他。但到了曹操先称"魏公"已引起异议,现在又要称"魏王"危及汉王朝的根本时，维护汉室的上层人士，自然要加以抵制，尤其是崔琰持不合作的态度，使他的野心受阻。于是，他就下令将崔琰关起来，关起来也不能使这位名士服气，坐在牢房里，也瞪着眼睛，不畏曹操的威势，根本看不起他。气得他终于把崔琰处死。但杀崔琰并不能恫吓整个士族阶层，使他们俯首帖耳。那些拥有权力的臣宰官吏、拥有资望的名家子弟、拥有声气的文人名士，认为时机对他们有利，仍然结成反对曹操的神圣同盟。于是就密谋了这次都城起义，以为能够里应外合，引关羽，召刘备，杀曹操，拥天子，成就复辟大业。

这也是任何一个统治者，必然会遇到的挑战，甚至很长时期的统治以后，只要还有异己的政治力量，也仍会有各式各样的复辟行动出现，只不过是形式上、方法上、规模上的不同而已。

在魏晋的门阀制度中，清河崔氏是大姓中的大姓，在士族中更是出类拔萃者。后来到了南北朝，一些出身寒微清素和本是胡戎羌狄的帝王，一定携重礼定聘求媒于山东崔氏，也是冲着这个名门的贵族血统去的。崔琰和孔融等世人侧目的大名士，虽然实际上仕魏，但名目上却在仕汉，心存帝祚，阳附曹操，保持独立人格，在许多政策上持不同意见，并不与操一心一德。而崔琰又是这些名士中领袖群伦的佼佼者，他的言行在当时的许都具有强大的鼓动力。这些人的集聚，一直是曹操的心腹之患。曹操先自封"魏公"，尔后又登上魏王之座，享受与天子不亚的尊荣，这种行径，在士族豪强眼中是狂妄尊大，当然是不能接受的。

崔琰代表他那士族集团站出来表示反对的态度，实际也是一次最后的较量，因为对正统势力来说，也无路可退了。双方矛盾激化到这个程度，曹操倘不摘掉魏王冠冕，唯有杀一儆百，除掉崔琰，才能给士族豪强阶层一个沉重打击。

但曹操没料到，杀掉崔琰，实际上却点燃了这次许都动乱的导火线。

士族豪门在汉末社会中，是很有实力并具有深远影响的阶层。在政治上拥有极大的发言权，臧否人伦，操纵选举，阿党比周，左右政策。作为喉舌挥斥方遒的，便是那些大小名士。再加上一部分诸侯州牧、一部分地方豪强，不是出身名门望族，便是和这个阶层存在着姻亲、故旧、门生、隶属等关系，构成了一支举足轻重的社会集团力量。

可他们没有想到，流水落花春去也，汉王朝已经衰朽透顶，大部分既得利益者已归属曹操。再说，曹操也不是建安初年刚进许都时，那样立足未稳，杀掉孔融，还不能不有所顾忌,要找些依据。现在他已有足够的力量,粉碎反抗,让这些反对他的人来和他玩轮盘赌了。复辟失败,这个阶层也就分化瓦解,等曹操的儿子逼汉献帝退位,登上皇帝宝座,几乎没有什么人敢公开跳出来反对。

但英明如曹操者,竟没有及早地看出这些地下活动,没有对反对派采取切实的防范措施。只看到拥护他称公称王的上表者、劝进者,他会对这些拥有数百家僮的官员,在都城的磨刀霍霍之举,了无所闻。由此也可看出阿瞒老矣,到底不比当年,东临碣石,横槊赋诗,盛年时还有千虑一失之处,火烧赤壁,败走华容。那么到了晚年,自然有照顾不周的地方了。他只是比较敏感那些公开地、半公开地与他唱反调的名士,必置之死地而后快。但由于他任用非人,和陶醉于盖世殊荣而麻痹失察的疏漏,放松对暗藏反对分子的镇压,才导致许都暴动,差点使政权颠覆。

人到晚年,精力不逮,才有这一次最后的较量。

然而,他在处置这次反叛分子时,只有大开杀戒的穷凶极恶;早年从容不迫的精神,却一点也看不到了。

炒作关羽

关羽(？—220)　汉末名将。他早期辗转各地,后助蜀汉成就大业。最后在荆州腹背受敌,兵败被杀。他被民间神化,尊为"武圣",与"文圣"孔子齐名。

在中国,甚至在全世界,一部小说,能将其中一个人物塑造成万民心目中的一位尊神者,敬仰之,供奉之,祭祀之,膜拜之,只有这部《三国演义》中的关羽。要说文学的功能影响最大,反应最佳,社会效果最强烈者,莫过于此了。

造神,是中国人最爱玩的一种骗人游戏。在封建社会里,统治者造各式各样的神来愚弄老百姓,还有的造自己为神或者鼓吹个人迷信之类,让大家顶礼膜拜。但不论造得多么神乎其神,终究有倒牌子的一天,只有《三国演义》造出来的这个"关帝",具有想象不到的长远生命力。

>>> 造神是中国人最爱玩的一种骗人游戏。但神造得多么神乎其神,终究有倒牌子的一天,只有关帝是个例外。图为明代商轼《关羽擒将图》中关羽的形象。

近二三百年间,中国人(包括海外华裔)信关帝、关圣、关公菩萨者,几乎与崇敬孔夫子的人数等量。凡有文庙的地方,差不多都有一座关帝庙。而一般人家的神龛上,供奉孔夫子的,远远没有供奉关羽的多。这种被万民景仰的程度,真使那些生前恨不能成为上帝,死后便被人努力忘记者,在九泉下难以瞑目的。

以前,我到沙头角,看到那里每间店铺中都供着关公菩萨,红烛高烧,香烟缭绕,很有新鲜感。近些年来由南而北,关云长和他的青龙偃月刀,逐渐走进千家万户,也就不足为奇了。如今,很多城镇还建起关帝庙,香火鼎盛;饭店酒楼,一进门,必有关羽和周仓、关平的立像,驱邪降魔。《三国演义》这部小说,能造出一位神明来,文学的力量确实不能低估。

"利用小说反党,是一大发明"的公案,已经是昨天的事情,但是,小说造神只有这部《三国演义》当之无愧。小说的一个人物,能够跳出小说,变成一个远比小说中所刻画的那个形象更高大,更名垂万世的神灵,不能不说是作家创造出来的文字奇迹。

根据《三国志》这部官方的史书看,对关羽的评价,只是一员虎将而已,与张飞、马超、黄忠、赵云并列,并评曰:"关羽、张飞皆称万人之敌,为世虎臣。羽报效曹公,飞义释严颜,并有国士之风。然羽刚而自矜,飞暴而无恩,以短取败,理数之常也。"

从这段评价看,有万人之敌的绝对肯定的一面,有报效曹公的并不值得赞扬的一面,也有刚而自矜的明显是缺点的一面。就其战绩、政绩来看,也不能说是一个优秀的军事家和政治家。荆州之失,导致蜀国的败弱,他是不能辞其咎的。所以,他连一个超凡的人都说不上,然而他却成了神,这里面有很值得研究的中国人的造神现象。

人们为什么信神?主要是不信自己。为什么不信自己?是由于自己掌握不了自己的命运。为什么自己掌握不了自己的命运?因为在长期封建统治下的中国老百姓,实际上并未摆脱奴隶制度那种人身依附的层层契约关系,和绝无人身安全可言的君要臣死、臣不得不死的极权专制制度。不知何罪?全家籍没入官,财产充公,妻子儿女,罚往宁古塔给披发人为奴。了然不知,被株连九族之内,送上法场,枭首示众。在"闭门家中坐,祸从天上来"的凄惶状态下,无可求助的中国人,不仰赖于神祇的佑护,焉有他法?

于是关羽就成了这种民众自己创造出来的神,要比统治者或个人迷信,或造神运动所强加给老百姓的神,生命力要长远得多。

为什么关羽成神,一是因为书中把他写成是万人之敌、是仁义之师、是必胜之将,老百姓深知对付万恶的作威作福的统治者,还是青龙偃月刀最为管用。降魔压邪,扶善反恶,需要关羽这样有力量的神。二是在中国人的神鬼文化中,关羽是最具有人间色彩的神。在书中,他是"义"的化身,这个"义",在老百姓看来,更多的是江湖义气的"义"。施之以恩,报之以德,款之以情,还之以义,这"义",正是那些毫无安全感的小民们,所期求的相互之间的盟契基础。三是关羽的"义",与正义、大义,不完全是同一范畴的概念,而是以自身的价值观、利害观为标准的。无论你是谁,刘备也好,曹操也好,只要一片真心,以诚相待过我,那你在危急中,我必能拔刀相助,豁出身家性命,虽万死而不辞来回报。这也正是人们不敬别的神,独敬关羽的缘故。

关羽之能从小说中跳出来成老百姓的神,正是小说里充分描写了这种义薄云天的形象,符合了老百姓无援求助的心理,便把他奉若神明。另外,关羽的忠诚信义,不事二主,也符合历代统治者驾驭臣民的需要,于是封号由汉献帝的"汉寿亭侯",到刘备的"前将军",到刘禅的"壮缪侯",到宋徽宗的"忠惠公",到元文宗的"武安王",到明万历的"三界伏魔大帝神威远镇关帝圣君",到清代顺治、乾隆的"忠义神武关圣大帝",一级一级地上升,成为中国人最普遍信仰的神。

一是统治者需要这样忠心不二的神,二是老百姓觉得他不是那种敬而远之的神。由此,也可以了解《三国演义》这部小说永盛不衰的生命力所在了。

在《三国演义》中被抬得最高的,一是诸葛亮,一是关云长,但他们最后都失败在非等量级的对手手里,孔明还能得到"出师未捷身先死,长使英雄泪满襟"的同情。而关云长虽然被后世人敬之为神、尊之为帝,但他死在陆逊、吕蒙手里,输得非常之惨,从此落下个"只提过五关斩六将,不提走麦城"的经常被引用的讥诮之语,可见后来人敬重之余,对他的失败,多少认为是他老人家咎由自取,属于活该的了。

不过此人感觉好，而且总好，特别封了"汉寿亭侯"以后，就渐渐地感觉错位了，到独挑大梁，驻守荆州时，已到了目中无人的程度。感觉错位，是件别人看来可笑，而对他本人则是可怕的事情。要是关老爷有些许的清醒，也不至于走麦城，身首异处。

《三国志》载："二十四年，先主为汉中王，拜羽为前将军，假节钺。是岁，羽率众攻曹仁于樊。曹公遣于禁助仁。秋，大霖雨，汉水泛溢，禁所督七军皆没。禁降羽，羽又斩将军庞德。梁、郏、陆深群盗或遥受羽印号，为之支党，羽威震华夏。曹公议徙许都以避其锐，司马宣王、蒋济以为关羽得志，孙权必不愿也。可遣人劝权蹑其后，许割江南以封权，则樊围自解。曹公从之。"按《三国演义》的写法，关羽攻樊，是诸葛亮用来分化曹操"联吴攻蜀"的计谋。但在单刀赴会后的关羽，鉴于荆州暂保无虞，而西线的节节进展，使他黯然失色，这对他来讲是不能宁耐的。他是急于想立功斩将，夺城略地，与张、赵、马、黄一决高低的。

在这种骄躁情绪支配下，拒婚孙权，激怒东吴；谢爵辞封，目中无人；罚糜惩傅，遗患一方，任命潘濬，所用非人。以及对于吕蒙称病的失察，对于陆逊谦卑的得意，和小看东吴的了不提防，这一连串的失误，埋下了日后败师的种子。而这一切，是在毫无制衡和约束的情况下，关羽独自任性而为的结果。

如果诸葛亮让他离荆攻樊，而不派员代领牧守，以防吴之乘间偷袭，则非运筹帷幄的诸葛亮了。但若果然委任赵云（那是最恰当的人选）或其他人，来荆州接替，那也不是充分了解关羽的诸葛亮了。对这位以自我独尊的将领来说，他不会派谁来的，那将是更坏的结局。

若无"襄阳大捷"，吓得曹操迁都，让胜利冲昏头脑，也许还不至于最后的惨败。大胜以后大败，这在历史上是不乏先例的。

在我熟知的这块不大的文坛上，也屡见这类感觉错位的先生，跳踉出来，令人哭笑不得。譬如写了一些作品，还算不错，便立刻自以为不朽；譬如外国人少见多怪，夸了两句，马上魂不附体；譬如，尊老本是中国人的传统，老先生不必因为大家出于礼让，而把自己当作圣人，但偏要当文学长老，指点众生；譬如吃不着葡萄，便一口咬定葡萄是酸的，硬充明公；譬如外文不识ABC，竟大言不惭地贩卖洋货唬人，等等。文坛虽不是战场，脑袋谅不会玩掉，但这种令人作呕的表演，遭人讨嫌的行径,最后臭而不可闻的还是自己。

关羽失败的根源,就在这个错位上。刘备自称汉中王,封他为五虎上将之首,他火了,拒不接印。表面上他是不愿与黄忠老卒为伍,其实他不能忍受的是把他与别人平等看待。其实他未必不想,刘备为汉中王,他镇守荆州,至少也该有个"亚王"名号才是。直到费诗说"将军即汉中王,汉中王即将军也"这句话,他才心满意足。费诗当然是哄他,但也看透了他这种错位的感觉。

孙权为了联姻,派诸葛瑾来说亲,两家结"秦晋之好"。成不成,在于两相情愿,即使交易不成,人情还在,不至于关羽如此勃然大怒,竟说出"虎女安肯嫁犬子"这句话,还要砍媒人的脑袋,这就没有任何道理了。连曹操都说过"生子当如孙仲谋",这是他和孙权正在较量中为敌时,怀着敬佩之情说这番话的。此时,吴、蜀尚是盟友,即使敌国,也不能如此倨傲狂妄。分明是在恶化气氛,使得本不巩固的联盟走向瓦解。

看来他所表态的"军师所言,当铭肺腑"的话,纯系一派虚词。诸葛亮的联吴拒曹大计,他根本不放在心上,反映了他内心中的自诩自大之情。一个本来的推车亡命之徒,在当时很在乎士族门阀地位的社会里,关羽不把孙权这个江东豪族放在眼里;也不把吴蜀联盟,视作蜀国的生命线,感情用事,自我膨胀,头脑发热,若不是暴发户的小人得志;便是相信自己高人一等的非凡狂妄。一个人错位到如此地步,大概是不可救药了。

关羽在"荆州之役"中,独断专行,自以为是,蛮横跋扈,不纳人言,便是最典型的个人英雄主义。

骄兵必败,这是所有人都能明白的道理。但是包括英明统帅,三军首领,沙场老将,无敌勇士,也难免事到临头犯糊涂。知道不应该骄傲,仍恶习不改,甚至明知错了,错也要错下去。

人若是陷入了错位误区里,失去常智不说,还会失去常识,这就是偏执情绪,逆反心理在作祟了,于是出现一系列的判断失误。最后甚至自己也明白,是错了,可情绪还是退不出这个误区;再加上中国人的面子,为维护这份可怜的尊严,执迷不悟地往死路上走,十匹马也拉不回头,只有错到彻底失败为止。这种不见棺材不落泪的事,过去有,现在有,将来也不会绝迹。

关羽太小看东吴了,吕蒙称病,他不信有假;陆逊谦卑,他不信有诈;荆州失陷,他不信其真;糜、孟背叛,他不信其事。就只相信他自己,这是所有错位的人的通病。

他得襄阳,回师荆州,犹不晚也。攻樊城不下,迅速撤兵,也仍旧是来得及的。荆州已失,不图收复,另谋去处,也未必全军覆灭。及至兵败麦城,突围路线要顺依人意的话,不至于身亡……悲剧总是自己造成的。

一个老百姓,纵使因骄致败,只不过祸及其身,再大,祸及其家,仅此而已。一军之帅的因骄致败,则是万千首级落地的事;而一国之君的因骄致败,那就更不堪设想了。

这样的事例,其实并不鲜见。

胜利,是好事,但躺在胜利上面吃老本,就不见得是好事了。假如,再有若干捧场的,米汤灌得晕晕乎乎,不知东西南北,怕离失败就不会太远了。

千里单骑,过关斩将,是关云长一生最得意之笔。与此同时,他的自负、他的傲慢,也播下了日后败走麦城、杀身成仁的种子。陈寿在《三国志》里评他"刚而自矜",是对他的准确评价。所以,"福者祸之先,利者害之始",好事也能变为坏事,这两者存在着辨证的互为因果的关系。

自矜者,骄傲也。上至圣人,下至凡庸,几乎无一幸免,不过程度不同而已。所以毛泽东告诫曰:"虚心使人进步,骄傲使人落后。"其实,岂止于落后呢,关羽连脑袋都骄傲掉了。

人类天性中有许多弱点,骄傲便是一种。有的人,有得可骄者要骄;有的人,无得可骄者也要骄。如拿破仑在圣赫勒拿岛流放时,是决不会忘怀他的军队踏遍欧洲大陆时,当大皇帝那种至尊无上的荣光的,这属于有得可骄者。那极卑微的阿Q自诩地说:"我们先前,比你阔得多啦!"就属于无得可骄者了。虽然他没落到无可再没落了,仍能寻找到这种精神上的满足,凭这或大或小的资本,既可自我慰藉,又能获得一份优越感,于是饭也吃得香,觉也睡得好了。

凡骄傲者,无不以过去和现在的声名,做一份资本。拿作家这个行当来说,一些同行就过度地看重他写出来的几本书、几篇作品,认为顶天立地、价值连城。其实,在文学史的漫漫长河中,不过芥豆之微,过眼烟云罢了。但那种自以为了不起、一副神气活现的样子,也真是让人惊异。许多远不是巨匠,只能说是稍有才气的人,硬是相信自己是货真价实的天才;许多离诺贝尔文学奖还有十万八千里的人,却自我感觉离瑞典皇家科学院的领奖台,已经不过咫尺之遥,折桂有望了;许多根本谈不上不朽,谈不上立德、立言的人,就忙着建造自己的文学纪念馆,急于成立自己的作品研究会,做藏之名山、传之万世的准备。

这种形近笑话的可怕错觉,一是来源于对于自身些许成就过于膨胀的估计,二是由于抬轿子吹喇叭者的蛊惑。而后者,那些捧臭脚的吹嘘哄抬、拍马奉承、歌功颂德、顶礼膜拜,能使本来比较清醒的大作家、老作家、名作家,也目迷五色,不酒自醉,在那里做文豪状了。

关老爷不是作家,是武人,但虚荣心也不亚于某些文坛巨擘。就是这样自误加上人误,最后走向麦城。现在来看,他的失败,一方面是他的性格悲剧所造成的——太自信、太骄傲、太藐视别人,也就是"刚而好矜";另一方面,也是众人太吹捧的结果。如果大家不那么起劲儿地把他敬若神明的话,也许他不相信自己果然那么英明、伟大、光荣、正确了。

在关羽的吹捧队伍里,第一名大捧家是曹操,三日一小宴,五日一大宴,上马金,下马银,弄得他简直不知天高地厚。对于自己的估计,渐渐失去一份实事求是之心。忘了自己曾经是一名马弓手,而真当上汉寿亭侯了;第二名大捧家是诸葛亮,连他在华容道放走束手待擒的曹操,也成为正确的错误,不敢予以追究,这不是使他更加刚愎自用,自以为是嘛;第三名大捧家是孙权,非请人到荆州说媒,要把关云长的女儿娶过来做儿媳,结果关老爷还不赏脸,吼了一声"虎女安配犬子",把媒人赶走了,孙权吃了闭门羹,碰了一鼻子灰,这一来关云长益发趾高气扬,哪把东吴看在眼里;第四个大捧家,还是曹操,关云长水淹七军,威震华夏,其实离许都尚远,曹操虚张声势,赶紧提出来要迁都,以避其锋。这就等于把关老爷的虚荣心,哄抬到一个只许成功、不能失败的位置上。最后,关羽被吕蒙打得只剩下十几个残兵败将时,连早年被围土山、约三事的暂时妥协,也办不到了。因为他已经被大树特树为"盖世英雄",英雄怎么能低下高昂的头,此刻不但无路可退,连拐个弯也不行,只好"英雄"地走向死亡。

鲁迅先生在一篇《捧杀和骂杀》的杂文里，尖锐地指出过，骂倒未必会骂死人，但捧却是可以致人死命的一法。若是对于捧，没有清醒的头脑，还挺得意，还挺快乐，还觉得挺舒服的话，那可是危险了。报纸上、刊物上，把某几位名家捧成"社会良知"、"人类希望"、"精神导师"、"文坛砥柱"，我总觉得这些捧场者，把话说过头了，多少有点居心不良之意。

我们知道，曹操捧关羽是做样子给大家看，看丞相是多么礼贤下士、襟怀宽阔、求才若渴、热忱感人。说穿了，不过是在延揽人心，扩大影响，其真意仅仅是在宣传自己而已。诸葛亮捧关羽，是求一个内部安定团结的局面，在他实施政策过程中，不至于被这个自视甚高的刘玄德的把兄弟干扰捣乱罢了，还是为自己方便。孙权捧关羽，那目的更简单，只是想麻痹对手，把荆州夺回来。因此，天底下的捧角者，无不有自己私底下不可告人的意图。这世界上找不到一个纯粹是为艺术而艺术，为酷爱吹捧而吹捧，无欲无念在那儿拍他人马屁的捧场者。

在戏院子里，那些捧角者，无一不在打女演员的主意，想法倒也单纯，意在猎艳罢了。而在文坛上的捧场者，或是沾光，或是求名，或是混饭，或是拉虎皮做大旗，用以唬人，或是抽不冷子呲出一股毒水来，以泄私怨，目的性就比较复杂了。但沉湎在往昔辉煌中的那些头脑并不糊涂的人，很容易陶醉在捧场者的甜言蜜语中，而随之发烧38度，说些谵语，有些躁狂，也就不以为奇了。

凡过高地估计个人在历史中的作用，而做出不能切合实际的自我评价者。这其中一种人，是他自己，被一点成绩冲昏头脑，把"圣明"二字，连忙写在额头上；一种人，美人迟暮，壮士已矣，历史早掀过他那一页，仍抱着旧日情结，动不动翻出旧账。这两类人是最经不起所谓"帮衬"之类的蛊惑的，高帽一戴，便相信自己是真命天子，等着登基了。于是捧救世主的，与当救世主的，加冕以后，便一块光芒万丈，这也是那些捧场者企盼着的理想世界。

关云长终于留不住，走了。一路杀将过去，获得了盖世英名，也有了骄傲的资本，一直到走麦城为止，这过五关斩六将的胜利包袱压了他一辈子，成了无法摆脱的负担。其实，要是能够清醒那些对于自己的吹捧，其中有许多泡沫成分，就不至于神志昏迷了。肥皂泡在阳光下，虽然也能色彩斑斓一会儿，但终究一个个要破灭的。如能明白这个，留给后世笑话，也许会少一些。

读报上一篇文章,说到旧时河南某地的关帝庙,有一副对联是这样评价关云长的。"匹马斩颜良,偏师擒于禁,威武震三军,爵号亭侯君不忝。徐州降孟德,南郡丧孙权,头颅行万里,封称大帝耻难消。"在所有的关帝庙里,都是极颂其武艺功勋、操行德守、忠贞刚烈、义薄云天的光辉,还少见用这样的"两分法"看待关羽的持平之论。

关羽投降曹操这个污点,和关羽成为神灵的不朽形象,这是一个令文学家难以为之圆其说的矛盾。有一出京剧叫《古城会》,表演的就是这段故事。在芒砀山落草的张飞,因为关羽降过曹操,不信任他,一时间产生出要杀掉他的念头。他也为无法辩白而苦恼,怎么讲,他是真正投降了的。正好,蔡阳追来,为关云长洗清自己,献上了一颗头颅,一刀下去,兄弟尽释前嫌。

当时,诸侯混战,盗贼蜂起,争城掠地,干戈不息。背叛或者投降,反戈一击或者不告而别,并不是很了不起的事。最著名的例子,便是吕布。他一杀义父丁原,再杀也是他拜为义父的董卓,连眼皮也不眨一下。张飞与他对阵时,骂他是"三姓家奴",算是责备得厉害的了。看来张飞不仅猛,还很具有大批判精神,一下子戳了吕布的老底。

再譬如刘备,投吕布时,对付过曹操;奔曹操后,回过头来共除吕布;在曹操麾下效力时,讨伐袁术;依托袁绍时,又与曹操为敌。不到十年时间,变幻莫测,真称得上是朝秦暮楚,但这一切似乎和叛降了无关系,只不过被看作权术罢了。

至于曹操属下的文臣武将,很多都是从对立阵营中被曹操招降纳叛来的。如张辽原事吕布,如徐晃是杨奉部下,如张合为袁绍旧臣,如庞德乃马超袍泽,如文聘曾事刘表……至于那位大谋士贾诩,曾经和曹操做过对,最后也投到曹操手下,至此也已是三易其主;至于许攸,则是"官渡之役"中背袁向曹投诚,并献计立了大功的。这些人谁也没有觉得他们的行为,有什么荒谬的地方?

张飞要杀关羽,就因为他降了曹操。他之所以那样怒不可遏,是从结义弟兄这一点上不能饶恕他的背信弃义。如果没有拜过把子,成为异姓手足,情同生死,张飞也许不会对关羽耿耿于怀。

关羽降后,在许都,曹操三日一小宴,五日一大宴地礼遇优渥,收买笼络之心不计在内,其余将领对关羽也是敬服的。没有因他背叛刘备而看不起他。只有一个例外,那便是蔡阳,后来被关羽祭了刀,倒使关、张和好如初,兄弟相聚了。

种种迹象表明,在三国或者更往后的年代里,放下武器投降,或者背叛原先的主子,不是什么了不得的事。在西方人的观念中,认为生命价值高于一切,如果确实再战斗下去唯有死亡一途的话,那么缴枪投降,按照《日内瓦公约》,作为战俘,要求敌方应以人道主义待之是极其正常的。根据关羽被曹军围困在土山的情况,还有刘备的两位夫人在,他放下青龙偃月刀是无可非议的。

但后来的中国人讲究气节,讲究到偏执的程度就过分了。若从这个角度,关羽哪怕有一丝动摇,都属于叛变行为。应该在土山上杀身成仁,马革裹尸,誓死捍卫,抵抗投降。张飞把关羽杀掉,绝对是可能的。试想,在"文革"期间,那些造反派认定,凡曾在白区工作过的都是叛徒,不是叛徒才怪,非打成叛徒不可的行径,多少人为此被关进牛棚,饱受凌辱,屈打成招,含恨而死,便是这种极端偏执的思想所造成的。那当然是绝顶荒唐的逻辑,可一时间却成了十分正经的革命行动。

到了元末明初,罗贯中写《三国演义》时,对关羽降曹这一节操问题,就颇费周章。因为写小说的时候,国人已经到了被礼教束缚得快要窒息的地步。连妇女都"饿死事小,失节事大"地钉在贞节牌坊上了,何况反臣贼子、叛兵降将乎?于是把东汉建安年间不是太当回事的事,弄得严重化了。

这样,罗贯中先生下笔时踌躇了,若是痛批狠揭,声讨问罪,必有损关羽的正面人物形象。若是只字不提,也难说得过去。于是想出了一个降汉不降曹的似乎义正词严的借口。这当然是自欺欺人,汉即操,操即汉也。

为什么后来的中国人,就格外地不能宽容呢?因为封建礼教窒息得国几无一点思想自由,而不能自由思想的人必失去大度,易趋向极端,凡事绝对化,看问题形而上。这种自我桎梏的人,对别人缺少最起码的谅解、同情和信任,只有猜忌和警惕,只有怀疑和恐惧,圈子越来越小,视野越来越窄,朋友越来越少,敌人越来越多。甚至要求百分之百的纯净,于是,为渊驱鱼,为丛驱雀,只能逼使更多的应该团结的人,走向自己的反面。

司马迁为被围而降匈奴的李陵,向汉武帝反映了"贰师将军"救援不力,不得不败的真话,结果受了宫刑,被关进蚕室。从此,谁也不敢为这些败而不以一死来殉国的人多说一句话。

大是大非，当然应该泾渭分明，否则还有什么正义与邪恶、光明与黑暗的区分呢？但若偏执到全凭意气用事，疑虑到不讲实事求是，狭隘到人皆为敌的程度，那么《古城会》将以关老爷人头落地的结果告终。回顾历史，甚至上世纪的"文革"，这种不死于真正的敌人手里，而被自己人残害的悲剧，难道还少吗？

关羽之死，是《三国演义》里精心经营的篇章。

当罗贯中执笔写这部演义时，由于民间文学的传播，以及历代统治者的尊崇，关羽已经成帝成圣，所以极尽渲染之能事。等到毛宗岗父子评点整理成现在流行的《三国演义》这个本子时，更是不遗余力。篇幅之长，回肠荡气，其中任何一个人物的死，也没有像他这样着力描写的。

宋朝洪迈在《容斋笔记·名将晚谬》里写过："关羽手杀袁绍二将颜良、文丑于万众之中，及攻曹仁于樊，于禁等七军皆没，羽威震华夏，曹操议徙许都以避其锐，其功名盛矣。而不悟吕蒙、陆逊之诈，竟堕孙权计中，父子成禽，以败大事。"完全是骄兵必败的结果。但捉住关羽的孙权，竟想诱降这位不可一世的人物，这就说明孙权识见差焉！

孙权不了解当初曹操能使关羽降，而现在他则不能使羽降。因为当时魏能打出汉献帝的招牌，而吴却没有。投降者也有其符合自身尊严的选择，宁降于龙虎，也不甘降于等而下之者。而且曹操能在建安五年使关羽降，此刻，无论曹操、孙权都无计可施。何也？关羽二十年前只是一员战将，降汉而不降曹，暂屈以图别计。现在他是天下瞩目的一方主帅，诛颜良、除文丑、过五关、斩六将、义释华容、单刀赴会、水淹七军的汉寿亭侯，赫赫扬扬，功勋卓著，把曹操吓得差点迁都的人物。这个光辉形象，他自己也不会玷污的。

后来孙权悟过来了，把关羽杀了。然后在庆功会上，战败关羽的吴大将吕蒙，突然被关羽的亡灵附身，七窍流血而亡。他虽能打败关羽，但关羽的报复，是通过死后的亡灵，最后使这个胜利者死得更惨。关羽之死的描绘，反映了中国人的一种善恶报应的传统文化心理。

善良之被欺凌，正直之被屈辱，君子被小人嬉弄，忠臣被奸佞陷害，这类恶行占据上风的现象,在中国历史上是屡见不鲜的。好人不得好报,正义无法伸张,坏人永远得志,良民总是遭殃,好像是一种永远也喘不过气来的常态。人们对于国贼民奸,暴君昏臣,屠夫恶棍,歹徒劫匪的蹂躏折磨,既无力反抗也不敢反抗。就只好把希望寄托于来世,寄托于阴间,寄托于西天"极乐世界",因为那里是一个比较公平的世界,是神和鬼在统治着的,至少不像人间这样恶行不受责罚的世界。

这种宗教宣扬的报应和轮回学说,在中国封建社会里特别有市场。善有善报,恶有恶报,不是不报,时辰不到。谁都逃不了死,做恶必自毙,最后,坏人在十八层地狱里受到惩处,升不了天,哪怕投胎也只能投到母猪肚子里,被人宰了吃。这就成了受尽欺侮的、求告无门的、不敢反抗的、无可奈何的弱者们,一剂最佳的自我安慰的精神良药。马克思认为宗教是一种精神鸦片,道理就在这里。因为它毒害人们的反抗压迫之心,抑制人们奋起斗争的意志,实际上是为统治阶级服务的。

于是这种梦代替了实实在在的报复,无数人和无数次的这种梦的臆想,化为言之凿凿的事实。生前是弱者,死后化为复仇的厉鬼,活着谁都可以欺侮,但一死成仙成神去报仇申冤。像关羽这样义薄云天的英雄豪杰,竟被吕蒙设计败走了麦城,那么更是要让他成为使恶人闻之魂飞胆丧的天神。

而且,残害的对象越是了不起,那报应也来得越快。譬如吕蒙,马上就被关羽死后的魂灵附体索命。远在洛阳的曹操,也整日间白昼见鬼,"每夜合眼便见关公",这就十分的牵强。而且历史并非如此,可写在演义里,讲在故事里,便使那些活得实在不自在的人,得到最大的宽慰。因为在老百姓的心目里,曹操这个奸雄,正义之神便一定率领着那些他杀掉的好人,会来缠住他不放,最后想逃脱一死是不行的。这些大快人心的报复,也是人们最津津乐道的,因此,在如此精神鸦片的麻醉下,忍辱偷生,苟延残喘,也就甘之如饴,既然人不算天算,还用得着什么反抗呢?

这就是中国人永远不打算活着去反抗恶的报复观。

唯其不反抗恶,中国的封建社会,才能够维持长达数千年之久的统治吧?

第三章

三国魏晋南北朝

"仁义"刘备

刘备(161—223)　三国时政治家,三国时蜀汉开国皇帝。他早期颠沛流离,后建立蜀汉政权。他其弘毅宽厚,知人待士,百折不挠,做事"每与操反,事乃成尔",终成帝业。

魏、蜀、吴三分天下,以刘备最为步履维艰,一直是在颠沛流离中求生存,并逐步拓展。

魏得天时("挟天子以令诸侯")、地利(中原腹地悉归于曹)、人和(谋臣良将,贤俊宏儒均集中在许都);吴守江东,天堑可赖,三代经营,励精图治;只有刘备,东窜西突,无所依傍,茕茕独立,人单影只。他在未入蜀前,先后依吕布、投曹操、奔袁绍、靠刘表、托孙权,寻求庇护,赖以立足,不止一次地置妻子家室于不顾,兄弟分散,仓皇逃脱,流离失所,无以为生。他比之曹操、比之孙权,处于困境中挣扎奋斗的时间要多得多。

到西蜀灭亡为止,它始终是三国中最小的。

孙皓降晋时,户口五十二万三千,男女老幼二百三十万。刘禅降晋时,户二十八万,男女九十四万。即使从人口看,西蜀也只有东吴的一半。撰官史《三国志》的陈寿,曾做过蜀国的黄门侍郎,入晋后做著作郎。他把蜀放在吴前,也是一点故国之思的寄托吧?但晋承魏祚,他又当着晋朝的官,吃晋朝的粮,不得不在奉命撰著的《三国志》里,承认魏为正统。但到了罗贯中,笔下就没有这点顾忌了。刘备姓刘,是那个穿着金缕玉衣埋葬的中山靖王刘胜之后,自然,就让刘玄德成了正统。其实,这才是历史的颠倒。

西蜀不但在国力上弱于吴和魏,作为领袖人物,刘备也比不上孙权,更比不上曹操。但文学这东西,所以让历代统治者感到挠头的,就是它的舆论造势功能,很难估量;也许什么作用都不起,也许还真能影响后代人的视听。一般说,捂同代人

>>> 刘备的"仁义"说穿了,也是一种广告手段。图为明朝戴进《三顾草庐图轴》(局部),描绘刘备请诸葛亮出山的情景。

的嘴容易,防民之口,胜于防川,措施还是很多的;要捂后代人的嘴,就怕不那么容易了。例如《三国演义》,把其实不怎么样的刘备,捧成贤德之君,而把称得上是大政治家、大军事家、大文学家的曹操,定为一个千古唾骂的奸雄,永远一张大白脸,这怕是曹操万万想不到的。

刘备的才智,算是个庸人,不过,在适应环境、谋求生存上,却也有不弱的表演。

吕布败后,他本以为可在徐州安身,谁知曹操不放心他,被挟带到了许都,一切仰给于曹操,他除了膺服称臣,小心伺候,别无他途。在夹缝中求生存,当然也是一种磨砺。既要保存自己,不被吃掉;又要发展自己,以待来日。有求于他人的荫庇时,韬光养晦,保持最低姿态;利用列强彼此矛盾时,挑拨离间,可又不露痕迹。胯下之辱,称臣不贰,闻雷失筷,卧薪尝胆,都是为了一个远大的目标。

谚语说道,刘备的江山是哭出来的,这倒是准确地描绘了刘备在创业过程中的艰辛。由于根基薄弱,实力不足,地盘有限,资历、声望、影响、权威还不到一呼百应的地步,只有在苟安中图奋进,在迂回间觅生机。因为本钱不大,只有寻找空隙,努力把握机遇,争取脱颖而出,这才能一展宏图大志。

在一个竞争的社会里,两强对立冲突,不共戴天,是矛盾;双方信誓旦旦,拥抱握手,也不等于就不存在任何矛盾了。强与强,固然是矛盾;强与弱,又何尝不是矛盾?因为弱方要强起来,强方又不甘于弱下去。于是即使在实力并不平衡的两方之间,也存在着强对于弱的蚕食,弱对于强的反抗。强无时无刻不在抑制着弱的发展,弱也须臾不忘壮大自己的势力,以期有朝一日真正强大,除非愿意在强方的卵翼下,永远做二等公民,才无进取之心。这样,为了未来长远的打算,韬晦是最好的保护色,韬晦是一种弱者的行为,韬晦是最典型的藏身之计。

最初刘备起事,只不过想摆脱织席贩履的手工业者的平凡命运。早些时,他们哥儿三个,只求能够站在公孙瓒后面,当一个马弓手、步弓手,就心满意足了。后来被当作诸侯间的小角色,哪怕敬叨末座,也很知足。做平原相时,孔融派太史慈去请他出兵救陶谦时,他兴奋得马上坐不住了,得意地问到:"孔北海知世间有刘玄德耶?"李渔评到这里,批了六个字"自负语,肮脏语"。刘备露出一副小人得志的嘴脸。可见,直到此时,他还没有给自己定位,还没有意识到在历史中应该扮演一个什么角色。

刘备的顿悟,是从被汉献帝尊呼为皇叔那刻开始的,这时他忽然意识到他的价值、他的前景、他的能量,已不再是涿县楼桑村里的一个没落户了。尔后又被董承邀请参加由皇帝亲自发起的反曹操的神圣同盟,在衣带诏上署上"左将军刘备"时,他明白,他是应该有大作为的人,他开始重新设计自己,很有参与最高权力角逐的兴趣了。可当时他被曹操笼络在许都,在那位奸雄的手掌心里握着,他必须用韬晦来保存自己,然后想尽办法,脱离曹操的羁縻。虽然,那是一个镀金的牢笼,可关在里面,也不是滋味,所以远走高飞,便是他的当务之急。

正是这种精神上的觉醒,虽在曹操的严密控制之中但却不甘雌伏的刘备,必须骗得他的信任,才能逃脱魔掌。所以在菜园子里挥锄灌溉,表演那份胸无大志的样子,虽然曹操一个劲儿地试探他,他在装孙子方面,倒也是个不错的演员。

但刘玄德也知道自己不是一个很能沉得住气的韬晦者,所以他一方面以学圃为障眼术,一方面急急寻找机会以早日摆脱曹操的羁縻。空隙总是有的,正好袁术要弃淮南,欲归河北袁绍。他借了这个口实,去攻打那个想当皇帝的蠢货,于是就逃出许都了。

韬晦是一门学问,在历史上最成功的韬晦者,莫过于越王勾践了,十年生聚,十年教训,卧薪尝胆,如愿以偿,这才是真正的韬晦大师。刘备的韬晦,应该说是够水准,但不能说是炉火纯青。当曹操"盘置青梅,一樽煮酒",和他谈论天下英雄时,刘备一个劲儿地装傻卖呆,多少有些失度。后来惊雷失箸时的掩饰,也多少有些牵强。做戏总以不愠不火为佳,太表演了就要让观众出戏。幸亏曹操当时踌躇满志,傲踞自负,竟没有察觉刘备的叵测之心。说到底,曹操其实并不是太在乎他的。虽然许他为英雄,那不过是酒酣耳热时的顺手人情罢了。他在许都时,有人建议把刘备干掉,可曹操说:"名虽近君,实在吾掌握之内,吾何惧哉?"后来他借机跑了,部下要把他抓回来,曹操一挥手说:"我既遗之,何可复悔?"根本不把刘备太当回事。如果曹操十分忌刻刘备的话,他的韬晦表演也未必能够成功。正如个别在那儿"灌园种菜"的人物一样,有时也掩饰不住那不甘寂寞的心,其实,大家都心里有数,看见只当不看见地不当回事罢了。

弱者仰鼻息于强者,寄人篱下,那如履薄冰的日子是很难熬的。不得不处处谨慎,事事小心,稍有疏忽,便有败露之险。刘备在这一段日子里,倒未曾犯什么大的错误,才奠定了他此后发展的基础。这样,他和孙权据江东世族之势,和曹操拥中原腹地之重,是没法相比的。他一无资本,二无人望,三无奥援,最后能够混到三分天下而有其一的地步,也是可赞可叹的了。

蜀国相对来讲,要小一点,但要是看到刘备能在三分天下中生存下来,在群雄争斗中拓展出这一块土地,称国为王,也值得为他喝一声彩的了。那些比他兵强马壮、人多地广的各路诸侯,一个个地败在曹操手下,而弱小的刘备最后能雄踞西川、扼守巴蜀,倒也说明一个真理:不利的客观条件,倒不一定是成功的障碍。古人云,置之死地而后生。险恶的外部环境,有可能是激励有志者去奋斗、去努力,为改变客观世界而前仆后继的原动力。

所以说,弱不可怕,正因为弱,才要把握机会,奋发图强。因此,千万不要嘲笑有志气的弱者,尤其在没有笑到最后的时刻,谁是赢家还说不定呢!

《三国演义》中的刘备以仁义诚信,感召天下,从一个救了董卓反而遭董卓白眼的平头百姓,在讨卓的盟军中只是站在公孙瓒身后当跟班的些微角色,终于成了鼎立的"三雄"之一,被曹操誉为"今天下英雄,唯使君与操耳"的风云人物。他那时一无地盘,二无兵马,寄人篱下,能令世人刮目相看,他的仁义诚信确实起了一部分号召的作用。

但他后来,所以在三分天下中始终处于苟安一隅的最弱地位,虽有孔明、庞统等智谋之士,关、张、赵、马、黄等辈勇武之将,而未能大发展、大开拓,东不能与孙吴撷抗,北不能与曹魏争雄,这其中败因固然很多,但他的这种以仁义诚信取世,造成个人性格与情感上的偏执行事,而影响了政策,贻误了时机,也不能不说是很重要的一点。

任何政治行为,都得把握其一张一弛,有收有放,包括极其表面层次的,例如打出来的任何旗帜、口号,都不宜过头;凡过头,强化到极致,必然走向其反面。古往今来,有无数这样物极必反的例子,直至我们大家都熟知的"文化大革命",最后走到极端,不就悖谬到"革命文化"而成浩劫了吗?

刘玄德的仁义,有时也很害了自己的。取荆州,就是一个例子,刘表病笃,孔明建议他取荆州,以拒曹操。他也认为"公言甚善",但又说:"备受景升之恩,安忍图之。"孔明警告他:"今若不取,后悔何及!"他那仁义劲儿一上来,罔顾其他。"吾宁死,不忍作负义之事。"随后刘琮将荆州献于曹操,伊籍和孔明都劝他:"以吊丧为名,前赴襄阳,诱刘琮出迎,就便擒下,诛其党羽,则荆州属使君矣。"刘备又是那一套:"吾兄临危托孤于我,今若执其子而夺其地,异日死于九泉之下,何面目复见吾兄乎?"于是本来唾手可得的刘表的荆州,变成曹操的荆州,然后又变成在道义上是孙权的荆州,他呢?无论诸葛亮用怎样的言辞强词夺理,说到底也是暂借栖身的荆州。

益州,又是一个例子,本来到益州,就是图谋这方土地。庞统、法正都劝他对刘璋"就筵上杀之,一拥入成都,刀不出鞘,弓不上弦,可坐而定也","事不宜迟,只在早晚图之"。而刘备却说:"刘季玉与吾同宗,不忍取之。"结果,他还埋怨庞统:"公等奈何欲陷备于不义耶?"此时要仁义,最后又大动干戈,不是十足的伪善,便是二十分的愚执了。荆州和益州,都坏在刘备的坚而不决上。他不是不想要,而是想在无碍于他的这种仁义诚信的招牌下要,那当然等于白日做梦。

旗帜不妨打,但要因时因地因利害而变,所以庞统说:"乱离之时,因非一道所能定也。"这是具有辩证法的观点。他说得很清楚,也很实际:"且兼弱攻昧,逆取顺守,古人所贵。若事定以后,封以大国,何负于信,今日不取,终为人利耳!"严格地讲,只要是非我之物,占有的本身,就不可能有公理正义可言。但在那个占有、被占有和反占有的时代,诸侯间不停地重新绘制政治地图的时代。弱肉强食,是历史的必然。腐败昏昧的政权,垮台只是时间上的迟早罢了。你不吞噬掉的话,别人也会毫不客气地下嘴的,这里不存在任何感情上和道义上的契约责任,甚至哪怕信誓旦旦的盟友,此时最佳之计,吃掉他,也许倒是救了他。要是成为另外一个凶悍者的俎上肉的话,那日子说不定会更糟一些。

一个目标物放在那里,人人都想获得它,在这个目标物未明确落入谁的手中时,角逐者的争斗便一刻也不得安宁。只有争夺已经无望,归属成为定局,大家这才会停下手来,这就是法正劝喻刘备取西蜀时,所说的"逐兔先得"的规律。于是,视情势而定,该取则取之,不该取则决不伸手;该取而不取者,谓之"愚",不该取而取者,则谓之"妄",都是偏颇的行为了。

刘备，一次次地被他的那些虚假名声，误了大事。庞统说，"事当决而不决者，愚人也"。刘备所以成不了大气候的，他的虚张声势的仁义诚信，不也成为他碍事的包袱吗？

什么事情，都不宜绝对化。适可而止，最好留有余地，则更主动些。

有一句专门针对《三国演义》的民谚，叫做"少不看《水浒》，老不看《三国》"。那意思是说，年轻人火气壮、爱抗争、好犯上、喜动武，看了梁山泊英雄的造反行径以后，对于本来就有的逆反心理，会起到火上浇油的作用。同样，《三国演义》是一本讲计谋的书，是一本动心眼、玩权术的书，会使经历了人事沧桑的老年人，心术变得更坏，成为老奸巨猾的人。

其实不然，《三国演义》里所描写的那些明枪暗刀、你争我斗、互为心计、勾结利用、合纵连横、忽敌忽友、虚实不定、瞒天欺世的政治矛盾、军事交锋、人际关系的纠葛、世事的分合，倒是像一本生活教科书那样，使我们学会为人处世中谨慎用感情的学问。

感情是可贵的，但若看不透人世的本质，滥用感情，反而会被感情所误。

刘备是一个很好的范例，自从他讨黄巾起事以后，先投公孙瓒，一看没有戏，掉转屁股走去。后依陶谦，结果把人家的地盘占了。靠吕布辕门射戟解了他的围，但在曹操捉住了吕布以后，他不咸不淡的一句话，促使曹操下定决心把吕布杀掉。曹操引他见了汉献帝，得了一个皇叔的身份，刚刚在相府小亭里煮酒论英雄，一转眼间杀了车胄，叛了曹操，走出牢笼。把袁术杀得尸横遍野，血流成渠，袁术本人也饿渴得吐血斗余而死，居然又去向袁术之兄袁绍求助。而那个袁绍竟也不顾手足之情，答允出兵救援刘备。刘备若非心如铁石，绝对不动任何感情的话，他也早成了别人的刀下之鬼了。

直到他后来投靠刘表，以致荆州变色。入蜀以后，造成刘璋失势，虽然也假惺惺地仁义过，还挥洒过几滴老泪，但从他这数十年的经历看，一切冠冕堂皇的表态、信誓旦旦的语言、称臣纳贡的虔诚、不共戴天的仇恨，都不是看得那么认真的。在他眼里，应该的变成不应该，可能的化为不可能；相反，倒行逆施，心安理得，悖谬逻辑，竟是真理。这一切，统统以其切身利益，来决定是非黑白。刘备能够成为三足鼎立的一方,说明他也是翻手为云、覆手为雨的一位枭雄。不过,他不像曹操那样赤裸裸地杀伐无情罢了。

对政治家来说,无永久的朋友,也无永久的故人,一切以维护和扩充自我利益为准绳,感情是次而又次之的。尤其政治上的利害关系,更是划分敌友界限的最高标准。

因为在政治斗争中,各派力量总是要在适应客观情况的变化下,不停地分化瓦解和不停地重新组合。"合纵"也好,"连横"也好,任何"歃血同盟"或是"签字画押"的联合协议,都属于短期行为的暂时团结。谁也不能保证墨迹未干,而双方已离心离德、分道扬镳,条约只不过是名存实亡的一纸空文。同样,昨天在疆场上厮杀的仇敌,今天拥抱在一起,亲密得难解难分,也不是什么稀奇的新闻。早晨还不共戴天、势不两立呢;到了傍晚,杯酒言欢、尽释前嫌,俨然像暹罗双胞胎,联成一体,进入无差别境界,又有什么不可能的呢?若是有太多的感情牵涉,那就伏下败亡的根苗了。

但刘备这个人,之所以不如曹操那样成其大事,就在于他还未能把握那个奸雄的"宁我负人,人莫负我"的自私到家的哲学。有时候,难免感情用事,倒把自己害苦了。撤离江陵时,舍不得抛下数十万乡亲,一定要携民渡江,结果以惨败告终。关羽被吕蒙杀掉,为手足之情,竟倾全蜀之兵,不听劝阻,出川与东吴决战,最后损兵折将,再回不去蜀中,在白帝城长逝了。

传统的道德观念,和中国人旧有的文化心理,以及礼义仁智信、温良恭俭让的孔孟之道,显然只可放在口头上说说而已。要是当真,这个政治家可能有感召力,但成功的希望,却会由于他的迂腐而丧失殆尽。

看透这一切,举眼望古往今来的分合成败,也就一目了然了。凡成大事者,无不把感情因素压缩到最小的程度。政治家如此,其实,非政治家又何尝不应如此呢?

若一个人不懂得谨慎用感情,或感情泛滥,或过于感情用事,那他肯定会为这份多情而烦恼的,说不定还会有更大的麻烦在等待着呢!

"赤壁之战"后,三分格局形成,刘备获得一块地盘,过起相对稳定的日子。

此时，虽然失败了，但囊括天下之心并未改变者，为曹操。取得了胜利，但求自保，小有拓展便满足的，为孙权。曹操是枭雄、孙权为虎子，是进攻型的，是做得大事的领袖。刘备既无曹操的力量，也无东吴的根基，虽然打着光复汉室的旗帜，那不过是个遥远的政治目标。若无良臣勇将，他与刘表、刘璋相比，除去仁义的感召力外，并无太大的差别。他得了荆州、南郡、襄阳以后，心中大喜，商议久远之计，准备在此安家立业。这种心满意足的表现，充分说明他是一个口头上的胸怀大志者，而实际上是很容易知足求安的人物。这块地盘比之周旋于下邳、小沛，亡命于新野、樊城，日子要好过得多了。如果曹操不跟他过不去，他也会在小沛、新野存身，并努力安分守己。由于曹操不放过他，穷追猛打，逼得他与也受曹操压迫的东吴结盟，这样才有"赤壁之战"，才有鼎足之势。

这结果是刘备没有料到的，于是"三十亩地一头牛，老婆孩子热炕头"，他下一步还打算干什么，脑袋里是一片空白。中国其实是个农民国家，很长一个时期内，工人是开机器的农民，士兵是拿武器的农民，知识分子脚上的泥巴也还没有来得及洗干净。像刘备这样一位织席贩履者，虽然被汉献帝封为皇叔，但他的这份贵族头衔，来历可疑，不大禁得起推敲；出现这种革命已经成功，无须继续奋斗的想法，是再正常不过的。一个农民，在播下一粒种子的时候，由于天有不测风云，并没有十分把握一定会有收获的可能，因此，短视和短期行为，便是农业经济的基本特征。

在刘备身上，那种小手工业者的趣味、满足小康生活的情绪，表现得格外明显，也就不奇怪。看来，曹操、孙权，臭他织席贩履者，也非虚妄。但英雄不论出身，成者王，败者寇，刘邦、朱元璋、赵匡胤也都是起自草莽。但中国历史上有些皇帝，坐了江山，那种流氓无产者的习气、痞子作风、小农思想、市侩行为等毛病，也难以在一朝一夕间改变，往往影响国政。《二十四史》中不务正业的皇帝实在数不胜数：有喜欢站柜台的，在宫里做市场，与宫人们吆喝做买卖；有乐意当木匠的，亲自操作，手艺还真顶得上八级工；有擅长踢球的，球技还相当高明；有热爱表演艺术的，粉墨登场，串演戏剧；独有这位刘备，酷善编织，堪称一绝。人家送来了一些牛尾毛，他那技艺之手痒痒了，就精心地织了一顶帽子。其实，这也无所谓，每个人都应该有他业余爱好的权利。但愿不要把这类小生产者的狭隘、保守、愚昧、落后的习性,来治理国家,那就是万幸了。

诸葛亮一看刘备这种不思进取的样子,心凉了半截。"小康"不是终极目标,要是如此容易满足的话,他的隆中对策,他的三分天下的新思维,岂不要泡汤了吗?怎么办?这位臣下颇费踌躇了。

与这类目光短视、容易满足的领导人共事,就必须把握住他,克服他的惰性,推动他往前走;而且要谨慎你的努力、收敛你的锋芒,不使他认为是对他的威胁。在中国越是这类无能的皇帝,越是害怕比他能干的大臣;而将相越是治国有方,那功高盖主的危险性(包括掉脑袋)也就越来越大。中国自古以来,只有一个诸葛亮,原因就在这里。

孔明不向刘备直接建议,径直去南征武陵、长沙、桂阳、零陵四郡,而由刘备的老朋友伊藉出谋划策;伊藉也不说得很具体,又让一个在野之人马良,把这意思表达出来。这就是在中国这样一个国情下,巧妙的政治行为了。

一句即使非常正确的话,谁说、怎么说,效果是大不相同的。

聪明的谋士必须要绕着弯子,让领导人明白,而又不使他面子难堪,这是最标准的做法。否则,"荆襄四面受敌之地,恐不可久守"这句话,出自诸葛亮之口,对此刻心中大喜的刘备,将会是怎样的反应,那就是未知数了。即或有的领导人还不至于那么糟糕,但能够这样回转一下,使他相信自己不是白痴,也是有益无害的。

诸葛亮伟大,但不成功,细细分析起来,最后的败局,不能不归罪于他所辅佐的这对父子俩。刘备资质平庸,才干一般,阿斗是扶不上去的天子,纵使诸葛亮有旷世之才,碰上这样不高明的主子,也难有回天之力。不过,话说回来,这爷儿两个,水平虽低,基本上还是肯放手,好合作的领导,若遇上翻手为云、覆手为雨的帝王,有功劳算他的,出问题算你的,最后连个好下场也没有。无妨可以说,诸葛亮不成功,是由于刘备和阿斗的缘故,那么诸葛亮的伟大,恐怕也是因为刘备和阿斗的关系,没有平地哪显高山。如果这对父子是英威圣明之主,文修武治之君,也就显示不了诸葛亮的光芒了。

《三国志》卷三十二,说刘备"喜狗马、音乐、美衣服",但到《三国演义》里,为了突出正面人物形象,把他的这方面的爱好给抹掉了。这倒合乎"文革"时创作的"三突出"原则,好则好到一塌糊涂,坏也坏到不可救药。于是,刘备就特别的正人君子起来。其实,他从建安十四年冬十月,去东吴结亲,洞房花烛,一住就是一年,吃喝玩乐,声色犬马,把荆州忘得干干净净。从这点看,正史《三国志》对他性格这一方面的描述,是接近真实的。

他就是这样一个没有多大出息,很容易知足的人物。

刘备被曹操打得屁滚尿流,托庇于荆州刘表时,寄寓在新野局促之地,稍稍能喘口气,恰巧有人送来一把牛尾巴毛,这位老兄的手工艺匠人的职业本性复萌,兴致勃勃地编织起帽子来。

诸葛亮一看,不得不说话了:"明公无复有远志,但事此而已耶?"其实,即使不是诸葛亮,假如一个普通老百姓,看到九五之尊在宫里做木匠活,不问朝事,或率领宫妃,扮演角色,或干类似的总不是领导人该做的事情时,不也觉得不可理解吗?

刘备的编织,或许只能看作是匠人的阶级本性了,若按"文革"时流行的"红五类"观点来看,刘备、曹操、孙权三位,最根正苗红的还得数这位刘备。他本人要是填表的话,在成分栏里是应该写上"手工业劳动者"的,比之曹操的官僚子弟、孙权的土豪乡绅,确实算作革命基本群众和依靠对象。但手工业者终究和产业工人有着本质上的区别,农业社会的小农经济、小生产规模,决定了农业手工业匠人,像刘备这样"编席贩屦"之徒的保守狭隘、目光短浅、患得患失、贪小失大的先天就有的性格。表现在革命上,则是坚定性不够,而惰性却十足,获得和占有的欲望强烈,但斗争意志却常软弱动摇,思想上爱唱高调,个人的品质意志则显得薄弱,表面上正经,但生活上却极易被人腐化等的阶级弱势。

建安十五年,周瑜建议过孙权,"刘备以枭雄之姿,而有关羽、张飞熊虎之将,必非久屈为人用者。愚谓大计,宜徙备置吴,盛为筑宫室,多其美女玩好,以娱其耳目"。

周瑜提出的这一招挺厉害,在中国历史的政治生活中,管这一招叫"羁縻",是用来对付高层异己分子的一种经常使用的手段。因为凡执掌权柄的人周围,并不都是同心同德者,必有一些感到棘手的人物存在着,这其中有一类是用不得又甩不得的人,有一类是碰不得又罚不得的人,有一类是杀不得又放不得的人,有一类人是近不得又远不得的人……这些可能成为敌手、叛逆,可目前仍在控制之中,但持离心离德状态势力的代表人物,无论如何都是危险因素。

对此通常有三种处置办法:第一,借一个什么名目,一网打尽,或逐个消灭;但杀人绝非万全之计,有碍观瞻不说,而且持异议者,历朝历代总是层出不穷的;除独夫民贼,这一招较不常使用。第二,礼送出境,要是掌权者绝对强大,而且对手除一张嘴巴外,别无实力,也无妨一试。一般情况下,放虎归山,迟早要构成对自己的正面直接威胁,有远见者并不喜欢这个措施。第三,中国的政治家比较乐于采用比软禁(实际是更为养尊处优的软禁)还要宽泛的羁縻政策,把握在身边,高官厚禄,声色犬马,"丧其心志","娱其耳目",是最为稳妥的了。只要安排好足够盯牢的眼睛,随时知道动静即可。

周瑜对于位居荆州的这位枭雄,干掉他不是办法,因为北方有个曹操;不干掉他,早晚必是个不安定因素。这位文化层次要高得多的政治家和军事家,了解到这个所谓"皇叔"的刘备,其实只是在"黄巾之乱"中冲杀出来的一批"痞子先锋"罢了。究竟他是否真的是天潢贵胄,是那位穿金缕玉衣入殓的中山靖王刘胜之后,史书上也称其"湮没无考"。之所以被封"皇叔",只不过汉献帝被曹操玩弄于股掌之上,心里总是存有复辟的念头,才认这个本家,以为能给自己提供奥援。而刘备本想借此抬高身价,自然大做文章,捞取资本。政治的任何交易,无不因利害需要而定。即使穿上皇叔的干部服,骨子里也仍旧是小作坊里的工匠而已。

正如某些新锐老秀,或西服革履,满口鸟语,而粪土一切,或仙风道骨,隐迹终南,而挥斥方遒,但一涉及"分田分地真忙"利害所在的关头,或攸关声名地位职称头衔排名座次高低上下,也不过一饮一啄、一饭一粥的微末之事,便露出早先村子里、地头上,那种三瓜两枣也不相让的小肚鸡肠来,和他们笔下那田园牧歌的清高俊逸,全不是一回事了。本性这种东西,正如孙行者的尾巴一般,有时就要表露一番的。

当然,周瑜不可能研究过"阶级分析"的观点,但他却吃透了刘备这类从农村杀出来的流氓无产者,一朝得势,手中掌握了一定的权柄以后,首先极欲得到满足的两大需求,无非一是金钱,一是女人。这两样东西,是最能让昨天的泥腿子,乖乖地举起双手了。

毛泽东在革命成功的前夜,曾经向即将夺得全国政权的中国共产党人提出警惕"糖衣炮弹"袭击的问题。因为农村包围城市这样一个特点,更多把握权力的人员是农民,所以他大声疾呼。甚至还要在更早的抗日战争年代里,他对郭沫若先生在《甲申三百年祭》一文中,所提出的农民革命领袖的腐化堕落现象,就号召全党重视了。后来大量的事实也证明了这一点,更多的经不起考验的干部,等不及糖衣炮弹上膛,引线尚未点燃,就主动地张开臂膀,拥抱糖弹,迎接袭击了。

就像《西游记》里的那位八戒先生在高老庄招亲一样,"帽儿光光,今夜做个新郎;帽儿窄窄,今宵做个娇客",刘皇叔到东吴做驸马爷去了。周公瑾这一"羁縻"谋略,如果不是知识分子诸葛亮,看出了刘备这个编席匠的全部出息,早对赵云做了锦囊妙计的巧安排。我们这位刘皇叔,在东吴老丈母娘家住下来,和猪悟能在高老庄招亲以后,不想再去西天取经几乎是同出一辙的。

他那个宝贝儿子阿斗,降晋后的"乐不思蜀",推本溯源,倒是和乃父东吴招亲的"乐不思荆",有着遗传上的因果关系。刘备的出息,是和他的小工匠的天性分不开的。想到这里,文坛上的一些非原则的鸡毛蒜皮的纠纷,也就明了小农、小农经济思想和小农作风的劣根性,其所为何来的表演了?

孔明的"八阵图",曾有遗址,不过三峡大坝建成后,就永沉江底了。

但究竟是真的遗址,还是后人牵强附会,总是有年头的景观吧,也就有其价值,想来该是要设法保存的。

这类中国文化传统中的神怪荒谬、无稽不经之谈,是最符合老百姓信天信命的唯心论观点的。一切归之曰不可知和不可为,于是也就无须任何付诸反抗的行动,甚至连反抗之心都不需要了。诸葛亮既然知道未来有个东吴大将陷入阵中而束手待擒,为什么就不知道他的岳父会指点迷津呢?既然算出将来刘备会有走投无路的厄运,预先埋伏下10万潜兵等候,那干嘛眼看西蜀从此一蹶不振呢?孔明一定要回答,这是天数已定、无可逆反的事情。既然一切均在逆料中,那何必不躬耕南阳,又要出山呢?如果这也是命数的话,那还有什么必要用乱石堆起这个"八阵图"呢？

刘备已经再无颜回到蜀中去了，仇未报，恨未雪，折兵损将，败师白帝，只有死之一途了。于是，这"八阵图"，为彻底失败找回来一点面子。

若从"三顾茅庐"那份求贤若渴、敬若神明的虔诚来看，刘备是不应该有此次大举伐吴之事。即使退一万步，如此重大的战役，至少不应该把运筹帷幄、决胜千里之外的军师排斥，而诸葛亮也不能不负责任地听任刘备意气用事。

司马徽曾说诸葛亮辅刘备是"虽得其主，不得其时"的话，实际倒应该是"虽得其时，不得其主"更准确些。这一主一臣，看似最佳拍档，其实也是貌合神离，何况还有关羽、张飞几乎半个主子身份的人介入其中，使问题越发复杂化呢？

三国纷争，自然是英雄大显身手的好机会，诸葛亮所以有"出师未捷身先死"之叹，非时之罪，乃主之过也。刘备在许多重大问题的决策上，对于诸葛亮并非虚怀若谷，言听计从，实质上是相悖而行的。加之儒家提倡的近乎愚忠的"鞠躬尽瘁，死而后已"精神，遂有一系列的失败。

托孤时，刘备说的是心腹之言："君才十倍曹丕，必能安邦定国，终定大事。若嗣子可辅，则辅之，如其不才，君可自为成都之主。"这番话里，至少有两层意思：一是承认了他未能使诸葛亮发挥他安邦定国、终成大业的才干，以至于有今天之结局；二当然是主旨了，希望他能像辅他一样地辅他的继承人阿斗。而成都为王之说，不过是把握了诸葛亮的忠诚，一方面是激他益发鞠躬尽瘁，另一方面也是先封死他的这种连万分之一都不可能的想法罢了。人称刘备为枭雄，不是没有道理的。

由此可见，蜀之败，实乃关羽启其端，刘备承其后，祸由己出，无怪于天；诸葛亮空有补天之才，而不得施展，坐待其毙，这一切，与时遇更谈不上有什么关系。

最后刘备说："朕早听丞相之言，不致今日之败，今有何面目复回成都见群臣乎？"此时，明白了，清醒了，也悔之晚矣！不过，总算有了一份觉悟，这个句号，还应该算是画得圆的。比起那些死也不认错的人，躺在棺材里被后人数落，不知要强多少倍了！

诸葛亮的悲剧

诸葛亮(181—234) 三国时政治家、军事家、散文家、书法家。三国时蜀汉丞相,他的散文有《出师表》等,他"鞠躬尽瘁、死而后已",是中国传统中忠臣与智者的杰出代表人物。

诸葛亮在历史上,是个伟人。他的几乎毫无瑕疵的人格力量,他的隆中决策理论,奠定了魏、蜀、吴三国鼎立局面的功绩,他在刘备死后辅佐阿斗的忠心耿耿,一直是中华民族引以为豪的榜样。

但是,从他治国实践的不完全成功的结果来看,即使是伟人,恐怕也是要打个折扣的。

我们通常喜欢用"伟大"这个词,或再加上"英明"、"正确",来对一位领袖表示崇敬。其实,所谓的"伟大、英明、正确",准确地说,是指其某项决策而言的。

曹得天时,吴得地利,取荆州和益州后,得人和来治蜀,诸葛亮以此而立国的思想,不能不说是"伟大"的。那时,北方已在曹操掌握之中,江东是孙氏三世经营的基业,唯跨有荆、益、踞守险阻、徐图进取。诸葛亮从政治地理角度,选择这块地盘,养精蓄锐,以图来日。在主敌必然是曹操的形势下,若荆州受击,益州可北上,若益州被袭,荆州可牵制。这决策不能不说是英明的。而且破除刘备的宗亲思想,不失时机地夺得刘表和刘璋的土地,形成"三分天下"的政治版图,这也不能不说是正确的。

这些新思维,对于刘备和关、张及其部属,是闻所未闻的。在此以前,他们像浮萍一样漂泊不定,直到诸葛亮出山,他们才知道不一定非要过寄人篱下、仰给于谁的日子,自己可以当主子,自己可以成立国家,于是豁然开朗,有奔头、有干劲了。

回顾刘备20年来的狼突豕奔,东投西靠,无家可归,难以存身。虽以剿黄巾起家,但他的行止,从小沛到新野,辗转千里,其盲动程度,实质与流寇手段也无大

>>> 诸葛亮在历史上是个伟人，从他治国实践的不完全成功来看，即使是伟人，也是要打个折扣的。图为明朝陈洪绶《出机图》中诸葛亮的形象。

差别,光有雄心壮志,并无通盘的立国立本的战略决策。倘无诸葛亮的辅弼,他的下场和袁绍、袁术、吕布、公孙瓒之流是差不多的。如果说刘备有什么了不起的地方,三请诸葛亮的虔诚、对孔明的绝对信任、那言听计从的态度,是可圈可点的。但作为一个领袖,从善如流,也是应该具备的素养,所以刘备就称不上伟大、英明、正确了。

在中国历史上,盖棺论定的帝王,完全当得起这三个定冠词的,又能有几人呢?就隆中决策、奠定西蜀来讲,诸葛亮称得上是高瞻远瞩。可这并不等于他是一个无可指摘的完人,和永远的伟大、英明、正确。

就从他刚从南阳走出来,到新野为刘备主持军政要务,正赶上曹操挥师痛击刘备之际,也未见这位大谋略家的出色表现。先是看着那位皇叔,败在一误再误,未能及时拿下荆州,以致错过时机。再败在小胜以后,掉以轻心,没有及早做撤退准备。更败在他携民渡江的大逃亡上,虽然得到了千古赞扬的仁义道德的美名,习凿齿甚至褒他为:"追景升之顾,则情感三军;恋赴义之士,则甘于同败。"但实际上,刘备既救不了百姓,也救不了他自己。世界上还没见过一位将军,以数千兵力,掩护十数万民众,每天以5公里的速度缓慢撤退的。这到底是打算逃跑呢,还是等曹操追上来被消灭掉呢?

人们有理由问:诸葛亮作为谋士,会不承担责任嘛?

第一,他未从保存实力的角度,应该使主力部队和指挥机关轻装转移,先行一步,却迁就了刘备的纯系感情用事而误事的做法。第二,制定的撤退路线,先去投奔毫无接纳把握的襄阳是错误的;继而转向曹操志在必夺的江陵,则更是错误的。钱粮大半在江陵,曹操是专门断粮、劫粮、烧粮的老手,这便宜会让诸葛亮占了去?第三,在最需要临机处变的关键时刻,诸葛亮撇下刘备,往江夏求救。一个决策人物,当做一个使者来用。刘备乱了方寸,情有可原,他本来就是一个织席贩履之辈,怕是连兵书都未读过的,所以打算跳江自杀。但诸葛亮却没有任何自责之词,对他的伟大,就不能不质疑了。至于他进蜀以后,终其一生,虽鞠躬尽瘁,但从此未能拓展一寸疆土,而结果却是因他的疲国劳民的北伐政策,把本可据险固守、富饶自足的天府之国,拖垮在穷兵黩武的战争之中。在三国中,阿斗是最早降晋的。

我们有时候会被这种对于名人崇拜的错觉,引导到把某项决策的伟大英明正确,看成是所有决策都必然是伟大英明正确的歧途上去。这种形而上的看法,便把他们的许多谬误差错,乃至于荒唐可笑的行径,也认为是伟大、英明、正确的了。

诸葛亮从走出卧龙岗,到病逝五丈原,他的理论和实践,存在不少脱节之处。由于刘、关、张致命的弱点,和他的悲剧性格,也曾发生过一连串的失误,以致最后也并未实现他隆中决策的理想。《三国演义》虽不遗余力地想把诸葛亮的这些伟大、英明、正确予以神化,但实际上却不是这么回事。他就是他,不是神。而《三国演义》在诸葛亮这个人物的塑造上,不那么成功之处,也许就在这里。

尽管有许多失误,但作为一个"鞠躬尽瘁,死而后已"的伟人形象,会当之无愧地在史册中长存下去,直至永远。

《三国演义》这部小说,除了帝王将相之外,确实也无其他了。看不到一个有具体面目的老百姓,也看不到一个有具体面目的士兵。甚至人类的另一半,在有名有姓的女性人物中,除了貂蝉是着力描写者以外,其余像蔡夫人、孙夫人,乃至大乔、小乔,笔墨都是微乎其微的。全书以很大的篇幅写战争,那是"将"的事;同样,以很大的篇幅写权谋,那是"相"的事。

在所有的这些谋士中,最出类拔萃的、最典范的、最不朽的相,莫过于"鞠躬尽瘁,死而后已"的诸葛亮了。

诸葛亮隐居在南阳卧龙岗,自比管仲、乐毅,有经天纬地之才,所有认识他、知道他、了解他的人,无不承认不及他的万一,把他看成是周之吕望、汉之张良。这样一个众望所归的智士,为什么过着表面上看来是出世的生活?

当时,天下纷争,群雄竞起,正是汉王朝所谓气数已尽后的统一局面的结束,分化瓦解的开始,合后之分是一种必然,治后之乱也是一种必然。《三国演义》开明宗义第一句话,就是"天下大势,分久必合,合久必分"。明眼人看得出,在新一轮"分"的角逐中,若不经过长期而反复的、严峻而痛苦的较量,争斗、火并、厮杀,一个能够领袖群伦,重新构筑"合"的人物,是产生不出来的。诸葛亮站在旋涡外,有他自己的思考,即使有济世良才,能力挽狂澜吗?在他回答徐庶说的话中:"君以我为享祭之牺牲乎!"表明了他对无望中挣扎的拒绝心理,正是这份清醒,才能有"我本是,卧龙岗,闲散的人"的潇洒。

汉末的党锢之祸,其实就是一次大规模的迫害知识分子的运动,大批有才有智之士、报国为民之流,杀的杀,关的关,余下的不是放逐,就是远遁,即或侥幸能在长安居住者,也是永不叙用。

中国的知识分子与这块灾难深重的土地,有着如同母体脐带相连似的息息相关的命运。忧国忧民是知识分子心灵中,一份永远推拭不掉的沉重负担。干预也好,隐遁也好,便有每个人自己的表示关注的方式,入世是一种关注,出世也未必不是一种关注。诸葛亮身在茅庐,心系寰内。虽耕读自娱,但诗中"改尽江山旧"的情怀抒发,说明世间的一切,仍时刻萦系在他脑海之中。

诸葛亮不想入世,诸葛亮的朋友也不赞成他入世。他知道,他朋友也知道,他入世未必于世有补,不得其时,徒费心力的悲剧在等待着他。可他终于难逃这种忧国忧民的心狱,还是走出了南阳诸葛庐。

这也是中国知识分子的悲剧。

诸葛亮一生最光辉处,莫过于舌战群儒,挫败东吴投降派,促成吴、蜀结盟。在赤壁鏖战中,以少击多,以弱击强,打退曹操83万人马,终于出现了他所期盼的"鼎足三分"的局面。

这一场论战,可以说是他隆中决策的一次光辉实践。要不是诸葛亮说动孙权,与曹操决战,刘备就只有南奔苍梧,投靠吴巨,最后也就成为草寇罢了。所以从建安十二年,他走出南阳,跟着刘备新野撤退,江陵逃窜,颠沛险难,势逼事危,几无立足之地。直到"赤壁之战",刘备才感觉到诸葛亮的重要性,从那时起,便奠定他的丞相位置。

孔明到东吴,一个劲儿地用激将法、拼命地做反面文章,这也是在做无本生意。若是他有地盘、有实力,你不打我打,就不用这样鼓吹了。但诸葛亮吃透了东吴,在孙坚退守江东以来,已历三世,一直游离于中原的纷争消耗之外,养精蓄锐,羽毛丰满,这是他们不甘心屈服于曹操的主要方面。加之孙权自建安五年接手政权,至此也有七八年治国安邦的经验,他当然不愿拱手把江山送与曹操。所以,孔明对这些不甘心认输的对手,此法自然会奏效的。

东吴虽主和者多,但皆是书生议论,其实诸葛亮明白,与群儒舌战,不过是和站在幕后的旁听者舌战,这个人就是孙权。因为谋士所说所想的,也正是孙权徘徊在降、战之间所思所虑的。难倒这班东吴谋士,也就等于巩固了孙权的主战之心。这番政策大辩论的实际意义,也就在此。

虽然诸葛亮三寸不烂之舌,功不可没,但若无鲁肃对孙权的人皆可降、独孙权不可降的一席话;若无"主战派"周瑜举足轻重的分量;若无从内心里不甘向曹操俯首称臣的孙权决断,舌战也就是舌战罢了。宣传是对民众的,对统治者来讲,最能动其心的,是利害关系。

不过话说回来,动不动哭哭啼啼,智商不高的刘备,能办成这件事吗?

在中国长期的封建社会里,人们盼望有一个英明的君主,更盼望有一个大贤大能的丞相。对于管仲、乐毅、张良、萧何这类兴国立业,励志图强,外御内安,邦富民康的治臣贤相,后人所给予的褒美礼赞之词,甚于他们辅佐的那些君主。在人们的心目中,皇帝弱一点、孬一点、弱智一点、窝囊一点,只要不是昏君,哪怕当个摆设都行。但没有一个治理天下、为民造福的贤能之相,那老百姓的日子就不堪设想了。秦二世若非赵高,唐玄宗若非李林甫,宋徽宗若非蔡京,明熹宗若非魏宗贤的话,也许情况又是另外一个样子。

一般来说,中国历代当皇帝的人,挨个儿数一数,称得上圣明者很少,而是昏庸者、荒淫者、暴虐者、好大喜功者、作践百姓者却很多。因此这些主子种种程度不同的恶,若没有一个辅宰佐弼加以抑制的话,所造成的灾难性后果,必是由老百姓来承担。一人之下,万人之上的良相,常常起到皇帝和他的子民之间的调节器作用。历朝历代的皇帝,无能者多,除一些开国之君称得上英主外,其余治国有方的,也是屈指可数。实际治理国家的还是丞相,只要皇帝把他的心思用在三宫六院上,倒是小民之福了。

楚、汉相争之际,鸿沟划界,刘邦欲归,若非张良劝止,天下属项属刘,又当别论。刘备若非诸葛亮,新野、樊城一败,走投苍梧吴臣,也就穷途末路了。相之举足轻重,由此可见。

诸葛亮"鞠躬尽瘁,死而后已"的精神,和他的超人才智、治理能力、远见卓识、应变才干,构成了贤与能的高度统一。作为一个相,只贤不能,不行;只能不贤,也不行。孔明就是这样一位大贤大能的辅弼之臣。

自古至今,哪朝哪代没有"丞相"这个内阁重职呢?但凡提及"丞相"二字,人们想到的准是诸葛亮。杜甫诗云"丞相祠堂何处寻?锦官城外柏森森",正表明了这两个字在某种程度上的专属意义。尤其是对长期在赵高、李林甫、蔡京、魏忠贤治下的中国人来说,"丞相祠堂何处寻"的"寻",不也意味着一种不言自明的心声吗?

《三国志》评价张飞、关羽时说:"羽善待卒伍而骄于士大夫,飞爱敬君子而不恤小人。"

诸葛亮对待关羽,特别注意分寸,并努力维持一个客客气气的良好关系,因为关羽并不十分买军师的账。孔明的"联吴"方针,他执行不力,就是一证。虽然关羽远在荆州,但这个人从来都没把自己的地位摆正。马超投蜀以后,为解决益州问题立下功勋,获得殊荣。关羽不服气,要离开荆州到西川来同马超较一高低。诸葛亮连忙给他写信安抚,一顶高帽子,才使此议寝息。刘备为汉中王之后,要用黄忠做他的后将军。诸葛亮说:"忠之名望,素非关、马之伦也,而今便令同列。马、张在近,亲见其功,尚可喻指;关遥闻之,恐必不悦,得无不可乎!"这番话,可以看出诸葛亮对他的态度。

张飞就不是这样了,只要诸葛亮点了他的将,无不悉心为之。而多有创造性的发挥,每每创建奇功。对此,诸葛亮和这位莽张飞,往往产生不言而喻的默契。当消息传来,说他所住大寨,逐日间饮酒,酩酊大醉,诸葛亮非但不加怪罪,还派人专程把佳酿给他送去。这表明了他们之间心灵上的沟通,和以诚相待的友情。当初,刘、关、张起事时,按社会、经济地位,以张飞最殷实富饶,"世居涿郡,颇有庄田",是个有产、有业、有资财的庄园主。刘备不过是个"贩屦织席"之辈,尽管自称皇室后裔,早衰落无考,和阿Q"老子先前也阔过"差不太多。后来,汉献帝刘协叫了他一声"皇叔",不过是政治需要罢了。历代皇帝为了笼络人心,还有赐姓一说,不必当真,谁有粉不朝脸上敷呢?他只能算是小手工业者。而关羽,一个推车的运输专业户而已,相对而言,他就更等而下之了。

由此推论开去,这三兄弟和诸葛亮的关系,恐怕也是由于阶层不同,而对待知识分子的态度不免差异,这倒有值得玩味之处。

刘备起事时,已沦为手工业者兼小商贩,可他早先是没落贵族,大概是无疑的,至少在楼桑村,还能有立锥之地。曾拜卢植为师,自然文化水准要比关、张高些,这样,与诸葛亮不但政治观点相同,在文化上认同的地方也较多。张飞是庄园主,家道殷实,能有供三百余人相聚的桃园,估计虽非士族,也是豪绅一类。他和拥有南阳诸葛庐的这位军师,经济基础相差无几,也许能找到共同语言。关云长是无恒产的自食其力者,他的个体运输行业,无须依赖群体,独立特行,容易产生阶级偏见,而自己又稍稍识得几个字,不大买账文化和士大夫,对于诸葛亮就不如那两位融洽了。

再加上关羽的骄矜自满、刚愎自用、自以为是的性格,特别是封了汉寿亭侯以后,就自我感觉特别好了。到独挑大梁,驻守荆州时,更是目中无人。感觉错位,是件别人看来可笑,而对他本人则是可怕的事情。要是关老爷有些许的清醒,也不至于败走麦城,身首异处。

诸葛亮一到新野,关、张就联合起来抵制这位军师,但跳出来责难的是张飞,关羽是个爱做深沉状的人,站在幕后唆使猛张飞上。从三顾茅庐起,关羽就不大相信诸葛亮的能力。这是那种对知识分子的压根儿不信任的感情,没有办法,他从山西一路推车过来,汉代那些地方小官僚、刀笔吏,少不了压迫他、欺诈他,使他有反抗感。心里想,有什么了不起的,端这臭架子。他说:"兄长两次亲往拜谒,其礼太过矣!想诸葛亮有虚名而无实学,故避而不敢见也。兄何惑于斯人之甚也!"这个"惑"字,是他的心里话,因为孔明一来,他的副手地位就动摇了。从此开始,这将相之间,就绝不会是亲密无间的了。

刘备到东吴招亲,诸葛亮派赵云陪同,而不敢将锦囊妙计授他,怕他乱作主张。借东风后,安排赵云来接他,也不愿麻烦这位关老爷,怕他未必如约而来。"赤壁之战"诸葛亮迟迟不睬他,是否真的用激将之法,还是有为难之处,或存心让他放曹操一马,于史无据,也就只好姑妄信之。但是,最后才把他安排在华容道,可见对这位骄纵的将领,不得不再三斟酌,自然是有许多顾虑棘手之处,这是可以想象的。

关老爷见不把他摆在重要位置上,当时责问诸葛亮:"关某自随兄长征战,许多年来,未尝落后。今日逢大敌,军师却不委用,此是何意?"

听他口气,到底诸葛亮指挥关羽,还是关羽指挥诸葛亮?令人费解。大概拜把子兄弟便有这份和军师平起平坐的特权。等到华容道放走了曹操,犯了军令状,还是刘备出来给他说情,才算了事。其实,正因为他知道必是这么一个结果,才敢义释华容。特权和特权阶层,以及被毒化了社会风气,使得他有所倚仗地不在乎。

如果孔明执法如山,从他华容道放走曹操起,就严惩不贷的话,那么此后的他,在荆州主政也许未必敢于自我膨胀,不知天高地厚了。

正因为刘备的包庇,诸葛亮也就不得不迁就,既不能责人,更不能责己,也就只好稀里糊涂,不了了之;或者,走走形式,做做样子;或者,深刻认识,从轻处理;或者,事出有因,查无实据;或者,最简单的,就当交了一次学费,下次注意便是了。

看来,诸葛亮作为一个知识分子,也有其无药可治的软弱性,对于这位身居高位、后台很硬、存心不买他账又是劳动家庭出身的汉寿亭侯,除了以顾全大局自勉、大抹稀泥外,还能有什么作为呢?

这类抹稀泥的难处,从古至今,岂是诸葛亮一人的故事吗!

但稀泥这东西,糊得一时,糊不了长远,最后关羽在荆州大败,不就是这种迁就、马虎、不深究、由他而去、听之任之的结果吗!

正史上从未明确魏延存有反意之说。《三国演义》描写到新野大撤退时,经襄阳,刘琮不开城门,魏延拔刀,挺身相助,这说明他的勇猛,而且具有正义感。后来关羽攻长沙,他和黄忠同时投降,却因诸葛亮视他脑后有反骨,终必叛变,而差点将他杀了。

这当然是小说家的演义,也是对他后来行径的一个照应。

诸葛亮死后,他还真是反了。烧绝栈道,引兵拦路,其实不过是领导人死后权力再分配的矛盾,引发起的一场内乱而已。历史通常都是这样来评断人物的,成者为王,败者为寇,魏延败了,就把他绑在耻辱柱上了。因为杨仪手中握有深恨魏延的诸葛亮的密嘱,加之蒋琬、费祎这班文官们的支持,他们害怕魏延成事以后,必左右国家,而使他们的日子不好过。另外像马岱、姜维这些绝非魏延对手的武将们,也不愿看到魏延爬到他们头上,于是几股势力的合流,很自然地将魏延逼到非反不可的程度,就成了万古不耻的叛乱分子。若是魏延兵变成功,那么被写进叛逆传里的,必是杨仪无疑。

因为诸葛亮信任并授以锦囊妙计的杨仪,倒确是有过投魏的打算。《三国志》载他尔后说过的一段话:"往者丞相亡没之际,吾若举军以就魏氏,处世宁当落度如此邪!令人追悔不可复及。"他因这句话,被费祎密报了,也削职为民。于是魏延和杨仪两败俱伤,而蒋琬、费祎这班才质平平的人,得以安安稳稳地当官。

在中国历代的政权机构中,这种庸人集团常常立于不败的统治地位,虽正经的治国本领不大,但在搞动作、除劲敌、保自身安全方面,却是很在行的。而他们所以能存在,并维持国家机器运作,就因为最高统治者也是凡庸之辈的缘故,这也是所谓的"武大郎效应"。

如果认为魏延要是真怀一份反心的话,完全可以仿效夏侯霸举军投降,这正是司马懿求之不得的。而这对他并非难事,襄阳他倒戈过,长沙他献城过,他之所以没有这样做,正如《三国志》称:"原延意不北降魏而南还者,但欲除杀仪等。"说实在的,如非诸葛亮的特别反对,论军功,论武艺,论他曾与赵、马、黄齐名过的身份,论他曾被刘备重用为汉中太守的地位,是理所当然地接替诸葛亮领导北伐的人选。

孔明一生,从207年隆中决策,到234年死于五丈原,长达27年间主持国政,竟没有发现一个值得信任的接班人,眼高如此,挑剔如此,也是够悲哀的!

这位伟大的军师,直到快要离开这个世界的时候,"遍观诸将,无人可授",但心目中念念不忘的敌对分子,倒有一个在眼前。正是他的这份狭隘、猜疑之心和有意识的搬弄是非,埋伏下他一死之后,立刻出现的杨仪和魏延的火并场面,本来很弱的蜀国,于是更弱了。李卓吾先生说:"大凡人之相与,决不可先有成心。如孔明之待魏延,一团成心,唯恐其不反,处处防之,着着算之,略不念其有功于我也。即是子午谷之失,实是孔明不能服魏延之心,故时有怨言。孔明当付之无闻可也,何相衔一至此哉?予至此实怜魏延,反为丞相不满也。"这不能不说是诸葛亮嫉才的结果。

诸葛亮实在太忌畏他了，六出祁山的失败，更证明了魏延的出子午谷径取两京的战略计划被否定，不做任何考虑便胎死腹中，是没有道理的。据《三国志通俗演义》，诸葛亮的本意是要连魏延一并烧死在上方谷里的，所以评这本书的李卓吾先生大发牢骚："孔明非王道中人，勿论其它，即谋害魏延一事，岂正人所为？如魏延有罪，不妨明正其罪，何与司马父子一等视之也？……若夫'谋事在人，成事在天'八个字，乃孔明羞惭无聊之语耳。"此书原有魏延发现身陷谷中难以逃脱，仰天长叹"吾命休矣"之句，被毛宗岗父子整理时删去，大概也是觉得诸葛亮借此手段消灭政敌，实在是很卑劣的。

诸葛亮怕自己死后魏延旧话重提，更怕他万一取得成功，这是他最害怕的，所以才采取这些措施。这也是中国历朝历代不怎么样的帝王将相的老手法，生前不让人非议，死后也不让人非议，所以就想尽一切方法，先封住这些非议人的嘴巴。而让人闭嘴的最佳之计，就是划入另册。

"魏延之乱"纯系诸葛亮所致，这大概接近历史真实。

《三国演义》是一部从话本形式，也就是从历代说书人的口头文学，演变而来的小说，这部名著仍保留着原来作为说唱艺术的许多特色。书中出现的那些可有可无的人情世故、天文地理、神妖鬼怪、轶事遗闻，纯粹是为了满足书场里的听众，主要是平头百姓的猎奇心理和求知欲望，才不近合理充斥于篇幅之中，而使人产生枝蔓横生之感。

到了诸葛亮南征，七擒孟获，正好给作者提供了一个展示的机会，从八十七回，一直到九十一回，用相当于《三国演义》这部书的重头戏"赤壁之战"的宏大篇幅，来满足听众的好奇之心，可见中国人是多么津津有味地爱听这些玄虚的故事。其实这正表明他们被统治者愚弄得闭塞、无知、狭隘、局限的结果。由于长期的封建统治，加之礼教束缚的双重桎梏，老百姓在物质上被压迫榨取、任人鱼肉，在精神上被思想禁锢、精神压迫。尤其是孔孟之道的"非礼勿视，非礼勿听"的教诲，人们最终都成为循规蹈矩不敢有半点非分之想的顺民。他们的生活范围、思想视野，无一不是极其有限的、极为封闭的。

因为这样,每个人极其有限的精神视野和想象空间,与严酷的现实和动辄获咎的恐惧,也使他们唯有安分守己,战战兢兢。于是在说书场中听这遥远的一切,也就是最大的思想寄托。

在中国,小说又叫做传奇,道理也许就在这里。

诸葛亮六擒六纵,孟获始终不买这个账,总是在释放以后又卷土重来。如果说按马谡所见"南蛮恃其地远山险,不服久矣;虽今日破之,明日复叛",所以他建议诸葛亮,对付蛮荒的化外之民,只依靠武力征服,也仅能奏一时之效。而要想彻底地使他们膺服,他建议:"用兵之道,攻心为上,攻城为下,心战为上,兵战为下,愿公服其心而已。"

当然,一个正确的理论付诸实践,还有一个过程,不是人人都能说到并能做到。生活中有许多屠格涅夫笔下罗亭式的"语言的巨人,行动的矮子"的人物,鲁迅先生一辈子深恶痛绝这些人。他在遗嘱里告诫儿子,千万不要做这种空头理论家和空头文学家。而此等人还特别"茂盛",夸夸其谈,全在唬功,嘴上把式;要不就贩卖洋货,乱甩名词,人云亦云,狗屁不通,甚至连马谡这两下子也没有。现在来看马稷这番话,是很有见地的,不能因其最后失守街亭,而非其言也。

诸葛亮自然认同这个道理,才六擒孟获而六纵之,要以自己的道德感召力,来降服其心。

明代奇人、一代文宗李卓吾先生,在评点《三国演义》这部小说时,评到这里也耐不住性子,对诸葛亮有微言了。他说:"孟获却也顽皮,孔明却也耐心,想欲借此消闲过日乎?不然,何不惮烦一至此也!"诸葛亮本来派一个魏延用"疑兵计",就吓得孟获不敢轻易挑衅。如此兴师动众,耗时耗力,人们不禁想,诸葛亮花如许兵力和时间,去与孟获做这种战争游戏。一位脸皮厚,输了不服输,放走了再来;一位也太愿意做戏,一而再,再而三地表演。这种反复,究竟有多大的意义,是值得推敲的。

对于拥兵百万、武将如云、粮秣丰足、雄居中原的曹操来说,在当时,算是绝对的超级大国,具有足够的综合国力,使得边远部落臣服,轻易不敢启衅。北攻乌桓,是力取。挥师千里,乘胜追击,不容敌人有稍许喘息。而诸葛亮的西蜀,北有魏国存虎视眈眈之意,东有孙吴怀觊觎窥测之心,他不可能长期地把相当一部分军力,被牵制在荒蛮之域,从而影响北进计划。这次南征,不仅是简单的手术刀式的行动,以制止后院起火。而更是一次彻底解决问题的战争,以达到长治久安的目的,使得在未来北上作战无暇旁骛时,南疆不再需他分心。诸葛亮南征孟获,用马谡计,是智取。或擒或纵,或诱或间,使其既屈于武力,又膺服于心攻,这无疑是正确的策略。

武力可以征服一时,不能持久,败者总是要设法反抗的。只有真正的心悦诚服,才能出现较长时间的平稳和平静的局面。诸葛亮不惮其烦地降服孟获,也是求相安无事,有一个平静的周边环境,建立缓冲地带,无后顾之忧罢了。

但是,连年战乱、民不聊生的蜀国。222年"夷陵大战",蜀败;223年刘备死,阿斗继位,短暂的休生养息,国力稍有恢复,诸葛亮就主张南征。这种杀鸡焉用牛刀之举,是否明智,真有大可怀疑之处。他从225年的3月起,和孟获捉捉放放,耗时费力,一直打到年底才回到成都。这就等于苹果挂在树上,还未达到成熟程度就摘,未免操之过急了。可惜诸葛亮急于图功,227年又动干戈,出兵汉中。所以,他主持下的蜀国政权,只有战争,没有建设,事隔一千多年后的今天来看,诸葛亮是个伟人,但也有其不能令人敬服的伟人缺点,那就是感情用事、固执己见、过于自信、罔顾实际。

人们不禁要问,相对于魏来说,孟获充其量草寇而已,值得诸葛亮率师亲征吗?值得六擒六纵去做什么战争攻心试验吗?

但实际效果,并非如此,口服而心不服,心服而力不服。因为每次俘获了孟获,都是连同主帅到士兵统统予以遣返释放。孟获的有生力量,并未受到蜀汉的沉重打击,以致到溃不成军的地步。只要人仍在,自然就心不死,这也是一个颠扑不破的真理。稍作休整,扩兵买马,必然又会倾巢出动。这也是孟获六次被擒而不服的根本原因。直到盘蛇谷全歼三万藤甲兵后,武装力量已不复存在的情况下,他才算真正认了输。

这就是说,诸葛亮仅仅依赖精神力量去征服对手,而不给敌人以毁灭性的打击,是不会取得完全彻底的胜利的。道德和文明的感召,是一个长期的潜移默化的过程。唯有在对手的战斗力基本丧失,已无还手的可能下,精神作用才可以充分发挥。归根结底,决定因素,还是在于双方实力的消长。

如果诸葛亮认识到这一点，早在一擒再擒时，就把不肯认输的孟获降服了。在现实中也是这个道理，做出像样的、说得过去的成绩，要比在大会小会、报纸杂志上自吹人捧一千句一万句，更有说服力。孟获所以不认输，就因为他手中有可恃的实力，不信，诸葛亮不烧藤甲兵的话，他会孬嘛？

"事不过三"，甚至"可一可二不可三"，但诸葛亮以至于"七擒"，这种"雷公打豆腐"的威猛，也摆脱不了中国人性格中那种对于强者的怯懦，和对于弱者的施虐之心吧？

一个极其英明的政治家，也不可能不犯错误。诸葛亮在刘备死后主持蜀政，南征北战，多有失误。所以说，"人无完人，金无足赤"这句话还是很有真理性的。但要是能够保持头脑冷静、思想清醒的话，则可以将错误的危害性减少到最低程度。如果掺杂进感情因素，明知其可为而不为之，明知其不可为而为之，势必带来很坏的后果。

诸葛亮作为一位"鞠躬尽瘁，死而后已"的千古典型，我们对其人格的伟大，所产生的景仰心理，是一回事情；但从其坚持错误的北伐政策，而导致蜀国过早地败亡，来剖析他的得失，则是另外一回事情。

他所以要上表陈词，因为大家反对北伐。主要是国力不强，人心思定，连年征战，不胜负担，当务之急，应该使蜀中人民得以喘一口气，休养生息，医治战争创伤。而诸葛亮却不顾这种普遍的抵触情绪，坚持他北定中原、开疆辟土、恢复汉室、继承大统的方针。

第一，他从汉贼不两立，到蜀、魏不两存，到有魏则无蜀，到"王业不偏安，唯坐以待亡，孰与伐之"做出了错误的判断。魏虽有吞蜀之心，不过曹睿上台后，举朝上下，是主张掘壕坚守，待吴、蜀内乱的。他错过了这样一个相对平静，可以养精蓄锐的时期。第二，因承受先帝伐贼之托，寝不安席，食不甘味，这种感情上的义务，使他罔顾客观是否可能而贸然行动，很大程度上是在维护个人的威信和尊严，是不足为训的。第三，他还错误地认为如果继续对峙下去，必然要出现突将无前、精锐不存的空虚状态。因此主张趁这些有作战经验的将领仍在时，早打，大打。这种思路和他没有说出来的，对于他个人的过于自信，和对后来人的缺乏信心，是相联系的。战争是复杂的系统工程,个别人的有无去留,是不起决定性作用的。在刚刚结束的一次失败战争以后,连他自己都承认在"民穷兵疲","成败利钝,非臣之明所能逆睹也"的情况下,又发动一次不量力的进攻,前景当然是可想而知的了。

收在《古文观止》里的前后《出师表》,是诸葛亮最广为人知的文章。"鞠躬尽瘁,死而后已",以及从这两句话延伸出来的杜甫的诗:"出师未捷身先死,长使英雄泪满襟",便构成诸葛亮垂范千世的至善品格,被万人景仰的忠诚典范。

文学这东西,它要渲染起来的话,挺能打动人心的。我们管这种作用,叫做"煽情";而煽情的结果,往往就有一叶障目的弊端。前后《出师表》的感情,当然是真挚的,表达诸葛亮的耿耿忠心,简直溢于言表。但若研究一下蜀国当时的内外状况,刚刚劳师远征,七擒孟获归来,诸葛亮就要挥戈北上。这两篇动员令,从给蜀国所造成的后果看,就颇有值得斟酌的地方了。

审时度势,量力而行,是一个政治家必须具备的素质。但他一不顾国力强弱,二不顾民心向背,三不顾敌方虚实,四不顾周边环境,就要向曹魏挑战,实属冒进行为。好像所有好大喜功的领袖,都有因冒进而吃苦头的教训,而吃了苦头,还继续冒进,再吃更大的苦头者,也不乏其人。所以,二次上表,甚至连阿斗也劝他了:"方今已成鼎足之势,吴魏不曾入寇,相父何不安享太平?"

阿斗当皇帝后,可算是一无可取的庸才,独有这句话说到点子上了,虽然他的出发点并不是正确的。可惜他这个皇帝是个傀儡,如果说话算数,休养生息,修边固防,也许还真能偏安一隅。可是诸葛亮穷兵黩武,连年征战,劳军扰民,内外交困,以致西蜀苟安的局面,也不能长久。

《蜀记》里记载:"晋初扶风王骏镇关中,司马高平刘宝、长史荥阳桓隰诸官属士大夫共论诸葛亮,于时谭者多讥亮托身非所,劳困蜀民,力小谋大,不能度德量力。"

吴大鸿胪张俨作《默记》:"兵者凶器,战者危事也。有国者不务保安境内,绥静百姓,而好开辟土地,征伐天下,未为得计也。诸葛丞相诚有匡佐之才,然处孤绝之地,战士不满五万,自可闭关守险,君臣无事。空劳师旅,无岁不征,未能进咫尺之地,开帝王之基,而使国内受其荒残,西土苦其役调。"

这都是与诸葛亮同时代,或稍后一点的人士,对于他频繁北伐的议论。可见当时的有识之士,对他的"六出祁山"是大不以为然的。诸葛亮罔顾国力,频繁出击,实在是由于他太过于自信、自负。但这种心理失衡者,岂止孔明一人,凡领袖群伦者,一旦成为人誉自诩的济世之才,便有一种功名欲、不朽欲、树碑欲。孔明认为曹操死后,魏国再无足堪较量的对手,过于轻敌,过于躁急,打开蜀国的封锁局面;当然,这也是他过于相信自己万能、过于追求不朽声名的结果。

这种可怕的欲望,也是此前此后许多人物都具有的留名万世的情结。哪怕倾家荡产、祸国殃民,也情不自禁地要在历史的长卷中,给自己树一块碑石。诸葛亮的出兵汉中,绝对是他的性格悲剧所造成的。由于他位极人臣,权重一国,自然无人能够左右他,结果是为此付出巨大的代价。大家看着他一步步地走向最终的失败,而无法挽救。

他的亲信马谡认为"平南方回,军马疲敝,只宜存恤,岂可复远征"?他是听不进去的。谯周的苦谏,"何故强为"?他同样不以为然。甚至连毫无头脑的后主阿斗,不解地提出疑问,也都阻止不了他北进的意愿。

这样一意孤行,置蜀国于死地,恐怕是这个伟大人物的大错了。

诸葛亮若是如张俨所说,不将国力消耗殆尽的话,蜀与魏之争也许是另外的一种结果。

西蜀最后败亡于晋时,户二十八万,官吏数为四万,而吴降晋时,户五十二万,但官吏只有三万二。这样一个头重脚轻的国家,怎能不失败呢?由此看,诸葛亮留下的臃肿的官僚机构,实在是蜀国的累赘。但有如此数量的干部队伍,可诸葛亮直到临死,也没有物色到一个好的接班人,实在是一件很悲哀的事情。五丈原弥留之际,他还在遗憾:"吾遍观诸将,无人可授。"也就只有姜维,勉强够格,真是够他痛苦的了。

"水至清,则无鱼;人至察,则无徒。"太精明的领导,便只看到下属的缺点和不足。"大树底下不长草",是很有一点道理的。孔明最后弄到文臣武将难以为继的局面,看来并非西蜀无人,而是他不让人才脱颖而出罢了。在现实中,也是这样,若抱着一种流派,搂着一位宗师,即使衣钵相传,袈裟在身,而不求自己的出息,永远做"跟屁虫",大抵是难以有所成就的。用人和被人用,其中有相辅相成的辩证法。

国家成败,系于君臣;战争胜负,决定在将士。二者缺一不可。但会用人,更是尤为关键。

吴将朱桓在守濡须口时,数千守军对数万曹仁重兵,诸将业业,各有惧心,朱桓喻之曰:"凡两军交对,胜负在将,不在众寡。"朱桓勇而贼忍,不足取,但他这句话是极有见地的。

蜀诸葛亮与魏战,吴陆逊也与魏战,蜀败而吴胜,不能不说是与主帅的指挥得失紧密相关的。蜀相信的马谡丢了街亭,全军败绩,而吴相信的周鲂赚了曹休,大获全胜。一个伟大的人物,不一定处处伟大,事事伟大。圣明如诸葛亮,用马谡去守街亭重镇,把老将赵云、猛将魏延、上将王平、青年将领姜维,都撇在一边不予重用,顶多把他们安排给马谡擦屁股的任务,如此中了邪似的偏爱这个"言过其实"的青年人,看来,料事如神的军师,也难免聪明一世,糊涂一时,栽了个大跟头。

司马懿"使人打听是何将引兵守街亭,回报曰:'乃马良之弟马谡也。'懿笑曰:'徒有虚名,乃庸才耳!孔明用如此人物,如何不误事'"?连敌方都了解底细的一个人,孔明却毫无察觉,委以重任,这就是那些总相信自己英明,而别人也捧他英明的领导人,常常犯的主观武断、自以为是的毛病。

刘备曾任魏延为汉中太守,对于这一带地形,他应该是最熟知者。此次北征,任前督部,街亭咽喉要地,不派魏延,而委重任于中参军的马谡,也难怪他要发牢骚。再看赵云用计保护全军撤退,不失一兵一骑,不遗辎重军资,虽老而不弱。至此,方知诸葛亮有如许智勇之将不用,独垂青一个马谡,而马谡也自不量力,甚至还自炫"吾素读兵书,丞相诸事尚问于我"。上下皆无自知之明,焉有不败之理。

贤者如孔明尚且如此,那么后来凡庸的领导,如武大郎开店,只能用比自己更矮的伙计,就更不在话下了。

"胜败乃兵家常事",本是不足为奇的。但街亭咽喉重地,一旦失守,则事关重大,非但陇西诸郡,不得不放弃,复归于魏,而且此后北伐通路也被扼杀封死,只能是一个困兽犹斗的艰难局面。本来不佳的形势,变得愈益恶劣。西蜀遂日暮途穷,一步步走下坡路。

街亭失利,一是马谡玩忽职守,一是孔明用人不当。更主要的责任,在于主帅。他知道街亭的战略要冲地位,他知道司马懿不会轻易放过,他知道马谡缺乏实战经验,然而宁肯派出几批人马左右来策应,也不让像赵云、魏延、王平这样的勇将担此重任。可以说,是诸葛亮的偏爱偏信,才造成这次失误。

刘备论马谡,"言过其实",是指他的夸夸其谈,坐而论道。"不可大用",实际是针对诸葛亮极其倚重信任马谡有感而发,看来不幸而言中。刘备在用人政策上,持独特见解时不多,单对马谡有此一针见血的看法,恐怕还是为孔明考虑。可以设想,倘非诸葛亮对于马谡的抬爱超过限度,刘备也不会在临终前,非要说出这番话的。

按说,明智如诸葛亮者,不会察觉不出马谡是一位赵括式纸上谈兵的角色。但一是这种理论上一套一套地能言善道之人,所谓"耍嘴皮子"者,是很易邀宠讨好的。二是因为他只停留在口头上,很少付诸行动,所以他永远不至于出错,这也就是"动手干的,总是不如袖手看"的道理。三是应该承认,诸葛亮的一生,也是理论领先于实践。"赤壁之战",他不过是一个参谋;"荆州之战",他连前线都没去;打西川、攻刘璋,是庞统的谋划;"彝陵之战",他在成都留守。可见,他在习性上与这位青年战争理论家,可能有某些相通相惜之处。

这也是许多用人之人,常常使自己陷入困境的原因。

诸葛亮治理西蜀,以法威刑重著称,睚眦之怨必报。历史上留下了"刑法峻急,刻剥百姓,自君子小人咸怀怨叹"的记载。马谡把街亭丢掉,只好杀头了。这不过用他的头替诸葛亮承担大部分责任,和为诸葛亮落一个执法如山的美名罢了。他内心也很不平静,"大哭不已"便是一种感情的流露。

其实我们在现实生活中,看到过多少诸葛亮用马谡的事例啊!

《三国演义》是一部讲谋略的书,这部书中最上乘的谋略家,自是诸葛亮无疑了。他的一生中,在政治上、军事上的主要对手,无非曹操和司马懿。而这两位,又是这部书中最会玩弄权术的大师。司马懿这方面的水平,在这部书中恐怕是仅次于曹操,但又并不弱于诸葛亮的一位。

在这场力量对比中,魏强蜀弱,在才智上,两军统帅未必就是如此。但曹操和司马懿,要比诸葛亮多一分奸枭之心,而诸葛亮自身又有许多难以克服的心理障碍。他在吴、蜀联盟时,能战胜曹操;而当他独当一面,与司马懿作战的时候,就不得不败阵了。

从诸葛亮207年走出南阳,到220年曹操死,他和这位枭雄较量的军事行动不多,除荆州、江陵的大撤退,和紧接着的"赤壁之战"外,便是汉中的交手。关羽樊城大捷而后败亡的战役,他在蜀中鞭长莫及,实际并未参与。而"赤壁之战",那功劳是要记在周瑜账上的。诸葛亮和曹操打的仗,远不如和司马懿打的多。从227年诸葛亮出师汉中,司马懿发兵攻孟达起,两人便棋鼓相当地角力。到234年第五次伐魏,这七年间,蜀未能拓展一寸土地,最后他不战而败,死在五丈原。这就是杜甫写的"出师未捷身先死,长使英雄泪满襟"了。

孔明先生所以六出祁山,劳而无功,很大程度上受制于司马懿这个强有力的对手。如果不是这个对手,他不是不能打开一点局面的。但司马懿不但有谋有略,而且在政治斗争中,是个精通权术的大家。否则,司马氏不可能在曹魏三代君王的统治下,在那些重臣雄将的虎视眈眈下,最后结束三国,实现一统的局面。

曹操是并不信任司马懿的,甚至预言过他是一个对曹魏有威胁的人物。但司马懿察时知世,审势慎行,进退有度,应对机变,获得曹丕的信任,也改变了曹操对他的看法。

曹操临终时,他和曹洪、陈群、贾诩在场受命,当时他排位最末。等到曹丕临终时,他和曹真、陈群、曹休在场,这时位排第三。曹睿临终时,他和曹爽、刘放、孙资在场,他已位排首位。在中国这种最具危险性的继承接班的政治游戏中,他能历仕三朝,而且身居高位,始终处于权力的顶巅,能在政治风波中化险为夷,应该说,他是三国末期最出色的政治家。特别是他在政治上的成熟见解,在军事上的指挥若定,在皇室国戚、元勋大佬间的周旋应付,在权术斗争中的高超表演,以及他始终掌握兵权,踞守重镇,而且有诛孟达、杀公孙渊、与诸葛亮交手的卓著战功。加上他对于敌手的斩草除根式的狠毒,所以,他虽身受曹魏三朝顾命,但也在他手里,实际篡夺了曹魏政权。

不过,在他一生中最难对付的,恐怕就是诸葛亮了。

公元234年,是司马懿最后一次和诸葛亮交手,他不再诉诸武力,他知道诸葛亮活不多久了,所以宁受孔明巾帼妇人素衣之辱,佯笑受之,也不应战,可知斯人之城府。他假装要打,又弄出一个辛毗奉帝命,不让他打。"亮曰:'彼本无战情,以示武于其众耳。将在军,君命有所不受,苟能制吾,岂千里而请战邪!'"诸葛亮知道这是假招子,都是司马懿的权术。

"亮遣使者至懿军,懿问其寝食及事之烦简,不问戎事。"作为敌手,军事上的较量,或许不是非常可怕的,因为作战的结果,无非胜负之别。而他如此关注诸葛亮的个人状况,只字不谈战事,第一问他的寝食,第二问他的公务繁简,看似无关紧要的问题,则是尤其令人生畏的。

孔明所以叹曰:"彼深知我也!"这个"知",既有棋逢对手的"知己"、"知心"的"知",也有对其生死大限,一目了然的"知"在内。司马懿不惮一兵一卒,就可以得到他最盼望的对方主帅身亡的结局。诸葛亮一死,则兵败;而兵败,则蜀亡。虽然,谁也逃脱不了死神的魔掌,但诸葛亮却在加速自己的这个死亡进程,这正是他求之不得的。

司马懿说过:"亮志大则不见机,多谋而少决,好兵而无权(变),虽提兵百万,已堕我画中,破之必矣!"他在军事上并不忌畏至此已呈衰势的诸葛亮,加之对手可以不战而亡,当然要踌躇满志地说这番话。

当使者回蜀营后,向诸葛亮汇报此行情况时,提到司马懿讲过的话:"食少事烦,其能久乎?"他不能不感慨系之了。因为在一双盼着你死、可你又没法不死的眼睛下,在倒数计时度过生命的最后日子,那种内心悲痛,是不言而喻的。

诸葛亮也不是不明白这个道理,但他却偏要这样劳累下去的根本原因,就是他说出来的"唯恐他人不似我尽心也"这句话。正是这种对人的极端不信任,才导致他操劳过度、心力交瘁,再也回不到成都去了。

主簿杨禺以治家之道来戒劝诸葛亮的话,应该是所有那些事无巨细、全部包揽的领导者,要当作座右铭的。

有的人一辈子没当过官,好容易捞到一顶乌纱帽,便什么都不肯撒手,这就是俗话说的不会当官的官了,只宜当总务科长。诸葛亮难道真如他的敌人骂他的那样,"南阳一鄙野村夫"吗? 怎么会毫无识见到如此地步? 罚二十必亲自在场,也太过分了。而他又是个惩罚主义者,岂不是一天到晚光监刑都来不及吗?

现实中那些事必躬亲的领导者,只能算是一个尽职的事务主义者,未必是一个成功的领导者。

对于诸葛亮的过高评价,有识之士的看法,从来是和《三国演义》的推崇一直存有歧见的。若从实践来看,从他的决策,到他的治绩,到他的用人,到他的北伐,到他对于魏延的嫉妒情结,都不是无可非议的。这位在人格上令人仰慕的军师,对于他治理的蜀国,无论他是怎样的鞠躬尽瘁,他的死也就注定蜀国只有土崩瓦解一途了。

崔浩《典论》里,很不客气地批评诸葛亮:"亮之相刘备当九州鼎沸之会,英雄奋发之时,君臣相得,鱼水为喻。而不能与曹氏争天下,委弃荆州,退入巴蜀,诱夺刘璋,伪连孙氏,守穷崎岖之地,僭号边鄙之间,此策之下者。可与赵佗为偶,而以为萧曹亚匹,不亦过乎?"这是离诸葛亮时代不太久的人士的不敬之言。因为那时还没有蜀汉正统一说,诸葛亮、关羽也还没有被神圣化起来,所以言谈间少有顾忌。

诸葛亮之死,从他走出南阳那一天起,就注定了这个悲剧的结局。

他的悲剧在于他的品格、才智、精神、道德的高度,都是别人所难以企及的。但如此绝顶理智的人物,却在三顾盛情下,做出了他错误的抉择,追随一位没有成功可能的主子,去开辟一件没有成功可能的事业,从而付出了他的一生。

他的悲剧在于他一开始就看到了尽头,而他偏要"知其不可为而为之",必定失败的命运,是不可改变的;不甘失败的反命运的抗争,绝对是徒劳的。因此看着自己的生命,像蜡炬成灰似的一滴滴耗竭,看着自己所付诸心血的事业,无法挽救地走向倾覆。

他的悲剧还在于他的儒家人格达到了自我完善的高度,道德风范也成为千古不朽的典型,"鞠躬尽瘁,死而后已"几成为忠君事主的完美境界。但是,言、事两违,意、实相乖。他却未曾为他所厘定的统一大业,做出些许成就;为三分天下的西蜀,开辟半寸疆土。一直到屡战屡败,国疲民穷。随着他的死亡,这个国家也就终结了。

他的悲剧更在于他治理蜀中的严峻苛刻,搞到"一饭之德,睚眦之怨,无不报复"的绝对化程度,这就是中国人凡矫枉必过正的老毛病了。尽管诸葛亮英明无比,但在一些问题的处置上,也是相当好走极端的。

入川以后,诸葛亮和法正的一席话,举了秦始皇和刘璋的例子,来证明他的治世之术。"秦以无道,政苛民怨,匹夫大呼,天下土崩;高祖因之,可以弘济。刘璋暗弱,自焉以来,有累世之恩,文法羁縻,互相承奉,德政不举,威刑不肃。蜀土人士,专权自恣,君臣之道,渐以陵替。宠之以位,位极则贱;顺之以恩,恩竭则慢。所以致敝,实由于此。吾今威之以法,法行由知恩;限之以爵,爵加则知荣。荣恩并济,上下有节,为治之要,于斯而著矣!"他希望用法严酷,以利于治,但结果却是得到"刑法峻急,刻剥百姓,自君子小人感怀怨叹"的非议。一心恢复汉室,但受到了"空劳师旅,无岁不征,未能进咫尺之地,开帝王之基,而使国内受其荒残,西土苦其役调"的埋怨。由此可见,理论是一回事,实践是一回事,即使非常正确的理论,而未能正确地付诸实施的话,也是徒费心力。

按照亚理士多德的论点,认为悲剧是一种美的毁灭。那么诸葛亮的死亡,是一个具有完美人格、崇高道德、绝顶才智、超凡能力的人,但从根本上不能明白"顺天者逸,逆天者劳"的大势,而徒费心力的必然结局。这种自己寻求的悲剧性的毁灭,精神上也许是伟大的,但从历史发展的趋势观察,刘备打出的兴灭继绝,恢复汉室的旗号,实际上是属于倒退的行为。

成都武侯祠大殿对联是这样写的:"能攻心即反侧自消从古知兵非好战,不审势则宽严皆误后来治蜀要深思。"

审势,这是作为一个成熟的政治家,所必须具备的最起码的判断能力。李卓吾先生在评点《三国演义》这部书时,在孔明知其不久人世,禳星祷告,以求不死时,评曰:"谁云孔明胸中有定见哉?不唯国事不识天时,亦且身事不知天命,祷星祈命,岂有识者之所为哉?"

当诸葛亮躬耕南阳,刘备三顾茅庐时,途遇司马徽。水镜先生仰天大笑曰:"卧龙虽得其主,不得其时,惜哉!"孔明的悲剧,应该说,正与此相反,是得其时,而不得其主也。

诸葛亮作为一个极有才能的政治家、军事家,恰逢汉末大乱之际,正是大展身手的机会。此其时也,诸侯蜂起,谋士如云,君择臣,臣亦择主,这些才俊们在政治上纵横捭阖,翻天覆地,谋君图国,创基立业;在军事上挥师千里,夺城掠地,厮杀征战,兵戎相见,可算是一个斗智角力的最好赛场。

但孔明所辅的刘备却不是一个英主,先以妇人之仁,坐失良机;后以匹夫之勇,火烧连营,而这些巨大失误,都是不听诸葛亮这位军师之言所致。而仅次于刘备的关羽,算得半个主子,又是诸葛亮诸多重要政策执行中的障碍,荆州就是在这位骄矜的关老爷手下丢失的,而荆州易主,西蜀也就完了。和这样的主子打交道,怎么能称上是"得其主"呢?

相反,曹操麾下的那些谋士武将,未必比诸葛亮高明,但枭雄确是明主,所以能相辅相成、相得益彰,魏之强于吴、蜀,这也是无争的事实。

可西蜀,到了阿斗,伺候这样的主子,则更是一代不如一代了。

"空有补天志,一切付东流。"最大的痛苦,莫过于看着自己的全部努力,不是毁在敌人手里,而是在昏庸的主子作践下成为泡影。

这就是诸葛亮的悲剧。

司马懿的阴暗面

司马懿(179—251)　三国时政治家、军事家,西晋王朝的奠基人。他辅佐魏国四代君主,后来掌控魏国朝政。他善谋奇策,多次征伐有功,对农耕经济发展也有重要贡献。

司马懿,在一般读者和观众的心目中,是形象不佳的。

这就是文学作品的力量,因为在那部流传数百年的古典文学名著《三国演义》里,他是作为诸葛亮的主要对手出现的。假设没有他,诸葛亮的雄图大业,至少有成功的绝对把握;由于有了他,诸葛亮终于饮恨而亡,中国历史上的"第一贤相",最后败在他的手下,死在他的眼前。凡《三国演义》的读者,或了解这段历史的人,对司马懿怀好感者不多,那是情感上过不去。

读文学作品者,只相信文学的真实,而不会介意历史的真实。

在封建社会里,中国的老百姓对于当皇帝的那个人,好一点、坏一点、聪明一点、笨蛋一点,为非作歹一点,荒淫无耻一点,都可以无所谓的。关键必须求得一位贤良公正、为民着想、干事精明、治国有方,能够让老百姓有饱饭吃、有安生日子过的丞相。有好丞相,皇帝哪怕是个阿斗,或者,再不济,是个白痴,也能够容忍。反正,丞相也好,宰相也好,首相也好,首辅也好,只要这个"一人之下,万人之上"的人物,起到了帝王与黎民间的调节器的作用,大家相安无事,也就称得上海晏河清的太平岁月了。

司马懿把诸葛亮置于死地,毁灭了人们心目中的偶像,当然,人们对他没有好印象。

其实,后世老百姓的诸葛亮崇拜,是由于《三国演义》神化和美化这个人物的结果,诸葛亮头顶上的光环,是宣传造成的——是反复宣传在人们脑海中形成的伟人定势造成的,也是因为在中国封建社会中,好的丞相,实在不是在很多的情况下,在老百姓善良愿望的寄托和向往下造成的。中国人心中的偶像,被司马懿毁了,而且在五丈原看着他死,便不能饶恕司马懿。

但回顾史实,诸葛亮治理下的西蜀,也并非王道乐土。第一,他对外不停地发动战争,加重了蜀中人民的负担。甚至连阿斗都怀疑相父,有必要一个劲儿地上《出师表》,穷兵黩武嘛?第二,他对内以法威刑重著称,睚眦之怨必报。历史上留下了"刑法峻急,刻剥百姓,自君子小人咸怀怨叹"的记载。

诸葛亮"六出祁山"一次只能带一个多月的粮秣,粮吃完了,仗也打完了,就得撤回去。他是典型的追求"速战速决"的短期行为者。而司马懿不仅要打败诸葛亮,打败蜀国,还要打败吴国,打败魏国,变为一统的姓司马氏的晋国。他的目光,要比争夺几座城池来匡复汉室的做法,远大得多。

而且司马懿不但在军事上是诸葛亮难以对付的对手,在政治上也表现不俗,是不亚于诸葛亮的。他知道诸葛亮必取武都、阴平,遂派郭淮、孙礼袭蜀兵之后。但诸葛亮知道司马懿必有此举,亲率兵马又来袭郭淮、孙礼之后,前后夹攻,魏兵大败。在武都、阴平失守以后,司马懿料知诸葛亮不在营中,定去两城安抚百姓,就派张郃、戴陵去夺蜀寨。但诸葛亮并未离寨,却设下包围圈以待偷袭。司马懿在这时以一种开阔的胸怀、大家的气度,承认"孔明智在吾先"。一个不怕承认失败的对手,是令人不寒而栗的。

他和诸葛亮打仗,对其骂阵,拒不应战。诸葛亮用竹竿挑着妇女穿的衣服,在阵前羞辱他,他也一笑了之,不予理会。他在等待,他不着急,他知道诸葛亮没有几天活头了,你急得要命,他一点也不上火。诸葛亮像油灯似的耗尽了最后一滴油,他不费一兵一卒,尽获全胜。

有所恃才无畏惧,在拳术场上,有真本事的人,并不急于亮招。等一等,看一看,让那些初出茅庐、心急如焚、按捺不住的人,先跳出来表演。司马懿对诸葛亮派来的使节问话,只字不问蜀军的虚实,只是打听丞相的身体如何,忙不忙,吃几碗饭,当他听使者说"丞相夙兴夜寐,罚二十以上皆订览焉。所啖之食,日不过数升"时,他感叹说:"食少事烦,岂能长久?"使者回来,又把这话讲给诸葛亮听,难怪孔明先生也叹息:"彼深知我也!"

司马懿能如此把握住诸葛亮,以致他"出师未捷身先死",可见这个司马懿确实是三国时代一位了不起的人物。实事求是地讲,司马懿比诸葛亮,确实要高明一点。无论从历史还是从文学上来考量,固然魏比蜀地盘要大、实力要强,但在魏的司马懿,要比在蜀的诸葛亮,处境险峻得多。司马懿需要对付的敌手和潜在敌手,比当丞相的诸葛亮,不知多几倍?

刘禅称诸葛亮为相父,言听计从;曹睿视司马懿不过是老臣之一,并不十分信任。诸葛亮在西蜀,几无一人可与之埒等;而在洛阳朝中,曹真、曹休、夏侯楙这些近亲,陈群、华歆、王朗这些重臣,权势地位不弱,与司马懿不相上下,并对他深怀戒心。刘备托孤时,要他的儿子对诸葛亮以父事之;而曹操早留下了"司马懿鹰视狼顾,不可付于兵权,久必为国家大祸"的评语。

因此,诸葛亮只有一个敌人,即曹魏;只有一个念头,即北伐;而且也只有一个手段,即诉诸武力。司马懿则不同了,他知道魏之患在蜀而不在吴,防蜀甚于防吴,但从曹丕起,攻吴之心重于攻蜀。他知道魏强蜀弱,坚守不出,以逸待劳,则蜀必败,但朝野上下,势骄焰盛,务求必克。他知道功高不仅震主,也会引起同僚警惧,适度退让,以免锋芒过露,但又不能使人认为他不是举足轻重的力量。为此,从长远来看,此刻不宜和诸葛亮决战。同时,等待中谋取求得"不战而屈人之兵"的效果,但又不能不打,朝野上下要看到他的战果。同时,他也了解,一旦太辉煌了,同僚嫉妒固非小事,主子猜疑更加可怕。而无所作为的话,有可能被黜还朝、剥夺权力、解除兵甲、一败涂地。他得把握住赢不能太赢,输不能太输;攻打不宜太猛,退守不宜示弱的分寸感,要比诸葛亮难做人多了。

由此可见司马懿的心机,和他处于荆棘丛中的谨慎,以及善处左右的韬略。在当时诸葛亮、陆逊与他这三个堪称棋逢对手的主帅之中,应该说他的处境最难,所以他在政治上,也包括在军事上,以退为进,以守为攻,步步为营,终于取得了最后的胜利。在三国人物中,我认为最能隐忍不发、最能韬晦不露、最能忍辱负重的,大概要数司马懿了。

他和曹爽共同辅政,事事请示汇报,做下级状;他知道曹爽还不大放心,后来索性装疯卖傻,病倒在卧榻之上,连话都说不周全,做奄奄一息的样子,使曹爽对其略无顾忌之意。其实他不是不能搞掉曹爽,但他宁愿等待,等到他作恶多端,民心丧失,便不费吹灰之力地把他收拾掉。

任何人碰上这样有耐性等待你犯错误的对手,那倒霉是必然的。

司马懿于魏、曹操于汉,大抵相同,人臣之位极矣,权术之运用极矣。但区别在于司马懿于曹操生时,每怀恐惧,一生谨慎;曹操死后,仍唯恐疑有异志,事事小心。这一切,都是为了他的等待。曹操这一辈子,略无半点畏惧顾虑之心,想怎么干就怎么干,不在乎别人怎么看、怎么想,恣意行事,挥洒自如。我们能读到曹操的诗,却读不到司马懿的诗。我们知道曹操浪漫,好女色,营中狎妓;但规行矩步、按部就班的司马懿,则无这方面的风流行状。他不作诗、不题词、不高谈阔论、不出头露面,这一切的低姿态,说穿了,正是为了更好地等待。

司马懿玩弄权术的阴险水平,在三国中甚至要超过曹操。按照弗洛伊德学说分析,一个拼命压抑自己的人,反过来施之于人时,也愈残忍。他在讨伐公孙渊的叛乱时,那种杀无赦的残酷贼忍,也是令人发指的。俗话讲,不叫的狗,最能咬人。大概就是这个意思。

曹操临终时,司马懿排位最后,到曹睿临终时,他已位居首位。这说明他的等待战术,逐步取得了成功。老实说,一个心怀叵测的人,在中国这种最具危险性的继承接班的政治游戏中,他能历仕三朝,虽然几次外放冷落,几次褫夺兵权,但能在政治风波中化险为夷,而且身居高位,始终处于权力的巅峰,应该说,他是三国末期最出色的政治家。

其实曹操是并不信任司马懿的,甚至预言过他是一个对曹魏有威胁的人物。但他察时知世,审势慎行,进退有度,应对机变,获得曹丕的信任,也改变了曹操对他的看法。特别是他在政治上的成熟见解,在军事上的指挥若定,在皇室国戚、元勋大老间的周旋应付,在权术斗争中的高超表演,以及他始终掌握军旅,踞守重镇,而且有诛孟达、杀公孙渊、与诸葛亮交手的卓著战功。加上他对于敌手的斩草除根式的狠毒,所以,他身受曹魏三朝顾命,但他在长久的等待以后,实际上结束了曹魏政权。

司马懿其实在曹丕死后,业已总揽魏国军政大权,但他还不急于动手,仍旧要等待下去的原因,是他已看透了曹魏政权的皇帝,不但一朝不如一朝,就连宗室,也是一代不如一代。这时他大权在握,有足够的时间,来得及等它腐败到了极点,便是摧枯拉朽,不用费什么大力气了。

本来在寒冷地区粗放经营的马铃薯,一到南方土好、水肥、日照更充足的地区,倒愈来愈长不大了。这种马铃薯种子退化定律,同样适用于人类,尤其适用于养尊处优、四体不勤、骄奢淫逸、体质萎靡的统治阶层,这也是中国历朝历代帝王世家的难以逃脱的衰败规律。所谓"君子之泽,五世而斩",就是指从帝王到皇室,到整个贵族阶层,到官吏和一切剥削者,从遗传基因开始,已经像温室花朵逐渐失去适应自然的能力,于是用不了几代,就整体堕落腐朽下去,便是一种不值得奇怪的现象。包括他司马懿也逃不脱的,到第三代就不灵了,让大家饿得吃不上粮食,去吃大肉丸的司马衷,其实是个白痴,不也当了皇帝嘛!

至于曹爽这一等货色,智商很低,连句整话都说不周全的人,那些智囊劝他,不要离开都城,以防司马懿兵变,他只当耳旁风,照旧大开城门到高平陵打猎去了。再看他手下用的那些轻薄浮浪之徒,如何晏,如邓飏,虽权倾一时,但管辂为他们卜卦时,竟敢放肆地忤触了一番。别人为他担心,管辂却说:"吾与死人语,何所畏耶!"说明这个腐朽集团本身,不仅潜伏着巨大危机,而且迫在眉睫,旁人都把他们看成死人了。由此可见这个统治集团,已经腐化堕落到了极点;不得人心到了极点；内部分崩离析到了极点；对司马懿完全失去警惕，麻木不仁也到了极点。

自然，能够使曹操、诸葛亮警惧而未敢小视的司马懿，对付曹爽还不是举手之劳的事。他等待到了该动手的时候。"起旧日手下破敌之人，并家将数十，引二子上马"，把城门一关，就解决了。"高平陵事件"只能说明一个问题，统治集团若是腐败起来，那速度超乎想象之快，真是难以置信，就把城门一关，打发人送个口信去，那些正在放鹰纵犬的快乐人群，便惊瘫在地，未触即溃。

司马懿吃准了这些表面上强大而不堪一击的人的实质，他不怕他们反攻，也不在乎他们反攻，而且也知道他们不敢反攻。因为在他等待的漫长岁月里，他从本质上看透了这班纨绔子弟的当权者，其内心的空虚软弱，正如一匹老劣残败的驽马，只要有一把栈豆，就会停脚不走的。他有恃无恐，为所欲为。曹爽还幻想，即使我丢了官，还不失为一个富家翁，他忘了司马懿是绝不会手软的人物，会有好果子让他吃？死到临头，悔之晚矣！腐败的可怕，不仅仅是贪欲、攫取、占有和声色犬马，而是精神上的堕落。人到了这个地步，也就无药可治了！

当时司马懿并无多少兵力，即使这样，留守在城内的曹爽部下，竟无可奈何，坐视其成事。凡大势已去，唯有兵败如山倒，一垮到底了。这大概就是更广义的"马铃薯退化定律"。在三国这场政治游戏中，最成功的玩家还得算司马懿。看来，这个司马懿是个成熟的政治家，他善于等待，善于在瓜熟蒂落的时候去摘胜利果实，三分天下，最后一统于晋，也就是水到渠成的事。

读《三国演义》，热闹都在前半部，司马懿出场较晚，舞台上的风光，都被最早起到脚灯前的角色抢光了，他显得不那么光彩出色。其实，在这段历史中，他是一位最了不起的靠耐性、权谋、机智、残忍，夺得胜利的最大赢家。

司马懿在此之前，为文学掾，政治地位较高，但不掌军事的全面指挥权。尽管他与诸葛亮多次交锋，实际上魏国高层仍旧要任命曹姓、夏侯姓的近亲将领统帅部队。此次征公孙渊，他直接向曹睿表态，哪怕兵少，也足以取胜，于是排除皇亲国戚的干扰和掣肘，独自担纲主演，他要把这出戏演好，那就是必须取得干净彻底的胜利。怎么叫干净彻底呢？那就是杀。对这个"嗜血狂"来说，也就只有这唯一的手段了。

将战争中所杀戮的敌军尸体，堆在一起，其状如山，谓之"京观"。在汉语中，这是最血腥的词汇。司马懿进襄平后,"男子年十五已上七千余人,皆杀之,以为'京观'。伪公卿已下者皆伏诛,戮其将军毕盛等二千余人"。正是这些人的首级尸骸,堆成"京观",为司马懿铺平了成为最高统帅的路。

公元249年(嘉平元年),"高平陵事件"得手后,司马氏就一路开杀下去。公元251年(嘉平三年),平王凌,杀曹彪;公元254年(嘉平六年),杀李丰、夏侯玄;公元255年(正元二年),平毋丘俭;公元257—258年(甘露二至三年)平诸葛诞;公元260年(甘露五年),弑高贵乡公……平均两三年大开杀戒一次。曹操之杀,是"薅种草式";司马懿之杀,是"割韭菜式"。到了晋朝,天下名士减半,也就不必惊讶了。

《晋书·宣帝记》载:"及平公孙文懿,大行杀戮。诛曹爽之际,支党皆夷及三族,男女无少长,姑姐妹女子之适人者皆杀之,既而竟迁魏鼎云。"

历史学家吕思勉在《从曹操到司马懿》一文中写道:"晋朝的明帝,曾经问王导,晋朝是怎么样得天下的。王导乃历述司马懿的事情,和司马昭弑高贵乡公之事。明帝羞愧得把脸伏在床上道:'照你的话,晋朝的基业哪得长久?'可见司马懿的深谋诡计,还有许多后来人不知道的,王导离魏末时代近,所以所知的较多了。而且他很为暴虐,他的政敌被杀的,都是夷及三族,连已经出嫁的女儿,亦不得免。所以,做《晋书》的人,也说他猜忌残忍。他一生用尽了深刻的心计,暴虐的手段,全是为一个人的地位起见,丝毫没有魏武帝那种匡扶汉室,平定天下的意思了。"

吕思勉认为:"封建时代的道德,是公忠、是正直、是勇敢、是牺牲一己以利天下。司马懿却件件和他相反,他的儿子司马师、司马昭,也都是这一路人,这一种人成功,封建时代的道德就澌灭以尽了。"钱穆认为:"他们全只是阴谋篡夺,阴谋不足以镇压反动,必然继之以惨毒的淫威。"这也就是晋的短暂统一以后,长期的南北分裂,使中国人处于黑暗状态的根本原因。

在中国,凡搞分裂者,无一不是败类。

嵇康和阮籍的活法

阮籍(210—263)　三国时魏诗人。他是"竹林七贤"之一,崇奉老庄之学,曾任军职,政治上则采取谨慎避祸的态度。《咏怀》等作品收录在其文集《阮籍集》中。

嵇康(224—263)　三国时魏思想家、音乐家、文学家。他倡玄学新风,为"竹林七贤"的精神领袖。后被诬陷,终被处死。他信奉道教,注重养生,著《养生论》。

鲁迅先生认为,这两位文人,"脾气都很大,阮籍老年时改得很好,嵇康就始终都是极坏的。后来阮籍竟做到'口不臧否人物'的地步,嵇康却全不改变。结果阮得终其天年,而嵇竟丧于司马氏之手,这大概是吃药和吃酒之分的缘故:吃药可以成仙,仙是可以骄视俗人的,饮酒不会成仙,所以敷衍了事"。

骄视俗人,当然是无所谓的;骄视当朝执政,就有吃不了兜着走的结果。

"竹林七贤"中的这两位文人,阮籍的佯狂,似是南人所说的"捣糨糊"、"无厘头";而嵇康的刚肠疾恶、锋芒毕露、抵抗到底、不逊不让,则是北人所说的"较真"、"别扭"、"犯嘎"、"榫头"。

当时,司马氏当政,这两位文人不开心。因为"司马昭之心,路人皆知",要篡夺曹魏政权。虽然,阮籍于高贵乡公在位时,封过关内侯这个虚位,任过散骑侍郎这个闲差;虽然,嵇康娶了长乐亭主,与魏宗室有姻亲关系,还任过中散大夫,但是阮和嵇,并非特别坚定的要誓死捍卫曹氏帝王的勇敢者。

应该说,谁来当皇帝,这两位已经享有盛名的文人,既好不到哪里去,也坏不到哪里去。可他们是有头脑的文人,不能不对眼前发生的这一切置若罔闻。第一,司马氏之迫不及待,之步步进逼,之欺软凌弱,之凶相毕露,让苟延残喘的魏主,度日如年。太过分了,太不像样子了,因此很是看不过去。第二,司马氏大权在握、钳制舆论、镇压异己、不择手段,弄得社会紧张、气氛恐怖、道路以目、宵小得逞。太嚣张了,太过分了!所以,很心烦,很厌嫌!这两位很有点脾气的文人,便

>>> "竹林七贤"中的阮籍"佯狂"是一种"无厘头",嵇康的"不逊不让"则是一种"较真"。图为唐朝孙位《高逸图》描绘的"竹林七贤"中四人的形象,从右至左为阮籍、刘伶、王戎、山涛。

产生出来这种对立甚至对抗的情绪。

大多数中国文人,在统治者的高压政策下,常常采取既不敢正面抵抗,也不敢公然唱反调的态度,以不回应、不合作、不支持、不买账的消极精神,也就是鲁迅诗中所写的"躲进小楼成一统"那样,尽量逃避现实。

逃避,谈何容易,文人在这个世界上,又没有得了自闭症,怎么可能感官在受到外部声音、颜色、气味的刺激后,了无反应呢?现在来看魏晋时期的这两位大师,阮籍在反应的反应方面,掌控得较为适度,而嵇康在反应的反应方面,则掌控得往往过度。于是,在这两位身上,聪明的人不吃亏,不太聪明而且固执的人常吃亏,便有区别和不同了。

《世说新语》载:"晋文王(即司马昭)称阮嗣宗至慎,每与之言,言皆玄远,未尝臧否人物。"注引《魏氏春秋》:"阮籍,宏达不羁,不拘礼俗。兖州刺史王昶请与相见,终日不得与言,昶愧叹之,自以不能测也。口不论事,自然高达。"

嵇康与阮籍,是极好的朋友。《晋书》载嵇康"以高契难期,每思郢质,所与神交者,唯陈留阮籍,河内山涛",但他对山涛承认:"阮嗣宗口不言人过,吾每师之而未能及。"很是羡慕,很是想学习这位小他一岁的神交之友,很是希望自己聪明而不吃亏,但好像总是学不到位,总是把不住嘴,总是要反映出来。

这两位的分野,也就成为后来中国文人延续下来的生存方式。

一是像阮籍这样,不去找死,在统治者画定的圈子里,尽量写到极致。一是像嵇康这样,不怕找死,想方设法,要把一只脚踩到圈外,哪怕为此付出代价。前者,我佩服,因为与强权周旋,如走钢丝,那需要极高的智慧;后者,我钦佩,因为这种以卵击石的游戏,敢于挑战必输的结果,那需要极强的勇气。

生存的智慧、战斗的勇气,是除了才华和想象力以外,中国文人最可宝贵的财富。若既无智慧又无勇气的碌碌之辈,只有期望一位与你同样平庸的君主,网开一面,度过一生了。嵇中散先生的不幸,有智慧,更有勇气,偏偏生在了魏末,偏偏碰上了那个司马昭,这真得感谢老天爷给他安排的好命。

司马昭当时不可一世,连曹姓皇帝也只能仰其鼻息讨生活,何况你嵇大师?

他干掉高贵乡公曹髦以后,又不能马上下手再干掉元帝曹奂。因为曹魏政权,还没有到了摧枯拉朽、一触即溃的地步。司马昭仍需继续积蓄力量,扩大地盘,继续组织队伍、制造声势,继续招降纳叛、削弱对手,继续将社会名流、上层人士、豪门贵族、文坛高手拉到自己的阵营里来。

于是,大将军授意嵇康的好友山巨源,动员这位著名作家出来做官,纳入自己的体系。但嵇康,却断然拒绝了。

司马昭的这种拉拢手法,同样也施之于阮籍。阮籍当然与嵇康一样,也是要拒绝的。不过,他拒绝的办法,不是像嵇康那样公开表示不屑,而是一个月醉了29天,剩下的一天还总是睡不醒。《世说新语》载:"晋文王功德盛大,坐席严敬,拟于王者。唯阮籍在座,箕踞啸歌,酣放自若。"司马昭对他哭笑不得,跟醉鬼计较,岂不要被人笑话?

嵇康不会喝酒,也不愿这样耍奸脱滑,非要让人家尝他的闭门羹。按说,不想干,就算了;或者,婉谢一下,也就拉倒。他不但不稀罕司马昭给的官,还写了一封绝交书给山巨源,公开亮出观点,显示出他的不阿附于世俗,不屈从于金钱,不依赖于强势,不取媚于权力的坚贞刚直、冰清玉洁的品格。这样,他不仅把老朋友山涛得罪了,也把期望他投其麾下的大将军司马昭得罪了。

这篇《与山巨源绝交书》,在《古文观止》里可以读到。他把绝交书公开出来,等于发布他的战斗宣言。嵇康告诉世人,我为什么不当司马昭的官,就因为当他的这个官,我不快活。这篇书信,写得淋漓尽致,精彩万分。读起来无比过瘾,无比痛快。尽管我们未必能做到嵇康那样决绝、那样勇敢,但不妨碍我们对其人格的光明磊落、坦荡自然,表示衷心钦佩。

鲁迅一生除写作外,研究过许多中国文人及其作品,多有著述。但下功夫最多、花时间最长来剔微钩沉者,就是他刚到北平教育部当佥事,住在绍兴会馆,亲自辑校的《嵇康集》。这大概是文化巨人在心灵上的呼应了。

他说:"阮籍作文章和诗都很好,他的诗文虽然也很激昂慷慨,但许多意思都是隐而不显的。嵇康的论文,比阮籍更好,思想新颖,往往与古时旧说反对。"所以含糊其词,语焉不详,王顾左右而言他,最好的是,后来的聪明人都这样写文章的。而针砭王纲、议论朝政、直书史实、布露民瘼,就是那些不聪明的文人,最犯统治者忌的地方。

而嵇中散的死,最根本的原因,正是鲁迅所指出的,是他文章中那种不以传统为然的叛逆精神。任何一个帝王最不能容忍的,除了推翻他的宝座,莫过于否定他赖以安身立命的纲常伦理了。司马昭虽然还未篡魏为晋,还未当上帝王,但只不过是时间问题,江山其实早就姓司马了。他自然不能容忍这个中散大夫,来挑战他的权威。

嵇康在给山巨源的信中,提出了"非汤武而薄周孔"的口号。司马昭一看,这还了得,这不是动摇国之根本嘛,当时是要把他干掉的。第一,山涛保护了嵇康,说书生之见,一家之言,大将军何必介意? 第二,司马昭也不愿太早露出狰狞面目,没有马上下刀子,按下不表,但不等于他从此拉倒,只是看时机、等借口罢了。

鲁迅分析:"非薄了汤武周孔,在现时代是不要紧的,但在当时却关系非小。汤武是以武定天下的;周公是辅成王的;孔子是祖述尧舜的,而尧舜是禅让天下的。嵇康都说不好,那么,教司马懿(这是鲁迅先生的笔误,应是司马昭,但真正坐上帝位的,却是白痴司马炎)篡位的时候,怎么办才是好呢? 没有办法。在这一点上,嵇康于司马氏的办事上有了直接的影响,因此就非死不可了。"

在司马昭的眼中,凡与曹魏王朝有联系的人,都是他不能掉以轻心的敌对势力。何况嵇康的太太,还是曹操的曾孙女长乐亭主呢! 这门婚姻的结合,让一个贫家出身的文人,娶了一位公主,已无可知悉细情。但有一点可以肯定,这位金枝玉叶,看中嵇康并嫁给他,还使他得到一个中散大夫的闲差,很大程度上,由于嵇康是当时大家公认的美男子。

古代作家有许多风流倜傥的人物,现在的作家能称得上美男子者,几乎没有,而歪瓜裂枣、獐头鼠目者,倒不乏其人,真是令后来人愧对先辈。史称嵇康"身长七尺八寸,风姿特秀,见者叹曰:'萧萧肃肃,爽朗清举。'或云:'肃肃如松下风,高而徐引。'山公曰:'嵇叔夜之为人也,岩岩若孤松之独立,其醉也,傀俄若玉山之将崩'"。按近代出土的魏晋时的骨尺,一尺约合 23~24 厘米计算,嵇康该是一米八几的高个子。史称他"美词气,有风仪,而土木形骸,不自雕饰,人以为龙章凤姿,天质自然"。长乐亭主能不为之倾心么? 何况那是一个持开放观念的社会,她的曾祖父曹操,在平袁绍的"官渡之战"中,还不忘找个"三陪女"呢!

另外,魏晋时期的嵇康,颇具现代人的健康观念,好运动,喜锻炼,常健身,他擅长的项目,曰"锻",也就是打铁。"性绝巧而好锻,宅中有一柳树甚茂,乃激水环之,每夏月居其中以锻。"这个经常抡铁锤的诗人,肯定肌肉发达,体魄健全,比之当今那些贴胸毛、娘娘腔、未老先衰、迎风掉泪的各式人等,要男人气得多。"弹琴咏诗,自足于怀。""学不师受,博览无不该通。"像这样一位真有学问的人,不是时下那些糠心大萝卜式的人,动不动弄出学问浅薄的笑话来,令人丧气。加之保持身体健美,一位运动健将式的未婚夫,打着灯笼难寻,自然是一抓住就不会撒手的了。长乐亭主以千金之躯,下嫁这位健美先生,便是顺理成章的事情。

嵇康讨这个老婆,倒有可能与他跟掌权者的对立情绪有关,是一次很政治化的选择,却也说不定的。试想,他的朋友阮籍为摆脱司马氏与之结亲的要求,干脆大醉两月不醒,让对方找不到机会开口。而他却与司马氏的政敌通婚,显然是有意的挑战。他难道会不记取曹魏家另一位女婿,同是美男子的何晏,娶了曹操的女儿金乡公主,最后不也是被司马懿杀掉的教训吗!嵇康就是嵇康,他却偏要这样行事,这正是他的性格悲剧。

虽然他写过文章,他很明白,他应该超脱。"夫称君子者,心不措乎是非,而行不违乎道也。何以言之?夫气静神虚者,心不存乎矜尚;体谅心达者,情不系于所欲。矜尚不存乎心,故能越名教而自任自然,情不系于所欲,故能审贵贱而通物情。物情顺通,故大道无违;越名任心,故是非无措也。是故言君子则以无措为主。"实际上,他说得到,却办不到,至少并未完全实行这个正确主张。

他也找到了理论与实践脱节的病根所在,因为他有两点连自己都认为是"甚不可"的"毛病",一是"每非汤武而薄周孔,在人闲不止,此事会显,世教所不容";二是"刚肠疾恶,轻肆直言,遇事便发"。这是他给山巨源的绝交信中说的,说明他对自己的性格了如指掌。

但由于他对世俗社会、官僚体制、庸俗作风、无聊风气的不习惯,对司马氏统治的不认同,对他们所搞的这一套控制手段的不开心,他就更为顽固地坚持己见,知道是毛病,也不想改掉。如果说前面的"甚不可",是他致祸的原因,后面的"甚不可",就是他惹祸的根苗了。

阮籍就比嵇康聪明一些,虽然他对于司马昭,跟嵇康一样不感兴趣,但他懂得如何保全自己的首级，不往大将军的刀口上碰。一是捏住酒葫芦不撒手；二是写文章时，竭力隐而不显，犹如当代新潮学者那些佶屈聱牙的高论，说了半天，连他自己也不知梦呓了些什么一样，尽量不让司马昭抓住他的把柄；三是偶尔地随和一下，不必那么寸步不让，针锋相对。

《世说新语》载："魏朝封晋文王为公，备礼九锡，文王固让不受。公卿将校当诣府敦喻。司空郑冲驰遣信就阮籍求文。籍时在袁孝尼家，宿醉扶起，书札为之，无所点定，乃写付使。时人以为神笔。"而且，不得已时，阮步兵也会给大将军写一篇祝寿文，唱一曲 Happy birthday to you 应付差事的；到了实在勉为其难，不愿太被御用，而推托不了时，索性佯狂一阵，喝得烂醉，躺在当炉的老板娘旁边，做出拍A片样子的亲密状；甚至像亚当夏娃似的，把衣服脱得精光，像一个大字躺在屋当中。人家笑话他荒唐，他却说我以天地为房舍，以屋宇为衣服，你干嘛钻进我的裤衩里来呢！这样一来，司马昭也就只好没脾气。

但嵇康做不到，这是他那悲剧性格所决定的。史称嵇康"直性狭中，多所不堪"，是个"不可强"、"不可化"的人物。这就是俗话说的，江山易改，禀性难移。一个梗惯了脖子的人，要他时不时地低下头来，那是很痛苦的事情。

他想学，学不来，只好认输："吾不如嗣宗之资，而有慢弛之阙，又不识人情，暗于机宜。"结果，他希望"无措乎是非"，但"是非"却找上门来，非把他搅进"是非"中去。这也是没有办法的事，凡古今文人，如果他是个真文人，便有真性情；有真性情，便不大可能八面玲珑、四处讨好，也就自然不善于保护自己。

现在只有看着嵇康，一步步走向生命途程的终点。最痛苦的悲剧，就在于知道其为悲剧，还要悲剧下去，能不为悲剧的主人公一恸乎！

嵇康虽然被司马昭引以为患，但忙于篡夺曹魏政权的大将军，不可能全神关注这位皇室驸马，在他全盘的政治角斗中，嵇康终究是个小角色。如果在中国历史上，统治者周围君子多、小人少，尤其小人加文人者少，那么知识分子的日子可能要好过些。但小人多、君子少，加之文人中的小人有机会靠近统治者，那就有人要遭殃了。假如此人特别想吃蘸血馒头的话，首选的对象，必是作家同行无疑。

不幸的是，司马昭极其信任的高级谋士钟会，不是一个好东西。他跳出来要算计嵇康,对司马昭来说是件正中下怀的事情。现在,已经无法了解,究竟是钟会心领神会大将军的旨意,故意制造事端;还是由于嵇康根本不理他,衔恨在心,予以报复。或者两者兼而有之,总之不怕贼偷,就怕贼算,从他后来与邓艾一块儿征蜀,整死邓艾接着又背叛作乱来看,他是个货真价实的小人,当无疑问。

碰上了这样的无赖同行,对嵇康来说,等于敲了丧钟。

钟会年纪与嵇康相仿,只差一岁,算是同龄人。不过,一是高干子弟,一乃平民作家,本是风马牛不相及。但钟会也玩玩文学,以为消遣,这是有点权势的官员,或有点金钱的老板,最易患的一种流行病。这种病的名称,就叫"附庸风雅"。或题两笔孬字,或写两篇歪诗,或请人代庖著书立说,或枪手拟作空挂虚名。这直到今天还是屡见不鲜的。

钟会虽是洛阳贵公子之一,其父钟繇位至三公,其兄钟毓官至将军,但贵族门第,并不能使其在文学上与贫民出身的嵇康,处于同一等量级。他有些嫉妒,这是文人整文人的原始动力。假如钟会写出来的作品差强人意,也许眼红得不那么厉害;但是,他写得不怎么样,又不愿意承认自己不怎么样,心头的妒火便会熊熊燃烧起来。

于是就有了《世说新语》所载的两次交锋:第一次,"钟会撰《四本论》始毕,甚欲使嵇公一见,置怀中,既定,畏其难,怀不敢出。于户外遥掷,便回急走"。如果嵇康赶紧追出门来,拉住钟会的手说,老弟,我能为你做些什么呢?写序?写评论?开研讨会我去捧场?那么,自我感觉甚好的钟会,得到这样的首肯,也就天下太平了。嵇康是显然不会这样做的,一个如此圆通的人,也就不是嵇康了。肯定,他拾起钟会的《四本论》,扔在打铁的红炉里,付之一炬。第二次,钟会约了文坛上的一干朋友,又来登门趋访。嵇康却是有意惹他了,这可是犯下了致命错误。现在,已弄不清楚嵇康之排斥钟会,是讨厌他这个人呢,还是对他政治上背魏附晋的唾弃,还是对他上一次行径的反感?当这些"贤俊之士"到达嵇康府上,"康方于大树下锻,向子期为佐鼓排,康扬槌不辍,傍若无人,移时不交一言。钟起去,康曰:'何所闻而来?何所见而去?'钟曰:'闻所闻而来,见所见而去'"。

这当然是很尴尬的场面,但钟会可不是一个脓包,而非脓包的小人往往更为可怕。临走时,他撂下来的这两句话,可谓掷地有声,然后拂袖而去。不知道嵇先生送客以后如何态度,依我度测,中散大夫对这威胁性的答话,恐怕笑不大起来。他也许爽然若失,把铁锤扔在一旁,觉得没劲儿吧?那位拉风箱的向秀,肯定也怔怔发呆了,如此低水平地没风度地羞辱对手,又能顶个啥用?

唉!这就是文人意气,不谙世事的悲哀了,只图出一口恶气而后快,却不懂得"打蛇不死反遭咬"的道理。对一个一下子整不死的小人,是绝对不能够轻易动手的。何况这种"脱口秀式"的挑衅,只不过激怒对方而已。"刚肠疾恶,轻肆直言,遇事便发"的后果,便是钟会跑去向司马昭说:"嵇康,卧龙也,不可起。公无忧天下,顾以康为虑耳!"

没有说出口的一个字,便是"杀"了。

凡告密出首某某,打小报告检举某某,而听者正好也要收拾某某,那这个可怜虫就必倒大霉不可。等到嵇康的朋友吕安,"以事系狱,辞相证引",把他牵连进去,钟会就公开跳出来大张挞伐了。"康上不臣天子,下不事王侯,轻时傲世,不为物用,无益于今,有败于俗。昔太公诛华士,孔子戮少正卯,以其负才乱群惑众也。"他的结论,透露出小人的蛇蝎之心:"今不诛康,无以清洁王道。"其实这也正是司马昭的想法,不过是利用钟会的嘴说出罢了,"于是录康闭狱"。

现在看起来,嵇康第一个要不得的,是曹党嫡系,在政治上站错了队;第二个要不得的,是公开与司马政权唱反调的不合作的文人;第三个要不得,或许是最关键的,这位中散大夫得罪了小人。

一部"文字狱"史,通常都是小人发难,然后皇帝才举起屠刀的。但对于惑乱其间,罗织罪名,告密揭发,出卖灵魂的小人,常常略而不提,所以这类惯用同行的鲜血,染红自己顶子的人,才会络绎不断地繁殖孳生吧!

接下来,便是嵇康最后的绝命镜头:

第一,"嵇中散临刑东市,神气不变,索琴弹之,奏《广陵散》。曲终,曰:'袁孝尼尝请学此散,吾靳固不与。《广陵散》于今绝矣!'太学生三千上书,请以为师,不许。文王亦寻悔焉。"(《世说新语》)

第二,"康之下狱,太学生数千人请之。于时豪俊皆随康入狱,悉解喻,一时散遣。康竟与安同诛。"(《世说新语》注引王隐《晋书》)

第三,"康临刑东市,太学生三千人请以为师。弗许。康顾视日影,索琴弹之,

曰'昔袁孝尼尝从吾学《广陵散》,吾每靳固之,《广陵散》于今绝矣!'时年四十,海内之士,莫不痛之。"(《晋书》)

第四,"临死,而兄弟亲族咸与共别,康颜色不变,问其兄曰:'向以琴来不邪?'兄曰:'以来。'康取调之,为《太平引》。曲成,叹曰:'《太平引》于今绝也。'"(《世说新语注引《文士传》)

读到以上的四则记载,不禁惊愕古人的慷慨、胆识、豪气和壮烈,竟有好几千罢课的太学生,居然跟随着囚车向法场行进,而且打出标语口号,反对司马昭杀害嵇康,要求停止行刑,让嵇康到太学去做他们的导师。现在已很难臆测魏晋时大学生们游行示威的方式,是什么样子的?可以设想,这是洛阳城里从未有过的,一个万人空巷、全城出动、非常悲壮、气氛肃穆的场面。否则,司马昭不会产生后悔的意念,他大概也是慑于这种民众的压力吧!

更令人激动的,是嵇康被捕后,一些具有社会影响的知识分子,不畏高压,挺身而出,以与这位作家一块受罪的勇气,走进牢房。这支涌向大牢的队伍,完全不把小人的报复、统治者的镇压放在眼里。于是,想起近人邓拓先生的诗:"谁道书生多意气,头颅掷处血斑斑。"历史上虽有许多缺钙的人,但绝不可能是全部,这才是中国文化的脊梁。

日影西斜,行刑在即,围着法场的几千人,沉默无声,倾听嵇康弹奏他的人生绝响。这里不是放着花篮的音乐厅,而是血迹斑斑的行刑场,等待演奏者的不是掌声和鲜花,而将是一把磨得飞快的屠刀。但他——这位中散大夫,正因为他不悔,所以也就无惧,才能在死亡的阴影中,神色安然地抚弄琴弦,弹完《广陵散》的最后一个音符,从容就义。

嵇中散之死,不但在中国历史上,就是在世界史上,恐怕也是绝无仅有的。类似他那种"非汤武而薄周孔"的一生追求革新的进取精神,"刚肠疾恶,遇事便发"的始终直面人生的创作激情,甚至对今天我们的为人,也是有其可资借鉴之处的。

正因如此,嵇中散用生命写出的这个不朽,才具有永远的意义吧!

何晏的游戏

何晏（？—249） 三国时魏玄学家。被曹操收养，少年时以才秀知名，喜好老庄之学。他曾累官侍中、尚书，典选举，封列侯。后被杀，灭三族。为魏晋玄学的创始者之一。

在这个世界上，只有猫玩耗子，哪有耗子玩猫的道理？然而，你要知道，一个自我感觉过于良好的耗子，反其道而行之，偏要玩玩这只猫，也不是没有可能。

这种结局必然为悲剧的行动，在鼠类世界中，我相信其发生的可能性为零。再笨蛋、再愚蠢、再混账的耗子，除非它存心找死，不会尝试这种以卵击石的自杀式游戏。但在人类社会中，就不一定了。文人，尤其是读了太多书的文人，就会有干出这等事的悲剧人物。魏晋时期的何晏，就是这样一个曾经将司马懿那只"病猫"逼到墙角的耗子。当然，动笔的，哪有拿枪的厉害，"病猫"再病，也是猫，耗子终于还是被猫收拾了。无论如何，这只耗子让司马懿不得不装病，不得不装可怜，即使这种一袋烟工夫的占上风，也够中国百姓扬眉吐气一回了。

在中国历史，尤其是在中国文化史上，何晏是个有名的人物。

此人精通玄学，擅长诗赋，《三国志·魏书·曹爽传》说他"少以才秀知名，好老庄言，作《道德论》及诸文赋著述凡数十篇"。他的《论语集解》一书，很是了得，历代《论语》研究者，都是不敢忽略的权威著作。这样一位满肚子都是学问的人，其实应该更明智、更清醒、更能识别利害、更能高瞻远瞩才是。但何晏不知是学问太多，大智若愚，聪明过了头，则傻；还是身为贵胄，养尊处优，百事不省，在生活上成为一个呆子。此公对于世俗环境下的如何做人，对于常规格局下的如何生存，对于外部世界下如何适应的一些最普通、最简单的常识，竟然一窍不通，成了一个不识利害、不知深浅的白痴。

只有这位读了太多书、写了不少书的何晏，才敢尝试"耗子玩猫"的游戏。

你还不要马上就耻笑他,就是他,差一点就将那只病猫拿下。如果结局是他来处置司马懿,而不是司马懿来处置他,那魏晋史就是另外一种写法。我很佩服何晏,因为他作为一个其实是耗子似的中国百姓,在"玩猫"的过程中,曾经成功过,曾经接近过完全成功过,那就很了不起。

专门研究魏晋文人的鲁迅先生,却看不上他。所有不正经的人,在正经人的眼里,都很难得被看上。鲁迅先生极正经,所以在《魏晋风度及文章与药及酒之关系》一文中,谈到何晏时,不怎么肯定他与司马懿的这一次正面斗法。中国人习惯以成败论英雄,因为司马懿最后胜了,何晏最终败了,故而着重讲此公的弱点部分。鲁迅说,"何晏的名声很大,位置也很高"。"第一,他喜欢空谈,是空谈的祖先;第二,他喜欢吃药,是吃药的祖师。"鲁迅还说,"其实何晏值得骂的,就是因为他是吃药的发起人。"当然,还包括他的"空谈",这都是他在历史上所留下来令人诟病的恶性循环的名声。

第一,在中国,自东汉末,到魏,到晋,从豪门望族的达官贵人,到上层社会的文人雅士,可以用"好庄老,尚虚无,崇玄谈,喜颓废"十二字来概括其整体的精神状态。这些老少爷们,经常聚在一起,手里摇着用鹿科动物麈的尾巴做成的拂子,一边拂尘驱蝇,一边议论风生。有点近似茶馆的摆"龙门阵",也有点近似咖啡店的沙龙,不能说因他的推动,举国上下,一齐以侃大山聊天度日,但社会精英阶层、文化杰出人士,基本上就以这种玄而又玄、虚之愈虚的交谈,消磨终日。何晏是当之无愧的始作俑者。这中间,上者,探讨学问,针砭时事;中者,品评人物,飞短流长;下者,闲侃无聊,言不及义。于是便有"清谈误国"这一说。出现这种风气,既有知识分子逃避统治者高压政治的一面,也有无所事事吃饱了撑的一面。而一个社会,都在那里耍嘴皮子,述而不作;一个民族,都在那里坐而论道,乱喷唾沫,绝不是件好事情。由何晏倡起,夏侯玄、王弼等人的助长,这种手执麈尾的清谈,成为中原社会的一种颓废的风雅、一种堕落的时尚。注《资治通鉴》的胡三省,对此深恶痛绝。"迄乎永嘉,流及江左,犹未已也",可谓流毒深远,影响广泛。

第二,在中国名曰强身,其实自戕,服用"寒食散"的病态嗜好,从魏晋起,盛极一时。鲁迅就认为古人这种食散的恶习,类似清末的吸食鸦片,为祸国殃民之举。而在魏晋年间,食散,是有身份、有地位、有财富、有权势的人士的一种标志。寒食散,又名五石散,是由石钟乳、硫黄、白石英、紫石英、赤石脂等五种药物配伍的方剂。因这些矿石类药,虽具有某种健身作用,能够强体轻身;或者,还具有一定的性激素作用,起到"房中术"的效果。隋代巢元方的《寒食散发候》一书中就说到了这点:"近世尚书何晏,耽声好色,始服此药。心加开朗,体力转强。京师翕然,传以相授。……晏死之后,服者弥繁,于时不辍。"但食后奇热难忍,需要散发,否则有毙命之虞。两晋期间,士人竞相仿效这种纯系自虐的行径,以示时尚,以示潮流,但也无不因药的毒副作用和强烈的刺激性,造成相当程度的痛苦。然而,不这样也不能显示自己的品位和所隶属之高贵阶层。因为服药者必须有钱、有势、有闲,才敢玩这种自己跟自己过不去、自己折腾自己的游戏;否则,轻则中毒,重则伤命。这种恶嗜,荼毒之广,为害之深,竟风靡至隋、唐,食散的带头者,还是这个何晏。

你要是对国民性做一点调查研究,就会知道中国人是多么喜欢赶热闹、凑热闹和看热闹了。

如果你的记忆力还好的话,当不会忘掉曾几何时,红茶菌大行其道,鹤翔桩遍地开花,神功大法欺世惑人,特异功能招摇撞骗,弄得黑白颠倒,是非不分的笑话奇谈吧?如果你的记忆力不那么坏,当还能记得曾几何时,持红宝书,唱语录歌,跳忠字舞,搞大批判,早请示晚汇报,最高指示,万寿无疆,文攻武卫,造反有理等绝非一句两句能够说得明白的行为和语汇,是怎样的泛滥成灾啊!但这些曾经在中华大地上热闹过的事物,确实是使那时的中国人,为之跟头把式,为之连滚带爬,为之起哄架秧子,你行我效,万众一心,集体无意识地涌动着、追逐着,而成全国"一片红"的潮流呢!

中国人之容易被蛊惑,容易被煽动,容易盲从发飙,容易上火来劲儿,遍及各个领域、各个阶层……每一个风起潮生的热点,每一件波澜涌现的事端,都会有追随之粉丝、崇奉之门徒,呐喊叫好;都会有奚落之看客、反对之群众,骂声不绝。所有这些风靡一时、轰动一方的大事小情的背后,其实,最初都是一个或一伙"领袖式"人物,在那里制造这种热闹的兴奋点。

整个社会、整个社会中的人,自觉地不自觉地循着一股潮流涌动。这其中有极少数的先知先觉分子,在那里制造潮流、引领潮流;有一部分后知后觉分子,在那里追赶潮流、鼓动潮流;而绝大多数不知不觉分子,则不明底细地被裹胁于潮流,不知所以地盲从于潮流。公元初,何晏就是这样一个带引号的"先行者",将魏晋社会带入"服食"与"空谈"的潮流之中。但我认为,一个人能在历史的潮流中起到作用,能将绝大多数人都搅得团团转,能在时代的进程中发挥影响,无论正面或者负面,都非等闲之辈。司马迁说过一句话,只有非常之人,才能行非常之事,那也就是说,能行非常之事者,必为非常之人。说实在的,你可以不赞成他,你可以看不上他,然能让上层社会中的众多人物"清谈",能让精英阶层的贤达名流"服食",你就不能不佩服他确实了不起。

一个人,且不论对其评价如何,若是能够在历史长河中留下一些或好或坏,或深或浅的印记,任由后人加以评说的话,应该承认总是有他与众不同的才智、能力、禀赋和天性等过人之处。所以,"男子既不能流芳百世,不足复遗臭万载邪"的晋大司马桓温的名言,不能说没有道理,倘是资质凡庸一般,好也好不到哪里去,坏也坏不到哪里去,一生行状,无可述及,也就难以卓尔不群,在史册上留下一个名字。所以因为中国历史,向来都是由皇上指定的那些正统的、主流的文人学士来撰写,所以离经叛道的何晏,成为一个不被看好的人物,也就是可想而知的命运了。

虽然何晏在中国历史上带了一个坏头,起到了很不好的作用。可话说回来,你能制造出这种影响社会的潮流吗?

何晏(190—240),字平叔,南阳宛人。他的官职,三国正始年间的侍中尚书;他的身份,玄学家兼文学家。但他最令人侧目的,身为曹操的养子、曹魏政权的驸马爷,那可是再嫡系、再正宗不过的皇亲国戚。更何况他来头不小,出身贵族世家。祖父何进(也有一说是何进之弟何苗),就是引西凉军阀董卓到洛阳除宦官不成,结果自己把命送掉的国舅大人。他依赖妹妹为汉灵帝皇后的裙带关系,而顿时满身朱紫起来。汉重门第,魏重流品,何进虽为大将军,但屠户出身,很被当时的名门望族所鄙视,而不大受人们尊敬。正如巴尔扎克所言,若不经过三代的教化,成不了真正的贵族。到了何晏这一代,果然就很出息了。这位何家的后裔,不但"少有异才,善读《易》《老》"(据《魏氏春秋》),以才秀知名,而且还是一位在各类史书上都被盛赞的美男子。看来,何家的遗传基因,到了这一代发生了很大的变异。尤其是他皮肤白皙,俨若施粉,连魏明帝曹睿都测验过他。南朝刘义庆的《世说新语》,就绘声绘色地描写过的:"何平叔美容仪,面至白,魏明帝疑其傅粉。正夏月,与热汤饼。既啖,大汗出,以朱衣自拭,色转皎然。"虽然吃下刚出锅的汤饼,满脸流汗,结果证明何晏面不敷粉自白,容不施洗自净。曹操的小女儿金乡公主,看上了这位帅哥,嫁他为妻,他从此成了最高统治者的养子兼乘龙快婿。

"太祖(曹操)为司空时,纳晏母并收养晏……见宠如公子。晏无所顾忌,服饰拟于太子,故文帝(曹丕)特憎之,每不呼其姓字,尝谓之为'假子'。晏尚主,又好色,故黄初时无所事任。及明帝(曹睿)立,颇为冗官。"(据《三国志》引《魏略》)

鲁迅先生在《魏晋风度及文章与药及酒之关系》中说到何晏:"至于他是怎样的一个人呢?那真相现在可很难知道,很难调查。因为他是曹氏一派的人,司马氏很讨厌他,所以他们的记载对何晏大不满。"其实,司马懿将他视为"曹氏一派",只是看到他作为曹操养子,又娶了公主,这样早年间的表层现象,并不符合他后来的不得志的处境和被排斥的状态。曹操活着,他是有倚仗的;曹操死后,后台没了,失去保护伞的他,自然先要受到曹操继承人曹丕的压制;曹丕死了,后又受到曹丕继承人曹睿的冷遇。何晏在这样长时期的雪藏日子里,我们能够理解这样一个才华、人品无不出众的何晏,倘非自怨自艾地沉沦嗟叹,便是自暴自弃的莫名躁罔,而要通过食散,做出怪行止引人注意;通过空谈,发表怪言论令人惊诧,也是一种作为和手段了。

直到239年齐王(曹芳)登基,曹爽亲政以前,近五十年间,始终处于抑郁压迫的精神极端失落的空虚之中。由于总不获重视,不被青睐,便形成悖谬逆反的心理。加之他自以为卓识,有如椽之笔,有坟典之学;自以为高明,有治国之能,有王佐之才。然而,珠玉在前,而市人不识货;金声玉振,而大众不响应。因此他的沉湎于清谈、醉心于食药,这种与中国文化正统、主流儒学相忤相逆的思潮,都和他所处的压抑的环境、郁闷的心态、不得施展的遗憾、长期摒弃的孤独,不无关系。所以将他定性为"曹氏一派",其实并非完全如此。

不过,何晏与曹氏政权的矛盾,说下来,是一家人的矛盾;而何晏与司马懿的矛盾,则是水火不容的,有你无我,有我无你的敌对关系。在他看来,若是司马懿篡曹成功,曹氏政权终结之时,自然也是他何晏完蛋之日。为了这个他不一定热爱但血脉相通的政权,虽然,知道司马懿为猫,知道自己为鼠的何晏,但摊牌是迟早要来的事。何晏能不密切关注到这样的前景吗?

何晏不傻,在中国这种最具危险性的继承接班的政治游戏中,司马懿能历仕三朝,作为帝王临死的顾命大臣,一次比一次靠前,这个触目惊心的位置变化,他已臻于极致,下一步除了弑君夺位,除了废主自立,除了强迫禅让,还有其他选择吗?这就使得何晏非做"曹氏一派",而进行这场"鼠猫之战"了。

时机突然变得对何晏有利起来。公元239年,曹真之子曹爽受命执政。我们看到,何晏这只胸怀大志的耗子,一直在等着这一天。因与司马懿较量,其实就是一场权力的角斗。而谁的权力大,谁就能在这场宫廷斗争中稳操胜券。曹爽和何晏,按北京话说,两人可谓"发小",几乎是从小一起玩大的。何晏没想到他的朋友,沾了老子的光,突然抖了起来。《三国志·魏书》:"(明)帝寝疾,乃引爽入卧内,拜大将军,假节钺,都督中外诸军事,录尚书事,与太尉司马宣王并受遗诏辅少主。明帝崩,齐王即位,加爽侍中,改封武安侯,邑万二千户,赐剑履上殿,入朝不趋,赞拜不名。"

何晏跟他原是莫逆之交,哥们发迹以后,自然弟兄们也跟着封官拜爵,满身朱紫。曹爽虽是草包,一朝得意倒也没忘了这位浮浪子弟,自然也就破格拔擢,视为智囊,十分倚重。别看何晏是个文人,"最是无能一书生",按说他不是官场老手,其实也并非绝对如此,当他手中握有权力时,他也相当政治,而且在玩政治手腕时,恐怕连老奸巨猾的司马懿也对他刮目相看。他最厉害的一手,就是说服他哥们曹爽将司马懿架空起来,疏隔起来,尊之弥高,而剥其实权。"初,爽以宣王年德并高,恒父事之,不敢专行。及晏等进用,咸共推戴,说爽以权重不宜委之于人,乃以晏、飏、谧为尚书,晏典选举……诸事希复由宣王,宣王遂称疾避爽,晏等专政。"从这一刻起,司马懿将其视为"曹氏一派",就是准确的描写了。在文帝、明帝当政期间,坐冷板凳的他,对"曹氏"的怨恨要大于"司马氏";现在,曹爽是他的哥们,当然要捍卫他哥们的政权,想一切办法将司马懿除掉,尔后才能心安。

司马懿眼看着这不过是一只老鼠的何晏,因为背后有曹爽撑腰,竟能够发出老虎般咆哮的声音。

这只猫不得不先行退让,他未必扑不死这只耗子,但猫老了成精,也担心一下子两下子整不死这只耗子,反而激化矛盾,做出更强的反制措施。因为他也看出来了,"爽恒猜防焉,礼貌虽存,而诸所兴造,皆不复由宣王。宣王力不能争,且惧其祸,故避之"。

在《三国志·魏末传》中,更有一段司马懿装疯卖傻、不堪入目的表演,竟然得以麻痹曹爽、何晏等人,相信这只老猫已经病得不轻,而无须戒备。"九年冬,李胜出为荆州刺史。""爽等令胜辞宣王,并伺察焉。""宣王称疾困笃,示以羸形。""宣王令两婢侍边,持衣,衣落;复上指口,言渴求饮,婢进粥,宣王持杯饮粥,粥皆流出沾胸。"李胜要当荆州刺史,司马懿故意听成并州刺史,"年老沈疾,死在旦夕。君当屈并州,并州近胡,好善为之"。"错乱其辞,状如荒语。"

其实司马懿不是上好演员,戏做得太过,就显得假。然而这等拙劣的演技,把草包曹爽唬住,也许说得过去,把何晏也唬得一愣一愣,就有点说不过去。

问题在于知识分子最容易犯的第一个错误,就是高估自己,低估对手;第二个错误,就是既看不到别人的强项,也看不到个人的软弱之处;第三个错误,随之而来的就是自负、自大、自信,自以为是;第四个错误,必然就是头脑膨胀,发烧发热,不知天高地厚,不知东西南北。最终结果,也就可想而知。

当何晏红了起来,抖了起来,他也就失去最起码的清醒,他是一只老鼠,绝非一只老虎。虽然,他的"发小"曹爽,委他以重任,主选举,管人事,掌握朝廷大员的任命起用,罢免除职的生杀大权,一手遮天,说谁行谁就行,说谁不行行也不行。一时间,朝廷上下,洛阳内外,无不趋仰于他。那些日子里,他还真是虎虎有生气,威威令人畏。《资治通鉴》载他得意那刻目空一切的神态:"何晏等方用事,自以为一时才杰,人莫能及。晏尝为名士品目曰:'唯深也故能通天下之才',夏侯泰初是也。'唯几也故能成天下之务',司马子元是也。'唯神也不疾而速,不行而至',吾闻其语,未见其人。盖欲以神诸己也。"他认为:夏侯玄深识远鉴,所以能精通天下的才志;司马师虑周谋全,所以能把握天下的大势。至于不用费力而飞快向前,不用行动就达到目的,能够出神入化者。我听说过这样的形容,还没有遇到过这样的人物。他之引用《易·大传》里这三句话,前两句比喻重量级的夏侯玄和司马师,后一句的用意非常清楚,就是突出他自己。其实他何晏终究是一只有后台的耗子罢了。在政治上,比不上夏侯玄的雄厚资本;在权势上,比不上司马师坚强实力。何晏只有在文化领域里,倚仗其才智,施展其口辩,驰骋一时之雄。可他,看不到自己一无兵马,二无地盘,三无本钱,四无信众,不但认为自己胜于夏侯玄,超过司马师,连称疾家居的司马懿那只病猫,也不放在眼里。

时为尚书的他,有了位望,有了权柄,自然更是门庭若市,谈客盈座,成为当时朝野清谈的一位精神领袖。"晏能清言,而当时权势,天下谈士,多宗尚之。""与夏侯玄、荀粲及山阳王弼之徒,竞为清谈,祖尚虚无,谓《六经》为圣人糟粕。由是天下士大夫争慕效之,遂成风流,不可复制焉。"更有一群声气相投的诸如邓飏、丁谧、毕轨、李胜之流,相鼓吹,共煽惑,满嘴空话,信口雌黄,虚无缥缈,大言不惭。这些人,视放荡为通达,以信守为顽固,能苟安成高尚,性刚正为欺世;脚踏实地为庸俗,荒诞浮夸为超脱,循规蹈矩为无能,淫佚腐朽为飘逸。然后,就在社会上产生出一批所谓的名士,或过度饮酒,终月不醒;或装痴作狂,全无心肝;或赤身裸体,满街横卧;或长啸狂歌,凡人不理……当时,做名士,是一种潮流;而名士,若无怪行异举,奇谈怪论,也名不起来。于是,在名士们竞相比赛似的放浪形骸之下,社会风气也日益地随之败坏。

"是时,何晏以才辩显于贵戚之间,邓飏好交通,合徒党,鬻声名于闾阎。"尤其是曹爽当政后,用他们的计谋,将司马懿削职虚权靠边站后,更加有恃无恐。何晏也由此飞黄腾达,被"用为中书,主选举,宿旧多得济拔"。有了这样一个强有力的撑腰者,便越发地恣意妄为起来。于是,他在政治绞肉机里愈陷愈深,而不能自拔。"晏等依势用事,附会者升进,违忤者罢退,内外望风,莫敢忤旨。""分割洛阳,野王典农部桑田数百顷,及坏汤沐地以为产业,承势窃取官物,因缘求欲州郡。""晏等与廷尉卢毓素有不平,因毓吏微过,深文致毓法,使主者先收毓印绶,然后奏闻,其作威如此。"为非作歹,横行不法,以致有人向曹爽的弟弟建议:"何平叔外静而内躁,不念务本,吾恐必先惑子兄弟,仁人将远而朝政废矣!"(以上引文均见《资治通鉴》和《三国志》)

公元249年的"高平陵事件",其实是司马懿发动的一次政变。本是一匹驽马的曹爽,加之围绕他身边的狡诈奸宄、不成气候的高层子弟如何晏,浮薄文人如丁谧,小人得志如邓飏,走狗跟包如毕轨、李胜之流,那敌得住老谋深算的司马懿。结果一个个被收狱处死,严惩不贷,最高权力的争夺,总是伴随着刀光剑影、腥风血雨的。耗子玩猫，败局是必然的，更何况这些不成气候之辈。第一，曹爽本人是个没有多大能量的草包；第二，何晏是个聪明但无深远韬略的文人；第三，荀粲、王弼乃夸夸其谈有余，成事不足之徒；第四，邓飏、丁谧、毕轨、李胜更是不成气候的小人。这些耗子统统加在一起，也不是司马懿这只老猫的对手。这位既足智又多谋，既能忍又善变，既残忍又血腥，既除恶务尽又斩草除根的司马宣王，他所以装病，他所以退让，一是怕急则生变，二是要等待时机。

司马懿真是厉害，在砍何晏的头前，还有兴致跟他开了一个不大不小的玩笑，居然让战战兢兢、大难临头的何晏，主持审理这桩大案要案。难道他会糊涂到看不出自己的下场嘛？司马懿会给他好果子吃嘛？但知识分子的习性，最容易患得患失，于是他机会主义地以为网开一面，便马前鞍后，屁颠屁颠地积极行动起来。为了立功赎罪，对他昔日友好、旧时同僚、相契知己、挚亲至朋，加以刑讯逼供，穷追猛查不放，无所不用其极，以此来讨司马懿的好，幻想得到宽恕。到这个时候的何晏，风流倜傥全无，言辩文彩不存，连悲剧意味也统统失去，而成了一个丑角。

古往今来的"士"，也就是知识分子，有多少人在与统治者的周旋中而败北呀！文学家玩政治和政治家玩文学，是不一样的。政治家玩不好文学，可以不玩，而且哪怕玩得极不成样子，你文学家还不得鼓掌叫好？文学家玩不好政治，后果就十分严重了。何晏的悲剧就在于他近五十年坐冷板凳，倒获得相对的放浪形骸的自由。因此在这半个世纪的赋闲生活里，著述甚丰，失之桑榆，收之东隅，不也颇有斩获乎？何晏传世有《景福殿赋》一篇，与东汉王延寿《鲁灵光殿赋》齐名。另有《论语集解》十卷，是研究《论语》的重要著作。《道德论》二卷，应该是他积清谈大成的得意之作，现只存有部分佚文。据《世说新语》称："何平叔注《老子》始成，诣王辅嗣（弼），见王注精奇，乃神伏。曰：'后生可畏，若斯人者，可与论天人之际矣！'因以所注为《道》《德》二论。"冷落和寂寞，没有掌声和鲜花，未必是坏事。

尽管何晏颓废荒唐，言行不轨，生性放荡，恃才狂傲，在公元239年以前，自儿时就憎恶他的曹丕为帝王之尊时，也没有动他一根毫毛，任其自便。后来，曹睿继位，这位皇帝也十分讨厌他的浮华，对他"急于富贵，趋时附势"表示嫌恶，但也不曾采取什么钳制措施，顶多就是"抑而不用"罢了。这说明知识分子表现欲的泛滥，有时候，正如孔雀那华丽的羽毛一样，虽然能成为致祸之由。但是，倘不对统治者构成什么威胁,不造成政权安全的危机,也许睁一眼,闭一眼;如果超过帝王所能承受的界限,恐怕就不会泱泱大度了。

当何晏追随曹爽,卷入朝中权力斗争后,与心毒手辣的司马懿来一回耗子玩猫的游戏,而且竟逼得那只老猫不得不演出"苦肉计"。初初,一朝得志,忘乎所以的他,竟以为自己是猫,对手为鼠,他哪里知道,"高平陵事件"发生之后,他才知道自己终究是只耗子。当司马懿一度缩回去的猫爪子,又伸出来紧紧攫住他的时候,他才感觉到离生命途程的尽头,已经是倒计时了。

案子审判告一段落,何晏将判决书呈上去,一方面请司马懿定夺,一方面冀图恩典。谁知司马懿翻阅了他所拟的大开杀戒的报告,然后竖起拇指和食指做"八"状,示意给他看。

什么意思?何晏何等精明,分明司马懿是要将曹爽的八个追从者满门抄斩,这其中他是八个中的一个。何晏装糊涂,一个一个地数,将丁谧、邓飏等七个要处决的案犯数完以后,司马懿一个劲儿摇头,说还不够。

何晏看那张杀气腾腾的脸,知道装孙子也不行了,低声试探地问:"难道还包括我?"

司马懿点头道:"这就对了!"

于是当场逮捕何晏,一并斩首灭门。

赌一把的陆机

陆机(261—303)　西晋文学家、书法家。他出仕西晋,曾任要职。后死于"八王之乱"。他"少有奇才,文章冠世",著有《文赋》。他还是书法家,有《平复帖》真迹传世。

公元303年(西晋太安二年),时为后将军、河北大都督的陆机,因兵败受谗,被押上刑场砍头前,说过一句懊恨交加的名言:"华亭鹤唳,岂可复闻乎!"言下之意,悔不当初,倒不如落漠江东,固守家园,谛听寥廓天空里那阵阵鹤鸣,那该是多么淡雅逸致的一生啊！如果我们将历史镜头往前追溯511年,时为公元前208年（秦二世皇帝二年）,曾为廷尉、丞相的李斯,被赵高陷害,论刑腰斩于咸阳。在法场上,他对其同时受刑的儿子,也有过类似意思的感慨:"牵犬东门,岂可得乎！"他很想念当年在上蔡县为小吏时,与儿子们牵狗架鹰,捕猎野兔的场景,那曾经是多么轻松快乐、多么自由自在的日子啊！

唐代大诗人李白在其诗篇《行路难》（之三）里,这样写过：

陆机雄才岂自保？
李斯税驾苦不早。
华亭鹤唳讵可闻？
上蔡苍鹰何足道？
君不见吴中张翰称达生，
秋风忽忆江东行。
且乐生前一杯酒，
何须身后千载名？

李斯在家乡河南上蔡做粮库管理员时,夕阳西下,与儿子们出东门,驱狗放鹰,追猎野兔,曾经有过一段回味无穷的快活轻松的时光；陆机在其家乡华亭为贵公子时,闲暇中优哉游哉于沼泽滩涂,看鹤舞翩跹,听鹤唳凄清,那也是一种想起来很神往、很留恋的岁月。可是马上就要人头落地,际此生命的最后一刻,才醒悟到过去那段平平常常、平平淡淡然而却平平安安,虽不轰轰烈烈可却踏踏实实的生活,才是弥足珍贵的。宋人刘辰翁就此事作了一阕《沁园春·再和槐城自寿韵》词:"但鹤唳华亭,贵何似贱,珠沈金谷,富不如贫。"事到如今,李斯也好,陆机也好,想多悔一会儿也办不到。看来,这悔也实在太晚了。于是,"华亭鹤"、"东门犬",便成了对仗工稳,含义相同的典故,流传至今。后来的人,后来的文,只消一提到这只鹤、这条狗,便意味着当事者悔不当初、悔之晚矣的悲叹。

在西晋那个时代,人们提到陆机,马上想起另外一位有"美男子"之称的潘安。因为他俩都曾经是贾谧"金谷二十四友"中的一员,而且他俩在文学声望上旗鼓相当,并领先于其余二十二人,故大家以"潘陆"联称,视为文坛伯仲。不过《世说新语》评述他们的文学特点时,"潘文浅而净,陆文深而芜",长处和不足,倒也一言中的,说得非常准确。同时代人特别注意这两位,一是笔下生花,才思丰沛的才气;二是帅气英俊,年轻潇洒的形象;三是对他们趋炎附势,攀附豪门,相当程度上不以为然。小文人,巴结官府,可以理解;大文人,马屁当局,大可不必。因为小文人站不稳脚跟,需要巴结;大文人树大根深,用不着拍谁的马屁。可一部中国文学史,大文人和小文人,很少有在皇帝面前将腰杆挺得笔直的。

《晋书·阎缵传》里,对他们低头哈腰地迎合当朝贵公子,颇为不齿。"世俗浅薄,士无廉节,贾谧小儿,恃宠恣睢,而浅中弱植之徒,更相禽习,世号为鲁公二十四友。"这些应该算是出类拔萃的精英分子,不得不屈节出入于秘书鉴贾谧之门,以求发达。文人假权贵之力,为进身之阶;权贵借文人之望,为扬名之资,这种交换行径其实是相当丑陋的。贾谧何许人? 贾充的继子。贾充何许人? 司马炎的亲家,司马衷的岳父,当朝一品,栋梁大臣。这个小集团的二十四成员,在贾充的庇护下,在贾谧的卵翼下,渐成势力,渐成显贵。尤其"潘陆"这两位文学大腕,在朝为要员;在野为名流;在洛阳城里,为引导时代潮流的明星宠儿;在金谷园中,为营造舆论风气的标杆人物,风头爆劲,粉丝拥趸,香车美人,炫酷万分。可惜那时没有评奖、没有讲坛、没有排行榜、没有点击率,否则,他们的风光,要比当下红得发紫的人物更甚。

历史首先是政治的历史,唯其为政治的历史,自然也就着墨于政治家,看重于政治家。而回归到历史正题,文人则是不上台盘的小菜一碟了。翻开《二十四史》,文人从来都是敬叨末座的角色。

公元289年(晋太康十年),陆机与其弟陆云入洛阳,张华十分赞赏其文才,竟然说:"伐吴之役,利获两俊。"来到洛阳的他,确实大红大紫过一阵儿。可他搅进司马王朝"八王之乱"的混战之后,他的文人身份,他的文学造诣,就不再处于历史的光照之下了。诸多事实证明,这个年轻人缺点很多,毛病不少:

第一,他是一个热衷于染指权力而绝对不甘寂寞的文人;

第二,他还是一个急切于投机政治而企图分得红利的文人;

第三,他应该还是一个急功近利,迫不及待,孤注一掷,不肯抽手而极具赌徒心理的文人。

可以理解,像他这样拥有家族渊源、世袭余晖、门阀显赫、文名昭著的背景,由不得他不卷入政治,由不得他不渴慕权力。可他做不到其祖陆逊那样堂堂正正、信念坚定,也做不到其父陆抗那样不卑不亢、光明磊落。他既不明白在什么情况下去求进身之阶,也不懂得在什么状态下采取退场机制。因此,他比不上李斯那个基本上的农民,居然在咸阳顺风顺水二十多年;而这位陆家大公子,能为想得到什么,可以不择手段,为怕失去什么,能够屈节求全,结果在洛阳五年工夫不到,就把脑袋交给刽子手了。

他们两位,命运之碧落黄泉、遭遇之大起大落、死亡之突然降临、下场之惨不忍睹,真是相去无几。如果说李斯之死,因为他想改变自己身处穷乡僻壤的困局,或许情有可原。陆机为贵公子,吃香喝辣,快活似神仙,某种意义上说,这就是自己找死或者送死去了,那更令人生出所为何来的感叹!

陆机(261—303),吴郡吴县华亭(今上海松江西)人。其祖陆逊,为吴丞相;其父陆抗,为吴大司马,是江东数一数二的大贵族。陆机少有文名,吴亡以后,闭门勤学十年,兼长诗、赋、散文。陆机的诗,钟嵘在《诗品》中评价不低:"晋平原相陆机,其源出于陈思(曹植),才高词赡,举体华美,气少于公干(刘桢),文劣于仲宣(王粲)。尚规矩,不贵绮错,有伤直致之奇。然其咀嚼英华,厌饫膏泽,文章之渊泉也。张公(张华)叹其大才,信矣。"陆机的家乡华亭,即今之上海郊区,百年前上海开埠时,还不过是个小渔村。公元3世纪,吴淞江口肯定为大片滩涂,必然有许多迁徙的候鸟,在长江三角洲一带停留。《晋书》称陆机"身长七尺,其声如钟,少有异才,文章冠世"。这种风流才子型的、知名度又非常高的大户人家的公子哥儿,我想他一定很自负、很自傲,因为他具有名气、才分、金钱、权势四大绝对优势,这可是绝对要令人对其侧目之、仰视之,而且,绝对要令他不由自主地既骄且娇,不可一世。

我遍数当代文人,简直找不到一个如此全面兼备,要什么有什么的人物,虽然文人如过江之鲫,但细细端详,不是有才无名,就是有名无才;不是有钱有势而无才无名,就是有名有才而无钱无势。勉勉强强,降低条件,也不是不能挑出几个,可不是地瓜就是土豆,不是獐头鼠目就是歪鼻斜眼,真有一蟹不如一蟹之憾,让人扫兴得很。闭目一想,我们这位才子,拥抱大海,倘徉自然,秋日遨游,滨海望远,望着那海天一色、碧空万里的景色,听着那声声鹤唳、阵阵雁鸣的天籁,赏心悦目,胸怀宽阔,该是多么从容、多么自在啊!

尽管陆机是江东世家,李斯乃豫东平民,两人家庭出身、文化背景、经济状况、门阀谱系,差异是相当大的,但"东门犬"、"华亭鹤"带来的快乐和悲哀,却是同样的。这两位虽然相隔五百多年,但作为中国文人,他们血液中的权力基因,到了一定温度、一定气候、一定条件、一定环境,便开始发酵,开始膨胀,开始不安分,开始不那么规矩起来,也是不约而同的。

五百多年前,贫民出身的李斯,走上了这条权力的不归路,成功由于权力,死亡也由于权力;五百多年后,雅贵出身的陆机,同样也是因权力而成功,因权力而失败。他想不到兵败以后,不是要他立功赎罪,拿到手里的却是一纸军前处决的斩首令,他的手有一点点失控。不过他马上意识到东吴陆氏家族,三代领兵为将,怎么能顿失军人风度呢?陆机知道死在眼前,仍做出大度状、英武状,对部下说:"成都(王)命吾以重任,辞不获已,今日受诛,岂非命也!"慷慨从容,仍是文人意气,讨来笔墨,洋洋洒洒,给下令处死他的成都王司马颖,写了一封"词甚凄恻"的长信,然后站直了受刑,面不改色。他被处决时,才43岁,随他而被牵连杀头的其弟陆云、陆耽,就更年轻了。政治这东西,权力这东西,碰上野心、碰上私念、碰上欲望、碰上狂妄、碰上自以为是、碰上肆无忌惮、碰上不知天高地厚、碰上老子天下第一,就会发生恶质性的变异。当不可收拾的恶果出现,只好交出身家性命来偿付。那时,年轻就不是一条可以原谅的理由了。

殒命本非必然,纯系自己寻死,哪还有什么可以辩解的呢?他完全可以在华亭听他的鹤唳、写他的诗赋,大可不必到多事之秋的洛阳,来展什么宏图,江东半壁江山,还不够阁下施展?如果说李斯以上蔡那区区小县为"茅厕",不甘沦落为厕中之鼠,跑出豫东,寻求在更大的世界里找一个丰盛的粮仓,在那里为鼠求多一点实惠,还可以理解。而陆机竟把人文荟萃的江东视为"茅厕",不甘老死于天高云淡、鹤唳雁鸣的长江流域,定要奔赴中原、开创大业,那他这只耗子也太狂傲了。他以为洛阳不知是多么丰沛的"粮仓",他以为他来到这个政治、文化中心,必是万人空巷,夹道欢迎的场面;只要他一张嘴,必是最理想的安排,为文臣,非卿即相,为武官，非帅即将。即使退一万步，以他的文学声望，按大司空张华的评论："人之为文，常恨才少，而子更患其多。"按大著作家孙绰的评论："陆文如排沙简金，往往见宝。"这两位大老的推许，像注射了强心剂一样，手之舞之、脚之蹈之，由他来领衔文坛、铨衡士林、雌黄人物、月旦潮流，应该是顺理成章、水到渠成的事情。

在他心目中，盛名、高位、要职、权威，几乎是不用吹灰之力，就唾手可得的。

据《晋书·陆机传》："葛洪著书，称：'机文犹玄圃之积玉，无非夜光焉；五河之吐流，泉源如一焉。其弘丽妍赡，英锐漂逸，亦一代之绝乎！'其为人所推服如此。"以这样的评价，他完全可以领风骚于一时，集雅韵于一身，为文坛之泰斗、做文章之大家，但他却一门心思投机政治、攫取权力、混迹官场、志在乌纱。其实，能当一个好作家者，未必当得了一个好官；同样，一个当得好官的人，也决成不了好作家。当官的若附庸风雅，玩玩可以，若绝对风雅，动上真格，则可能坏事。陆机的文章写得不错，他的那篇《文赋》，是用赋的形式写出来的文学论文，具首创精神，为中国文学批评史的重要著作。他的《辨兴亡》两篇论文，论东吴的兴衰存亡，兼述父祖之勋业，也是相当重要的史学论著。他要一直写下去，在中国文学史上的地位，肯定举足轻重，前程无量。但文章写得好，不一定就得官做得好。我们这位作家有了这点本钱，便以为可以伸手要官，可以担当大任、上蹿下跳、东奔西跑、寝食不安、坐卧不宁，就令人不敢恭维了。他应该明白，写作是他的强项，当官是他的弱项，舍其长，就其短。没有明白这点，最后失败、杀头，只能说是咎由自取。

到得洛阳的陆机，初如鱼得水，但"好游权门，与贾谧亲善，以进趣获讥"，被大家看不起；后来，他反水，诛贾谧，立了功，赐爵关中侯；接着，世事难料，千不该，万不该，卷入走马灯似的"八王之乱"。试想一下，今天的一个刚进大学历史系的学生，从晋代历史的叙述中，都难理清这场狗咬狗的血腥内讧，谁杀了谁，谁又被谁杀了。我想，在杀得昏天黑地的当时，很想赌一把的陆机，出于私念，出于功利，更分不清那些姓司马的一个个皇族，谁比谁更王八蛋了。

人的最可贵之处，就是有一份自知之明；人的最糟糕之处，就是不知道自己吃几碗干饭。有自知之明者，能把握得住自己什么时候该行，什么时候该止；而无自知之明，或欠自知之明者，就掌控不了自己什么时候该进，什么时候该退。人的一生，全在这行止进退上面。其祖陆逊，八百里火烧连营，让刘备命丧白帝；其父陆抗,击退晋将羊祜,安守边疆多年。祖能战,父能守,不等于第三代也必为沙场骁勇、卫国干城。当你的才华已经达到极致,再也不能产生激情;当你的智慧已经迈上顶巅,再也无法制造惊奇;当你的年龄,已经不再辉煌,再也难有当年的力气;当你的周围,已经新人辈出,后浪在推前浪。这时候,即使你还在功成名就之际,即使你还在众望所归之时,能够及时急流勇退,能够及时新陈代谢,那才是思想境界达到相当层次的行为,那才是具有睿智的人物才能做出的行为。

中国人、中国士人、中国受过孔夫子"学而优则仕"教育的知识分子,他们的智商未必低,他们的头脑未必傻,他们对于形势、对于时事、对于大局、对于前景,未必就看不清楚,问题在于权力这东西,易上瘾,难丢手,而使得他们在行、止、进、退上拿不定主意。他何尝不想急流勇退,他何尝不想平安降落,但要他做出决断,立刻斩断与官场的牵连,马上割绝与权力的纽结,再做回早先的平民百姓,那真比宰了他还要痛苦、还要难受。不要说李斯、陆机了,就是那些其实不过芝麻绿豆大小的官员,也同样不会主动迈出这一步,肯将纱帽翅痛快利落地交出去的。

机会主义的陆机,更多一点赌徒心理。在这期间,他先为吴王司马晏的郎中令,后为赵王司马伦的相国参军;赵王篡位,他算投机成功,得以授中书郎一职;谁知很快,齐王司马冏率兵将赵王干掉。这样,他被怀疑策划并参与了推翻那个白痴司马衷的阴谋活动,被抓起来,等着杀头;幸好成都王司马颖,和吴王出面保了他,减死徙边,脑袋没有丢掉。后遇赦幸免,这位老兄就该趁此金盆洗手了罢!不!他哪是肯罢休、能退场、洗手不干、回头是岸的人?他很聪明,但称不上睿智;他很机敏,但说不上清醒。李白的诗中所写的那个"君不见吴中张翰称达生",也就是打着因秋风起而思莼羹的幌子、辞官回江南的张季鹰,他看出形势之险恶、处境之为难,最佳之计莫如抽身而去。《晋书》也称:"时中国多难,顾荣、戴若恩等咸劝(陆)机还吴,机负其才望,而志匡世难,故不从。"这位青年作家恋恋不舍,待在都城,还是有所图谋、还是贪慕官位、还是想再赌一把。权力如醇酒,不饮自醉,何况他已经饮出点味道来呢!这也是大多数人,如蛾趋火,非要往危险的足以烧得焦糊的热焰扑去的劣根性。

这一回,陆机把命运系于成都王司马颖,因为授了他一个平原吏。由此,陆平原脑袋发热,有些犯晕,"谓颖必能康荣晋室,遂委身焉"。陆机把宝押在一个"形美而神昏,不知书"的笨蛋身上,焉有不败之理？最后,他因兵败遭谗,奸人潜害,遂被他以为的中兴之主,处死于军前。他作为一军之长,本可以将反叛整肃,不至于恶人先告状的。倘不然,交出军权,一走了之,也无不可。但知识分子的优柔寡断,当决不决,该办不办,首鼠两端,加上他文人的感情用事,只好交出脑袋,做"华亭鹤"之叹了。

五百多年前,那个"牵犬东门"的李斯;五百多年后,这个"华亭鹤唳"的陆机,在权力场中,发达之快捷、成功之轻易、下场之匆促、完蛋之迅速。看来,对于中国人来说,此犬彼鹤,还真是值得引以为诫咧！

王徽之作秀

王徽之(338—386)　东晋名士、书法家。他曾历任要职,但生性高傲,放诞不羁,对公务并不热忱,后来索性辞官。他的书法《承嫂病不减帖》《新月帖》等被后世流传。

《世说新语》里有很多魏晋文人的潇洒故事,最脍炙人口的莫过于"雪夜访戴"这段佳话。中国文人作秀,他算是领潮流之先者,要论潇洒,能玩到如此令人叫绝的程度,从古至今还无人与之拮抗。

如今,不是没有潇洒的文人,也不是没有文人的潇洒故事,只是称得上为文人的今人,很遗憾,学养、教养、素养、修养,这"四养"实事求是地讲,较之古之文人要差池一点(有的,恐怕还不止一点)。即使潇洒,也难免捉襟见肘,进退失据;纵有风雅,弄不好也会贻笑大方、令人气短。

"潇洒"二字,谈何容易？也不是说潇就潇,说洒就洒的。冷眼旁观半个世纪,有的,潇洒得起来;有的,潇洒不起来;更多数人,其实是在装潇洒。装,也就是演戏了,红脸、黑脸、白脸、三花脸,老绷着那架势,我看他们也挺累的。演好了尚好,演不好,拿不住那个劲儿,不知哪招哪式,露了马脚,不知哪腔哪调,错了板眼,一片倒彩,也蛮不是味的。从古至今,人的内涵如何,才是能不能够潇洒起

>>> 魏晋文人的潇洒故事最脍炙人口的,莫过于"雪夜访戴"这段佳话。且看王徽之是怎样"秀"的。图为明朝戴进《雪夜访戴图》(局部)。

来的基础。

且看公元4世纪的王徽之先生,是怎么"秀"的?而且从中我们又可以观察到一些什么东西呢?

> 王子猷居山阴。夜大雪,眠觉,开室命酌酒,四望皎然。因起仿徨,咏左思《招隐》诗,忽忆戴安道。时戴在剡,即便夜乘小船就之。经宿方至,造门不前而返。人问其故,王曰:"吾本乘兴而行,兴尽而返,何必见戴!"

这个王子猷,其父,是晋代大书法家、江州刺史、右军将军、会稽内史王羲之;其弟,是与父同样有名气的书法家、简文帝婿、建威将军、吴兴太守王献之;其叔祖父,更是个了不起的人物,由于王导在晋室南渡后的筹谋擘划,才得以使司马睿偏安江南一隅,使晋祚又延续了百年之久。

从这样总揽过晋元帝、明帝、成帝三朝国政的宰辅家门里走出来的年轻人,今天那些高干子弟是无法望其项背的。真正的贵族,和暴发户贵族,和装扮出来的贵族,和尚未洗净腿上泥巴的贵族,是有着本质区别的。像王徽之以古老的门阀背景,和深厚的文化底蕴为基础的潇洒,不是随便一块什么料,就能行得出、做得到的。

而时下那些认为有钱就能够买到一切,认为有权就等于拥有了一切的新贵们,我也真佩服他们那种以没吃过猪肉,但见过猪跑的勇敢,觉得恶补一顿,便也八九不离十地像模像样了。于是,活像巴尔扎克笔下那些来到巴黎的外省绅士,勋章、宝石、假发、燕尾服、长柄眼镜、跳小步舞的紧身裤,都一律装备齐全。可贵族岂是好当的主儿嘛?一要有渊源,二要有传统,三要有气质,四更在于谈吐、举止、风度、仪态所反映出来的器识、历练、修养、人品等文化素质。一不留神,那呆鹅般的眼神,怔在那里;那傻张着的嘴,愣在那里;那习惯于跟在牛屁股后面的蹒跚步态,戳在那里,便把乡巴佬的本色和盘托出了。

有钱也好,有权也好,可以附庸风雅,无妨逢场作戏,但一定要善于藏拙,勿露马脚。即使你的吹鼓手、你的拉拉队,闶然叫绝,说你酷毙了、雅透了,你也千万别当真,别以为自己就是真雅,就是大雅而忘乎所以。记住毛泽东那首《沁园春》,也许是一贴清醒剂,连秦皇汉武、唐宗宋祖,都认为"稍逊风骚"、"略输文采"呢?问一问自己,究竟算个老几?

雅是文化、精神、学问、道德等长期积累的结果,雅是境界、意趣、品位、见识等综合素质的表现。琅琊王家,到了王徽之这一代,那记载着雅传统的厚厚家谱,不知翻过去多少页了?您哪,先生?所以,雅这个东西,表面上有,不算有;肚子里有,也不算有;只有骨子里有、基因里有,才算真有。

大家心知肚明,如今报纸上、电视上呶呶不休的那些文人、名人雅事,只能说是要名、要利、要权、要色的赤裸裸自我表演,离真正的潇洒甚远。于是,谁也没有开会研究,谁也没有统一口径,约定俗成,一言以蔽之,统称之曰"炒作"。这个名词,颇是那些急功近利的文化人状态的精彩表述。当然,王子猷也在表演,也有他的欲望和想得到的东西。不过,他够水准,不那么"下三烂",不那么迫不及待。装出来的贵族,不是真贵族;做出来的潇洒,也算不得真潇洒。王子猷坐在船舱里,那一张脸上,炉火纯青得让你几乎猜不出他心底里,究竟是在想什么。

剡溪,大约是今天的嵊县。旧时读郁达夫先生的文章,知道他喜欢听"的笃班",而且还同鲁迅先生一块儿去听过。所谓"的笃班",就是越剧的前身。从绍兴开车去这个越剧的发祥地,现在估计用不了一个钟头。可在古代,得在曹娥江上坐一夜船才能到达。这位王羲之先生的五公子,在欸乃桨声之中、雪花纷飞之夜,终于到了要去的这个地方。但故事来了,走到要去访问的隐士戴逵的家门口,正想举手叩关,忽而迟疑停住,然后转身返舟,依旧原路折回。

乘兴而去,到了;兴尽而返,回了。说白了,去等于没去,说等于没去,可实际上又还是去了。这位名士要的就是这份意思,见不见到戴逵,那是无所谓的。在意的是这个过程本身,过程既然有了,其他就不在话下了。

经南朝宋临川王刘义庆记下来,大家读到这里,无不钦佩,赞不绝口。

我也曾经心仪得不行,而且还读到别人的文章,把王子猷这一次"雪夜寒江舟,把盏独酌人"的行径,足足那么誉扬了一通。但有时,细细考量过去,如果王子猷去了剡溪,回到山阴,不那么张扬的话,除了他自己,和几位划了一夜船,已经筋疲力尽的船工,没有人会知道这次忽发奇想的旅行。我一直以小人之心忖度,王徽之也是在演潇洒,是营造他在时人心目中的风雅形象。

好像这位公子哥,也难逃炒作之嫌呢!

尽管如此,我还是十分服膺他的高明。高明之处在于他这样做了以后,不仅名噪一时,而且成为千古风流。更高明的是,他这样做了以后,别人再也无法重新来过。他把事情做绝了,前无古人,后无来者,天地悠悠,只此一次,他独领风骚。你能不为这样顿成绝唱的"秀",五体投地吗?

现在,即使你雇一架直升机,飞过去,又转回,别人只会视你神经有问题,而不会赞扬;知道这典故者,顶多笑笑,说一句东施效颦,就够客气的了。而且,我也不相信今日之现用现交的文人才子,会那么冒傻气,投资于一位马上见不到回报效益的隐士?除非那是一位刊发文章时附月份牌"美女"照一帧的同行,才肯去切磋切磋的。这也是女作家的裙后,总尾随一大批护花使者的原因。除此而外,就要看红包里有几张百元大钞了。

从有皇帝那阵,迄至今日,写作和写作的人基本上都很"物质化"了,功利的目的压倒了其他一切。也许,在性腺、金钱、权欲的驱动下,有可能不辞劳苦,奔波于途,去做一件什么事,去看一位什么人,前提必须是对自己有利。但穷酸秀才,囊中羞涩,广文先生,捉襟见肘,想潇洒,爱潇洒,以潇洒自命,但要真的潇洒起来,也并非容易的事。而且,几乎很难做到王子猷如此大牌的潇洒。银两充足者,未必具有这等雅兴,而涌上来这份突发奇想的情致者,也不会绝对没有,可物质、精神两手均不硬,就大牌不了。这就是"雪夜访戴"成为后代文人艳羡的原因。

王子猷,豪门出身,高官子弟,本人也是黄门侍郎、骑兵参军,至少也是正师级的干部,官、钱、位应该是说得过去了,不是所有人都能达到的境界。比起十年寒窗,熬尽灯油,蹭蹬科场,拼命八股,不知快活多少倍?按常理而言,王子猷似乎没有什么必要去张罗、去铺垫、去造势、去促销自己了,还有什么不够心满意足的地方呢?我也常常替这位古人纳闷,干吗呀,子猷先生,你累心不累心啊?

正如那些报纸上天天见名字、荧屏上晚晚见形象、书店里处处见作品、网络上时时被点击的红人,令我不解一样,怎么总是没完没了地,永无餍足地折腾呢?闹不闹?烦不烦?后来我明白了。这是一种"多米诺骨牌效应",第一张牌倒下,第二张牌也就跟着倒,欲罢不能。

因为你想罢,别人也不让你罢,靠你卖钱,靠你噉饭的人,恐怕轻易也不会让你罢。再说,你已经拿大顶,头朝下倒立在那里了,成了时人注目的中心,你也不能就此拉倒。至少,有人向你讨钱的帽子里扔钢镚,至少,还有人为你的面不改色心不跳喝彩,因此,你自己也不想罢。一罢,全完,不就白费劲儿了吗?于是,只好抱着生命不息、炒作不止的恒心,继续头朝下地竖立在那里。

"雪夜访戴"的主角,虽然高明,说穿了,也是很在意这种热闹效应的,这也是所有热衷于炒作者的共同心态。要是,听不到别人嘴里念叨自己的名字,看不到别人眼里关注自己的神色,觉不出无论走到哪里,身边总有环绕自己的一圈人,那一份寥落、寂寞、冷清、凄凄惨惨切切,真像是有无数的蠕虫,在咬啮着自己那颗已经受不了冷落的心。

不制造一些新闻,不弄出一些响动,他是受不了的。于是,又看到了这位公子哥的表演:"王子猷尝行过吴中,见一士大夫家极有好竹,主已知子猷当往,乃洒扫施设,在听事坐相待。王肩舆径造竹下,讽啸良久。主已失望,犹冀还当通。遂直欲出门。主人大不堪,便命左右闭门,不听出。王更以此赏主人,乃留坐,尽欢而去。"

如果放在今天,娱乐版肯定会有"王子猷大闹竹林"的报道。

可惜的是,在《世说新语》这部书里,还有一则情节类似的记载,未能让王徽之独美于前。偏偏与他抢风头的,不是别人,而是他的弟弟王子敬,即王献之。

> 自会稽经吴,闻顾辟疆有名园,先不识主人,径往其家。值顾方集宾友酣燕,而王游历既毕,指麾好恶,傍若无人。顾勃然不堪曰:"傲主人,非礼也;以贵骄人,非道也。失此二者,不足齿之伧耳。"便驱其左右出门。王独坐舆上,回转顾望,左右移时不至,然后令送著门外,怡然不屑。

同样的剧情,不同样的结局,两相比较,倒能看得出来,一收一放之间,两兄弟的实力差距。他弟弟所以比他更有恃无恐些,更浑不在乎些,因为王献之的谱,能摆得更大些。而他,一个骑兵参军,是无法与驸马爷相比的;现在还查不出王献之逛顾辟疆花园赏竹的时候,是否已任吴兴太守,若如此,这狂就更没得说了。这样一比,顶多是肩扛四个豆的王子猷,能不黯然失色吗?

王谢子弟,谁不标榜清高,这种权位上的差别,会对王子猷产生影响而情绪低落吗? 似乎应该不,然而却不能不。中国的文人,除极个别者,在乎权位甚于在乎金钱,为之朝思暮想,为之夙夜匪懈,要甚于一般的追名逐利。在封建社会里,皇帝兴"文字狱",不知多少文人掉了脑袋,但无数举子,仍旧本着"天子重英豪,文章教尔曹;万般皆下品,唯有读书高"地做那金榜题名的梦,冀图从皇帝手里接过那件黄马褂。官之大小,权之轻重,是十分在乎的,连死了以后的谥名,都全力以赴地去争的。别看他们口口声声不为五斗米折腰,不稀罕那蜗角虚名、蝇头微利,但在有可能得到的权位面前,没有一个人会掉头不顾而去的。

所有的演潇洒、装潇洒式的炒作,都不会离这利益的原动力太远。因之,对于敏感的王子猷而言,虽然他和他的弟兄们都拥有与生俱来的风流,和根本推不开的富贵,但客观存在着的高低之别、上下之分,这种心理上的隐痛,也会使王徽之活得不那么百分百的开心。在王羲之的几个儿子中间,王子猷一直处于这种觉不出来的压抑气氛之中,所以他才有"雪夜访戴"、"竹园闹主"的表演,他不但需要人知道他的存在,更需要人为他的存在喝彩、鼓掌、叫好、欢呼。

然而他总是失落。有一次,他们弟兄三人"共诣谢安"。在王导以后,这位曾经指挥"淝水之战"的谢安,便是朝野众望所归的人物了。不过,在很长时间里,他一直隐居,时人有"谢安不肯出,将如苍生何"的舆论,把希望寄托于他。这位头上有光圈的名流的人物品评,一句话便举足轻重。"二兄(徽之、操之)多言俗事,献之寒温而已。既出,客问安王氏兄弟优劣,安曰:'小者佳。'客问其故,安曰:'吉人之辞寡,以其少言,故知之。'"而且,谢安对王献之"其钦爱之,请为长史,安进号卫将军,复为长史",如此重用,如此信任,在一向自视甚高的王子猷心灵里,能不留下难以抹去的阴影吗?

他先在大司马桓温属下任参军,后在其弟车骑将军桓冲手下任骑兵参军,成了一个弼马温的角色。这种与他家门光荣不相称、与他兄弟们职务不相称的安排,也不能让他心理平衡。有一次桓冲问他:"卿署何曹?"对曰:"似是马曹。"又问:"管几马?"曰:"不知马,何由知数!"又问:"马比死多少?"曰:"未知生,焉知死!"最后一句,是孔子答复子路的话,他竟然拿来调侃上司,这潇洒也相当够意思的了(以上均见《晋书》)。试想一下,琅琊王家,东晋政权中的第一豪门,皇帝都不得不让出龙椅的半边请姓王的坐,现在他却坐在冷板凳上,受命于行伍,那情绪会好起来吗?

更何况他的婚姻状态,显然属于太过平庸一类,在史书上找不到一笔记载,比之娶了金枝玉叶的弟弟王献之、比之讨了谢家才女的哥哥王凝之,王徽之也无法神采飞扬起来。尤其他弟弟在当驸马前,与爱妾桃叶浪漫的恋情、与前妻郝氏缱绻的挚爱,那首为心上人写的《桃叶复桃叶》的爱情歌曲,竟流行江南一带。所有这些风雅漪丽的韵事,都与王子猷无缘,作为一个男人来讲,岂止是感到扫兴、窝囊、别扭呢?更多的倒怕是泛上的酸不溜丢的苦恼吧?

所以,他时不时地要潇洒一番,要制造一些足够上娱乐版的头条新闻,在当时的南京城里,他肯定是娱记紧紧追踪的明星。"王子猷出都,尚在渚下,旧闻桓子野善吹笛,而不相识。遇桓于岸上过,王在船中,客有识之者,云是桓子野,王便令人与相闻,云:'闻君善吹笛,试为我一奏。'桓时已贵显,素闻王名,即使回下车,踞胡床,为作三调。弄毕,便上车去。客主不交一言。"(《世说新语》)

直到他弟弟垂危之际,出于手足之情,使他道出了心底的隐衷,"吾才位不如弟",正因为才力的不逮、权位的差别,才不得不一个劲儿地装潇洒、演潇洒,填补心灵中的空虚。然而,王献之一死,他也未能活多久。至此,这位公子,那可怕的"多米诺骨牌效应",才中止进程。

明白了这一点,也就懂得当今社会,那些热衷于炒作的人,干嘛要死去活来地折腾了。估计这些先生们、女士们,与王子猷一样,大概都有他(她)们见不得人的精神上的隐痛,和不可告人的内心里的苦衷。

文人嘛,大部分具有表现欲,甚者,还具有强烈的表演欲。这两者,从本质上看是一回事,只是低度酒和高度酒的区别而已。从语义上推敲,表演应该要比表现更外在、更夸张一些。表现,主要是突出自己,让别人知道他的什么,而这个什么,基本上还是属于真我。表演,当然也是突出自己,但突出的什么,很有可能并非真实的自我,而是假我,或者压根儿的非我。然而,无论他怎么兴高采烈地表现或者表演,总是会有他内心里不快乐的一面。

偶读明代唐寅的诗作,题为《梦》:

二十年余别帝乡,夜来忽梦下科场,
鸡虫得失心尤悸,笔砚飘零业已荒。
自分已无三品料,若为空惹一番忙,
钟声敲破邯郸景,依旧残灯照半床。

小时候,随大人在书场听弹词《三笑》,觉得在这个世界上,谁也比不上这位风流倜傥的吴中才子唐解元更快活无比、更开心自在、更得心应手、更放浪不羁的了。他的潇洒、他的炒作、他的表现、他的表演,无不臻于登峰造极的地步。然而,从这首诗、从这其实也是伴其一生的梦里,我们不也体会出他内心深处的阵阵隐痛、聊作佯狂背后的苦衷,和那掩饰不住的怅惘嘛!

潇洒难得,难得潇洒,想到这里,对于时下喧嚣的市场化炒作,对于时下文化人的忙忙碌碌、烈烈轰轰、奇奇怪怪、热热闹闹,也仿佛多了一份理解,随之也就豁然了。那还有什么好说的呢!

不过,你得佩服,王子猷之秀,秀得确实不同凡响。

极致狂人谢灵运

谢灵运(385—433) 南北朝时诗人、文学家。东晋名门之后,曾任要职。他开创了中国文学史上的"山水诗派"。他还兼通史学,工于书法,翻译《佛经》,所撰《晋书》流传于世。

南北朝刘宋时期的谢灵运(385—433),是中国诗歌史上的一朵奇葩,也是中国文学史上数得着的一位狂人,还是中国历史上知名度很高的才子。

他曾经说过,天下文章的才华,一共只有一石,曹植占去八斗,他自己得一斗,余下的一斗,便是古今文人共分了。竟敢如此评断中国文学的分量,竟敢如此妄下中国文人的结论,而且如此振振有词,精算才华的细账,如此大言不惭,细论分

>>> 谢灵运玩过了头,玩出了界,才被皇帝"咔嚓"掉的。这幅画中的谢灵运一派晋人装束,一派晋人风骨。

配的多寡，他大概就是《韩非子·解老》中所说"心不能审得失之地，则谓之狂"的狂人了。

曹植独得十分之八，谢客这样说，大有溢美之嫌；但他自认能得十分之一，倒也不是故作谦逊。他很狂，狂得让人讨厌，然而在中国文学发展史上，他所起到的作用，以及他的诗、他的文、他的画，称量起来，一斗之才，也还符合事实。正因为这点才，他敢十分的狂。现在有些人，没有什么才，只不过一点小聪明，因缘时会，便眼睛长到头顶上去。其实不过是可怜的傻狂，两者不可同日而语。凡有点真才华的人，都少不了程度不同的狂，但谢客的狂，太厉害、太过分，最后付出砍头的代价。

临刑那一天，他还来劲儿，提出一个绝对属于诗人意气的要求，希望将其胡须剪下来，施舍给南海祇洹寺，作为塑维摩诘罗汉像时用。这位大诗人，出身王谢世家，是个货真价实的贵族。谢家子弟，皆风流蕴籍，令姿秀群，而谢客尤富阳刚之美，那部于思于思的大胡子，倍增丰采，令人心仪。一直到唐代，他的胡子还在罗汉塑像上完好保存。只是由于唐中宗的安乐公主，是个霸道而且淫乱的女人，"五日斗百草，欲广其物色，令驰驿取之，又恐为他人所得，因剪弃其余，遂绝"（章绚《刘宾客嘉话录》）。

谢客在剪须的同时，还写下一首绝命诗："龚胜无余生，李业有终尽，嵇公理既迫，霍生命亦殒。……送心正觉前，斯痛久已忍。恨我君子志，不获岩上泯。"诗中所说的"斯痛久已忍"，绝对是这位贵公子的个人看法。其实，他很不能忍，而且根本不懂得忍。要能"审得失"的话，也许就不那么狂了。他的一生，寻衅、闹事、犯狂、乱性，始终不肯安分，不停折腾，最后把未想深究他但也不想跟他玩的宋文帝刘义隆惹火了，只好脑袋搬家。

谢灵运之死，算不上"文字狱"，因不是由文字获罪。他太热衷政治，热昏了头，卷入刘宋王朝的最高层的权力之争中，最后随着废为庶人的皇兄刘义真，一块成为输家。在帝王眼里，一个山水诗写得极漂亮的诗人，算个屁！将他逐出建康，谪放岭南，在那里，他还狂，被地方当局随意扣上一个谋反的罪名，将其弃市。

诗写毕，赴法场；刀起处，人头落。这一年，是公元 433 年（元嘉十年），谢灵运仅 49 岁。他要多活几年，其成就一定大大超过才高八斗的曹植。

诗人,是文人中的特殊一族,我认识的一些写诗的人(当然不是全部),多多少少都有点可爱也可嫌的毛病,说不出在什么地方,有与凡人不同之处。所以诗人之死,也往往有别于常人。好像诗人死得和大家差不多的话,就俗了。倘不能使其死,死出来新鲜花样,就对不起广大观众和读者似的。这样,"俄罗斯第一诗人"普希金,死于决斗;"第二诗人"莱蒙托夫同样也死于决斗,就不值得奇怪了。事实也证明,你也许记不住他们的诗句,可记住了他们的死,这种奇特方法的死,比他们写过的那些诗,更加脍炙人口。

这两位外国诗人,一因老婆被别人占有,绿帽子戴得很不舒服,一因面子上很觉坍台,被贵族奚落得颇不受用。"斯痛久已忍"的爆发,很容易趋向极端。要是碰上写小说的、写散文的,就不会有这种过激反应。我当"右派"22年,一条随便什么样的狗,都趴在我头上拉屎撒尿,又如何? 不也强忍下来? 可俄国诗人咽不下这口鸟气,孰可忍,孰不可忍,于是拔出枪来,与对方较阵。写诗是诗人的强项,玩枪(包括玩政治)未必就是高手,一按扳机,人家毫毛没掉一根,自己却当场饮弹身亡,死便成了诗人最后的一首诗。

比之洋诗人,国产诗人要孬种一些,从古至今敢于诉求于决斗,来解决"斯痛久已忍"者,绝无仅有,甚至如谢灵运,跟最高当局来一个公然不买账者,也颇为罕见。说来可怜,中国人习惯于自杀和被杀,宁肯磕头如捣蒜,缺乏"宁为玉碎,不为瓦全"的精神,宁肯写检查把自己描绘成一个王八蛋,就是不敢有于抗争中"吾与汝俱亡"的勇气。

我一直想,这可能与屈原开了这个软弱的头有关。三闾大夫甚爱楚国,而楚国国君不甚爱他,失落之极,哀怨之极,想忍下去忍不住,想做什么做不了,一个人在汨罗江边徘徊来徘徊去,希望楚怀王在最后一刻,派个通讯员来,请屈大夫回都城去高就(这是中国文人永远的梦),那也就可以不死。偏偏路上不见有来人的影踪,于是采用自沉之道,一死了之。

"中国的第一诗人"如此这般地死;"中国的第二诗人"李白,岂能不如法炮制,果然他也采取了同一手段,你说巧也不巧? 李白,与屈原同样,也怀着这个永远的梦,东奔西走,干谒、投诚、示忠、效劳,但均不甚得意,很想做点建功立业的事情,结果不但没得到他想要的,还差点搭上自己身家性命。后来被赦免了,从夜郎放回,放回又如何,年事已高,诗坛没有他的戏,或许无所谓;政坛没有他的戏,他可真是很在乎的。那晚,酒也喝高了点,就决定走前辈那条不归路。船行江心,他在月光下,看到江水中自己的影子,告诉船夫说,你看你看,老朋友来接我去荣华富贵了。说罢,"扑通"一声,跳下水去。中国"第一号"和"第二号"的大诗人,同是自沉,又死出一个相似而不尽相同的场面,一个在绝望中死,一个在希望中亡,诗人就是这样追求特殊的一族。

但谢灵运终于闹到被砍掉脑袋,实在是由于他狂到了极致。中国诗人被杀头者不少,但在被杀头的诗人中间,他是最出色的一个。

钟嵘在《诗品》里,给予他很高的评价,褒扬有加,我怀疑他是不是收下了谢客的红包,这是评论家口袋稍微丰满的一个大家都心知肚明的原因。但谢客死后36年,他才出生,收礼金的可能性近乎零,只能看作这位评论家对谢客的高看和情有独钟。他认为谢客"才高词盛,富艳难纵",并分析"其源出于陈思,杂有景阳之体。故尚巧似,而逸荡过之,颇以繁富为累。嵘谓若人兴多才高,寓目辄书,内无乏思,外无遗物,其繁富宜哉!然名章迥句,处处间起。丽典新声,络绎奔会。譬犹青松之拔灌木,白玉之映尘沙,未足贬其高洁也"。其结论是:"谢客为元嘉之雄。"

同时代人鲍照、汤惠休,都用"如芙蓉出水"来形容谢灵运的诗。稍后,梁简文帝萧纲,一个写艳诗的皇帝,也说"谢客吐言天拔,出于自然","巧不可阶"。再往后,唐朝杜甫有"焉得思如陶谢手",宋代苏轼有"陶谢之超然"的赞美。到了明代,陆时雍在《诗境总论》里讲:"熟读灵运诗,能令五衷一洗。"看来,在陆先生眼里,读谢客的山水诗,就像是沐浴在富含负离子的真山真水之中,灵与肉得到荡涤,而浑身舒泰通畅,这个评价就更神乎其神了。

后人常将他和陶渊明放在一起,曰"陶谢"。但陶潜生前是不怎么出名的,在谢公子的眼里,不过是个穷兮兮的乡巴佬而已。五柳先生只是后来经昭明太子的鼓吹,才在中国文学史上与谢并列。而谢康乐,据《文选人名录》称,他"幼而聪慧,善属文,举笔立成,文章之盛,独绝当时"。《宋书》里他的本传中也说:"每有一诗至都邑,贵贱莫不竞写,宿昔之间,士庶皆遍,远近钦慕,名动京师。"

谢灵运知名度之高,比当今的畅销书作家还要卖座。从史料上,看不出他曾经炒作、曾经请名家到场鼓吹、曾经靠脐下三寸的性描写赢得读者、曾经以他很帅的面孔印在书上自称美男作家卖弄色相,更没见他拉关系、拜码头、吻老爷子、跟诺奖评委套磁。这是一位绝对靠自己作品的实力,硬碰硬的诗人,因为他很自信其拥有的那一斗之才,他之所以敢狂,正是有这份本钱。他在文坛上的举足轻重的地位,不是御赐恩准来的,不是唬诳骗哄来的,而是实打实地凭他作品说话的。谢灵运革除走进死胡同的玄言诗,创山水诗给文坛带来清新之风,即使从中国诗歌史的角度看,也是了不起的。

魏晋时期的文化人也挺有意思,服五石散,喜逍遥游,常酩酊酒醉,做颓废状,讲求清高,崇尚无为,语必黄老,终日空谈。反映在文学上,便是钟嵘批评的那种"理过其辞,淡而寡味"的玄言诗。而谢灵运始兴的山水诗,则是对这种空泛诗风的一次反拨,他用他大量的作品,来实践他的文学主张,蔚然形成风气。谢灵运在人品上,确有许多值得异议的地方;但在文坛上,却从来不用非文学的手段扳倒别人,或咬谁一口来突出自己。

青年谢灵运也是个恃才自傲、自视甚高的人,也曾经"好臧否人物"。后来,经他叔叔的劝告,"言论自此衰止"(《宋书·谢瞻传》),就用自己的大量诗歌来证明他的存在了。作家,只有作品才是最有说服力的东西,只在那里不断地发表宣言,要大家奉之为圭臬,可又拿不出一定数量和一定质量的作品来佐证自己的文学见解,说到底,不过是一些"文学瘪三"罢了。

大概耍嘴皮子,是中国人千百年来不曾死绝的恶习,夸夸其谈,满口飞沫,天花乱坠,云山雾罩,别人全不是,就他是,或者先说自己不是,然后说别人更不是。魏晋人尚空谈,至少还有清雅飘逸的器识、洒脱不羁的风度、通脱豁达的悟性、可资鉴识的智慧,当今一些恶少身上,除去那张大嘴,和一堆泡沫语言外,还能有什么呢?

谢灵运的狂,虽建筑在他的文学本钱上,但别忘了,他还拥有别人所没有的物质财富。晋人南渡,讲究门阀等级制度的社会未变,诗人恰巧生在了顶尖儿的"朱雀桥畔野草花,乌衣巷口夕阳斜"的王、谢豪门,这就注定他是个纵情享受、逍遥自在、姬妾环绕、僮仆成群的太快活的公子哥儿。谢灵运一出世,就和权势、金钱、名望、家族力量联结在一起。《南史》说他:"性豪侈,车服鲜丽,衣服多改旧形制,世共宗之。"这个华丽家族所拥有的政治上和经济上的特权,更促成他那些可爱而又可嫌的诗人毛病,如果不加检点的话,只能往负面方向加剧发展。《宋书》称他"为性偏激,多愆礼度","博而无检",正是这些性格上的弱点,使他很快地狂到了生命的终点。毛泽东很看不上谢灵运,读他的《池上楼》,有过一段即兴批注:"此人想做大官而不能,'进德智所拙'也。做林下封君,又不愿意。一辈子生活在这个矛盾之中。晚节造反,矛盾达于极点。"统治者不是不要文人,相反,却很需要文人,装点门面也好,粉饰太平也好,歌功颂德也好,附庸风雅也好,没有文人真是玩不转,但需要的却是听话的文人、懂事的文人。而谢灵运就是玩过了头,玩出了界,才被皇帝"喀嚓"掉的。

刘裕篡晋后,不得不买这些名门世家的账,仍让谢灵运袭其祖职,"封康乐公,食邑三千户"。由于这样一个源远流长的家族背景,而拥有的身份、地位、权势和财富,很容易养成他根本不把别人放在眼里的傲慢。这倒也罢了,但跟皇次子刘义真,成了关系匪浅的铁哥儿们以后,就不再是那个自由不羁、放任奢豪、为所欲为、无所顾忌的名士派,而是一个隐则自诩为山中宰相,出则进入宫掖为太子宾客,在家田连阡陌、富甲一方,在官率意而为、放任行事的特权人物。

就以他在会稽的始宁墅而言,据他所作《山居赋》的介绍,园中有两座山,山与山间有河流,"自园之田,自田之湖,泛滥川上,缅邈水区",可以想象那是多大的规模。"每出入,自扶接者常数人,民间谣曰:'四人携衣裙,三人捉坐席'是也。"(《宋书·五行志》)尤其"好为山泽之游,穷幽极险,从者数百人,伐木开径,百姓惊扰,以为山贼"(《资治通鉴·宋纪四》)。这样的奢靡浮华、享乐无厌、行为不检、扰民滋事,谢大诗人的狂也不免太过分了。

狂狷,也是文人性格的一种,但无节制,便会膨胀,他当然不满足于这种仅仅是阔绰的生活现状,因为他"文章之美,与颜延之为江左第一,纵横俊发,过于延之"。这些名气、声望、成就,加上自负,那根诗人的神经就开始发热起来,渐渐不安于位,"自谓才能宜参权要,常怀愤邑"。

中国文人十之九自称清高,但真清高者少,假清高者多,说是不想做官,其实每晚都在做"学而优则仕"这个永远的梦。有的人,甚至像年轻寡妇盼着再醮似的急不可待,忍不住要去染指权力。像谢灵运这样自以为是的精英、东宫太子身边的亲信,问鼎中枢,更是其朝思暮想的一件事。其实诗人不适宜搞政治,最好的状态就是作诗，一旦想得到诗以外的东西，常常会出问题。

谢灵运插手刘宋政权的最高层的接班矛盾，《资治通鉴·宋纪二》载："南豫州刺史庐陵王（刘）义真，警悟爱文义，而性轻易，与太子左率卫谢灵运、员外常侍颜延之、慧琳道人情好款密。尝云：'得志之日，以灵运、延之为宰相，慧琳为西豫州都督。'"能够得到皇子如此明确的许诺，可见在宫廷斗争中卷入之深。凡错误地估计客观形势的人，总是首先错误地估量了自己。诗人根本不知道这种火中取栗的勾当，弄不好是要烫到自己的爪子的。他不但把手伸进锅里去，还在热锅里搅和，这不仅仅是不安分，而是很大程度上的利令智昏。

可天真的诗人，哪是职业政客的对手呢？热衷于仕途的谢灵运，以为有刘义真这把保护伞，就毫无警惧之心。大臣"徐羡之等恶义真与灵运等游，义真故吏范晏从容戒之，义真曰：'灵运空疏，延之隘薄，魏文帝所谓古今文人类不护细行者也，但性情所得，未能忘言于悟赏耳。'于是羡之等以为灵运、延之构扇异同，非毁执政，出灵运为永嘉太守，延之为始安太守"。

外放的黜降，未足以使谢灵运清醒，紧接着刘义真为之说好话的结果，牵连这位候补皇太子，也被弄到京城之外当散王了。如此严重的事态发生，谢灵运照样在游山玩水，吃喝玩乐。他还发明出一种登山用的旅游屐，一头高一头低，上下山时颠倒穿用，十分方便，可见他并不把刘义真的没落当回事。太狂的人，往往失去正常人应有的感觉，也就是韩非所说的，"心不能审得失之地"也。

一直到大臣们设法把刘义真干掉，拥立了刘义真的弟弟刘义隆为帝。宫廷政变的斑斑血迹，这才使谢灵运意识到情况不妙，可他除在一些诗中用借寓的手法流露出伤感情绪，并无任何收敛自己的措施；而且他马上看到对自己有利的一面，因为上台后的刘义隆回建康后，并没有计较他以前与刘义真交往的那一段，却不顾旧恶，征他为秘书监，"赏遇甚厚"。这使他神魂颠倒，不但狂放如故，甚至益发地二百五起来，认为连帝王也不敢拿他怎样。

刘义隆眼里的谢灵运，比喻得动听一点，是墙上挂的一幅字画，蛋糕上嵌的一颗红樱桃，中看不中用的装饰品而已。所有封建统治者看待文化人，都是用来装点门面的。《宋书·本传》载，谢灵运"既自以名辈才分应时参政，初被召，便以此自许。既至，文帝唯以文义见接，每侍宴谈赏而已"。赏花吟月，敬酒行令，奉旨赋诗,歌功颂德,谢灵运先生的任务,不过是摆摆样子,表明皇帝如何地偃武修文,如何地尊儒重士,如何地太平气象,陪着喝喝茶、聊聊天、开开心、解解闷,使得龙颜大悦,也就该打道回府。

诗人应该是聪明人,但也有不明智的时候,所谓御用文人,和给皇帝搓背捏脚、按摩挠痒的小太监们,那地位也是差不太多的,不过是要让皇帝舒服罢了。但是,"王昙首、王华、殷景仁,名位素出灵运下,并见任遇,灵运意甚不平,多称疾不朝直;或出郭游行,且二百里,经旬不归,既无表闻,又不请急"。谢灵运以为闹闹情绪、甩甩架子,给皇帝一点颜色看看,会对他另眼相待。这就是诗人在自讨没趣了,皇帝会在乎他一个诗人的去留嘛,就算所有的文人都患了虎列拉,死光了,刘义隆不照样当他的皇帝?

一纸公文,将谢灵运解职回家,还给了他一点面子,算是他请了病假。回到会稽的诗人,神经依旧,略无收敛之意,"游饮自若",前面提到的他一人出行,二百随从的逢山开路,遇水搭桥,吓得地方当局以为来了什么叛军,要加以防范的旅游,就是他在回始宁后发生的事。结果"为有司所纠","坐免官"。发配岭南,到那里以后,狂如故,又被他的反对派狠狠奏了一本,诬告他"买兵器,结健儿",要谋反。皇帝这回真的恼火了,"诏于广州弃市"。

司马光说:"灵运恃才放逸,多所陵忽,故及于祸。"诗人只活了49岁,正是创作旺盛期,却把脑袋玩掉了。如果他不那么折腾,不那么张狂,不那么树敌,只是写他的山水诗,当他的"头牌诗人",也许不至于弄到杀头的地步。但他心太野、手太长,想得到的东西太多,结果什么也得不到,不但得不到,自己还把脑袋放到断头台上了。

那个赞赏过谢灵运的梁简文帝,在《诫当阳公大心书》里,对他儿子讲了一个很重要的为人和为文的观点:"立身之道,与文章异,立身先须谨重,文章且须放荡。"诗人要狂,无狂也就无诗;只有狂,才能促使灵感的爆发,意兴的升华,才能出现词句的沸腾、智慧的闪光。但切不可太狂,尤其不可傻狂,更不可狂到诗外。凡为诗人者,小狂风雅,中狂讨嫌,大狂送命。这笔账还是真要好好算一算,看怎样一个狂法,更划得来?

一生低首谢宣城

谢朓(464—499)　南北朝时南齐作家。曾任宣城太守,世称"谢宣城"。他的诗多描写山水景色,风格清逸秀丽,完全摆脱了玄言诗的影响,为当时的人所爱重。

"解道澄江静如练,令人长忆谢玄晖。"

这是唐人李白的诗,诗中提到的谢玄晖,即谢朓,又称谢宣城,因为他在宣城当过一阵子相当于行署专员的太守而得名。旧中国有这种或以其家乡,或以其所做地方官而名之的惯称。

在中国文学史上,谢朓又称"小谢",以区别于被称为"大谢"的谢灵运。"二谢"俱为南北朝时山水诗人,大谢(385—433)在宋,小谢(464—499)在齐,俱为一代诗宗。很可惜,这两位,前者被宋文帝"弃市"于广州,后者被东昏侯"枭首"于建康,皆未获善终。中国诗人之不得好结果,在历史上他俩几乎可以拔得头筹。

有什么法子呢?或许只好归咎于命也运也的不幸了。

其实,我一直觉得,上帝,如果有的话,一定是这老人家有这种恶作剧的偏好。当一个有才华的文人,出生在这个世界上的时候,总是要安排100个嫉妒有才华的小人,在其周围。这样做,显然不是怕诗人或者作家,孤单寂寞,为其做伴,而是要他们来挤兑、来修理、来收拾,来让诗人或作家一辈子不得安生。

文人的一切不幸,根源可能就在于这一与一百的比例上。

这"非正常死亡"的一对叔侄,均出生于南北朝顶尖贵族家庭。谢氏原为中朝衣冠,祖籍河南陈郡阳夏,南渡后,经晋、宋、齐、梁数朝的繁衍生息,以深厚的中原底蕴、悠久的华族背景,在秀山丽水的钟灵毓秀下,在景色风光的陶冶熏染中,成为才士迭出、秀俊相接、文章华韵、名士风流的大家族。刘禹锡的绝句:"朱雀桥畔野草花,乌衣巷口夕阳斜;旧时王谢堂前燕,飞入寻常百姓家。"就是南北朝两大豪门终结的一曲挽歌,但六朝古都的昨日辉煌,仍会从这首绝句中生出许多想象。

在陈郡阳夏谢氏族谱上,谢灵运与谢朓虽为叔侄,在诗歌的革命运动中他俩更像是联袂而战的亲兄弟。倘无他俩犁庭扫穴的努力,筚路蓝缕,开创山水诗的新局面,中国诗歌在魏晋玄言诗的桎梏中,不知还要拘手束脚多少年。谢氏门庭中走出来的这两位诗人,谢灵运结束了玄言诗,开创了山水诗的先河;谢朓的诗风,更为后来盛唐诗歌的勃兴,起到了奠基性的作用。"二谢"死后,后继乏人,谢氏门庭也就结束了麈尾玄谈、雅道相继的文化传统。此后,石头城里,蒋山脚下,剩下的只有朱雀桥畔的绮丽往事、乌衣巷口的凄美回忆。

新中国成立前夕,我还是个青年学生,在南京读书时曾经专程去探访过乌衣巷。那条窄陋的旧巷,已经难觅当日的衮冕巍峨、圭璋特达的盛况,但是那不变的山色、长流的江水、古老的城墙,既非吴语,也非北音的蓝青官话,似乎还透出丝丝缕缕的古色古香。尤其是当春意阑珊、微风细雨、时近黄昏、翩翩燕飞之际,那一刻的满目苍凉、萧条市面、沧桑尘世、思古幽情,最是令人惆怅伤感的。

谢朓死后三百多年,恰逢中国诗歌的盛唐季节,一位来自西域碎叶,带有胡人血统的诗人;一位且狂又傲,绝对浪漫主义的诗人,以心仪之情,以追思之怀,站在谢朓徘徊过的三山之畔,望着那一江碧练,在晚霞余绮中静静流去的情景,诗意不禁涌上心头,便有了"解道澄江静如练,令人长忆谢玄晖"的《金陵城西楼月下吟》这首诗。

李白在这首诗中,将谢朓的原句"余霞散成绮,澄江静如练",化入自己的作品,这是中国旧体诗常见的手法。

谢朓的原诗《晚登三山还望京邑》是这样写的:

灞涘望长安,河阳视京县,
白日丽飞甍,参差皆可见,
余霞散成绮,澄江静如练。
喧鸟覆春洲,杂英满芳甸。
去矣方滞淫,怀哉罢欢宴。
佳期怅何许,泪下如流霰。
有情知望乡,谁能鬒不变。

谢朓为大手笔,李白也为大手笔,李白将相隔三个世纪前同行的诗句和名姓,慷慨地书写在自己的作品中,我认为这是大师对大师心灵上的折服。这样直接引用前人诗句的做法,既是一种认同、一种共鸣,也是时空转换中艺术生命力的延续、张扬和创新,非高手莫能为。

由此可见这位"唐代第一号诗人",虽然很少敬服谁。独对谢朓,脑袋却肯低下来。

读李白的作品,我有种感觉,他是把谢玄晖看作艺术上的守护神,一生谨守着谢朓写诗的原则,追求"圆美流转如弹丸"的极致境界。艺术上的追随,似乎还不足领会他的神思,更追踪着他的足迹,走他走过的路,身体力行地体验他的实感。

公元 741 年(天宝十三年),李白买舟西上,来到谢朓任太守的安徽宣城。在那里一待就是三年,看过许多风景名胜,写过很多绝妙好诗。20 年后,李白 60 岁了,他远放夜郎,遇赦回归,饱受颠沛流离之苦,已是意兴阑珊之人。761 年(上元二年),他仍旧不辞辛劳,又一次来到宣城,向他精神上的师友做最后的告别。

李白是狂傲的,对于谢朓、对于谢朓的诗、对于谢朓一切的一切,却永远抱有那一份强烈的热衷,和绝不掩饰的关爱。李白是位很高看自己,也坦然接受别人对他的高看,却不怎么把别人放在眼里的诗人。他之高看谢朓,是真正的半点不掺假的高看,这是一个值得研究的现象。

在李白的作品中,触目皆是谢朓的名字:

> 三山怀谢朓,水澹望长安。

> 诺谓楚人重,诗传谢朓清。

> 曾标横浮云,下抚谢朓肩。

> 谁念北楼上,临风怀谢公。

> 谢亭离别处,风景每生愁。

青山日将暝，寂寞谢公宅。

高人屡解陈蕃榻，过客难登谢朓楼。

我吟谢朓诗上语，朔风飒飒吹飞雨。

宅近青山同谢朓，门垂碧柳似陶潜。

蓬莱文章建安骨，中间小谢又清发。

一个作家，无论他多么牛气冲天；一个诗人，无论他多么傲物轻世。其实，在他的写作历程中，终究要有一个在心灵上觉得应该皈依，或者应该师法的偶像存在着。不过，有的人明确，有的人不十分明确；有的人讳莫如深，有的人毫不隐晦；有的人挂在嘴上，有的人则深锁在心中。从上面所摘录的李白诗句，可以看出他毫不掩饰自己对于谢朓的向往、心仪、追随、膜拜之情。

这就是李白的文学图腾。李白的一生，始终表现出他对谢朓五体投地般的崇拜，至死而不渝。这实在让我们感动。

我于是不禁质疑曹丕的"文人相轻"说。中国文人是不是如鲁迅先生一论、二论，直到七论"文人相轻"那样，已是无法治愈的痼疾？细细玩味过去，可也怪不得鲁迅先生，因为中国文人好这一口、喜这一口、非这一口的毛病，也实在是令人摇头不迭的。

在古往今来的文坛上，"文人相轻"是一种悠久的传统。当然，这种负面现象，也并非完全不好。文人只知道趴在人家身后边爬行，他还有他自己么？文人不相轻，文学能有发展么？在战略上藐视、战术上重视的文人相轻，其实不是坏事。只有那种不是在文学上一争短长，而是凭借非文学手段，实施文人相轻，才是真正应该唾弃的。

但在生活中，绝大多数的"文人相轻"，都是属于这类小人的行为，与真正的论争风马牛不相及。记得我认识的两位前辈，也算是文学高潮时领袖群伦的人物了。起初,好到差不多如穿同一条裤子,后来孬到恨不能将对方食肉寝皮。但他俩的文学观点,我掰碎揉开看了多年,实在找不出什么差异。我估计,将来他俩在阴间相见,也会没完没了地口角,闹得群鬼不安的。

或许,古人并不完全如此。

譬如我们在杜甫诗《春日忆李白》中读到:"白也诗无敌,飘然不思群",不感觉到那是一片真心的赞许吗?同样,在李白诗《戏赠杜甫》中读到:"借问别来太瘦生,总为从前作诗苦",不也体会到那幽默里透露出来的友情吗?

显然,今人失去了古人的宽容、敦厚、大度、包涵,如今在文学界同行中,几乎很少能感受到类似的温馨。难道,一定效法狼群的生存法则,才是文坛的相处之道吗?后来,我渐渐地悟到,真正的文学大师,是一个绝对充实的文学个体,唯其充实,就自然稳固,唯其稳固,所以坦然。我们当今的人,之所以小肚鸡肠,之所以针尖麦芒,之所以互不相让,之所以势不两立,很大程度在于浅薄、在于虚弱、在于浮躁、在于空乏、在于不知天高地厚、在于实实在在没有什么斤两上。唯其没有分量,就轻;唯其轻,也就觉得别人比他还轻。老百姓爱说的"一瓶子不满,半瓶子晃荡",确实是当下这类人的真实写照。

回过头来看这些年,那些喋喋不休的口舌,那些鸡毛蒜皮的分歧,那些"剪不断理还乱"的陈年旧账,那些"狗咬狗一嘴毛"的无名官司……说到底,所谓"文人相轻",究竟有多少文学之争,那真是天晓得的!

李白对于谢朓,还不完全是梁武帝萧衍那样,"三日不读谢(朓)诗,便觉口臭"的艺术上的认同,而是人生命运上的惺惺相惜。这里面既有感悟上的相通、身世上的类似、抱负上的一致,而且,那位爱恶作剧的上帝,在他们周围,安排下的王八蛋之多,不是一比一百,而是一比一百五十,在倒霉的际遇上,也是如出一辙。

清人王士禛论李白,有句名言说他"一生低首谢宣城"。倒是准确地把握住这位大师,对于谢朓始终如一的崇敬。根据李白的人生哲学,"人生得意须尽欢,莫使金樽空对月,天生我材必有用,千金散尽还复来",有大才,应毫不客气地大狂。不大狂,对不起大才;不大狂,也出不来大才;不大狂,你可能一下子就被嫉妒你的那150枚王八蛋掐死在摇篮里。在他看来,才和狂,如火药之与引信,狂因才,敢离经叛道,破旧立新;才因狂,能神驰八极,灵感升腾。只有这样,才能爆发出惊天地泣鬼神之诗歌、之文章。

谢灵运很狂,这一点与李白相似;但谢朓却并不狂,这一点与李白不同。谢灵运在刘裕篡晋、改朝换代以后,余荫尚存,袭祖职为康乐公,有本钱狂,有资格狂。谢朓的母亲,为宋文帝之女长城公主,就冲这点家族背景,也不是无可狂、狂不了,如果想狂的话,足可狂过谢康乐。李白最为谢朓扼腕痛惜者,就是他不能狂,更不敢狂。

我想,具有胡人豪放性格的李白,如果能与这位贵族子弟促膝谈心,肯定会鼓动他:前辈,你是用不着如此谨小慎微地讨生活的。但谢朓也有理由,不足百年,谢氏家族中太多的刀下之鬼,那一颗颗砍落下来的头颅,那一腔腔喷射出来的血腥,他能不胆小畏事吗?他能不谨慎行为吗?这可能是作为诗人的李白,特别同情谢朓的一点。做人做得如此之累,那么作诗,能不自设藩篱、自立屏障、自行规范、自我作践,将灵动鲜活的诗形象,约束成罐头里的沙丁鱼吗?

若谢朓索性狂放如其叔,其成就要超过其叔更多,李白这样看,斗胆的我,也是这样想的。一个谨小慎微的人,当会计,绝对是好材料;当作家,绝对不会有出息。有许多本应当会计的人被派去当作家,而可以当作家的人却拿来当会计,阴差阳错,遂造成一段时期内的文学不景气。想到这里,不禁呜呼,人尽其才,物尽其用,选贤与能,囊锥出刺,是一个多么久远而又多么难以实现的理想啊!

"大小谢"之死,虽然戏码一样,剧情却有所差别。谢灵运主动往枪口上碰,咎由自取;谢朓尽量躲着枪口,却怎么也摆脱不掉,算是在劫难逃。别说古人李白,对其寄予无限同情;即使今人,尤其曾经沧海,祸从天降过的知识分子,怕也不禁感叹系之的。

谢灵运与谢朓,贵族后裔,文坛大腕;刘宋诸王与齐萧诸王,皇室贵胄,斯文风流。"二谢"的殷勤巴结,求得进身之阶;王孙的附庸风雅,显出文治风采,既是互相需要,也是互相利用,遂一拍即合,相见恨晚。

另外也应看到,南北朝时期的门阀观念甚重,高门寒族,泾渭分明,早先卑微家世,后来做得大官,也进不了贵族圈子。魏晋九品中正制,等级森严,门户有别,都不能同坐在一张凳子上。所以,想方设法跟王谢豪门攀亲,以求改换门庭,成为一时风尚。以谢朓为例,父亲娶了宋文帝的长城公主,他娶了开国元勋王敬则的千金,儿子也差点成为梁武帝萧衍的女婿。北朝那边也不例外,那些原先放牛的、牧马的,一朝坐稳江山,都来不及地要跟清河崔氏、范阳卢氏、荥阳郑氏、太原王氏联姻,希望通过生育的努力,获得贵族身份。

这也是"大小谢"得以踏进宫廷大门的资格证书。

庐陵王刘义真与"江左第一"的山水诗人,"情好款密"(《资治通鉴》),与贵族子弟"周旋异常,昵狎过甚"(《南史》),也有借谢灵运为之自炫的因素,和弥补家世出身低下的心理弱势。而谢灵运,更是一个政治投机分子,把宝就押在这位年轻的王子身上,成为他享乐、消费、优游、贵尊生活的精神导师。因此如鱼得水般快乐的他,许下了愿,一旦登基,答应诗人必是他的宰相。

但是,上帝所安排的众多嫉妒之辈,早就密奏执政当局。于是,一道敕令,谢灵运灰头灰脸地离开都城,到永嘉上任,这是422年(永初三年)夏天的事。六十多年后,483年(永明十一年)秋天,谢朓因与随王萧子隆关系莫逆,为长史王秀之所嫉,找碴儿将他由荆州遣返京都,竟是一点也不走样地重蹈其叔覆辙。马克思说过,历史总是不厌其烦的重复,如果第一次是悲剧,第二次则是喜剧,但实际上,由于上帝给有才华的人,安排下太多的嫉妒之辈,他们都是些不咬人就牙痒的鸱鸮,只要一落进他们的血盆大口,结局便注定是不幸的。

谢朓比谢灵运更受王室抬爱,先是豫章王萧嶷的参军,后在随王萧子隆的东中郎府为吏,还与竟陵王萧子良谈诗论文,过从甚密,是号称"竟陵八友"的文学沙龙中的特约嘉宾。沈约评价他:"二百年内无此诗也",可以想见他被这些王子们的倚重程度,甚至萧子隆带着他一起赴任,该是何等宠信。"子隆在荆州,好辞赋,朓尤被赏,不舍日夜"(《南史》),邀他为自己的秘书长,参与政府事务。那位长史王先生,上帝的爪牙,怎能容得下谢玄晖呢?

小人的舌头,永远是有才华的人,头顶上悬着的那把"克利达摩斯之剑"。进谗言,说坏话,造舆论,放空气,是投入最少,产出最多的害人手段。谢朓很识相,离开荆州,写了一首《暂使下都夜发新林至京邑赠西府同僚》的告别诗,最后四句:"常恐鹰隼击,时菊委严霜;寄言罻罗者,寥廓已高翔",其中"鹰隼"、"严霜"、"罻罗"者,就是对小人舌头功能的形象化描写。

这说明"小谢"比"大谢"有头脑,从这首归途中写的感遇诗看,虽然他也世俗,也功名心重,但明白处境的险恶。谢灵运则不然,没有杀头之前,他尽管不得意、不开心,但想不到别人在算计他。所以他从不收敛,继续保持着他的狂。甚至刘义真在宫廷政变中死于非命,也未使他警醒。谢灵运满肚子不快,到永嘉去当太守,上任后吊儿浪当,游山玩水,对谁也不买账。最后,被免职,被发配,在广州被小人诬告兵变,诏下,弃市。

谢朓与之相反,能够逃脱罻罗者所结的小人之网,额手称庆。495年(建武二年),被派到宣城任太守,他高高兴兴地赴任去了。对一个山水诗人来讲,还有比这更好的选择么? 这年他32岁,来到美不胜收的风光佳境,又是意气风发的锦绣年华。那得到解脱的形体,那摆脱羁绊的心灵,有如鸟飞森林,鱼游大海的自由舒展。这也是三百多年后,一位唐代诗人能在宣城的碧山秀水之中,一待数年,也是求得与前代诗人的精神共鸣吧!

小人如蛆,这是旧时中国文人永远的噩梦,无论你走到哪里,危机总是像阴影笼罩着你。而且作为一个知识分子,待价而沽的求售心态,鱼跃龙门的腾达理想,不甘寂寞的躁动情绪,不肯安生的难耐冷落,诗人有一点不安于位了。

谢朓从宣城太守转往徐州任行事,离政治漩涡较远,安全系数也就较高,内心应当是窃喜的。但是,他也不能不看出来,离权力中心较远,功利系数自然也就较低,因此他多少感到有些失落。

中国旧时文人,最后从命运途程中的悬崖摔下去,都是从这最初的一点点不平衡开始的。

498年(永泰元年),南齐政坛发生了一些变化,尾大不掉的王敬则,开国元勋,谢朓的泰山大人,使得最高统治者不放心了。"帝疾,屡经危殆。以张瓌为平东将军、吴郡太守,置兵佐,密防敬则。内外传言当有异处分。敬则闻之,窃曰:'东今有谁? 只是欲平我耳!'诸子怖惧,第五子幼隆遣正员将军徐岳以情告徐州行事谢朓为计,若同者,当往报敬则。"(《南齐书》)

谢朓在密室中会见了小舅子派来的特使,心惊肉跳,差点休克过去。诗人的脑子转得快,马上盘算:第一,他个人写诗可以,并不具备造反的胆量,不可为。第二,老头子造反,纯系意气用事,不可信。第三,保持沉默,没有态度,既得罪老头子和小舅子,也瞒不住当局,是不可以的。

将岳父推上断头台,谢朓有其一贯胆小怯懦,畏罪惧祸的成分,但也不可否认,诗人存有相当程度的投机侥幸,冀获重赏的心理。他从荆州脱身出来,那时他手里没有什么本钱,现在,押着五花大绑的徐狱,亲赴南京大义灭亲,将王敬则出卖,那可是一大笔政治资本。

文人,染指权力的欲望,不亚于别行别业。我就亲眼目睹,一些同行们为免去的衔头而失魂落魄,有如宝玉丢玉;为获得的职务而欣喜若狂,有如范进中举。求权之热烈,甚于作文之认真者,大有人在。虽然一个个嘴上挂着清高,脸上挂着不屑,但是进了名利场,君不见一个个,排排坐,吃果果,那开胃通气,消食化痰的快活。权力的诱惑,大概任何人都不能例外。

尽管谢朓的诗写得非常之棒,但他的出首行径却是卑鄙透顶,不但为当时人所不齿,后来人也觉得这位诗人,为文和为人,背道而驰到如此程度,不可理解。据《南史》载:"初,朓告王敬则反。敬则女为朓妻,常怀刀欲报朓。朓不敢相见。及当拜吏部,谦挹尤甚。尚书郎范缜嘲之曰:'卿人才无惭小选,但恨不可刑于寡妻。'朓有愧色。"

我一直认为,李白能够理解谢朓,或许因为他在政治上也是颠三倒四而失败得很惨过的。

《资治通鉴》载:"上赏谢朓之功,迁尚书吏部郎,朓上表三让,上不许。"揭发岳丈,卖父求荣,捞一个官做,人皆以为耻,他良心也不得安生。所以,他也承认:"我虽不杀王公,王公因我而死。"(《南史》)

毛泽东曾经以"皮之不存,毛将焉附"这句成语,来形容知识分子的依附性。谢朓肯定算过细账,将这位狗屠出身的岳丈出卖,没准荣华富贵也就随之而来。所以,他老婆要杀他,不仅仅为报父仇,而是觉得这种人不值得活在世界上吧?连诗人自己也不得不说:"天道其不可昧乎?"也知道快走到他人生的尽头了

但是,没等王敬则女儿动手,谢朓又一次卷进宫廷政变之中,故伎重演,又因为"告密",到底把自己的脑袋,乖乖地送到刽子手的刀下。所以说,上帝不但能在有才华的人周围,还能在这个人的灵魂深处,安排下他的敌人,掘好坟墓,等着他往里跳。

《资治通鉴》对此事的始末由来,交待得比较明晰:"帝失德浸彰,祐议废帝,立

江夏王宝玄,刘暄尝为宝玄郢州……行事暄由是忌宝玄,不同祐议,更欲立建安王宝寅。祐密谋于始安王遥光,遥光自以年长,意欲自取,以微旨动祐。祐弟祀亦以少主难保,劝祐立遥光。""祐、祀密谓吏部郎谢朓曰:'江夏年少,脱不堪负荷,岂可复行废立! 始安年长,入纂不乖物望。非以此要富贵,政是求安国家耳。'遥光又遣所亲丹阳丞南阳刘沨密致意于朓,欲引以为党,朓不答。顷之,遥光以朓兼知卫尉事,朓惧,即以祐谋告太子右卫率左兴盛,兴盛不敢发。朓又说刘暄曰:'始安一旦南面,则刘沨、刘晏居卿今地,但以卿为反覆人耳。'……暄阳惊,驰告遥光及祐。……朓常轻祐,祐尉议除之。遥光乃收朓付廷尉……朓遂死狱中。"

胡三省评注《资治通鉴》,至此说了一句意味深长的话:"谢朓以告王敬则超擢而死遥光之手,行险以侥幸,一之为甚,其可再乎!"一个为自己着想太多的人,一个以为别人都是傻子而只有他聪明绝顶的人,那上帝可就省事了,用不着别人打倒,自己就能把自己搞死的。

李白所赏识、所推崇的这位前辈诗人,其生命就这样结束了。但他自己也未逃脱谢朓这种遭遇到一比一百或一比一百五十的"特别关注"者的可能性,你想避祸,而祸偏至,你想躲灾,而灾突临。李白当然不能例外,终于败走夜郎,充军天外;终于侥幸遇赦,狼狈归来;终于一蹶不振,无以为继;终于醉投江水,了此一生。

然而,当我们重读"解道澄江静如练,令人长忆谢玄晖"这句诗时,对于古代两位大师之间的这种精神上的交往、魂魄上的相通、思想上的交融、灵感上的碰撞,该产生多少憧憬、多少向往、多少钦慕、多少敬重啊? 可是在特别追求物质的年代里,中国人是不是还会拥有这样高贵的情操,很遗憾,恐怕就得两说了。

第四章

隋唐五代

武则天传奇

武则天(624—705)　中国历史上唯一的正统的女皇帝。她先入宫为才人,后为昭仪,尔后为皇后,最后自立为皇帝,建立武周王朝。后来被迫使退位,终以皇后身份入葬乾陵。

武则天,中国历史上唯一的女皇帝,一位了不起的女性。

因为中国是个男权至上的专制社会,因为中国是个"唯女子与小人难养"的蔑视女性的封建社会,因为中国从来不曾有过西方那种女性当国的政治传统,所以,武则天能够以皇帝身份统治偌大中国,实在是了不起的。

数千年来,中国就这么一位女性皇帝,前无古人,后无来者。虽然,她的"帝龄"(如果有这样一种计算单位的话)只有15年,不算长。但她作为这个国家的最高统治者,实际执政的时间却长达57年。在中国全部帝王中间,主政半个世纪以上者,不超过10名,她是其中之一。

武则天,并州文水人。《资治通鉴》称:"故荆州都督武士彟女,年十四,上闻其美,召入后宫,为才人。"这是公元637年(贞观十一年)冬天的事情。

才人是个五品级别的姬妾,在拥有皇后、皇妃、嫔娥、婕妤等众多诱惑的太宗后宫里,她虽年轻貌美,但别人不见得不年轻貌美,因此,要想出人头地,相当困难。她以她的善谋略、多机变、知应对、巧心计,堪称了不起的天性,很快就以先声夺人的气势,拿下唐太宗的眼球,打开了局面。

《资治通鉴》载有她以自诩口吻讲述的一则故事:"他日,吉顼奏事,方援古引今,太后怒曰:'卿所言,朕饫闻之,无多言!太宗有马名师子骢,肥逸无能调驭者。朕为宫女侍侧,言于太宗曰:'妾能制之,然须三物,一铁鞭,二铁挝,三匕首。铁鞭击之不服,则以挝挝其首,又不服,则以匕首断其喉。'太宗壮朕之志。今日卿岂足污朕匕首邪!'顼惶惧流汗,拜伏求生,乃止。"

一个小女子，在顾盼自雄、英武自命的皇帝面前，放出如此非凡不俗的豪言壮语，能不引起注意嘛！皇帝虽然有许多女人，但这个出语突兀的武则天，却有别于以美貌、以声色、以狐媚、以淫浪来取悦他的姬妾。于是，她从后宫佳丽中间，得以脱颖而出，进入这位好色主子的床笫之间。

唐太宗因求长生不老，服胡僧药中毒不治，很快就晏驾了。按照唐高祖的惯例，先帝的遗孀们都得从宫里搬出来，剃度为尼，住进感业寺。好在武则天之了不起，就在于她早有预谋，早就放长线钓大鱼，早就对太宗的王位继承人进行感情投资，做了一笔很成功的期货交易。可以设想，这是一个什么事情做不出来，又是什么事情她不敢做的女人啊！她既然能够近距离地接近李世民，大谈"格杀勿论"的驭马之道，那她也就能找到机会接近李世民之子，并使他就范服帖，俯首听命。这位太子，很快像一匹连蹶子也不会尥的驽马，被她驯服了。

李世民有若干儿子，独这个李治智商低、体质弱、能力差，属于难当重任的"阿斗型"接班人。但中国最高权力转换过程中，精明能干者，因锋芒毕露而常遭淘汰；凡庸无能者，倒因表现平平而得到青睐。这个没什么本事，却如他老子一样好色的李治，还在当储君的时候，就被堪称"人精"的武则天给摆平了。《资治通鉴》载："上（即高宗李治）之为太子也，入侍太宗，见才人武氏而悦之。"这一"悦"，李治就被武则天玩弄于股掌之上，一直到死。

按照汉民族的伦理观，武则天既是太宗的遗孀，就不可能成为高宗的老婆。这种逆伦的行径，是非常悖谬的、荒唐的、不齿于人类的。不过，唐代李姓帝王，胡汉混血，异风犹存，还未完全拥有中原的礼教程度。仍旧秉承匈奴、鲜卑等游牧民族那种父死妻由子娶、兄死妇归弟纳的恶俗。因此，武则天从唐太宗的床上，转移到唐高宗的床上，为两代人献身，也许不认为有什么不妥。

所谓"脏唐臭汉"，这种皇室中不文明的性混乱现象，一直备受后人訾议。唐太宗李世民的哥哥李建成、弟弟李元吉，就曾经"蒸"过唐高祖李渊的爱妃。在古汉语中，"以下奸上曰'蒸'"。李世民据此向其父告密，并随即发动了一次杀兄灭弟逼父的"玄武门之变"，遂夺得政权。李治也好，王皇后也好，认为"蒸"一下武则天，无伤大雅。

但等到李治当真要册立武昭仪为皇后，就不是随便一"蒸"就拉倒的性放纵，可以不当一回事地马虎过去。既然要堂而皇之地册封,就不能不考虑这个女人的来路不正、妾身不明,就不能不考虑整个社会的纲常伦理、礼教规范。舆论导向怎么办啊？宣传提纲怎么写啊？着实使当朝诗诏的御用文人们,伤透了脑筋。

我一直相信册立武后的这份诏书,为上官仪手笔。在高宗的心目中,要解决这样一个意识形态上的棘手难题,非上官莫属。第一,他的官位摆在那里；第二,他的文名摆在那里；第三,或许不无重要的一点,他的人品摆在那里。

在初唐诗坛上,上官仪是出类拔萃的一位。《全唐诗》称其长于五言,"绮错婉媚",承袭梁陈余绪,沿续江左风格,形成风靡一时的"上官体",人多效之。他的诗,形式上的华丽浮艳,是足够的；内容上的沉重切实,就欠缺了。作为御用文学,讲究的就是这一套,只要好看,不怕浮浅；只要好听,不怕肉麻；只要主子满意,哪怕狂拍马屁。做到这三点,他也就算得上是克尽厥职了。

太宗、高宗两朝,上官仪一直为御用文人的首席写手,成就最大,声望最隆。"太宗每属文,遣仪视稿,私宴未尝不预。高宗即位,为秘书少监,进西台侍郎,同东西台三品。"(《全唐诗》)

在朝廷里、在宫阙中、在帝王左右,才叫御用文人。同为御用,也是流品不一、爵禄不同、高下区别、亲疏差异。这其中一等的,出理论,出思想,称为国士；二等的,出主意,出韬略,称为谋士；三等的,出笔杆,出文章,称为学士。上官仪介乎二等三等之间,与李白、王维纯粹哄皇上开心,完全为帮闲的文人,稍有不同,层次稍高一筹。

在中国历史上,真正在朝直接被御用的文人,少之又少,绝大多数连紫禁城的大门都进不去,更甭说想出现在帝王的视觉范围中了。这些乱拍马屁、乱捧臭脚、乱表忠心、乱唱赞歌、乱喊"吾皇万岁万岁万万岁"者,只是一心想被御用罢了。为什么在中国会有这么多的文人,自觉排队、自动靠近、自作多情、自我献媚、冀求挤进御用行列之中呢？

道理很简单,凡在朝,有官可当,有车可坐,有赏可得,有福可享,什么都有；凡在野,无职无权,无车无房,无钱无势,无门无路,什么都无。所以,逼得他们不得不拼命巴结、拼命表现、拼命炒作、拼命兜售自己、拼命攀附要员、拼命贴紧官方,心痒难禁,做青云直上之梦,眼红不已,做一步登天之想。

说白了，就是幻想着皇帝打来电话，小车开到门外，一张大红请柬，恭请阁下进宫。金殿赐坐，引为上宾，成为经筵的侍讲，成为御用的笔杆；金榜留名，宠幸有加，成为穿黄马褂的作家，成为戴纱帽翅的诗人。从此，引导潮流，所向披靡，主宰文坛，领袖群伦；从此，荧屏露脸，媒体曝光，记者包围，网络追踪；从此，大众情人，风流倜傥，美女如云，追捧对象；从此，官方色彩，身价腾贵，帝王知己，无比荣光。

这就是可爱又可恨、可怜又可嫌的中国文人，埋藏在心底里一个永远的梦！

民国初年，在北京的胡适之先生，就有过这样一次意想不到的梦境实现。一天，他当真接到爱新觉罗·溥仪的一通电话——

"你是胡博士吗？"

"Yes！"

"你知道我是谁吗？"

"I don't know！"

等到终于弄清楚电话对面是逊帝时，胡适也按捺不住亢奋之情。

无论如何，他曾是满清王朝拖过辫子的臣民呀！虽然那是一位末代皇帝，约他进紫禁城一晤，岂有敬谢不敏之说。他不但去了，事后还相当张扬了一番。这也是人之常情，终究不是北新桥的骆驼祥子，或者三河县的老妈子约他会面。

从鲁迅先生调侃他的文章里读到，好像有人问过，你见到逊帝，是不是跪下来磕头呢？好像还有人问过，你见到逊帝，是不是向他宣讲杜威主义呢？他笑而不答。这种无声胜似有言的表情，显然这次逊帝的召见，有点喜出望外，使他那中国文人的御用情结，得到了大满足。尽管胡适先生如今已快被追捧为"当代圣人"了，差点要在孔庙里配享了。那时，他也难能免俗。可以想象，当他从东华门里走出来时，悻悻然的得意之色，恐怕也是掩不住那一脸"贾桂相"的。要不然，他后来也不会跟蒋介石走得那么近。

中国文人，努力削尖脑袋盼着被御用，然而在嘴上却绝对讳言御用。所有已被御用的、未被御用的、想被御用的，都做出一副蔑视御用的清高神气来。这种又要当婊子，又要立牌坊的假撇清的表演，这位胡适先生拜见末帝，便是一则绝妙的小品题材。

唐代的上官仪，似乎不那么装假清高，因为在他那个时代，御用文人的名声，还未顶风臭四十里。从他的诗作题目看，如《奉和过旧宅应制》《早春桂林殿应诏》《奉和秋日即目应制》，颇以此为荣焉！好像这种被御用的情结，后来成为他们上官家的遗传基因，他的孙女上官婉儿也成了操这一行业的内廷写手。

肯定为草拟这封册立武氏为后的诏书，李治把上官仪找来："爱卿是先帝的笔杆子，也是朕的笔杆子，这份诏书就拜托阁下了！"御用文人之高明，就在于他是皇帝肚子里的蛔虫，你不用张嘴，他就能领会精神；你不用点明，他就能体贴上意；你不用吩咐他如何写、怎样写，他就明白他该说什么、该写什么。当年梁效、石一歌之流，能捧上这碗饭吃，也非等闲之辈。现在好多勇敢者，一张嘴，就骂得人家狗血喷头，体无完肤，如果真把他放在这个角色位置上，也许未必玩儿得转的。

上官仪的脑袋，立刻进入构思状态。

第一，你不能否定过去她是太宗女人的这段史实，又不能改变如今她是高宗女人的这个存在；第二，既然事实不能回避，要怎样才能以正视听，既然历史不可改写，那么该如何乔装打扮呢？这份诏书真是好难作好难作的。

上官仪不愧是高手中的高手，大笔一挥，一字千金，把那个废物皇帝看傻了：

朕昔在储贰，特荷先慈；常得侍从，弗离朝夕；宫壸之内，恒自饬躬；嫔嫱之间，未尝迕目；圣情鉴悉，每垂赏叹，遂以武氏赐朕。事同政君之赐，已经八载；必能训范六宫，母仪万姓。可立为皇后。（《资治通鉴》）

真不愧为大师啊！连高宗对他琢磨出如此的奇思妙想，也佩服得五体投地。

照这个说法，父子聚麀的宫廷秽闻，成为慈爱恩渥的舐犊嘉话，既然李世民早就将武则天赏赐给他，也就不存在"蒸"，不存在"以下奸上"，不存在"二次使用"上的任何道德问题。还找到历史上的先例，汉宣帝就曾把内宫的王政君，赐给太子，后来太子继位为汉元帝，王也顺理成章成为皇后，有什么不光明正大的呀！也难怪高宗要格外倚重他了。

本是唐太宗的小妾，如今成了唐高宗的媳妇。历史就是这样，许多似是而非的东西，是经不住推敲的；许多解不开的谜，也是永远找不到答案的。所以鲁迅先

>>> 武则天统治的 57 年,是中国御用文人的转型期,从此走上中国御用文人的末路。图为武则天像。

生说过,"倘要完全的书,天下可读的书怕要绝无,倘要完全的人,天下配活的人也就有限",这是很有道理的。但我怎么也弄不明白,一个已经撵到感业寺为尼的女人,是用什么手段,把这个与她已是天地之隔的新科皇帝,牵线搭桥,拉到尼姑庵来,重叙旧情呢?

太宗崩后,恰逢"忌日,上诣寺进香,见之,武氏泣,上亦泣"。史传上的这两句话,看来似乎是一次无心的巧遇。然而细想开去,殊为吊诡,为什么要到城南的感业寺进香,而不到大行皇帝暂厝的祖庙进香?就在安业坊,既有东南隅的济度女寺(即感业寺),还有西南隅的资善尼寺,为什么偏选此寺而不选彼寺?看来,李治这次进香的安排,是按武则天的精心策划而进行的。

那时,既不能发 E-Mail,又不能发手机短信,武则天怎么能使旧情人得知她的想法呢?历史上的很多模糊空间,千万不要那么较真,只好不怕有识者撇嘴耻笑,依靠想象来填补了。

如果没有在一旁的王皇后,武则天也许要在寺里青灯孤影,当一辈子尼姑。但年轻皇后看到老公和这个"思凡"的女主角,眉目传情的眼神,非但没有生气,相反,忽发奇想,却认为是一个可以利用的契机。

因为高宗登基后,便敢公然地有宠于萧淑妃,而冷淡王皇后,使得她很郁闷。于是,识短见浅的她,想利用高宗与武则天的这段旧情,以制约这个萧淑妃,使其失宠于高宗。她自以为聪明,把武则天弄进宫里来,谁知却是一个很馊的主意。王皇后鬼鬼祟祟与已经削发的武则天咬耳朵:"阴令武氏长发,劝上内之后宫,欲以间淑妃之宠。"

"武氏巧慧,多权数,初入宫,卑辞屈体以事后;后爱之,数称其美于上。未几大幸,拜为昭仪,后及淑妃宠皆衰,更相与谮之,上皆不纳。"这样,引狼入室的王皇后,为此付出沉重代价,从此她和萧淑妃,就再也没有好日子过。

如果说,武则天的这出连续剧,至此,其故事情节仍属于后宫性饥渴女人们的争风呷醋;可接下来,就连莎士比亚也编不出下面这样四幕连台的精彩大戏:

第一幕,政治+权术的野心暴露;
第二幕,欲望+贪鄙的邪恶展现;
第三幕,无所不用其极+杀人不眨眼的无端恐怖;

第四幕,淫乱＋面首＋无聊的御用文人的肮脏黑暗。

大幕拉开,武则天第一次出场,就做了一件正常人绝做不出来的可怕举动。公元 654 年(永徽五年),这个坏也坏到了不起的女人,亲手掐死自己的新生儿,栽赃于王皇后——

> (王皇)后宠虽衰,然上未有意废也。会昭仪生女,后怜而弄之,后出,昭仪潜扼杀之,覆之以被。上至,昭仪阳欢笑,发被视之,女已死矣,即惊啼。问左右,左右皆曰:"皇后适来此。"上大怒曰:"后杀吾女!"昭仪因泣诉其罪。后无以自明,上由是有废立之志。(《资治通鉴》)

虎毒尚且不食子,武则天敢下这样大的血本来赌命,这个世界上大概再也找不到她的对手。嫁祸于王皇后的结果,便是 655 年(永徽六年),武则天正式册立为皇后。"十月,废后及萧良娣皆为庶人,囚之别院。武昭仪令人皆缢杀之。"

《资治通鉴》对于她报复这两个情敌兼政敌的女人之狠毒,有着骇人听闻的记载:

> 故后王氏、故淑妃萧氏,并囚于别院,上尝念之,间行至其所,见其室封闭极密,唯窍壁以通食器,恻然伤之,呼曰:"皇后、淑妃安在?"王氏泣对曰:"妾等得罪为宫婢,何得更有尊称!"又曰:"至尊若念畴昔,使妾等再见日月,乞名此院为回心院。"上曰:"朕即有处置。"武后闻之,大怒,遣人杖王氏及萧氏各一百,断去手足,捉酒甕中,曰:"令二妪骨醉!"数日而死,又斩之。王氏初闻宣敕,再拜曰:"愿大家万岁,昭仪承恩,死自吾分。"淑妃骂曰:"阿武妖猾,乃至于此! 愿他生我为猫,阿武为鼠,生生扼其喉。"由是宫中不畜猫。寻又改王氏姓为蟒氏,萧氏为枭氏。武后数见王、萧为祟,被发沥血如死时状,后徙居蓬莱宫,复见之,故多在洛阳,终身不归长安。

从此,东都洛阳成为武则天的首都,并将其改名为神都。"十年浩劫"期间,中国也兴起过一阵改名热,溯本追源,老祖宗恐怕就是这位武则天。大概没有什么真功夫、真本事、真学问的浅薄之徒，就热衷于这种表面文章、文字游戏。武则天尤其喜欢改年号，她一生改过18次年号，创中国帝王纪年麻烦之最。她还喜欢改字造字，久之成瘾，连她姓名中的那个组合字"曌"，也创中国汉字笑柄的破天荒纪录。女人搞政治也好，搞文学也好，要没有大胸襟、大视野，永远也摆脱不了那种小女人的狗屁倒灶，永远也根绝不了从厨房走进客厅的婆婆妈妈。

我见过的女政治家不多，我见过的女文学家不少，不幸，证实了这一点。

那个李治奈何不了她，一惧内，二懦弱，三无能，四多病。估计此人患有神经关节痛、高血压、视网膜脱落、美尼尔氏综合征多种疾患，碰上这样一个泼妇式的老婆，只好将最高统治权，拱手相让，由她来统治这个国家。

至少在中国，在封建社会里，女人染指最高权力，绝对是件可怕而不幸的事情。因为第一，在中国人的传统观念之中，"牝鸡司晨"，从来被认为是不祥之兆。处于权力巅峰之上的女性，永远生活在这种精神上的被迫害感当中。第二，在满朝文武悉皆须眉的男性世界里，势必要面对这种超强势的性别压力。作为单个的女性最高统治者，永远在这种性心理的不安全感当中。

即使一个最善良的女人，放到这个位置上，早晚也会变为一个最恶毒的女人。不管是若干年前的吕雉，或者武则天，还是若干年后的慈禧，或者江青，只要登上权力的珠穆朗玛峰，高处不胜寒，必定在诸多压力之下，要乖戾，要变态，要歇斯底里，要神经质，要恶性膨胀，直到不可救药，直到倒行逆施。

由于武则天的控制欲望、排他念头、疑惧一切、扭曲心态，弄得李治也终于受不了，爆发了他们之间的第一次也是最后一次的冲突。兔子逼急了也会咬人，可李治还没张嘴，武则天就把他的牙全给薅光了。

这事发生在664年（麟德元年）秋天，《资治通鉴》记载：

> 初，武后能屈身忍辱，奉顺上意，故上排群议而立之；及得志，专作威福，上欲有所为，动为后所制，上不胜其忿。有道士郭行真，出入禁中，尝为厌胜之术，宦者王伏胜发之。上大怒，密召西台侍郎、同东西台三品上官仪议之。仪因言："皇后专恣，海内所不与，请废之。"上意亦以为然，即命仪草诏。

废掉皇后的诏书，高宗要上官来草拟，由此推断，册封皇后的诏书，肯定也是上官草拟的。上官仪虽为御用文人可并不低三下四，虽体贴上意可并不无聊无耻，虽巴结讨好有之但正直善良更有之。他旗帜鲜明地站在皇帝这一边反对皇后，而不是当骑墙派两边讨好。没想到，这个怕老婆的家伙，尚未交锋，先竖白旗。尤其没想到的，这个废物皇帝背过脸去，厚颜无耻地将他出卖，说是受他教唆，这就要了他的命了。

武则天是何许人，能不布眼线于这个窝囊废的身边么？李治与上官还未密谋完，小报告早打过去了。"左右奔告于后，后遽诣上自诉。诏书犹在上所，上羞缩不忍，复待之如初；犹恐后怨怒，因绐之曰：'我初无此心，皆上官仪教我。'"

武则天能放过这个背后给她下刀子的上官仪吗？"后于是使许敬宗诬奏仪、伏胜谋大逆。十二月，仪下狱，与其子庭芝、王伏胜皆死，籍没其家。""自是上每视事，则后垂帘于后，政无大小，皆与闻之。天下大权，悉归中宫，黜陟、杀生，决于其口，天子拱手而已，中外谓之二圣。"（《资治通鉴》）

"上官仪事件"发生以后，武则天感觉到意识形态方面的工作，抓而不紧是不行的。中国御用文人这个行当，经过这个女人的手，也走上了末路。

在中古以前的中国历史上，御用文人和非御用文人，事实上是很难截然分开的。屈原、宋玉、唐勒、景差、枚乘、贾谊、司马相如、司马迁、东方朔、朱买臣、班婕妤、扬雄、刘向、刘歆等等，你可以说他们在人身依附这一点上，是御用的；但也可以认为他们在人格上，具有相当程度的自我意识，并非完全御用的。从他们为人为文的不羁精神看，未必是俯首帖命于御用的。他们在被当道者所豢养、所雇佣、所喝来斥去、所奴仆畜之的同时，在忍辱负重的状态下，秉笔直书，表达万众之心声，抒愤述忧，记载历史之真实，就完全不具御用的意味。

这也是后来的中国人，尊敬他们的努力，推崇他们的成就，并不介意他们是否被御用或不被御用，而能够理解的原因。

上官仪就是这样一个既"御用"，也"文人"的人。因此，他做人的声名，风采儒雅，风度优美，备受东都士人的尊重；他为文的口碑，格调高尚，韵味精致，大为洛阳黎庶所敬仰。宋人计有功在《唐诗纪事》里，为我们描画了这样一个动人场面："高宗承贞观之后，天下无事，仪独持国政，尝凌晨入朝，巡洛水堤，步月徐辔，咏诗曰：'脉脉广川流，驱马入长洲。鹊飞山月曙，蝉噪野风秋。'音韵清亮，群公望之，犹神仙焉。"

从他脑袋被砍落在血泊时起，那些受到尊敬的既"御用"又"文人"的老一代便成绝响。从此，在武则天诱之以利、德、禄的胁逼下，那些在她周围耍笔杆谋生的鼻涕虫，以文学混饭吃的跟屁虫，便成为只有"御用"而无"文人"的新一代。

她统治的57年，是中国御用文人的转型期，从此走上御用文人的末路。

通常谈武则天，谈她的淫荡、谈她的残忍、谈她的酷刑、谈她的无往而不利的计谋布局、谈她的为李唐王朝决不接受的"武周革命"、谈她的为中国男性社会所不能忍受的称帝御极……这其中，常被官修史书忽略也不被文学史者关注的，就是她在意识形态领域里，如何进行肃反运动，"朝士流贬者甚众，皆坐与仪交通故也"，彻底清算了与她不够同心同德的文人。如何重新清理队伍，将统称之为"北门学士"的御用文人，揽之门下，高官厚禄，笼络起来，也像她对待面首一样地豢养着，为其抬轿子、吹喇叭。

自有御用文人这个行当以来，不论何朝何代，都不如武则天在位时得到重视、得到重用，因而鼎盛、因而发达，抬爱到从未有过的高度。又是她，将这个行当，彻底污名化，完全颠覆掉，将讨好她的御用文人，作践得与洗脚店、与桑拿房、与歌厅的"三陪"小姐毫无差别。唯有以"色"侍人和以"文"侍人的不同罢了。

> 天后多引文学之士著作郎元万顷、左史刘祎之等，使之撰《列女传》《臣轨》《百僚新戒》《乐书》，凡千余卷，朝廷奏议及百司表疏，时密令参决，以分宰相之权，时人谓之北门学士。（《资治通鉴》）

> 天后尝召文学之士周思茂、范履冰、卫敬业，令撰《玄览》及《古今内范》各百卷，《青宫纪要》《少阳正范》各三十卷，《维城典训》《凤楼新诫》《孝子列女传》各二十卷，《内轨要略》《乐书要录》各十卷，《百僚新诫》《兆人本业》各五卷，《臣轨》两卷，《垂拱格》四卷，并文集一百二十卷，藏于秘阁。（《旧唐书》）

公元683年（永淳二年），在位35年的李治终于死掉了。她立所生第三子李显继位，是为中宗，在位三个月，被武则天废掉。随后立所生第四子李旦为帝，是为睿宗,在位七年,再次被武则天废掉。这一次,她自己要过一把皇帝的瘾了,终于拉下脸皮,不再以皇太后身份主政。690年(天授元年)改唐国号为周以后,而正式称帝御临天下,这年她66岁,已经是个老女人了。

尽管年事已高,但精神矍铄;尽管老态龙钟,但情致不减。这就是美国的前国务卿基辛格说过的话了,他认为权力是催情素、权力是兴奋剂,最高的权力也是最强的催情素和兴奋剂。武则天需要面首为她保证性生活的满足,需要御用文人为她提供精神上的满足,并不因年近古稀而降低这俩满足的要求。这个只要一息尚存,就风流不止的老女人,将她的男宠队伍,文学马屁精队伍,合二而一,"置控鹤监丞、主簿等官,率皆嬖宠之人,颇用才能文学之士以参之"。于是,在这个罪恶的渊薮里,一个比一个赛着下三烂,一个比一个赛着不要脸。

一直到公元700年(则天久视元年),这年她76岁,也是这个老太婆死前5年,"改控鹤为奉宸府",任命她的"第一姘头"张易之为奉宸令。你不能不为这个了不起的女人,其精力之可怕的旺盛,叹为观止;不能不为这个永不满足的女人,其活力之恐怖强亢,五体投地。"太后每内殿曲宴,辄引诸武、易之及弟秘书监昌宗饮博嘲谑。太后欲掩其迹,乃命易之、昌宗与文学之士李峤等修《三教珠英》于内殿。武三思奏昌宗乃王子晋后身,太后命昌宗衣羽衣,吹笙,乘木鹤于庭中,文士皆赋诗以美之。"

此情此景,中国御用文人的末路,已经完全堕落,无可救药了。

唐人张鷟的《朝野佥载》里有两则记事:

  唐天后梁王武三思为张易之作传。云是王子晋后身,于缑氏山立祠。词人才子佞者为诗以咏之,舍人崔融为最。后易之赤族,佞者并流岭南。

  唐天后内史宗楚客性谄佞。时薛师有嫪毐之宠,遂为作传二卷。论薛师之圣,从天而降,不知何代人也。释迦重出,观音再生。期年之间,位至内史。

宋人宋祁的《新唐书》里有四篇本传:

（元万顷）时谓北门学士,供奉左右或二十余年,万顷敏文辞,然放达不治细检,无儒者风。

（李适）凡天子饷会游豫,唯宰相及学士得从……帝的所感,即赋诗,学士皆属和,当时人所歆慕。然皆狎猥佻佞,忘君臣礼法,唯以文华取幸。

（阎朝隐）性滑稽,属词奇诡,为武后所赏。累迁给事中、仗内供奉。后有疾,令往祷少室山,乃沐浴,伏身俎盘为牲,请代后疾。还奏,会后亦愈,大见褒赐,其资佞诏如此。

（武崇训）三思第二子也。则天时,封为高阳郡王。时三思用事于朝,欲宠其礼。中宗为太子在东宫,三思宅在天津桥南,自重光门内行亲迎礼,归于其宅。三思又令宰臣李峤、苏味道,词人沈铨期、宋之问、徐彦伯、张说、阎朝隐、崔融、崔湜、郑愔等赋《花烛行》以美之。

读到这里,也就明白在中国这块土地上,"御用文人"这名词,"御用文学"这概念,之所以臭不可闻到极点,之所以来不及掩鼻而逃,其由来是与这位中国唯一的女皇帝密切相关的。

李隆基的帝王周期率

李隆基(685—762)　唐朝在位最久的皇帝,庙号"玄宗",又称唐明皇。他多才多艺,知晓音律,擅长书法,仪表雄伟俊丽。他励精图治,所开创的"开元盛世"是唐朝的极盛之世。

"开元"和"天宝",为唐玄宗李隆基的年号。加上其父唐睿宗李旦禅位时的"先天",他在位44年,共用3个年号。

>>> 好样的李隆基,在他统治下,人人有饭吃,人人有衣穿,半亿人口不用担忧衣食住行。然而自从这位"情圣"的魂,被杨贵妃勾住以后,就"春宵苦短日高起,从此君王不早朝"。大唐王朝一蹶不振,再无起色。图为元朝钱选《杨贵妃上马图》。

整个唐代,年号变换最多最快者,当数玄宗的祖父高宗李治与他的祖母武后。那两口子简直发神经似的,前后执政50年,共使用32个年号,其中一年一换者十一起,一年两换者五起,花样翻新,层出不穷,令人目不暇给。我估计这绝对是武则天的主意,那个强势女人,没有她做不出和做不到的事情,她的窝囊废丈夫李治,患有严重的高血压,加之时常发作的癫痫病,哪有力气陪她搞这些形式主义的名堂。武则天,精力过剩,欲望强烈,感情发达,性格外向,属于多血质型的人。绝不安分的她,不搞点惊人举动,不闹点轰动效应,那份寂寞,那份平淡,会把她憋死的。她几乎无法忍受须臾片刻的平静,为此不断制造事端,来吸引大众眼球,这便成为她的嗜好。

换年号,成为她的一项游戏,每年年初,都要向文武百官、黎民百姓颁布诏令,全国施行新的年号。年号通常两个字,她改唐为周称帝之后,甚至用过"天册万岁"、"万岁登封"、"万岁通天"四个字的,对她来讲,换年号如同脱衣服,儿戏一般,官府不堪其扰,民间不胜其烦。公元713年,李隆基实际掌权,头一件事,改年号为"开元",而且一下子坚持用了29年,终结了武则天的年号乱象。就冲这一点看李隆基,你得赞他一个。

李隆基接位时才27岁,年轻有为,朝气蓬勃,他实干,他勤政。在政治上,除劲敌;在朝政上,用贤臣;在国用上,讲节俭;在吏治上,重考核,发愤图强,身体力行,励精图治,志在升平。在这个世界上,我们中国人的生存能力、恢复能力,和健壮起来的能力,是最为强大的。其活力之无穷,其自愈之迅速,其吃苦耐劳之坚韧,其百折不挠之顽强,才得以使这个民族延续五千年生生不息。只要给以安定的环境、发展的空间、宽松的氛围,和相当程度上的思想解放,无论国家的底子原来多么的薄,也无论百姓的生活原来多么的差,用上二三十年的时间,中国人就是有办法使自己的国家出现奇迹般的变化。往近说,改革开放的辉煌成就,这是我们大家亲身经历过来的;往远说,汉代的"文景之治",也是极著名的例子。汉文帝刘恒在位23年,汉景帝刘启在位16年,加在一起为39年的太平,结果国家富庶到了"京师之钱累巨万,贯朽而不可校。太仓之粟陈陈相因,充溢露积于外,至腐败不可食"的地步。

太平很重要,唐的"开元盛世"比汉的"文景之治"少10年,在这29年里,没有大的战争、没有大的灾难,因而也没有大的动乱。正是由于太平,"戴白之老,不识兵戈",才成为盛世。孙子说过,兵者,凶器也。只要一打仗,绝对没有好日子过。当然,还有一个更重要的因素,就是李隆基在这 29 年里,至少有 20 年没有大的混账。在封建社会里,最高统治者王八蛋,或者不那么王八蛋,往往决定国家是成是败,是祸是福的走向。

唐人杜佑(735—812),晚唐著名诗人杜牧的祖父。德宗朝入为同中书门下平章事,历顺宗、宪宗两朝,均以宰相兼度支使、盐铁使,是一位有头脑的经济专家,他对于"开元盛世"的叙述,应该是相当可信的。"至(开元)十三年(725)封泰山,米斗至十三文,青、齐穀斗至五文。自后天下无贵物,两京米斗不至二十文,面三十二文,绢一疋二百一十二文。东至宋、汴,西至岐州,夹路列店肆待客,酒馔丰溢。每店皆有驴赁客乘,倏忽数十里,谓之驿驴。南诣荆、襄,北至太原、范阳,西至蜀川、凉府,皆有店肆,以供商旅。远适数千里,不持寸刃。(开元)二十年(732),户七百八十六万一千二百三十六,口四千五百四十三万一千二百六十五。"(《通典》)

所谓"驿驴",用时尚的话说,就是"驴的"。想想当下城市里居民打的之难,真羡慕唐朝人的这一份便利。

可想而知,唐代大诗人杜甫(712—770),从他家乡河南巩县,来到洛阳卖药,肯定没少打驴的。在《忆昔》一诗里,对于他出生的年代,对于他童年、青年所度过的年代,留恋之意,依惜之感,那些打心眼里流露出来的词句,可是千真万确的赞美。"忆昔开元全盛日,小邑犹藏万家室。稻米流脂粟米白,公私仓廪俱丰实。九州道路无豺虎,远行不劳吉日出。齐纨鲁缟车班班。男耕女桑不相失,宫中圣人奏云门,天下朋友皆胶漆。百余年间未灾变,叔孙礼乐萧何律。"诗人所写的"小邑犹藏万家室",看似平淡,意涵深刻,因为反映出的人口繁衍现象,是衡量整个社会发展进步的重要指标。"邑",是比都城和省会小,比区乡和村镇要大得多的中等城市,一个小的"邑",也就是普通的小县城,居然聚集上万户人家,数万名百姓,这就说明唐代的人口,直到开元年间,才恢复到前朝隋大业年间的规模。

我们常说"人口红利",没有人口,哪来红利?史学家钱穆认为,人所称羡的

"贞观之治",其实在经济实力上、在人口总数上,都无法与隋炀帝杨广的大业年间相比。据《资治通鉴》:"隋大业五年(609)是时天下凡有郡一百九十,县一千二百五十五,户八百九十万有奇。东西九千三百里,南北万四千八百一十五里。隋氏之盛极于此矣。"仅以河南巩义的洛口仓为例,这一个仓的储粮竟高达骇人听闻的24亿斤,比起当下国家粮贮基地,也不觉逊色,可证隋大业(605—618)朝非同小可的富有程度。然而这个国家、这个政权,其最高决策者却是一个地地道道的混账王八蛋,从他登上帝位的那一天起,实现了南北朝统一的隋朝,便注定了昙花一现的命运。中国有两个应该辉煌却辉煌不起来的短命王朝,一为秦,一为隋。秦败于二世胡亥,隋败于二世杨广。杨广比胡亥更能"败",第一骄奢淫逸,第二穷兵黩武。修建大运河,重盖洛阳城,亲征吐谷浑,三讨高句丽,隋帝国家底再厚,也经不起这个败家子十数年的折腾,出兵打仗,枕尸满涂,挖河建城,穷征暴敛。随后,民不聊生,举国叛起,分崩瓦解,陷入动乱、混战,杀人如麻的血劫之中,全中国差不多有三分之二的人口,都死于这场灾难之中。

李世民成为皇帝的样板,有很大程度的误会,他接手时的江山元气大伤,既穷且破,头几年因天灾老百姓都吃不饱。他的"伟"、"光"、"正",纯系文人哄抬起来的。632年(唐贞观六年),日子稍有改观,拍马屁的官员奏请唐太宗泰山封禅,这是中国帝王最为虚荣的无聊把戏。举朝官员面面相觑,不敢异议,只有魏征站出来表示不同意见。"今自伊、洛以东至于海、岱,烟火尚稀,灌莽极目。"他说,"隋末大乱之后,户口未复,仓廪尚虚。"魏征以直谏出名,李世民尽管不爱听,可一想,河洛地区麦熟之时,还得把关陇地区的饥民带出来觅食,尽管很想风光,也不起劲儿了。637年(唐贞观十一年),侍御史马周上疏中还在说:"今之户口不及隋之什一",这说明什么问题呢?经过两个"五年计划"的"贞观之治",也未能改变战争造成的人口锐减的现象。没有人口,谁来创造财富,战争之可怕就在于杀人容易造人难,要把童稚养成劳动力,没有十年二十年的投入不可,那是极费工夫而且是急不得的。

直到唐高宗李治的永徽三年(653),户部尚书高履行奏:"隋开皇中有户八百七十万,即今现有户三百八十万。"说明唐王朝立国半个世纪,总人口还未达到隋王朝的一半。由此推断,唐太宗李世民为帝时,全国户不足三百万,口不足一千万,大概是接近于正确的。就这点小本钱,就这份小家业,封个哪门子禅啊!所以说,"贞观之治"只是在封建制度的理论建设上有所贡献。这种"盛世",与百姓的肚皮无关,故尔是虚的;而唐玄宗李隆基的"开元之治",在政治、经济、文化上的全面开花,才是货真价实的"盛世"。《云仙散录》载:"开元中,长安物价大减,两市卖二仪饼,一钱数对。"二仪饼,大概是今天陕、甘一带的肉夹馍,厚实的胡饼中,夹着一把碧绿的芜荽、几块烂熟的牛肉,吃起来满嘴流汤,口角留香,比麦当劳不知美味多少倍。开门七件事,柴米油盐酱醋茶,老百姓介意的、在乎的,一是米面的涨跌,二是衣被的厚薄,三是居屋的大小,四是行路的难易。对于李世民《贞观政要》中的帝王之术,驭民之道,才不会放在心上。套用一句西哲的话,"理论是灰色的,生命之树常青",大米白面,最是真理,只有实打实的肉夹馍,才能让讲现实主义的中国人信服。

好样的李隆基,在他的统治下,713年(从开元元年)到742年(天宝元年),约三十年,全国人口达到户八百三十四万、口四千五百三十一万,与隋大业朝持平。又经过13年,据《资治通鉴》,755年(天宝十三年),户部奏:天下户口九百八十六万九千一百五十四户、人口五千二百八十八万零四百八十八人,全面超过了前朝。人人有饭吃,人人有衣穿,有驴的可打,有驿站可住,半亿人口不用担忧衣食住行,这是了不起的成就。再看下面一组数字:

> 开元六、七年,天下大理,四方丰稔,百姓乐业。米每斗三钱。(《唐语林》)

> 开元十三年,时累岁丰稔,东都米斗十钱,青齐米斗五钱。(《旧唐书》)

> 开元二十五年,是时海内富实,米斗之价钱十三,青齐间斗才三钱。(《新唐书》)

> 开元二十八年,其时频岁丰稔,京师米斛不满二百。(《旧唐书》)

二十多年间,"民以食为天"的米价,始终保持平稳,无通货膨胀一说,这简直就是人间奇迹。冲这一点,开元年间的李隆基称为英主,是当之无愧的。因为居民物价指数,也就是CPI,是人口得以稳定增长的基础,而人口的出生率和死亡率,也是观察整个国家是否生活安定、是否丰衣足食的重要指标。《旧唐书》史官论"开元之治":"我开元之有天下也,纠之以典刑,明之以礼乐,爱之以慈俭,律之以轨仪。"举国上下,同心同德,安居乐业,国力上升,以至"贞观之风,一朝复振","年逾三纪,可谓太平"。《新唐书》也是如此说:"开元之际,几致太平,何其盛也!"李隆基在开元年间,除了与吐蕃、突厥有过局部的、短期的战事外,没有进行过倾举国之力的征讨。外无危国之敌,内无叛乱之贼,社会保持安定,经济发达繁荣,整个国家之物阜民丰程度,大大超过李世民的"贞观之治"。

然而741年(开元二十九年),已经成为英主的李隆基,心血来潮,忽然要改年号了。

在中国古代,出现英主不一定就是老百姓的幸福,特别是那些自以为是的英主,会经常要给老百姓制造灾难的。这一点,有无数的历史事实加以证明。

我始终不解,按中国人的美学观念,追求十全十美的完整,是我们在世界范围里独一无二的民族特性。为什么李隆基不能再等一年,到开元三十年再换个新年号,岂不是善始善终之举吗?那年他56岁,来日方长,至于如此急如星火地颁布诏令,将开元改为天宝?只有一个解释,他反对过他祖母的乱改年号,可谓不遗余力,二十多年过去,老太太那至高无上、为所欲为的遗传因子,在她孙子的血管里发酵,基因在发生作用,出现了返祖现象。他决定改年号,迫不及待,而尤为滑稽和荒唐的,改新年号的两年以后,也就是天宝二年即将结束,天宝三年马上开始之际,一道新的诏书公示天下,从下一年起,不再称"年"而称"载"。武则天的变,只是年号本身用字用词的变,李隆基的变,则是改"年"为"载"的彻头彻尾的变。青出于蓝胜于蓝,老太太地下有灵,也得向她的孙子表示致敬,还数你凶。在整个中国封建史上,三百多个皇帝,五百多个年号,没有一个敢不以"年"为"年"的,虽然,"年"和"载",本来是一个意思。但是,"年"为二声,"载"为四声;前者顺口,后者拗嘴。只有他——唐玄宗,一个绝非二百五的皇帝,却做了一件绝对二百五的事情。

年号之改,乃小事一桩,可开元的"年"接着天宝的"载",对李隆基来讲,恰似一道分水岭,从此一路下坡,加速度地走向灭亡。读其一生历史,开元时期,他左右都是些什么人,他们是姚崇、宋璟、张九龄、张说等正直之辈,在好人堆里,在君子中间,他想做坏人,想做小人,也未必成;天宝时期,他身边都是些什么人,他们是李林甫、安禄山、杨国忠、高力士等奸佞之流,在恶水缸里,在化粪池中,他想出污泥而不染,也难,即使他想好,也好不了。加之,李隆基与武则天基因相同,都属于多血质型人,这种人有超强的能力,有无限的精力,但成功了容易膨胀,失败了一蹶不振。而且,患得患失,情绪波动,若是向好的方向发展,常有惊人的成绩出现,若是向坏的方向堕落,往往会不知伊于胡底的沉没。特别是开元末年武惠妃死去,杨贵妃出现,李隆基扮演"情圣",就180度地走向自己的反面,"开元"的英主,一下子成为完全不可救药的"天宝"昏君。

欧阳修在《新唐书》的《玄宗本纪》后,感慨地说:"及侈心一动,穷天下之欲,不足为其乐,而溺其所甚爱,忘其所可戒,至于窜身失国而不悔。考其始终之异,其性习之相远也至于如此,可不慎哉,可不慎哉!"基因决定性格,性格决定命运,《新旧唐书》都称他多才多艺,充满艺术细胞,吹拉弹唱无不精通,是个精力异常的玩家,这颇足以看到他气躁轻浮的一面。野史称他喜好击鼓,光他击坏的鼓槌,就堆满一房间,这也表现其玩物丧志的一面。他先后生有30个儿子、26个女儿,是一个很厉害的播种者,甚至不择手段地将他儿子寿王的妃杨玉环,弄到自己床上。这正好证明此公性腺发达,激素强烈,而且不管不顾的一面。"侈心一动",李隆基人性中的恶本质,便全面彻底地暴露出来。

自从这位"情圣"的魂,被杨玉环勾住以后,"后宫佳丽三千人,三千宠爱在一身","春宵苦短日高起,从此君王不早朝"。到了天宝时期,已是甲子年纪的他,器官开始老化,是生理正常现象。但这个唐玄宗,独是他的生殖系统,依然很壮烈、很辽阔,威风不减,金枪不倒,当算得上是特异功能了。于是,大唐王朝一蹶不振,再无起色。历朝历代的中国官员,无论职务高低,无论权力大小,最后倒台的原因,可能多种多样,其中百分之八九十,无不蹈唐玄宗覆辙,因女色而败。一直到现在,那些坐在被告席的犯罪官员,无一不从包二奶、玩小姐、养情妇起,从而腐化堕落、蜕化变质。从古至今,这班败类便造出"祸水论"一说以卸己责,杨玉环即是此论的典型代表人物,这当然是胡扯了。史家称公元755年,为李唐王朝的转捩之年,而由盛而衰的真正罪魁祸首,并非杨贵妃,而是李隆基。

唐玄宗曾经英明过，为什么后来变成如此不英明呢？道理很简单，中国历代帝王，为了维持生殖系统的强大攻势，身体的其他系统就不能不加快老化，因此，即使英明过，通常都很短促，最令人痛苦者，成为政治老人以后，仍然觉得自己很英明，仍然指手划脚，临场指导，最后无一不成国之妖孽，这大概也是一种帝王周期律了。就在这种耽于安乐、歌舞升平的大快活中，先宠任奸相李林甫，后放手无赖杨国忠，导致朝政紊乱，国事日非，中央政府坐吃山空、穷征厚敛，地方藩镇分崩离析、尾大不掉。野心家安禄山、史思明遂以讨杨国忠（杨贵妃之兄）为名，趁机发动叛乱。

755年（唐天宝十四载），"安史之乱"起，黄河以北的中国，陷入血流成河、尸骸遍野的拉锯战中，多年不动干戈、未上战场的官兵，哪里敌得住北方杀来的胡兵胡骑。他们很快攻入河洛地区，长安、洛阳顿成一片焦土。这一仗前后打了七年，据《旧唐书》记载："宫室焚烧，十不存一，百曹荒废，曾无尺椽。中间畿内，不满千户，井邑榛封，豺狼所号。既乏军储，又鲜人力。东至郑、汴，达于徐方，北自覃、怀，经于相土，人烟断绝，千里萧条。"司马光在《资治通鉴》中说，"由是祸乱继起，兵革不息，民坠涂炭，无所控诉，凡二百余年。"杜甫有一首诗："寂寞天宝后，园庐但蒿藜；我里百余家，世乱各东西。"想想他写的"开元盛世"，真是冰火两重天啊！

两都失守后，玄宗仓皇出逃，带上他的爱妃，带上他的爱臣，带上他的并不爱的太子李亨，目标四川，往西而去。李亨那年40岁上下，还够聪明，他盘算了一下，与其跟着老子逃亡，无论逃到哪里，头顶上永远有老子这块云彩压着，倒不如摆脱他自立门户。于是，就暗底下策划了马嵬坡的那场兵变，他的爱臣被乱兵砍头，他的爱妃被臣下缢死，这位曾经的英主，虽然没有死，但从此也等于行尸走肉，苟延残喘而已。

李亨到了灵武，自立为帝，年号"至德"，仍循其父之道，称"年"曰"载"。三年以后，觉得不对味，遂改年号为"乾元"，并且在诏书里颁布，从此改"载"为"年"。唐玄宗的这个以"年"为"载"的洋相，再也无人仿效，遂成一则笑话，留存在历史的缝隙里，以供人们一莞。

李白很给力

李白(701—762)　唐朝浪漫主义诗人。他为人爽朗大方,爱饮酒作诗,喜交友游览。他的诗歌作品,总体风格豪放俊迈、清新飘逸、大气磅礴、气势十足。既反映了时代的繁荣景象,也揭露了统治阶级的荒淫和腐败,还表现出蔑视权贵、反抗传统束缚、追求自由和理想的积极精神,极具浪漫主义情怀。就其具有的开创意义及艺术成就而言,享有极为崇高的地位。他被后人誉为"诗仙",与杜甫并称为"李杜"。

"仰天大笑出门去"是李白最得意时候的诗,也是最具李白风格的诗。

每读到这里,不但让我们想象得出这位诗人,怎么昂着头、挺着脸、走出门来、迎着太阳、大笑不止的发烧样子,甚至似乎还能听到他情不自禁的、喜从中来的、按捺不住的、兴奋不已的朗朗笑声。

只有他能这样不管不顾地得意,也只有他敢这样大张旗鼓地得意。

这就使你懂得,为什么李白写诗,最放纵、最肆意、最冲动、最无拘无束?为什么在他笔下,总是写到极致、写到顶点、写到夸张得不能再夸张的临界状态、写到其对比度强烈到不能再强烈的巅峰程度。在中国,也不只在中国,也许他是最精到、最娴熟、最大胆、最醉心于将语言表达到极致境地的杰出诗人。

　　君不见,黄河之水天上来,奔流到海不复回。君不见,高堂明镜悲白发,朝如青丝暮如雪。(《将进酒》)

　　十步杀一人,千里不留行。
　　事了拂衣去,深藏身与名。
　　　　(《侠客行》)

愁来饮酒二千石,寒灰重暖生阳春。

       (《江夏赠韦南陵冰》)

楚山秦山皆白云,白云处处长随君。

      (《白云歌送刘十六归山》)

兴酣落笔摇五岳,诗成笑傲凌沧洲。

         (《江上吟》)

桃花潭水深千尺,不及汪伦送我情。

         (《赠汪伦》)

横河跨海与天通,我知尔游心无穷。

        (《元丹丘歌》)

燕山雪花大如席,片片吹落轩辕台。

         (《北风行》)

呼卢百万终不惜,报仇千里如咫尺。

         (《少年行》)

天台四万八千丈,对此欲倒东南倾。

       (《梦游天姥吟留别》)

大鹏一日同风起,扶摇直上九万里。

         (《上李邕》)

俱怀逸兴壮思飞,欲上青天揽明月。

(《宣州谢朓楼饯别校书叔云》)

飞流直下三千尺,疑是银河落九天。

(《望庐山瀑布》)

朝辞白帝彩云间,千里江陵一日还。

(《早发白帝城》)

白发三千丈,缘愁似个长。

(《秋浦歌》)

凡中国人,无不知李白;凡中国人,无不能脱口而出数句或数首李白的诗。一部中国文学史,要是缺少了李白这个名字,就好像喜马拉雅山没有珠穆朗玛峰一样,立刻就会失去那一股顶天立地的感觉。

李白的诗,对于中国文学的发展,其影响甚为深远。

李杜文章在,光芒万丈长。

(韩愈《调张籍》)

白也诗无敌,飘然思不群。

(杜甫《春日忆李白》)

笔落惊风雨,诗成泣鬼神。

(杜甫《寄李十二白二十韵》)

其为文章,率皆纵逸,至如《蜀道难》等篇,可谓奇之又奇,然自骚人以还,鲜有此体调。(殷璠《河岳英灵集》)

诗人各有所得,清水出芙蓉,天然去雕饰,此李白所得也。(王安石的评价,见胡仔《苕溪渔隐丛话》)

太白于乐府最深,古题无一弗拟,或用其本意,或翻案另出新意,合而若离,离而实合,曲尽拟古之妙。(胡震亨《唐音癸签》)

唐三百年一人。(李攀龙《唐诗选序》论李白绝句)

而谈到李白这个人,他的来历、他的出处、他的行状、他的踪迹,就不如他写的诗那样明明白白地便于言说了。

从公元701年(唐武后大足一年)生,到762年(唐肃宗宝应一年)死,他的一生,有许多不确定性的记载,不是一句两句就能说清楚、说明白的。他自称祖籍陇西成纪(今甘肃秦安),先代于隋末流徙西域,因此他出生于中亚碎叶城(今吉尔吉斯坦国的碑城,即托克马克城)。神龙初,随父回四川广汉,居绵州彰明县(今四川江油)清廉乡。也有一说,李白生于蜀中;更有一说,李白具有胡人血统。

724年(开元十二年)"仗剑去国,辞亲远游",出蜀后,漫游江汉、洞庭、金陵、扬州等地。娶故相许圉师之孙女为妻,遂定居湖北安陆。

730年(开元十八年)这位倒插门女婿,不知什么缘故,在安陆待不下去了,遂西去长安求发达,与张垍、崔宗之、贺知章等交游。

732年(开元二十年)虽得到玉真公主的接待,但未能被她大力引荐,谋官不成,沮丧而归。

736年(开元二十四年),决心遁世,移居山东任城,与孔巢父等隐于徂徕山,号"竹溪六逸"。

742年(天宝元年)因道士吴筠荐举,应诏入京,突然发迹起来,为供奉翰林,达其人生最高潮。

745年(天宝三载)受权贵谗谤,加之未遂"使寰区大定,海县清一"的政治抱负,求去,被唐玄宗赐金放还。出京后,与杜甫、高适会于梁、宋,漫游齐、鲁,过着行吟放浪的日子。

752年(天宝十一载)北上塞垣,游幽蓟,浪迹天下。

756年(天宝十四载)"安史之乱",隐居庐山。

757年(至德元载,即天宝十五载)应永王李璘邀,入幕为宾。他以为是一次得以报国的机会,谁知却上了贼船。

758年(至德二载)永王李璘兵败,李白亡走彭泽,坐系浔阳狱。

759年(乾元元年,即至德三年)因永王事坐罪,本来是要被杀头的,经郭子仪担保,免诛而被长期流放夜郎。

760年(乾元二年)未至夜郎,遇赦得释。

761年(上元元年,即乾元三年)往来于岳阳、浔阳、宣城。

762年(宝应元年)往依族叔当涂令李阳冰,是年十一月,以疾卒,年六十二。也有一说,游江上,投水死。

李白,一方面是有大才华的诗人,一方面也是有大抱负的志士。他实际是有大胸怀,想做大事业,是想达到他在诗歌上达到的成就相埒,是他一辈子不停拼搏,不断折腾的目标。在封建社会里做大事业,必须做大官;也许做大官者不一定做大事业,但要真想做大事业,还非得做大官不可。这也是李白毛遂自荐,削尖脑袋钻营官场的由来,虽然他很不愿意"摧眉折腰事权贵",然而他又不甘于"我辈岂是蓬蒿人",因此,他始终处于相当程度的自我矛盾之中。他有时候是自己,有时候就不是他自己,有时候他在做一个想象中应该是什么样的自己,有时候失去自己走到不知伊于胡底的地步。

姑且相信有"上帝"这一说,不知为什么,把人造成如此充满矛盾的一个载体,而人之中的诗人尤甚。设若矛盾在平常人身上,计数为一,那么,在诗人身上必然发酵为一百。同样一件事,你痛苦,他就痛苦欲绝;你快乐,他就快乐到极点、到狂。诗人与别人不同之处,无论痛苦,还是快乐,来得快,去得更快。于是,诗人像一只玻璃杯,总是处于矛盾的大膨胀和大收缩的状态下,很容易碎裂。

真正的诗人,短命者多,死于非命者多,这也是无可奈何的事。当然,有些诗人后来还苟活着,实际上他的诗情,早已掏空;他的五色笔也被梦中的美丈夫收回去了,压根儿已不是诗人,只不过是原诗人或前诗人,或曾经诗人过。写不出诗,并不妨碍他仍顶着诗人的桂冠,在文坛招摇,要他的一席位置,要他的一份待遇,位置低了不行,待遇少了不干。这也是当前中国文人的现状。

李白这个中国文学史上最伟大的诗人之一,可以说一生矛盾,矛盾一生。

读他的诗,如同读这个人。李白在逝世以前的那段日月,作为一个充军夜郎、遇赦折返的国事犯,羁旅江湖,家国难归,那心境怕不会是快活得起来的,他笔下只能写这种愁眉不展的诗:

窜逐勿复哀,惭君问寒灰。
浮云本无意,吹落章华台。
远别泪空尽,长愁心已摧。
三年吟泽畔,憔悴几时回?
　　　　(《赠别郑判官》)

当春风得意那一阵,李白在长安城里,过的是他挚友杜甫所写的那优哉游哉的日子。"李白一斗诗百篇,长安市上酒家眠。天子呼来不上船,自称臣是酒中仙。"(《饮中八仙歌》)

也许太快乐比太痛苦更不容易激发诗的灵感,声色犬马,"三陪"女郎,酒足饭饱,桑拿浴房,这时候的诗人只有饱嗝可打,臭屁可放,诗是绝对作不出的,即使作出来,如李白这样的高手,也就不过如此:

凤凰初下紫泥诏,谒帝称觞登御筵。
揄扬九重万乘主,谑浪赤墀青琐贤。
朝天数换飞龙马,敕赐珊瑚白玉鞭。
世人不识东方朔,大隐金门是谪仙。
　　　　(《玉壶吟》)

显然,仰天大笑的蓬蒿人,终于等到了这一天,欢悦之心,喜欣之色,全在这首诗中赤裸裸地烘托出来了。对于这位诗人的童真、稚情、孩子气,也就只好一笑了之。谁也不是圣人,谁也不是神仙,谁也不能保证自己百分百的正确。

>>> "李白斗酒诗百篇",只有李白不管不顾地得意,也只有他敢这样大张旗鼓地得意。这就让人懂得,为什么他写诗,最放纵、最肆意、最冲动、最无拘无束?图为清朝苏六朋《太白醉酒图》中,他大醉酩酊的样子。

作为供奉翰林的李白,还得哄最高当局开心,也真是够难为他的。从宋朝王说著的《唐语林》中的一则故事可知,诗人的马屁术,也挺有水平,能拍得皇帝老子蛮开心的。"玄宗燕诸学士于便殿,顾谓李白曰:'朕与天后任人如何?'白曰:'天后任人,如小儿市瓜,不择香味,唯取其肥大者;陛下任人,如淘沙取金,剖石采玉,皆得其精粹。'上大笑。"

因为武则天养男宠,"唯取其肥大者",李白讲这个低级的色情段子,让李隆基开怀大笑,说明他很能揣摩老爷子的心理。当然,李白的作秀,或李白的佯狂,是他的一种舞台手段。他渴嗜权力,追逐功名,奔走高层,讨好豪门,是为了实现更远大的目标,宫廷侍奉,更使他必须全身心地投入,才能把握得住得以接近最高当局的唯一机会。所以,他忙得很,至少那一程子,分身乏术,忙得脚打后脑勺。下面这首近似"吹牛皮"的诗,便可了解他那时的得意心情:

> 少年落魄楚汉间,风尘萧瑟多苦颜。
> 自言管葛竟谁许?长吁莫错还闭关。
> 一朝君王垂拂拭,剖心输丹雪胸臆。
> 忽蒙白日回景光,直上青云生羽翼。
> 幸陪鸾辇出鸿都,身骑飞龙天马驹。
> 王公大人借颜色,金章紫绶来相趋。
> 当时结交何纷纷,片言道合唯有君。
> 待吾尽节报明主,然后相携卧白云。

(《驾去温泉宫后赠杨山人》)

看这首诗的标题,就可想见诗人那一脸得意之色了。"幸陪鸾辇"什么意思?是陪着李隆基去潼关洗温泉。也许认为自己是在护驾的诗人,在这支陪同队伍中,只是最后一辆面包车的乘客,那也了不起。

英国的莎士比亚,一生中侍奉两位君王,一位是伊丽莎白,一位是詹姆士二世。前者,他只有在舞台边幕条里探头探脑的份儿;后者,他也不过穿着骠骑兵的号衣,在宫殿里站过岗,远远地向那个跛子敬过礼。何况我们的诗人李白,不仅与李隆基同乘一辆考斯特,由西安同去临潼,一路上还相谈甚密,十分投机。《唐语林》也证实:"李白名播海内,玄宗见其神气高明,轩然霞举,上不觉忘万乘之尊,与之如知友焉。"看来,诗人的"片言道合唯有君",固然有自我发酵的成分,但大致符合实际。他给杨山人写诗的时候,肯定采取海明威的站着写作的方式,因为他已经激动得坐不住了。

744年(天宝三年)第二次离开长安以后,虽然有点失落,但未完全失落期间写的诗。有点失落,怨而不怒,是写风、雅、颂的最佳状态。完全失落,风、雅不起来,颂也没兴致,一心舒愤懑就有失温柔敦厚之意了:

> 处世若大梦,胡为劳其生?
> 所以终日醉,颓然卧前楹。
> 觉来盼庭前,一鸟花间鸣。
> 借问此何时?春风语流莺。
> 感之欲叹息,对酒还自倾。
> 浩歌待明月,曲尽已忘情。
>
> (《春日醉起言志》)

正因为他还有一份对长安的憧憬,才生出"浩歌待明月"的期冀,无论如何,他终究是和皇帝在一辆考斯特车上坐过,很官方色彩过的。所以,他有一时兴来的正统情感,虽然自己倒未必坚持正统,犹如他习惯了写非主流的作品,兴之所至,偶尔主流一下,也未尝不可。大师出神入化的诗歌创作,在物我两忘的自由王国里任意翱翔,就不能以凡夫俗子的常法常理,来考量他了。

对李白这样彻头彻尾的浪漫主义者来讲,要他做到绝对的皈依正统、死心踏地地在体制内打拼,恐怕是一件最痛苦的事情,继续做笼中的金丝鸟,无异于精神的奴役。这也是他第二次终于走出长安的底因。如果我们理解李白,他在人格上更多的是一个悖背正统的叛逆者。但也别指望他能大彻大悟,李白与历史上所有的大师一样,无不处于矛盾之中:一方面,建功当世,以邀圣宠,扬声播名,以求闻达,这种强烈的名欲,使他几乎不能自已;一方面,浪迹天涯,啸歌江湖,倘佯山水,看破红尘,恨不能归隐山林;一方面,及时行乐,不受羁束,声色犬马,胡姬吴娃,离开女人简直活不下去;一方面,四出干谒,曲事权贵,奔走营逐,卖弄才华,沉迷名利场中而不拔。所以 733 年,他第一次离开长安后,东下徂徕,竹溪友集,人在江湖,其实还是心存紫阙的。这是诗人一辈子也休想摆脱的"我辈岂是蓬蒿人"的攀高心结。

这不仅仅是李白,世界上有几个甘于寂寞、当真去归隐的人呢?唐代有许多在长安捞不到官做的文人,假门假势地要去隐遁,可又不肯走得太远,就到离长安不远的终南山当隐士。隔三差五,假借回城打油买醋,背儿箱方便面在山里吃的理由,屁颠屁颠地又溜进青绮门,窥探都城动静。

"天生我材必有用,千金散尽还复来。"《将进酒》诗中的这两句名言,注定了诗人不能忍受的,就是不堪于默默中度过一生。742 年(天宝元年),李白的机会来了,由于他的友人道士吴筠,应召入京,吴筠又向玄宗推荐了李白,唐玄宗来了好兴致,征召我们这位诗人到长安为供奉翰林。于是,他写下这首一点都不掩饰自己的得意之歌:

> 白酒新熟山中归,黄鸡啄黍秋正肥。
> 呼童烹鸡酌白酒,儿女嬉笑牵人衣。
> 高歌取醉欲自慰,起舞落日争光辉。
> 游说万乘苦不早,着鞭跨马涉远道。
> 会稽愚妇轻买臣,余亦辞家西入秦。
> 仰天大笑出门去,我辈岂是蓬蒿人。
>
> (《南陵别儿童入京》)

老百姓形容某个人过分的轻狂,喜欢说,骨头轻得没有四两。我估计,这位大师此时此刻,浑身上下加在一起,怕也没有 200 克重的。最后两句,我们能够想象诗人当时那副乐不可支的模样。幸而他一向佯狂惯了,要是这幸运落在《儒林外史》中的范进头上,怕到不了长安就笑傻了。

凡诗人,都有强烈的表现欲,哪怕他装孙子,做假收敛,做假谦谨,那眼角的余光所流露的贪念,也是打埋不住的。像李白这样不遮不掩、不盖不藏的真性情,真自在、真实在的内心、真透明的灵魂,倒显得更加率真可爱。

李白倒不是浪得大名,"五岁诵六甲","十岁观百家,轩辕以下来颇得闻矣","十五观奇书,作赋凌相如",深信自己具有"申管晏之谈,谋帝王之术,奋其智能,愿为辅弼,使寰区大定,海县清一"的能量,正是这一份超常智慧、卓异才华,使他既自信、更自负。他在《上安州裴长史书》中说,成年以后,"仗剑云国,辞亲远游,南穷苍梧,东涉溟海"。可以看到他读百家奇书、求治国韬略、历江湖河海、涉名山大川以后,诗创作越发成熟,求功名越发强烈、做一番大事业的欲望越发坚定,求一个大位置的野心越发迫切。

在《与韩荆州书》中的他,那豪放狂傲、不可一世的性格,和他干谒求售时急不可待的心情,两者如此巧妙地结合,不能不令人对其笔力所至,无不尽意的折服:"白,陇西布衣,流落楚汉,十五好剑术,偏干诸侯。三十成文章,历抵卿相。虽长不满七尺,而心雄万夫。皆王公大人许以义气,此畴曩心迹,安敢不尽于君侯哉?"把自己狠狠吹了一通以后,又把荆州刺史韩朝宗,足足捧了一顿。"君侯制作侔神明,德行动天地。笔参造化,学究天人。幸愿开张心颜,不以长揖见拒,必若接之以高宴,纵之以清谈,请日试万言,倚马可待。"然后,进入主题,凡吹,凡拍,无不有明确的目标。"今天下以君侯为文章之司命,人物之权衡,一经品题,便作佳士。而今君侯何惜阶前盈尺之地,不使白扬眉吐气,激昂青云耶!"

李白的"吹","吹"出了水平、"吹"出了高度,怎样"吹"自己是一门学问,以上引文不足百字,要"吹"的全"吹"了,要达到的目标全表达了,而且,文采斐然,豪气逼人。我绝无厚古薄今的意思,当今一些作家、诗人在包装促销、炒作高卖方面,可谓瞠乎其后。到底是大诗人、大手笔,连吹,也吹出这一篇难得再见的绝妙文章。直到今天,李白先生"吹"自己的杰作,还被莘莘学子捧读,还能读得十分动情。时下文坛上那些"吹"者和被"吹"者,三个月,不,一个月以后,还有人记得吗?

一个作家,写了些东西,想让人叫好,是很正常的情绪。在信息泛滥得无所适从的今天,给读者打个照会,不必不好意思,无非广而告之。适当"吹吹",无伤大雅。如今铺天盖地的广告,有几个是有一说一,有二说二的呢?街头吆喝,巷尾叫卖,推销产品,便属必要。所以,别人不吹,自己来吹,老王卖瓜,自卖自夸,不是什么丢人现眼的事;拉点赞助,雇人鼓掌,也不必大惊小怪。

文人好"吹",当然不是李白开的头,但不管怎么说,李白的诗和文章,却是第一流的,在文学史上的地位,也是众所周知的。有得"吹",并不是一件坏事;让人痛苦的是没得"吹"的也"吹",充其量,一只瘪皮臭虫,能有多少脓血,硬吹成不可一世的鲲鹏,"吹"者不感到难堪,别人就会觉得很痛苦。

但假冒伪劣产品,由于质次价廉的缘故,碰上贪便宜的顾客,相对要卖得好些。货真价实的李白,一脑子绝妙好诗、一肚子治国方略,就是推销不出去。《行路难》是李白离开长安时的诗作,写出了黑暗现实对他宏大抱复的阻遏:

> 金樽清酒斗十千,玉盘珍馐直万钱。
> 停杯投箸不能食,拔剑四顾心茫然。
> 欲渡黄何冰塞川,将登泰山雪满山。
> 闲来垂钓碧溪上,忽复乘舟梦日边。
> 行路难,行路难。
> 多歧路,今安在?
> 长风破浪会有时,直挂云帆济沧海。
>
> (《行路难》其一)

好容易走了驸马爷张垍的门子,以为能一登龙门,便身价十倍,哪知权力场的斗争,可不是如诗人想象的那样简单。他两进长安,兴冲冲地来,灰溜溜地走,都栽在了官场倾轧、宫廷纷争之中。大概,一个真正的文学家,政治智商是高不到哪里去的;同样,一个真正的政治家,其文学才华,总是有限,这是鱼和熊掌不可得兼的事。不错,英国的丘吉尔获得过1953年的诺贝尔文学奖,与其说奖他的文学,不如说奖他坚定的反共产主义的一生来得更确切些。后来,驸马将李白扔在了终南山里那位道姑的别墅里,再也不理不问,细雨蒙蒙之时,希望缥缈,他也只能发出感叹系之的悲鸣!

毛泽东曾用毛与皮的关系,比喻知识分子的依存问题。封建社会中所谓的"士",也是要考虑"皮之不存,毛将焉附"的。李白为了找这块可以附着的"皮",第二次进了长安。这回可是皇帝叫他来的,从此能够施展抱负了,虽然,他那诗人的灵魂,"安能摧眉折腰事权贵,使我不得开心颜",不能完全适应这份新生活,只好以酒度日,长醉不醒。而李隆基分派下来的写诗任务,不过哄杨玉环开心而已。无法参与朝政,得不到"尽节报明主"的机会,眼看着"光景不待人,须臾发成丝"。最后,他只好连这份吃香喝辣的差使,也不干了。终于打了辞职报告,卷起铺盖,告别长安。

本来他以为从此进入决策中枢,一显才智。可在帝王眼里,供奉翰林与华清池的小太监一样,一个搓背擦澡,一个即席赋诗,同是侍候人的差使。也许,他未必真心想走,说不定一步一回头,盼着宫中传旨让他打道回朝,与圣上热烈拥抱呢!我们这位大诗人,在兴庆宫外,左等不来,右等不到,只好撅着嘴,骑着驴,出春明门,东下洛阳,去看杜甫了。

这就是封建社会中的知识分子,总是处于出世与入世、在野与在朝、又想吃又怕烫、要不吃又心痒的重重矛盾之中的原因,也是历代统治者对文人不待见、不放心、断不了收拾,甚至杀头的原因。

第二次漫游,李白走遍了鲁、晋、豫、冀、湘、鄂、苏、浙。753年(天宝十二载),在安徽宣城又写了一首感到相当失落,但仍不甘失落的诗。

青春几何时,黄鸟鸣不歇。
天涯失乡路,江外老华发。
心飞秦塞云,影滞楚关月。
身世殊烂漫,田园久芜没。
岁晏何所从,长歌谢金阙。

(《江南春怀》)

一个人的性格可能决定了他的命运,同样,一个人的命运也可能支配着他的心路历程。十年过去,无论他兜了多么大的圈子,从那首"浩歌待明月",到这首"长歌谢金阙",轨迹不变,仍旧回到最初的精神起点上去。

真为我们想不开的诗人痛苦。老先生啊,文学史记住的是你的诗,至于你的官衔、你的功名、你的房子、你的车子、你的医疗待遇、你的红本派司,那是一笔带过的东西,即使写在悼词里,光荣、伟大、正确、英明,外加上高尚、雄伟、辽阔、壮观,一直到呜乎尚飨、节哀顺变,全写了,又如何?念完以后也就完了,没有一个人会听进耳朵里去。李白应该明白,人们记住的是你的诗,而不是别的。

当然,能让人记住你的诗,也要写得好才行,撒烂污是不行的。现在有些诗人,诗写得很狗屁,还指望有人记住,那就是感觉失灵。其实他人还没死,那些狗屁诗早就销声匿迹了。一看到我的许多同行,诗写得没有李白的万分之一好,"李白病"却害得不轻,忙忙碌碌,蝇营狗苟,鬼鬼祟祟,东奔西走,谋这个职位,求那个差使,拍这个马屁,钻那个空子。得着,欢天喜地,笑逐颜开;得不着,呼天抢地,如丧考妣。我就想,有那精神和时间,写点东西该多好?看点闲书该多好?不写东西,也不看书,躺在草地上,四肢撑开,像一个"大"字,看天上的浮云游走,又该有多自在?

文人得了这种病,也就没治了!

我一直在思索,若是李白死心踏地地去做他的行吟诗人、云游山人、业余道人,或者大众情人,或者长醉之人,有什么不好?可他偏热衷于做官宦之人,总是心绪如麻地往长安那个方向眺望不已,难道他还看不出来,那个不可救药的李隆基,已离完蛋不远了吗?就算朝中的清醒者,聘他回长安施展治国才能,坐在火药桶上的李唐王朝,引线已经点燃,开始倒计时,他能阻止这场帝国大爆炸吗?

但诗人不,撇开他的私念不论,应该说,他还不是像我所认识的那些同行,利欲熏心,不能自已。他的心胸中,那一份爱家爱国的执著信念,那一份建功立业的强烈愿望,还是令人感动。尤其那一份"欲献济时心,此心谁见明"的急迫感,简直成了他的心狱。在登谢眺楼时,还念念不忘"何时腾风云,搏击申所能"。那个昏聩的唐玄宗,早把醉酒成篇的诗人忘掉在九霄云外,时隔十年以后的李白还自作多情地"弃我去者昨日之日不可留,乱我心者今日之日多烦扰"忧国忧民不已。读诗至此,不能不为从三闾大夫起的中国文人那种多余的痴情,感到深深的悲哀。

他不爱你,你还爱他,这单相思岂不是白瞎了吗?

755年,李唐王朝的盛世光景再也维持不下去,"安史之乱"终于爆发,从此大唐元气不复,走向衰弱。这场动乱也将李白推到皇室斗争的政治漩涡之中,成了牺牲品。他还没有来得及弄清谁是谁非,急忙忙站错了队,便草草地于垢辱中走完生命的最后旅程。

文学家玩政治,十有九败;政治家玩文学,十有十个,都是扯谈。

李白当然不知最后会是个什么下场,他是个快活人,即使在逃亡避难,奔走依靠途中,也不乏行吟歌啸,诗人兴会,酒女舞伎,游山逛水的快活,这是他几乎不可或缺的人生"功课",该快活能快活,还是要快活的。但诗人是个矛盾体,快活的同时也有不快活,便是那场血洗中华的战乱,他不能不激动,不能不愤怒,不能不忧心忡忡。

> 马如一匹练,明日过吴门。
> 乃是要离客,西来欲报恩。
> 笑开燕匕首,拂拭竟无言。
> 狄犬吠清洛,天津成塞垣。
> 爱子隔东鲁,空悲断肠猿。
> 林回弃白璧,千里阻同奔。
> 君为我致之,轻赍涉淮原。
> 精诚合天道,不愧远游魂。
>
> (《赠武十七谔》)

他那诗人的灵魂,总不会与国家的沦亡、民族的安危,了无干系的,他不可能不把目光从酒杯和女人的胴体移开,关注两淮战事与河洛安危,"抚剑夜吟啸,雄心日千里","中夜四五叹,常为大国忧",河山灰烬,社稷倾圮,爱国之情,报国之心。还是使得这位快活的诗人不快活,夜不能眠,起坐徘徊。

为李白辩者,常从这个共赴国难的角度,为他应诏入永王幕表白。但那是说不通的,很难设想关心政治的李白,会糊涂到丝毫不知这个握兵重镇的李璘,正在反叛的事实。他所以走出这一步,是经过深思熟虑的。我认为大唐王朝建国初期的"玄武门之变",这个历史上的特例,对诗人的那根兴奋了的迷走神经来说,是一种隐隐的说不出口,可又时刻萦注在心的强刺激。他心中有个场,就是在决胜局尚未揭晓之前,既没有胜者也没有败者,谁知这位皇子,会不会是第二个李世民、明天的唐太宗呢?

诗人是以一个赌徒的心理,押上这一宝的。他哪里想到,这一步铸成他的大错,这一错加速他的死亡。

当他被李璘邀去参观那一支王牌水师,走上楼船的甲板时,官员们呐喊欢呼、列队欢迎,水兵们持枪致敬、恭请检阅。穿上军衣、戴上军阶、挎上军刀、行着军礼的李白,总算体验到一次运筹帷幄之威风、指挥统率之光荣,顿时间,忘乎所以、啸歌江上、脑袋发热、赞歌飞扬,把身边的野心家当成明日之星,大发诗兴,一下子泉涌般地写了11首颂诗。

马屁得也太厉害点了,诗人哪,你也太过分了吧! 这实在有点破天荒,当年李隆基点名请他赋诗,才写了三首《清平调词》。

> 三川北房乱如麻,四海南奔似永嘉。
> 但用东山谢安石,为君谈笑静胡沙。
> （《永王东巡歌》其二）

他也不掂掂分量,就把自己比作指挥"淝水之战"的名将。牛皮之后,又别有用心地暗示李璘。

> 龙盘虎踞帝王州,帝子金陵访故丘。
> 春风试暖昭阳殿,明月还过鳷鹊楼。
> （《永王东巡歌》其四）

最后,则认为天下已定、佐驾有功,就等着永王璘记公司的老板给他分红了。

> 试借君王玉马鞭,指挥戎虏坐琼筵。

> 南风一扫胡尘静,西入长安到日边。
>
> (《永王东巡歌》其十一)

一个本来"安能摧眉折腰事权贵"的诗人,现在成为政治上的糊涂虫,这是文人见木不见林的短见、太实用也太庸俗的功利主义!真不禁为误入歧途的大诗人李白叹息。

756年(至德元载)七月,太子李亨即位于灵武。十二月,一看没戏的永王李璘不再等待,公开打出反叛旗帜,割据金陵。757年(至德二载)正月,永王率水师东下,经浔阳,从庐山把诗人请了下来。政治家有时需要文学家,只不过起个招牌作用而已。李璘举事,民心不附,当然要打这样一位名流做号召。诗人有其天真的一面,当真想象他就是东晋的"斯人不出,如苍生何"的谢安,胡子一撅一撅,下山辅佐王业去了。

李璘集结军队,顺流而下,分兵袭击吴郡、广陵,已引起江南士民的抵抗,李白是清楚的。急于扩大地盘,另立中央的行径,几乎没有州县响应,更无名流支持,李白也是了解的。否则就没有犹豫再三,最后经不起敦劝和诱惑,才入幕为宾的过程。

他哪里想到,那个刚登上皇位的李亨,一见后院着火,大敌当前也顾不得了,回出手来便狠狠地收拾他的兄弟。二月份在镇江的一场激战,曾被诗人歌颂过的英武水师被打得溃不成军,诗人至此,吃什么后悔药也来不及了。

李白先是亡走彭泽,后被捕,下浔阳狱,待定罪。幸好,得到御史中丞宋若思的营救,取保释放,免受牢狱之灾。出于感激,赶紧写了一首题目很长的诗《中丞宋公以吴兵三千赴河南军次寻阳脱余之囚参谋幕府因赠之》,献上去。这个马屁,我们应该体谅他不得不为之了:

> 独坐清天下,专征出海隅。
> 九江皆渡虎,三郡尽还珠。
> 组练明秋浦,楼船入郢都。
> 风高初选将,月满欲平胡。

>　　杀气横千里,军声动九区。
>　　白猿惭剑术,黄石借兵符。
>　　戎虏行当剪,鲸鲵立可诛。
>　　自怜非剧孟,何以佐良图。

　　所以把这首泛泛的诗作,抄录出来,因为我实在怀疑,是不是原来打算献给永王的?如果那个野心家真的坐江山的话,这不是一首写他创业建功的现成的诗吗?

　　这世界上有的是小人,而皇帝有可能是最大的小人,这期间,李白还请托过大将军郭子仪,为他在陛下那里缓颊,"表荐其才可用"。但李亨很生气诗人一屁股坐在他弟弟那边为他写诗,而不为自己写诗。那好,长放夜郎,让你明白站队站错了,必须付出什么代价。最可笑的,那个主犯李璘,并没有定罪,而从犯李白,李亨却不肯原谅。李亨不保他,谁保也不行。诗人保外的日子很快结束,最后给他定了"从璘"罪,流放夜郎。

　　《旧唐书》为史家著,对于李白之死,是这样写的:"永王谋乱,兵败,白坐长流夜郎,后遇赦得还,竟以饮酒过度,醉死于宣城。"《新唐书》为文人撰,对于同行多有回避,连醉也略而不谈了。但从宋朝梅尧臣诗《采石月下赠功甫》说:"醉中爱月江底悬,以手弄月身翻然。"宋陈善《扪虱新话》记苏东坡赠潘谷诗句:"一朝入海寻李白,空看人间画墨仙。"元辛文房《唐才子传》:"白晚节好黄老,度牛渚矶,乘酒捉月,沉水中。"李白醉酒落水而死,杜甫过食牛肉而亡的传说,却在民间一直流传至今。有一说,诗人醉酒泛舟江上,误以为水中月为天上月,俯身捉月,一去不回。有一说,诗人看到江上的月影,以为是九霄云外的天庭,派使者来接他上天,遂迎了过去,跃入江水之中,有去无归。

>　　大鹏飞兮振八裔,中天摧兮力不济。
>　　余风激兮万世,游扶桑兮挂石袂。
>　　后人得之传此,仲尼亡兮谁为出涕?
>
>　　　　　　　　　　(《临路歌》)

这是他最后一首诗作,这个一辈子视自己为"大鹏",恨不能振翅飞得更高的诗人,忘了万有引力这个规律,终于还是要重重地摔落在地上的。诗人最后选择了投入江水怀抱中的这个办法,也许他想到老子那句名言:"上善如水。"这个结局,说不定能给后人多留下一点遐想的余地。

李白与王维的内幕

王维(701—761) 唐代诗人、画家、书法家。他早年信道,后因社会打击彻底禅化,代表诗作有《相思》《山居秋暝》等。他参禅悟理,学庄信道,精通诗、书、画、音乐等。

公元730年(唐开元十八年),李白经河南南阳至长安。

在此之前,他漫游天下,行至湖北安陆,因娶了故相许圉师的孙女,成了上门女婿,遂定居下来。这期间,他多次向地方长官上书自荐,以求闻达,不应。于是,就如同当下很多艺术家、文化人来到北京闯世界而成为"北飘"那样,李白要当唐朝的"长飘"一族,遂下定决心到首都长安发展。

他是中国文学史上最不肯安分的诗人之一。

这位大师总是想尽一切方法,爆发他的能量、炫示他的精力、表现他的风采、突出他的欲望。一个人,像一杯温吞水,过一辈子,"清风吹不起半点涟漪",是一种活法;同样,像大海里的一叶扁舟,忽而腾升、忽而倾覆、忽而危殆、忽而逃生,惊涛骇浪一辈子,也未尝不是一种活法。

李白的一生,近似后者。他曾经写过一首《上李邕》的诗,大有寓意在焉:"大鹏一日同风起,扶摇直上九万里,假令风歇时下来,犹能簸却沧溟水。"诗中的主人公,其实就是他老人家自己。

这既是他对自己平生的自况,也是他对自己创作的自信。

自信,是中国人具有强势冲击力的表现;自信,也是中国人能够在大环境中,保持独立精神的根本。李白给中国文学留下来的众多遗产之中,这种强烈的自信,自信到"狂"而且"妄",也是值得称道的。否则,中国文人统统都成了鼻涕虫、成了脓包蛋、成了点头哈腰,等因奉此的小员司,成了跪在皇帝脚下"臣罪当诛兮"的窝囊废,恐怕中国文学史上,再也找不到一篇腰杆笔直、精神昂扬的作品了。

唐代诗运之兴隆旺盛,应归功于唐代诗人的狂放。

什么叫狂放？狂放就是尽情尽性,狂放就是我行我素,狂放就是不在乎别人怎么看,狂放就是不理会别人怎么想。一个社会,安分守己者多,对于统治者来说当然是件好事。一个文坛,循规蹈矩的诗人多了、老实本分的作家多了,恐怕就不大容易出大作品了。

诗称盛唐,其所以"盛",就在于有李白这样桀骜不羁的大师。

此公活着的时候,就闻名遐迩、如日中天,就期然自许、藐视群伦。因此,他认为自己有资格这样做,也就放任自己这样做,这种率性而为的自信,是他的精神支柱,也是他的生存方式。无论得意的时候,还是失意的时候,他那脑袋总是昂得高高的。

文人的"狂",可分两类,一是有资本的狂,一是无资本的狂。李白的一生,文学资本自是充裕得不得了,可政治资本却是穷光蛋,因此他所表现出来狂,对政治家而言,就是不识时务的"傻狂"。文人有了成就,容易不可一世,容易旁若无人,当然也就容易招恨遭嫉,容易成为众矢之的。中国文人的许多悲剧,无不由此而生,这也实在是没有办法的事。

杜甫写过一首题曰《不见》,副题为《近无李白消息》的诗:"不见李生久,佯狂真可哀。世人皆欲杀,吾意独怜才。敏捷诗千首,飘零酒一杯。匡山读书处,头白好归来。"此中的一个"杀"字,令人不寒而栗。也许杜甫说得夸张了些,但也可见当时的社会舆论、群众反映,对他的张狂未必都欣赏的。

一个纯粹的文人,通常都一根筋,通常都不谙时务。他不明白,文学资本拥有得再多,那也是不可兑换的货币。在文学圈子里面流通可以,一出这个范围,就大为贬值。那是政治资本的天下,在世人眼里,权力才是硬通货。李白的计算公式:文学资本等于政治资本,不过是一厢情愿；统治者的计算公式:文学资本不等于政治资本,才是严酷的事实。

李白一辈子没少碰钉子,一直碰到死为止,根本原因就出在这个公式的计算错误上。从他下面这封自荐信,可见他是多么看重自己这点文学本钱。

> 又前礼部尚书苏公出为益州长史,白于路中投刺,待以布衣之礼。因谓群僚曰:"此子天才英丽,下笔不休,虽风力未成,且见专车之骨。若广之以学,可以相如比肩也。"四海明识,具如此谈。前此郡督马公,朝野豪彦;一见尽礼,许为奇才。因谓长史李京之曰:"诸人之文,犹山无烟霞,春无草树。李白之文,清雄奔放,名章俊语,络绎间起,光明洞彻,句句动人。"(《上安州裴长史书》)

这本是应该出自第三者口中的褒誉之词,由当事人自己大言不惭地讲出来,从自我炒作的角度来说堪称经典。在中国文学史上,借他人之嘴,吹捧自己,能如此坦然淡定;将别人看扁,抬高自己,能如此镇定自若,大概也就只有李白这位高手做得出来。你不得不对这位自我标榜时面不改色心不跳的大师,要五体投地表示钦佩了。

还有一封《与韩荆州书》,因为收入《古文观止》的缘故,更是广为人知。在这封信里,他把自己的这点老本,强调到极致的地步:"白,陇西布衣,流落楚、汉。十五好剑术,遍于诸侯。三十成文章,历抵卿相。虽长不满七尺,而心雄万夫。皆王公大人许与气义。此畴曩心迹,安敢不尽于君侯哉?……幸愿开张心颜,不以长揖见拒。必若接之以高宴,纵之以清谈,请日试万言,倚马可待。今天下以君侯为文章之司命,人物之权衡,一经品题,便作佳士。而君侯何惜阶前盈尺之地,不使白扬眉吐气,激昂青云耶?"

安州裴长史也好,荆州韩朝宗也好,能帮李白什么忙?这些官场人物,不过是政客而已,因为喜欢舞文弄墨,傍几个诗人作家,做风雅状,装门面而已。即使大政治家、大军事家、了不起的领袖又如何?也是不把文人雅士当一回事的。1812年6月,拿破仑一世大举进攻莫斯科,曾经带了一个连的诗人同往。准备在他进入这座城池时,向他贡献歌颂武功的十四行诗。结果大败而归,狼狈逃窜,诗人的鹅毛笔没派上用场。副官问这位小个子统帅,拿这班诗人怎么办才是,拿破仑说,将他们编入骡马辎重队里当力夫好了。

桐江吳洤錢塘吳說
獲觀于
開府都王齋閣
紹興壬子長至後一日

>>> 王维的诗,涵泳大雅,无异天籁;他的画也"画中有诗"。李白的诗,高昂则黄钟大吕金声玉振;低回则浪漫奇绝,灵思奔涌。两位大师在长安期间,竟然毫无交往。这个历史的空白,遂成为"斯芬克斯之谜"。其实,他们就是循着自己的轨迹运行而无法相交的星系。图为唐朝王维《伏生授经图》。

这就充分说明,当政治家附庸风雅的时候,可能对文人假之以颜色、待之以宾客,而当他进入权力角逐的状态下,再大的诗人、再棒的作家,也就成为可有可无、可生可杀的草芥了。

但李白这两通吃了闭门羹的上书,并没有使他有足够的清醒。中国文人成就愈高,自信愈强,待价而沽的欲望也就愈烈,将文学资本兑换成为政治资本的念头一发而不可收拾,这就成了李白要到长安来打拼天下的原动力。无独有偶,早在三年前的727年(开元十五年),王维就离开河南淇水,舍掉那一份小差使,抱着与李白同样的目的来到都城,也想开创一个属于自己的世界。

"开元之治"史称盛世,它也是这两位诗人创作的黄金季节。

王维的诗,"诗中有画,画中有诗",涵泳大雅,无异天籁。李白的诗,高昂则黄钟大吕、金声玉振,低回则浪漫奇绝、灵思奔涌。他们作品中那无与伦比的创造力、想象力、震撼力、美学价值,构筑了盛唐诗歌的繁荣景象。

那时的中国,尚无专事捧场的评论家,尚无只要给钱就抬轿子的吹鼓手,尚无狗屁不是就敢信口雌黄的牛皮匠,尚无报纸、杂志、网站、电视台的恶俗排行榜,尚无臭虫、蟑螂、蚊子、小咬之类以叮人为业的文学小虫子。唐朝读者的胃口,还没有退化到不辨薰莸;唐朝读者的智商,还没有被训练到集体无意识状态。这两位大师的诗篇,只要一出手,立刻洛阳纸贵;只要一传唱,马上不胫而走。上至达官贵人,下至黎民百姓,众望所归;高至帝王后妃,低至贩夫走卒,无不宗奉。

可对诗人而言,尽管名气大,地位却不高;尽管很风光,身份却较低。这种名位上的不对称,造成的心理上的不平衡,弄得两位大师很有一点食不甘味、寝不安席的苦恼。王维23岁就进士及第了,巴结多年,才混到正九品下的官职,也就是一个科级干部吧!而功不成名不就的李白更惨,虽然娶了过气高门之孙女,沾了一点门阀之光,可布衣之身,尚未"释褐",仍是白丁一个,总不免感觉自惭形秽、矮人一截。

究其根源,问题还是出在中国文人几乎都有的政治情结上。中国文人在文学上成功者,便想在政治上有所作为,以达到相得益彰的效果;在文学上不成功者,也要借政治上的裨益来弥补,以求人五人六站稳脚跟。中国文人绝对长于文学者,也绝对短于政治,特别善于政治者,也特别不善于文学。文学成就很高者,其政治智商必定很低。这两位大师,成功于文学,失败在政治,这大概也是中国文人难逃的宿命。

他俩还是义无反顾地要到长安打拼,加入"长飘"一族,求得出头之日。

依世俗的看法,这两位同来长安、同求发达的诗人,联袂出现于公开场合,叙谈契阔于文艺沙龙,寒暄问候于皇家宫苑,见面握手于殿堂宫阙,是理所当然的事。"物以类聚,人以群分"嘛!不一定很熟悉,但一定不面生;不一定很知己,但一定有接触。同进同出,亲密无间,也许不可能;但视若陌路,互不理会,总是说不过去的。

后来研究唐代诗歌的人,忍不住蹊跷的也是感到难以理解的:第一,在他们两位的全部作品中,找不到涉及对方的一字一句;第二,在所有的正史、野史里,也查不出来他们来往过、聚会过、碰过头、见过面的资料。

两位大师在长安期间,竟然毫无任何交往。这个历史上的空白,遂成了中国文学史上的"斯芬克思之谜"。

王维生于公元701年,死于760年。李白生于公元701年,死于762年。两人年纪相仿、写作相类、名声相似,甚至连资本兑换的欲求也都相同。这哥儿俩,没有理由不在一起赋诗唱和、说文咏句、论道探禅、行乐邀游。那个时代可是中国历史上的"开元盛世",也是中国诗歌史的黄金年代,更是中国文人最足以释放能量的无限空间啊!

从公元730年至733年(开元十八年至二十一年),从公元742年至744年(天宝元年至天宝三载),先后共有五年工夫,同住在首善之区的这两位诗人,却是"鸡犬之声相闻,老死不相往来"。这样,不禁要问一声"为什么"了!

同时出现在公元8世纪20年代,唐首都长安的李白与王维,使我们联想到20世纪20年代的古都北平,五四新文学运动肇始时期的鲁迅与胡适。也许,胡、鲁或鲁、胡,李、王或王、李,无法类比,但在领衔文坛、引导潮流、左右舆论、吸引眼球这一点上,性质多少相似。

胡、鲁或鲁、胡,文学观点不尽相同,政治立场也大为相左,但都在北平教书做事,无论怎样悖背不一,并不妨碍他们聚在前门外厚德福饭庄吃铁锅蛋,无论怎样分歧交恶,也不影响他们在中山公园的来今雨轩品雨前茶。

尤其是在天宝年间，李白与王维第二次相集长安。李白很抖，被唐玄宗由布衣擢为待诏翰林，一朝得意，满身朱紫。王维也很抖，为从七品上的左补阙，相当于准部级的高干，高轩华盖，随从骖乘。同在朝廷供职，同捧皇家饭碗，同是御用文人，同为诗界泰斗。但不知为什么，仍是形若水火、动若参商，仍是咫尺天涯、不谋一面，这就使人大为惶惑了。

唐代的长安，比之今天的西安，要大三四倍，无论怎么大，在同一座城池里，怎么找理由，怎么设法解释，李白、王维盛唐诗坛的领军人物，总不至于好几年工夫，像捉迷藏般互相躲着。

如果这两位诗人，不那么故意闹别扭的话，见面碰头的机会应是断不了有的。大家知道，王维信佛，"居常蔬食，不茹荤血"，"在京师日饭十数名僧"，很难想象这样虔诚的佛教徒，会不去佛寺祷拜祈福？大家更知道，李白风流，"落花踏尽游何处？笑入胡姬酒肆中"，是个既离不开酒，也离不女人的声色才子，能会安稳地坐在家里纳福？当时长安外廓城里，"有僧寺六十四，尼寺二十七，道士观十，女观六，波斯寺二，胡天祠四"，遍布人烟稠密的里坊间，而著名的声色场所，如平康里的上中下三曲，也处于闹市区，歌伎胡女，僧人尼姑，比邻而居，此乃长安开放社会的特色。

王维的辋川别业，尚未完全修缮完毕，自然借住其弟王缙在城里的宅子。据清人徐松所撰的《唐两京城坊考》，属于"长飘"一族的李白，并无在他名下的邸宅。倘非住在旅店，就是寄寓崇仁坊、平康坊的各地进奏院，相当于今天的外省市驻京办，与王维、王缙所居的道政坊，只有一街之隔，相距不远。拈香礼佛的王维，与寻花问柳的李白，狭路相逢，绝有可能。除非他俩，刻意回避，有心躲让，否则，这种不照面、不往来、不相识、不过话的背后，不能不令人疑窦丛生、令人费解。

何况，《李白集》中，有《赠孟浩然》《黄鹤楼送孟浩然之广陵》《春日归山寄孟浩然》等诗，其交情匪浅；而《王维集》中，则有《送孟六归襄阳》《哭孟浩然》等诗，其友谊颇深。由此判断，孟浩然乃李白、王维的共同朋友，而且不是泛泛之交。实际情况却是：你的朋友，可以成为我的朋友，我的朋友，也可以成为你的朋友，独独我和你，偏偏不可以成为朋友。李白和王维，就这么别扭着，岂非咄咄怪事？

如果孟浩然是一位女诗人，而且有点姿色，自然要避免这种争风拈醋的尴尬场面。正如当下的外地美女作家,来到北京推销自己,决不会把京城"×大评论家"、"×小评论家",同时约在一家星级饭店开房间见面,哪还不得出人命案?孟浩然当然不会有这等情色麻烦,可他怎么对待这两位朋友,估计也是很不自在的。难就难在与王维在一起的时候,不能有李白,而与李白在一起的时候,又不能有王维。这就成了一袋米、一只鸡,和一个狐狸乘船过河的脑筋急转弯的难题了。

孟浩然肯定做过努力,因为重感情、讲友谊、喜交往、好宾客,正是这两位诗人的共同之处。王维那首"西出阳关无故人"的《送元二使安西》,是尽人皆知的。在他诗集里,这样的"送别诗"几占总量的五分之一,说明王维之情真意挚,很看重与友人的交往。具有如此平易近人、融洽处世的性格,应该有其乐意接近李白的可能性。而李白之重然诺、讲义气、任侠仗义、敢于承担,孟浩然估计谅不至于将朋友的朋友拒之门外吧?李白第一次东游,在扬州为救济落魄公子,"不逾一年,散金三十余万",何等慷慨?同游者死于中途,李白"雪泣持刃,躬申洗削,裹骨徒步,寝兴携持,行数千里归之故土",何等忠忱?如此两位看重友情的人,怎么可能大路朝天,各走一边,长安街头,见而佯作不识呢?

孟浩然的一片好心落空了,这哥儿俩就是别扭着。作为这两位诗人的共同朋友,他应该了解,李白也好,王维也好,起决定作用的因素,是他们内心深处里,存在着难于交聚的"瑜亮情结"。

公元 730 年(唐开元十八年)前后,李白第一次到长安,王维已是第三度来长安,两人想做的是同一件事,因文学上的成功期求政治上的得意。但两人心境却不尽相同:李白乘兴而来,一路风光,自我感觉,异常良好,志在必得;王维一再挫折,跌跌绊绊,吃过苦头,心有余悸。

历朝历代的中国文人,断不了要吃历朝历代皇帝所恩赐的苦头。苦头之先吃,还是后吃,对于中国文人的性格和命运,便产生若干的不同。

王维是先吃苦头,李白是后吃苦头。先吃苦头的王维,明白了天有多高、地有多厚,明白了天地之间的自己应该摆在什么位置上,故而他身段放得很低,低到让李白大概很看不起。后吃苦头的李白,在掌声中、在鲜花中、在酩酊的醉眼矇眬中、在胡姬的迷人回眸中,有点不知天高地厚,更不知天地之间,最可有可无的东西就是文人。他的行事方式,往往正面进攻,他的敢作敢为,常常不计后果,这大概也是王维要同他拉开距离的一个原因。

李白到长安来，可能还是靠着妻子娘家的鼎助，得以打通时任右丞相张说的关节，肯于舍出脸来为之说项，这当然是天大的面子。而他的诗名，也为张说的儿子张垍——一位驸马爷所看重，愿意帮他这个忙，这样一来，更是胜券在握。在唐代，无论科举，无论求仕，介绍人的举荐非常重要，十分关键。用今天的话说，走门子；用当时的话说，干谒，则是一种正当的行为。李白所以十拿九稳、心性颇高，所以不把同行王维摆在眼里，因为攀附上张说父子，门路不可谓不硬，后盾不可谓不强，大有静候佳音、坐等捷报之势。估计那些日子里，我们这位高枕无忧的大师，小酒没有少捏。

李白有些轻忽王维，忘了他具有住地户的优势。正如今天的"北漂"一族，只能有临时居住证而无北京户口一样，王维口袋里有李白所没有的这纸长安市民文书。这纸文书也许没有什么了不起，但体现出王维在首都的根基、人脉、资源，可以调动起来为他所用的一切因素，李白在这方面只能瞠乎其后。

当李白觉察到这种差距，从而引起他对王维的警惕，从而发展到冰炭不容、相互扞格的隔膜，就是这两位大师所选择的干谒路径，殊途同归，都是希望得到唐玄宗的姐姐玉真公主的赏识，只要她首肯谁，谁就会一跃龙门，平地青云。

王维23岁中科举以后，就被任命为大乐丞。他在这个国家交响乐团的岗位上犯了错误，纯因少不经事的过失。史载他的属下伶人因演《黄狮子》只能供皇帝观看的舞，而被降职贬放。但李白显然没估计到，这个最高乐府的职务，正是王维的音乐天赋、表演才能，以及他诗歌、书画方面的成就得以体现出来的机会呀！"凡诸王驸马豪右贵势之门，无不拂席迎之，宁王、薛王待之如师友。""尤为岐王所眷重。"(《旧唐书》本传)

从《从岐王过杨氏别业应教》《从岐王夜宴卫家山池应教》《敕借岐王九成宫避暑应教》等王维所作的诗，看来他与这位"好学工书，雅爱文章之士"的岐王，有着过从甚密的关系。而据《集异记》，王维"妙年洁白，风姿都美"，"风流蕴藉，语言谐戏"，"大为诸贵之所钦瞩"，个人形象上占了很大的优势。在重要人物眼中，得到一个视觉上完美的影响分，作用匪浅，这也是李白不禁要自惭形秽之处了。再则，除宁王、岐王、薛王外，王维所交往密切的贵公子，也非等闲人物。如唐太祖景帝七世孙李遵,如武、中、睿三朝宰相韦安石之子韦陟、韦斌兄弟等,都是能在关键时刻起到奥援作用的中坚力量。

"长飘"一族李白,在京城就得不到这种如鱼得水的幸运了。首先,高层社会,他缺乏根基;其次,权力中心,他难有依靠;再其次,王维结交者,当权派、实力派、主流派、在朝派,都是一言九鼎之辈,无一不是有用之人。而李白结交者,文人墨客、酒徒醉鬼、胡女歌伎、普罗大众,都是上不了台盘、帮不了忙的平民百姓。虽经张说、张垍父子推介,得以住进玉真公主的别馆,等待接见。可远在城外,离长安还有一段路程,加之公主很忙,一时来不了,也许说不定已把他忘了。

有一首《玉真公主别馆苦雨》的诗,便是李白待命时刻的心境写照:

秋坐金张馆,繁阴昼不开。
空烟迷雨色,萧飒望中来。
翳翳昏垫苦,沉沉忧恨催。
清秋何以慰?白酒盈吾杯。
吟诗思管乐,此人已成灰。
独酌聊自勉,谁贵经纶才?
弹剑话公子,无鱼良可哀。

这首诗写得很凄清、很郁闷,那点滴的檐头细雨,那瑟瑟的山间冷风,那空茫的乏人问津,那寂寞的无望等待,是李白少有的低调作品。因为他不可能不知道他所期盼的这位公主、那位李隆基的九姐,很大程度上替她弟弟照管一下意识形态方面的事务,负有发现人才、培养重点作家的使命,正兴致勃勃地观看王维的琵琶独奏,并大加赏识呢!

《唐才子传》载:"维,字摩诘,太原人。九岁知属辞,工草隶,娴音律。岐王重之。维将应举,岐王谓曰:'子诗清越者,可录数篇,琵琶新声,能度一曲,同诣九公主第。'维如其言。是日,诸伶拥维独奏,主问何名,曰:《郁轮袍》。'因出诗卷。主曰:'皆我习讽,谓是古作,乃子之佳作乎?'延于上座曰:'京兆得此生为解头,荣哉!'力荐之,开元十九年状元及第。"

虽然王维一生以此为耻,靠卖艺求荣,苟且仕进,但他从此春风得意,平步青云;而李白尽管身孤心冷,尽管磊落光明,尽管不为富贵折腰,可始终没见到公主的倩影,没得到公主的芳心,只好灰溜溜地淹蹇而归,对争强好胜的李白来讲,这是多么没面子、多么扫兴、多么无趣的结果啊!

我想,这可能就是两位顶级大师隔阂的肇始缘由。而对雄性动物来讲,再没有比斗败的鹌鹑、打败的鸡,更为刻骨铭心,更为饮恨终生的痛苦了。

作为文人,自信是应该有的,自尊也是应该有的,但是特别的自信,格外的自尊,那必然紧接着而来的便是令人讨厌的自大了。李白这一次长安之行,是对他自信、自尊,乃至自大的一次挑战,他当然吞不下这枚苦果。李白与王维,遂成为永无交集可能的平行线。两位大师的"零度"反应,在长安城里的不通往来,这个唐代诗歌史的不解之谜,似乎也就大致了解底里了。

我试着推断,这当中肯定有一位,有意约束自己,说不定是他们两位决心回避对方。一个强大的文人,不大容易与势均力敌的对手,在同一天空底下共存。也许觉得你不见我,我不见你,反而更自在些、更自由些。

后来人对于前贤,都有一种"为尊者讳"的谅解,都有一种"玉成其美"的愿望,也就不甚细究,随它去了。实际上,历史的细胞是一个一个具体的人,而人的性格决定了他在历史中的角色地位。因此,一个太自信的李白,和一个太自重的王维,形成这种旗鼓相当,互为芥蒂,彼此戒惧,壁垒森严的局面,本质上也是一种强之为强的势所必然。

应该说,一流的文人,只能对二流、三流、不入流的文人,起到磁吸作用。在京城地界上待久了,在文学聚会上混多了,你就会总结得出来,什么人跟什么人坐在一起,什么人和什么人偏不坐在一起,什么人簇拥着谁,什么人背对着谁,你就大致了解所谓的"圈子"是怎么构成的了。至于那些风头正健的女性作家,拼命把胸脯子努力贴着谁,恨不能保持着零距离;至于那些年老色衰的女性作家,一脸怨恨地瞅着谁,做弃妇状恨不得吃了谁,则更是就近观察的指标。呜呼,每个圈子都是一个小太阳系,众星绕着太阳运行,太阳接受众星拥戴。而若干个"圈子"组合到一起,便成为一个什么"文坛"。

一个太阳系里,只能容纳一个太阳。若是两个不埒上下的重磅文人,如宇宙间两个等质的物体,便得按物理学上的"万有引力定律"行事,只有相拒和相斥,无法走到一起了。文坛的不安生,无不由此而来。

李白与王维,就是循着自己的轨迹运行而无法相交的星系。

也许真实的历史,并非如此,但如果这个"斯芬克思之谜"的谜底,就是这样,也没有什么不好。谁不愿意仰望那满天繁星的夜空呢?每颗星星都在银河系里闪烁着自己的光芒,那宇宙才称得上灿烂辉煌。

若是,只有一颗星星在眨眼的夜空;或者,只许一颗星星在发光的文坛,那该多么寂寞啊!

孟浩然梦碎

孟浩然(689—740) 唐朝诗人。他生当盛唐,早年有用世之志,但政治上困顿失意,以做隐士终其一生。他是唐朝第一个致力于山水诗写作的诗人,先写边塞诗,后主要写山水诗。

在有皇帝的年代里,许多中国人"学而优则仕",中国文人梦寐求之的最高境界,也莫过于被御用了。

一经御用,便吃香喝辣地快活、便银子大把地花销、便声色犬马地享受、便身价百倍地增值。因此想被御用,成为许多中国文人最为憧憬、向往、追慕、艳羡的终极目标。反过来,想被御用而不得,也就成为许多中国文人最为失落、迷茫、消极、怨恨的终生遗憾。明白这一点,便大致把握许多中国的知识分子,觉得自己是块料的文人雅士、风流才子、饱学之士、文化精英,为何而快乐、为何而烦恼的底里了。

可以断定,由于中国文人这种"读得圣贤书,卖于帝王家"的求被御用的心结,一代一代地遗传下来,陈陈相因,积久成习,真是融化在血液中,深入到骨髓里,可以说是根深蒂固、不由自己,也可以说是病入膏肓、欲罢不能。

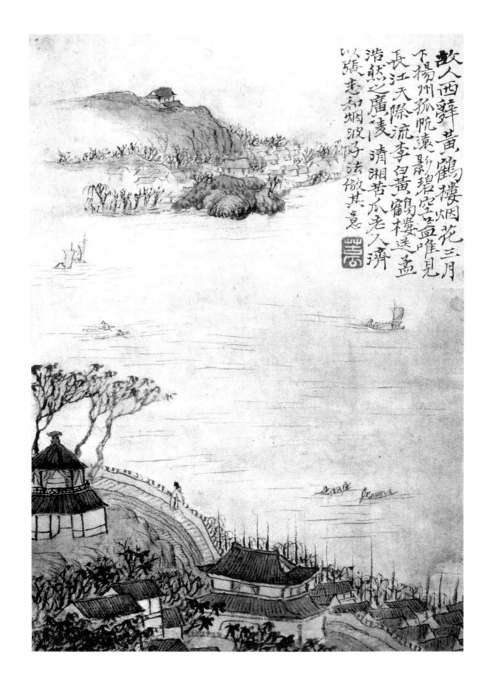

>>> 孟浩然究竟是一个什么样的人呢？由李白《赠孟浩然》可知，他是一个说隐也不见得真隐的"风流天下闻"的"隐士"。李白还写过一首《黄鹤楼送孟浩然之广陵》，图为清朝石涛所作的诗意图。

宋祁著《新唐书·文艺列传》,载孟浩然遇玄宗事,就是一个最好的例子。

孟浩然字浩然,襄州襄阳人。少好节义,喜振人患难,隐鹿门山。年四十,乃游京师。尝与太学赋诗,一座嗟伏,无敢抗。张九龄、王维雅称道之。维私邀入内署,俄而玄宗至,浩然匿床下,维以实对,帝喜曰:"朕闻其人而未见也,何惧而匿?"诏浩然出。帝问其诗,浩然再拜,自诵所为,至"不才明主弃"之句,帝曰:"卿不求仕,而朕未尝弃卿,奈何诬我?"因放还。

元人辛文房《唐才子传》卷二,也有类似记载:

浩然,襄阳人,少好节义,诗工五言。隐鹿门山,即汉庞公栖隐处也。四十游京师,诸名士间尝集秘省联句,浩然曰:"微云淡河汉,疏雨滴梧桐。"众钦服。张九龄、王维极称道之。维待诏金銮,一日私邀入,商较风雅,俄报玄宗临幸,浩然错愕,伏匿床下,维不敢隐,因奏闻。帝喜曰:"朕素闻其人,而未见也。"诏出,再拜。帝问曰:"卿将诗来耶?"对曰:"偶不赍。"即命吟近作,诵至"不才明主弃,多病故人疏"之句,帝慨然曰:"卿不求仕,朕何尝弃卿,奈何诬我!"因命放回南山。

呜呼,一个天赐良机,生被诗人这两句其实是夸张的、卖弄的、言过其实的诗毁了。

看起来,中国文人聪明,但也未必都聪明,未必总聪明,有时,有人,也会聪明反被聪明误,把好事办砸。皇帝已经站在你的面前,你还算什么旧账?发什么牢骚呢?有多少正经该说该讲的话,不赶紧说不赶紧讲,偏偏哪壶不开提哪壶,惦记着"陈谷子,烂芝麻"不放,不是明摆着自讨没趣吗?

这就是盛唐诗人孟浩然(689—740),这个湖北襄阳人头一回进京谋求御用文人这份美差的碰壁史。

孟浩然究竟是个什么样的诗人呢?读李白这首《赠孟浩然》的诗,便知其大概。"吾爱孟夫子,风流天下闻。红颜弃轩冕,白首卧松云。醉月频中圣,迷花不事君。高山安可仰,徒此揖清芬。"我们大致了解这位隐居鹿门山多年的孟浩然,是一个说隐也不见得真隐,有时能隐上十天半月,有时也隐不住这些天的带引号的"隐士"。因为据李白诗,一个与世间不往来的"白首卧松云"的隐士,怎么能达到"风流天下闻"的地步?既然"风流天下闻"了,又怎么可能多少年如一日,捺住性子在鹿门山做他的隐士呢?

从孟浩然结交名流、唱和诗坛,从他游山玩水、入幕为宾,从他两赴长安、应试求官,从他为实现这美丽之梦碰过一回钉子不死心、又碰第二回钉子,说他是雅爱山林更恋红尘,喜好恬淡更慕虚荣的诗人,也不为过。中国知识分子那种骨子里的入仕之心、名位之心、染指权力之心、渴望青云直上之心,别人有的,他也并不少,只不过打着一个隐士的招牌、清高的招牌,多少有点遮掩而已。

李白对于同行的褒扬,尤其是势均力敌的同行,吝于笔墨,不大著于文字,是出了名的。能够作出这样一首诗来,简直等于给他做了一份超级广告。证明他对孟浩然持相当肯定的看法,也是使孟浩然声名大振的一个重要因素。李白还为他写过一首《黄鹤楼送孟浩然之广陵》:"故人西辞黄鹤楼,烟花三月下扬州。孤帆远影碧空尽,唯见长江天际流。"那就是一首脍炙人口的绝妙好诗了。

唐玄宗在王维那里说到这个孟浩然时,特地加了一句:"朕知之久矣!"我估计,很可能是李白的诗所起到的宣传作用。

孟浩然的诗,确实写得不错。清人编《全唐诗》,对他的诗作评价很高:"浩然为诗,伫兴而作,造意极苦,篇什既成,洗削凡尽,超然独妙。"清人沈德潜编《唐诗别裁》,认为他的诗"从静悟得之,故语淡而味终不薄,此诗品也"。谈唐诗的人,都将他与王维并列为"王孟",二人在山水诗上的成就,为人称道。他的那首无人不知、尽人皆晓的《春晓》,随便问任何一个识得几个字的中国人,都会一字不落地背诵得出来。

居隐求显的诗人,第一次来长安,为公元728年(开元十六年)。翌年,碰壁还乡。第一,碰了皇帝的钉子;第二,应考也名落孙山,只好取消登第入仕为御用文人的美梦,打道回府,继续隐居下去。

终其一生,孟浩然始终摇摆在"当隐士"和"被御用"的两极之间,一冷一热,忽冷忽热,或热得高烧谵语,或冷得冰冻三尺。总之,活得快活也不快活,过得轻松也不轻松。"朱绂心虽重,沧洲趣每怀","君主贤为宝,卿何隐遁栖",他的这些诗句,就是诗人处于矛盾状态下的心情表达。当他朱绂之心不重时,他会活得快活些;当他对长安心向往之的时候,他就过得不那么轻松了。

本来,他潜居鹿门山多年,"此山白云里,隐者自怡悦。相望试登高,心飞逐鸟灭"。渔樵耕读,作诗自适,也曾经是蛮惬意的,蛮从容的,蛮能够想得开、放得下的。本打算做隐士做到底,可熬到40岁光景,不知因为什么缘故,终于再也苦熬不下去。还是下了山,跑到长安,要来当御用文人了。

这是许多中国人最为致命的事情,一千多年来,他们都抱有这样一个永恒的梦:第一,"金榜题名",使皇帝能够知道自己的名字;第二,"御前对策",使皇帝能够赏识自己的才能;第三,"君臣唱和",使皇帝能够倾倒自己的才华;第四,也就是"爱卿平身",被皇帝视为心膂,平步青云,衣紫着绯,前程似锦。

这种梦想被御用、被拔擢、被亲信、被宠幸的心结,很像经蚊子传染的疟疾,又称"打摆子"的先冷后热,间歇发作的病症。

中国文人几乎都罹此疾患,无一幸免。巴结啊、讨好啊、趋迎啊、干谒啊,就为一个目的,被御用。不过,有的人重些,乃至不顾廉耻;有的人轻些,手脚做得干净,因为大家都彼此彼此,也就心照不宣。你可以说这是一种发贱,甚至在他写马屁文学、作赞颂诗篇的时候,内心深处未必不认为自己发贱,可他还是坚定地一贱到底,这就是这种病给折腾的。把话说回来,当你在笑话这位同行的下作、卑鄙、无聊和无耻的时候,如果有机会、有可能,你也难保不发贱,说不定是比他更贱的贱皮子。

为什么这种"贱",千年以来,非但有增无减,而且变本加厉呢?因为缠绵在中国文人脑袋中的这种求御用的打摆子传染病,是没有特效药可以治愈的。即使控制一时,也控制不了一辈子。老了老了,还谄媚于朝廷,乞求于官方,卖笑于当道,折腰于权力,这类丑态,我们还见得少吗?

按说我们这位诗人,到了不惑之年,应该更理智些、清醒些才对。可他突然间犯病了。食不知味,寝难入睡,坐卧不宁,心神烦躁起来。虽然"春眠不觉晓,处处闻啼鸟"的山林间,空气相当清新,负离子极多,松茸、蕨根、野菜、地耳又是极富维生素和营养的无污染食品。但他想来想去,在山里即使健康地活一千岁,活一万岁,又如何?

可长安文坛,那"红了樱桃,绿了芭蕉"的场面,真是"夜来风雨声,花落知多少"啊!领风骚者层出不穷,出风头者络绎不绝,电视屏幕上断不了跳出几张油炸丸子式的肉脸,报纸版面上时不时冒出他们招蜂惹蝶、追香逐臭的传闻。那炒作之震天动地,那咋呼之雷霆万钧,让这个蛰居山中的心总是痒痒的诗人,实在顶不住了。

他不能不想之再三,若不趁着李白还走红的时候制造声势,若不靠着王维的官方人脉挺进文坛,京城地界的大小文学圈子,长安城里的各位评论家码头,还有他的立足之地?脚跟都站不稳,有他将来坐在太师椅上跷二郎腿当爷的份?"皇皇三十载,书剑两无成",他懊恼透了。写了这多年,谁知道他是老几啊?连老几都不是,还想被当今皇上御用,岂不是在做大头梦乎?

他当即决定,不当隐士,在山林里久了,只能越来越土鳖,还未完全土鳖之前,赶紧跳出去。怎么说,流行歌曲唱得有理,"外面的世界很精彩"。于是,乘船坐车,晓行夜宿,由襄阳而南阳,由南阳而洛阳,接着,人便出了潼关。说实在的,这位既是山里人,又是乡下人的老土,西望富贵气象的这长安花团锦簇的都城,一双眼睛怎么也不够用,两条腿也觉得短到迈不开步。

"雪尽青山树,冰开黑水滨。草迎金埒马,花伴玉楼人。鸿渐看无数,莺歌听欲频。"这一切一切的欢乐愉悦,这一切一切的声色诱惑,让他目瞪口呆,直后悔自己觉悟太晚。看来,就文人而言,短暂的冷落,或许可以忍一忍的;口头的清高,无妨可以讲一讲的,但长久的乃至永久的寂寞,又有几个能耐得住呢?

北京城里很有一些文化人,在远郊区县买了房子,权当别墅,渐成风雅之举。可通常只是去小憩几天,约略澄清肺部的都市风尘以后,又迫不及待地赶回城里。紧接着出席这个会,参加那个会,日程排得挺满,忙得不亦乐乎。有时,一天两个会,上午一个下午一个,晚间还得应酬饭局。无论到哪里,都逃不脱尼古丁的乌烟瘴气。

可是有什么办法呢?有些人就这么势利。他什么都不写,或者,他什么都写,可就是写不好,但他有发言权就行。第一,不能缺席;第二,缺席就意味着放弃话语权;第三,放弃话语权也就意味着你不存在;第四,最主要的,文人最怕的,就是这个不存在。

不存在,意味着消逝;不存在,意味着死亡;不存在,意味着被文坛除名。为了存在,哪怕天上下铁钉子、下手榴弹,也得从城外赶回来;为了话语权,哪怕肺的新鲜空气又被城市的恶浊空气所置换,也认了。最可怜见的,莫过于那双仆仆风尘、疲于奔命的腿了,有车者尚可,无车者的脚丫子也真是苦命之极。

由此,我也能理解公元728年(开元十六年),孟浩然屁颠屁颠地要到长安来的缘由了。只有在这里,才能发出他的声音,才能争取到他的话语权。在鹿门山,哪怕他是帕瓦罗蒂,没有听众给他叫好、给他鼓掌,他作得再漂亮的诗,也是白搭。只有到了长安、天子脚下,他才可能实现从非御用文人到御用文人的跨越。

再说,他的诗友们,与他最要好的王维、李白,一个个都"待诏"了,都被御用了,眼看着飞黄腾达、前程辉煌,对他可以说是相当的刺激、相当的伤心。

老友王维就不必说了,冲李隆基不请自来,登门求教,屈尊移就,串门聊天。获如此之殊荣,岂不是一张纸画一个鼻子,那脸该有多大?让孟浩然都快羡慕死了。能够在皇帝的视线里存在的中国文人,确有不少;能够在宫内有一间属于自己的住所的中国文人,也许会有;但接待信步而至的皇帝陛下,把朋友从床底下拉出来介绍给皇帝,这样亲近待遇的中国文人,恐怕是绝无仅有了。

另一位老友李白,更是张狂到家,长安城简直装不下他了。在小酒铺喝得醉醺醺的,还被圣上着人找到了他,要请他进宫里去作诗。干吗呀,干吗呀,我酒喝高了,他还拿搪不去。那些太监们说,爷,劳驾您走一趟,要不,小的们没法交代,生把他抬到了玄宗赏牡丹的御花园。那是何等的牛啊!高力士为之脱靴,杨贵妃为之砚墨,三首《清平乐》,"云想衣裳花想容",一气呵成。唐玄宗高兴得不得了,吩咐赶快给诗人准备醒酒汤。

御用文人能混到如此地步,也就登天入云,别无所求了。如果孟浩然的那位同乡,当年楚国的三闾大夫屈原,怀王请他作赋,郑袖给他发嗲,子兰替他铺纸,靳尚为他倒酒,他会去跳汨罗江吗?想到这里,他不由得感慨,文人到底应该怎么样活?还大可辩证地看待这个问题咧!快活是活,不快活也是活,那为什么一定要与青山为伴、白云相随,非一棵树吊死自己,不走他朋友王维、李白的登龙之路,在这遍地风流的长安城里,领受一下别一种更滋润的岁月呢?

他不禁痛心,隐居鹿门山,可把他的大好时光都浪费了。

然而,这个孟浩然,下山的战略决策是正确的,但进城以后应对的战术上,却犯了不可饶恕的错误。错就错在山里待久了以后的小视野、小格局、小气度、小胸怀上，诗人未能迅速调整心态，与时俱进，适应环境，结果因小失大，错过良机，机不再来，贻误终生。这就不如那些郊区置有别墅的当代同行了，只要过了五环路，马上精神抖擞。只要到了城区，立刻进入角色。这时，只要给他一支话筒，就可哇啦哇啦，天花乱坠地神侃起后现代、超现实。如果再有电视台的镜头对着他，所有的激情都会从五官七窍冒将出来。可孟浩然有点惨，水土不服，人虽到了长安，但他的心还不能一下子就习惯城市的红绿灯、斑马线、"欧Ⅲ"排放、世界"五百强"之类的新概念。

山林里的负离子吸收得多，固然对身体的好处很大，对头脑未必有多大用处，说不定还会产生副作用。因为，从负离子很丰富的田野生存方式，转变到负离子很缺乏的都市生存方式，必然要出现一种类似由平原地区到高原地区的缺氧反应。城里人瞧不起乡下人的最主要之点，就是这种一下子，两下子，过渡不过来的"傻"和"捏"上。乡下人进城，为什么总是慢半拍，总是踩不上点，总是木木的、懵懵的，总是眼神聚不了光地游离不定，总是让你恨不得跟他急呢？就是这种迟钝、迟疑、迟慢的应急能力的严重缺失上。

我猜想，王维在听到他对李隆基念那两句诗时，一定是相当的晕菜，差点背过气去。就别说让陛下恼火的"不才明主弃"了；那"多病故人疏"，明摆着也是瞪眼在瞎掰啊！他对这位不识时务、不懂深浅，甚至不知好歹的老朋友，也只好爱莫能助了。

宫禁何等森严，大内岂容外人，王维这样做，绝对是冒着风险的安排。我估计，把他弄到宫城内署，也就是大乐丞这个相当于国家交响乐团的住处来，好心的王维知道李隆基有可能光临，使他得以一睹天颜、展现才华，从而得到陛下的恩宠，有可能是他的一次转机，有可能是他的一个晋身之阶，有可能得偿其愿成为御用文人呢？然而，由于在鹿门山当隐士，闲云野鹤惯了，来到人口密集的都城之中，诸多的不适应、不如愿、不习惯、不开怀，才有"不才明主弃，多病故人疏"这两句充分反映他来到长安以后的挫折感、失落感、不平感、怨怼感的诗吧？

希望得到的一切和可能得到的一切，这其间的落差，让孟浩然感到非常沮丧。这两句一脱口，孟浩然的"待诏梦"彻底粉碎了。一个做美梦的人，要彻底清醒过来,不易;一个患病的人,要完全根治痊愈,更难。大约三年以后,我们这位说隐不隐,说显不显的诗人,第二次来到长安。

如果说他第一次来,是王维为之穿针引线;那么他第二次来,却是受到李白的影响。在此之前,当孟浩然已经不抱什么希望,如他一首《过故人庄》诗中所写:"故人具鸡黍,邀我至田家。绿树村边合,青山郭外斜。开筵面场圃,把酒话桑麻。待到重阳日,还来就菊花。"他发现自己在大都会中,所以格格不入,所以洋相百出,所以碰壁而回,很简单,他是乡下人,他是山里人。只有在田庄里、在桑麻中,才能找到归属感。

可公元730年(开元十八年),李白那封"生不愿封万户侯,但愿一识韩荆州"的自荐书,让他好容易平定下来的求御用的心,又死灰复燃起来。我们不知道随后失意东归的李白,是怎样将信息传递到也在周游江湖的孟浩然那里。可我们知道,李白是一个绝对能与朋友分享快乐、同承艰难的侠义之人,肯定是他设法告诉了孟浩然。这位时任采访使的韩朝宗,其识拔才俊之别具慧眼,其推举新秀之一言九鼎,值得老哥再去长安面谒一下的。

可这一次,孟浩然想去,又不想去。去,是为了那梦;不去,是害怕再碰壁。磨蹭了两年,他才成行。估计够朋友的李白,在韩朝宗那边也做了工作,或者还有某种承诺也说不定。无论什么朝代、什么社会,你想得到不一定非要给你的东西,那恐怕多多少少是要付出代价的,这世界上哪有免费的午餐呀!李白是一个"黄金散尽还复来"的慷慨之士,肯不为朋友两肋插刀吗?最后,韩荆州竟然发出邀请,约孟浩然同到京城。于是,才有了733年(开元二十一年)他以为是十拿九稳、志在必得的这次旅行。

然而,他却又一次遭遇"滑铁卢"。这次失败,简直就是一场莫名其妙的闹剧。

据《新唐书》记载:"采访使韩朝宗约浩然偕至京师,欲荐诸朝。会故人至,剧饮欢甚,或曰:'君与韩公有期。'浩然叱曰:'业已饮,遑恤他!'卒不赴。朝宗怒,辞行,浩然不悔也。"

因为喝在兴头上,孟浩然把与这位重要人物的一次攸关前程大事的约会,忘得干干净净。他人提醒以后,不但不赶紧设法匡救,还匪夷所思地发起脾气来。上一次是他那种农民的小心眼,害得王维白帮了忙;这一次是他那种山民的拗性子,使得李白也白帮了忙。

孟浩然的一首《东京留别诸公》,不知是不是再次告别长安以后所作?

> 吾道昧所适,驱车还向东。
> 主人开旧馆,留客醉新丰。
> 树绕温泉绿,尘遮晚日红。
> 拂衣从此去,高步蹑华嵩。

两度梦碎,看来他是彻底地觉悟了。

在中国历史上,如此为"梦"而付出一生者。唐代诗人孟浩然,绝对不是唯一的个例。

李泌的所谓聪明

李泌(722—789) 唐朝大臣。他早年自嵩山上书论施政方略,深得当局者赏识。后为权臣所忌,归隐名山。一生屡仕屡隐,更迭数次,跌宕起伏。

凡文人,皆聪明。不聪明者,无以成文人。

当然,同是聪明,也有差别,有聪明多一点的,有聪明少一点的。但所谓文人,自始至终聪明、事无巨细聪明,无论春夏秋冬、雷电风霜、花开花谢、碧落黄泉,都能保持一种心智成熟状态的聪明者,大抵是比较罕见的。翻开一部中国文学史,一直查找到现当代中国作家,一直到尚未名列文学史的我等所见所闻的前辈和同辈作家,当得上"聪明"二字评价的文人,还是真的不多。年轻时聪明颖悟,年老时痴呆顽固;失意时小心做人,得意时忘乎所以;在野时发愤图强,在朝时彻底晕蛋;被压迫时谨言慎行,被待见时放浪轻狂;当孙子时规规矩矩,当老爷时牛皮哄哄……所谓聪明一时、糊涂一世,或聪明一过、糊涂到死者,还真是不老少。

总而言之，聪明对一个人来讲，既是与生俱来的禀赋，也是后天磨砺的积累。而对一个文人来讲，聪明不仅是为文的基础，也是谋生的手段。满腹经纶者成为文人，不以为奇；狗屁不通者成为文人，也同样不足为奇，说不定后者要比前者，活得更滋润、更开心。前者也许终生不能释褐；后者却能衣锦着绣，纱帽翅一翎接着一翎，这就是文人的聪明，其用途不同的结果了。用在写作上，收获的是精神，精神不能当饭吃；用在处世上，得到的是物质，物质不灭，好处多多。追求精神的文人，多穷；在意物质的文人，常常是鱼和熊掌兼得。过去如此，现在还是如此。

也许因为聪明用在精神上回报低，用在物质上红利高，一些本来写得鸦鸦呜的文学同行，作品便努力朝不堪卒读的方向努力，而把聪明全用在仕途的升迁上、官场的干谒上、门路的打通上、苞苴的攻心上。果然功夫不负有心人，想什么、有什么，要什么、得什么，"春风得意马蹄疾，一日看尽长安花"。

聪明，对于文人，十分关紧。无论精神，无论物质，非聪明不可，无聪明不行。以前，我在《说唐》一书中，曾试着对唐代的聪明人，做过如下的分类：如果说，唐代活得最聪明的大臣，为李泌；活得最聪明的诗人，为白居易。那么，活得最聪明的武将，莫过于尉迟敬德了。这其中的李泌实在了不起，自始至终，明白他应该做什么不应该做什么，明白他什么时候该做什么什么时候不该做什么。这种聪明，是属于智慧型的。而白居易，就略微差池一点了，并非一开始就明白、就清醒，而是经过挫折、经过跌宕，才找好自己的位置、才站稳自己的脚跟，这种于迷失中得来的聪明，是属于省悟型的。至于尉迟敬德，则完完全全是属于压迫型的聪明，不得不明白的聪明，应该属于被逼型的。要而言之，无论什么型的聪明，也比不聪明要强上百倍。

我们来探讨一下公元755年突然崭露头角的李泌，是属于精神的聪明呢，还是属于物质的聪明？

我看他的聪明，两者都不是，因为他既不追求精神，更不在乎物质。他不仅是唐朝最聪明的文人，也是中国历史中数得过来的聪明人中的佼佼者。作为一位政治家、一位文学家、一位三天打鱼两天晒网的业余道士、一位不食人间烟火的素食主义者，755年天下大乱之际，突然现身于公众视线之中，穿一件非袈非娑、非僧非衲的白衣长褂，踏一双不履不屐、不皮不革的草编芒鞋，这位白衣山人，出则与肃宗同车,入则与李亨同榻。以一个普通人的身份,成为肃宗的座上客,就不能不令人刮目相看了。

"木秀于林,风必摧之",得到一个人高看的李泌,受到这个人以外的所有人的抵制,也是势所必然的活该。好精神的文人鄙视他太庙堂,好物质的文人嫉妒他太油水,好靠近领导的同志觉得他太碍事。这就是我们中国人精神上的通病了,只许他行,不许人行。概括起来,即"笑人无,恨人有"六个大字,你无他有,撇嘴笑你;你有他无,撅嘴恨你;尤其,自己想有而不能有,别人不该有而偏偏有,必然咬牙切齿,恨得牙痒。所以,中国人的牙齿健康状况普遍不好,根源大概在于使用过度。我到过日本东京,发现那里的大街小巷,到处可见齿科医院或牙医诊所的招牌,那是否也是心胸相当褊狭所致。或因此故,当下才行出诸多小肚鸡肠、人悉不齿的龌龊。

虽然李泌从政治上为其顾问,到军事上为其参谋;从化解第一家庭的纠纷,到辅导东宫太子的学业,但其相对超脱。可在他人眼中,这等上达天听的零距离状态,着实让那些如蝇嗜腐、如蚊噬血般的权力崇拜狂者,羡慕得直流口水。不过这个神人,这位高士,并不把红眼耗子的流言飞语太当回事。他对肃宗,有他的一定之规:作为帝王,我尊重;作为挚友,我更看重。你需要我的时候,我会在你身边;你不需要我的时候,我会马上消失。唯其如此,给官不当,因为我乃出家之人;给饭不吃,因为我从不食荤腥;给钱不要,因为我向不逛商场。那么好了,肃宗说,给你裂土分茅,赐你数个养老送终,世袭罔替的郡县,如何?李泌莞尔一笑,陛下,连臣下这把骨头都属于您,我要那些捞什子有啥意义?

所以,对这位有则有、无则无,不追求有、不在乎无的李泌,以及因此虽屡遭谗嫉而未被祸及的聪明,《中国名人大辞典》总结其一生,对他评价很高:

李泌,生于公元722年,卒于公元789年。字长源,为魏柱国李弼六世孙,辽东襄平人,徙居京兆。少聪颖,善属文,尤工诗。常游嵩、华、终南山,慕神仙不死术。天宝间待诏翰林,供奉东宫,太子厚之,为杨国忠所疾,归乡。肃宗即位,匡扶国事,平定"安史之乱"后,为李辅国所疾,去隐衡山。代宗立,为元载所疾,出为楚州、杭州刺史。德宗时,拜中书侍中,同平章事。出入中禁,事玄宗以下四君,虽为权倖所疾,常以智免,有伉直之风,好谈神仙诡道。封邺侯,卒赠太子太傅。有文集20卷。

避祸,是本领,在政治旋涡中避祸,尤其在最高层的宫廷斗争中避祸,那需要更高超的技巧。这一点,自古至今,无一人具有李泌这种聪明,事不过三,他一生对付过四位姓李的唐朝皇帝。

李泌还在为文学神童时,就被唐玄宗赏识。头一次见面,据《旧唐书》,玄宗正与张说观棋,"因使说试其能,说请赋'方圆动静',泌逡巡曰:'愿闻其略。'说因曰:'方如棋局,圆若棋子,动若棋生,静若棋死。'泌即答曰:'方若行义,圆若用智,动若骋材,静若得意'"。张说为当时的大诗人,不得不服气这位小朋友,对玄宗说,他的这四句,境界高出于我。由此,玄宗使其居宫内,与诸王子一起,学史研政,论诗习文。其中第三子李亨,视他为知友,成莫逆之交。"安史之乱"后,李亨在灵武称帝,最迫不及待的就是盼望李泌的到来。这说明当时的李亨不傻,他知道必须要依靠这位聪明人,来助他一臂之力,以挽救危局。

755年,就是白居易《长恨歌》里写的,"渔阳鼙鼓动地来,惊破《霓裳羽衣曲》"的那一年,"安史之乱"起,黄河以北的中国,陷入血流成河、尸骸遍野的"拉锯战"中,多年不动干戈,未上战场的官兵,哪里敌得住北方杀来的胡兵胡骑。很快两都失守,玄宗仓皇出逃,带上他的爱妃,带上他的爱臣,带上他的并不爱的太子李亨,目标四川,往西而去。李亨那年40岁上下,还够聪明,他盘算了一下,与其跟着老子逃亡,无论逃到哪里,头顶上永远有老子这块云彩压着,倒不如摆脱他自立门户,就暗底下策划了马嵬坡的那场兵变。

李隆基年轻时是个玩家,精力饱满,据说他喜好击鼓,光他击坏的鼓槌,就堆满一房间。上了年纪以后,人虽老,心不老,这也是所有社会里制造麻烦的因素。自从杨玉环将他的魂勾住以后,"后宫佳丽三千人,三千宠爱在一身"。"春宵苦短日高起,从此君王不早朝。"大唐王朝一蹶不振,再无起色,一路下坡,直到灭亡。历朝历代的中国官员,无论职务高低,无论权力大小,最后倒台的原因可能多种多样,其中百分之八九十,无不蹈唐玄宗覆辙,因女人而败。一直到现在,那些当代犯罪官员,坐在被告席的主因,无一不从包二奶、玩小姐、养情妇起,从而腐化堕落,蜕化变质。从古至今,这班败类便造出"祸水论"一说以卸己责。杨玉环即是此论的典型代表人物,这当然是胡扯了。史家称755年为李唐王朝的转捩之年,而由盛而衰的真正罪魁祸首,并非杨贵妃而是李隆基。

唐玄宗曾经聪明过,因而也英明过,为什么后来变得不聪明和不英明呢?道理很简单,中国的历代帝王,为了维持生殖系统的强大攻势,身体的其他系统就不能不加快老化,即使聪明过、英明过,通常都很短促,器官老化以后,很快就会变得不聪明、不英明。最可怕的是成为政治老人以后,仍然觉得自己很聪明、很英明,仍然指手划脚、临场指导,最后无一不成国之妖孽。

不聪明,也许只是他个人的事;不英明,江山社稷、黎民百姓,可就有跟着倒霉遭殃。就在这种耽于安乐、歌舞升平的大快活中,国事日非,中央政府坐吃山空,地方藩镇分崩离析。野心家安禄山、史思明趁机发动叛乱,很快攻入河洛地区,长安、洛阳顿成一片焦土。这一仗前后打了七年,司马光在《资治通鉴》中说:"由是祸乱继起,兵革不息,民坠涂炭,无所控诉,凡二百余年。"

唐玄宗匆忙逃离长安,到了马嵬坡。玄宗虽是皇帝,此刻已成为孤家寡人,也只能没了脾气,太子也不出头维持秩序,任由这帮兵爷绳索一条,缢死杨玉环。当时,这支差不多近乎溃散的队伍,三千为保护皇帝的禁军,两千为太子的东宫卫队。禁军司令已被李亨策反,东宫卫队本应听他招呼,加之煽动起来的大批群众围住唐玄宗,要求留下太子领导抗战。在山呼万岁声中,老爷子跟他儿子握手吻别,祝他好运,分手而去。他哪想到,放走李亨,等于放走他的掘墓人。

果然,太子李亨到了灵武,迫不及待要做的第一件事,就是举办登基仪式。这才想起来应该行文报告玄宗:老爸,这大唐皇帝归我当了,你就老老实实做太上皇吧!他遂改元至德。说实在的,李亨多年当玄宗的太子,也太难了。第一,这老子很不好侍候,在他之前,好几个太子被赐死,他虽不死,也等于被剥了一层皮。第二,李林甫、杨国忠动不动要修理他,编造假案,想将其拖下水。第三,李亨为撇清自己,免受牵连,爱妃都不得不废掉三位,真正窝囊一辈子。这一回,总算聪明,在马嵬坡浑水摸鱼,得到一次实惠。

这时,李亨苦苦等待着的李泌——唐朝第一聪明人,终于经过千辛万苦,来到灵武。他说是为肃宗来,其实是更为唐朝来。

李亨一把抓住他，千言万语，千头万绪，不知从何道来。聪明人的最大优点，不纠缠于细节末枝，不关注于一时得失。李泌对鸡零狗碎、婆婆妈妈的李亨指出，当时唐朝的主要矛盾为平定叛乱、消灭强敌，当时唐朝的关键问题是收复失地、收揽人心。至于继承是否合理合法，程序是否合乎规范，大敌当前，已无关紧要。此时此刻，时年33岁的李泌，他之所以来到灵武挺李亨，因为一位敢于打出旗帜、镇压叛乱的新帝，总比只知哭哭啼啼、逃跑求生的旧主更具有号召力量，更具有时代精神。

李泌知道肃宗心里有鬼，自立为帝，终属非法，出谋划策之前，要先给他定心丸吃：陛下，总有一天，太上皇会回到长安的，那时的他只做"天子父"，而无他想，这一点，您就放下一百颗心吧！话从李泌口中道出，对肃宗来讲，是最重要的心理支持。李泌估计到李隆基不一定心服口服，未得到他批准，就继承帝业，自是十恶不恕之逆。可是李泌更估计到，玄宗没有力气折腾，也没有本钱折腾，而且他明白，一朝天子一朝臣，新的围绕着他儿子的利益集团，也不允许他折腾。对李亨的自立为帝，只能哑巴吃黄连，采取默认的态度。后来玄宗返都，果如当年预判，这就是李泌的聪明。

解开了李亨忐忑不安的心结，接下来就是肃清叛乱了，李泌出招：第一，缓收两都，让他成为叛贼的包袱。一令郭子仪取冯翊、出河东，一令李光弼守太原、出井陉，直接压迫叛贼的巢穴河北。第二，暂不急取华阴，留一条通道给叛军，任其驰骋，使他们得以南下两都，走马关中，北上河北，进出范阳。为此，安禄山等不得不北守范阳，西救长安，奔命数千里，人不歇脚，马不解鞍，无日无夜，紧张不安，他们能坚持多久。第三，李、郭两军，则以逸待劳，从容出击，敌来时，避其锋，敌去时，剪其疲。胡兵胡马虽众，精卒劲骑虽锐，但经不起终年的长途奔袭，往复鏖战，过不了数载，拖也把叛军拖死了。接下来，李泌又给他加了一针强心剂，陛下，首先，"华人为之用者，独周挚、高尚等数人，余皆胁制偷合，至天下大计，非所计也"。说明首先是安、史叛乱并未得到中原百姓的支持，民心向我，势在必胜；其次，"贼掠金帛子女，悉送范阳，渠能定中国邪？"这说明安、史之辈无一统宇内的雄心壮志、鼠目寸光，何足为虑哉！（见《新唐书》）

如果说，上述的前三点为军事部署硬件，系物质上的聪明；后面的两点，再加上软实力,也就是精神上的聪明。

听到如此提纲挈领、高屋建瓴的精彩分析,肃宗茅塞顿开,欣然首肯。从此,入议国事,出陪舆辇,军士和百姓见他俩同乘同行,便指点说:"著黄者圣人,著白者山人。"平定"安史之乱",史书多归功于郭子仪、李光弼,对首席参谋白衣山人的贡献常常一笔带过。李泌上述高论,有研究者认为,其扭转大唐王朝命运的意义,不亚于诸葛亮与刘备的"隆中对"。在《新唐书·李泌传》里,还载有时人的评价:"独柳𣘗称,两京复,泌谋居多,其功乃大于鲁连、范蠡。"可见在历史的缝隙里,仍可看到世道人心的公正。

李泌还说了最重要的软实力,由于肃宗的急功好利未能兑现。"不出二年,无寇矣,陛下无欲速。夫王者之师,当务万全,图久安,使无后害。"但这个李亨也难逃帝王周期率的魔咒,他觉得当上皇帝,要不在他父亲、他祖父坐过的龙椅上,御临天下,好像读了四年大学,没拿到毕业文凭似的。遂将李泌千叮咛万嘱咐的"无欲速"三字,丢在脑后,将主要兵力投入于收复两都之战中。虽然得以重回长安,但也造成嗣后贼踞河北,分裂难平的遗患。

回到长安之后,大家争抢胜利果实时,李泌这个聪明人,觉得是时候跟肃宗说拜拜了。

据《资治通鉴》记载,757 年"泌曰:'臣今报德足矣,复为闲人,何乐如之!'上曰:'朕与先生累年同忧患,今方相同娱乐,奈何遽欲去乎?'泌曰:'臣有五不可留,愿陛下听臣去,免臣于死。'上曰:'何谓也?'对曰:'臣遇陛下太早,陛下任臣太重,宠臣太深,臣功太高,迹太奇,此其所以不可留也'"。而最为重要的第六不可留,则是无法对李亨说的,"时张良娣与李辅国相表里,皆恶泌",一为李亨妃,一为李亨大内总管,这两人联手修理他,才是他必须离开、归隐山林的原因。《新唐书》中也有此说,"崔圆、李辅国以泌亲信,疾之。泌畏祸,愿隐衡山"。

该仕则仕,该隐则隐;该进则进,该退则退。这也只有持道家"无我"精神、持儒家"无可无不可"态度的李泌,才能做得到。《新唐书》说他:"泌出入中禁,事四君,数为权幸所疾,常以智免。"《旧唐书》也说他:"泌自出入中禁,累为权幸忌嫉,恒由智免。"在玄宗朝,受杨国忠诬陷而归林下;在肃宗朝,受李辅国谗忌而隐南岳;在代宗朝,先受元载后受常衮的排挤而离开长安,而他由此得却以保全自己。这种在政治绞肉机里全身而退的"智",就是我们所说的"聪明"了。

无私,便无畏;无求,便自强。这是做人的硬道理。他一生事玄宗以下四君,说来就来,说去就去;合则留,不合则拔脚开路,干净利索,决不拖泥带水。这种能够看轻一切的聪明,太了不起了。

但不知何故,史书对其评价不高,这当然有点混账。后来,我也能想通,所谓史官,大小是个官,吃国家的粮饷,拿政府的银子,敢不持官方的正统观念嘛?哪怕是装孙子,也要对其崇奉老庄哲学,进而以鬼谷黄老,装神弄鬼,大不以为然,而形诸笔下的批判,乃大势之下的原教旨表现。

所以,《旧唐书》称:"泌颇有谠直之风,而谈神仙诡道,或云尝与赤松子、王乔、安期、羡门游处,故为代所轻。虽诡道求容,不为时君所重。""(德宗)雅闻泌长于鬼道,故自外征还,以至大用,时论不以为惬。及至相位,随时俯仰,无足可称。"《国史补记》称:"泌有谋略而好谈神仙诡诞,故为世所轻。"基本上都是负面的。到了《新唐书》,虽然也持"泌好纵横大言,时时说议,能寤移人主。然常持黄老鬼神说,故为人所讥切"的观点,但也认识到李泌"德宗晚好鬼神事,乃获用,盖以怪自置而为之助也"。终于,也不得不承认:"泌之为人也,异哉!其谋事近忠,其轻去近高,其自全近智,卒而建上宰,近立功立名者。"总算有了一个比较正面的评价。

历史是需要沉淀的。李泌死于789年,《旧唐书》为后晋刘昫(887—948)作,距其一百多年;《新唐书》为北宋欧阳修(1007—1072)、宋祁(998—1062)作,距其三百多年;而到了宋末元初,胡三省(1230—1302)注释《资治通鉴》时,距其已五百多年,所以他对李泌的看法,当可视作历史对这位"唐代第一聪明人"的定评。

> 呜呼!仕而得君,谏行言听,则致身宰辅宜也。历事三世,洁身远害,筋力向衰,乃方入政事堂与新贵人伍。所谓经济之略,翳未能为肃、代吐者,尽为德宗吐之,岂德宗之度弘于祖父邪!泌盖量而后入耳。彼德宗之猜忌刻薄,直如萧、姜,谓之轻已卖直;功如李、马,忌而置之散地;而泌也恣言无惮。彼其心以泌为祖父旧人,智略无方,弘济中兴,其敬信之也久矣;泌之所以敢当相位者,其自量亦审矣,庸非智乎!其持黄、老、鬼神说,则子房欲从赤松游之故智也。但子房功成后为之,泌终始为之耳。(《资治通鉴》卷二三二)

这就让我们更深刻地理解李泌,在生存即竞争的人类社会里,做到进退有据,行止有度,很重要;做到厚德宽容,和光同尘,更重要。一个人,只有达到这样的境界,那才算得上是真正的聪明。

陆贽的不合作

陆贽(754—805) 唐朝政治家、文学家。早年好学,曾任要职,官至宰相,但后因官场矛盾,被贬出京,后卒于外地任所。著作收入《陆宣公翰苑集》行世流传。

唐德宗李适对其曾经引为股肱、视为心腹、人称内相的中书侍郎,同平章事陆贽,在一个私密的场合说过这样一番话:"你太过于清廉和谨慎了,到了偏执的地步。各道州府到长安来,送给你一些礼物是人之常情。你全都拒之门外,一律不接收,那是很不合乎情理的。其实,如果送你一根马鞭、一双皮靴之类,收下了也是无伤大雅的。"

历朝历代的皇帝,像他这样直言不讳地恩准掌管国政的宰相受贿,还是很少见。既然说受贿可以,那么索贿也就无所谓了。以同样的道理推论,某种程度上的腐化堕落,自然也在被允许之列了。这位一国之主,连表面文章也不顾,明目张胆地告诉陆贽,小小不言的贿赂、无妨收下,拒绝的话,反而不好。这句话一出口其实等于暗示:陆相啊,即使大撒手地纳贿,又有什么不可以的呢?

作为帝王,如此行径,实在有点不可思议。说白了,把他立刻"双规"起来,判这位陛下一个教唆犯的罪名,应该不成问题。

李适为什么要如此这般地诱使臣下公开纳贿呢?动员陆贽与他同流合污呢?因为他本人就是聚敛无度、永无厌足的贪君。他除了国库以外,还设"琼林"、"大盈"两座私库,储藏朝廷群臣和地方官员进贡的财物。而陆贽呢,那时虽无"三大纪律,八项注意"之名目,他却是从来不拿群众一针一线,从来不沾国帑一文半分。是个两袖清风、一身干净的官员。

宰相不伸手,而且劝皇帝也别伸手,这使得德宗有些难堪;备感尴尬。

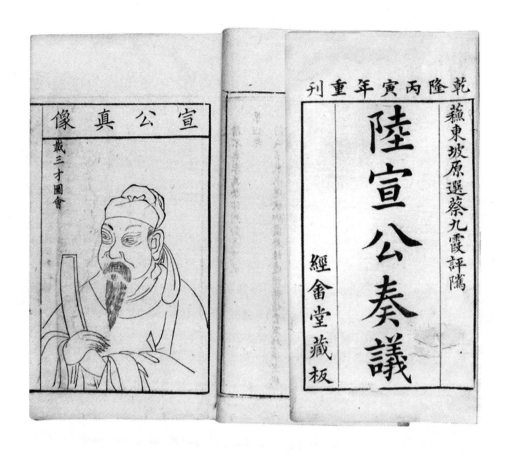

>>> 唐德宗李适开导臣下陆贽,适当受贿并无不妥的论调,这是为什么呢?陆贽又是如何做的呢?图为陆贽像及他的著作。

陆贽(754—805),字敬舆,浙江嘉兴人。年十八登进士第,以博学宏词登科,是一个很有才干、很是正派、作风严谨、为官慎笃的政治家。德宗还在东宫当太子时,就风闻他的名声,登基后很想有些作为,以使唐室中兴,就将这位干练之才调到身边工作。他先为翰林学士,后转祠部员外郎,进入决策中枢。

> 贽性忠荩,既居近密,感人主重知,思有以效报。故政或有缺,巨细必陈,由是顾待益厚。(《旧唐书》)

李适这番开导臣下适当受贿并无不妥的论调,没想到却遭到陆贽的拒绝。

按照常人的理解,皇帝都开了金口,你还有什么好犹豫的呢,放手大干吧?当然,你要保持洁身自好的名声,你不想堕落到无耻地步,那也不必弄得皇帝下不了台。你可以不去做,但也不必表态反对。无论如何,他是一国之主,这点聪明,陆贽怎么也是应该有的。可他,本着"上不负天子,下不负所学,不恤其他"的信条,当面反驳了李适。

不仅如此,他还进一步对李适规劝道:

> 监临受贿,盈尺有刑,至于士吏之微,尚当严禁,刻居风化之首,反可通行。贿道一开,展转滋甚,鞭靴不已,必及金玉……已与交私,何能中绝其意,是以涓流不绝,溪壑成灾矣!

被顶撞回来的德宗,那脸上的表情,肯定只有干笑、苦笑和无可奈何的笑,至于他心里是什么样的笑,就不得而知了。反正不是好笑,这是可以料到的。从陆贽后来的下场,估计李适那时的心眼里是阴笑、是奸笑,你算老几,竟敢对朕放肆!大概从此就种下了怨恨。

最高统治者要跟你过不去,那日子就怕很不好过了。一个科长、一个所长、一个村长,甚至一个小组长,你若得罪了他,还想法给你小鞋穿呢,何况九五之尊,当朝天子?

幸好,跟他谈话时的李适,还没有完全忘了他接位后不久的流亡生涯中,陆贽始终追随他并与他同苦共难之情。那两年里,仓皇逃窜,吃尽苦头,狼狈万状,不可形容。第一次是783年(建中四年),被反叛将领朱泚逐出长安,逃窜到乾县;第二次是784年(兴元元年),又被反叛将领李怀光逐出乾县,逃窜到汉中。那期间,李适能倚重者,唯有陆贽。尽管又回到长安做太平天子,对于这位老部下的率直之言,无论怎样不中听,他也不好意思拍桌子、瞪眼睛、跟他翻脸的。

若是按时下的党风政纪来考量,这位古人拒腐防变、不贪不沾、一尘不染、风骨铮铮,也算得上是个廉政的模范干部了。史称陆贽一生,律己甚严,"性本畏慎,未尝通宾客","小心精洁,未尝有过"。甚至他后来被奸臣构陷,这个李适差点要砍他的脑袋,总算在举刀时收了手,改为流放,谪至四川。"贽在忠州十年,常闭关静处,人不识其面,复避谤不著书,家居瘴乡,人多疠疫,乃抄撮方书,为《陆氏集验方》五十卷行于代。"

用今天的话来说,他是一个能够高标准严要求自己的高级干部。

欧阳修在《新唐书》中,记载了他早年的一则故事。他在华州任郑县尉,回老家探亲省母途中,路过寿州,曾经礼节性地拜见当地的刺史张镒。这位刺史是颇孚众望的大人物,最初没有太看得上如此年轻的后辈。但谈了三天三夜以后,对这位年轻人的学识见解、治国方略钦服之至,就和陆贽成为一对忘年朋友。

分手时,张镒送给他一笔巨款,说是:"请为母夫人一日费。"陆贽说什么也不肯接受,刺史当然坚持要他收下。最后,陆贽只好让步:"敢不承公之赐!"但仅仅接收了他礼物中的一点茶叶。唐代的茶叶都压成团,所以他取了一团龙凤茶离开张府。春风杨柳,草色青青,送别途中,张老先生对这位"明日之星"寄予多大的期望啊!

在封建社会里,能不能成为"明日之星"?能不能成为总发光的"明日之星"?决定于帝王。碰上聪明的帝王,碰上昏庸的帝王,碰上先聪明后昏庸的帝王,那境况是大不相同的。君择臣,臣亦择主,这里有很多偶然性和不确定的因素。而帝王的资质,决定他的作为,能碰上像点样子的帝王,成功的可能比摸彩的得奖率要低得多。

因为在封建王朝的三百多个帝王中间,基本上可分为——

第一类是无作为的,你碰上了只有自认倒霉。

第二类是有作为也不大的,你碰上了也成就不了什么大事。

第三类是曾经有作为,后来走向了反面的。当他在有作为时,你可能发挥出能量;等他走向反面时,你的能量很可能成为他要除掉你的原因。

第四类是有作为的英明伟大完美的帝王,基本上在中国没有,在世界上也是没有的,所以不可能碰上。因为能够称之为英主的第四类帝王,只是一种向往,只是一种众望所归的理想化结果。即使被视作中国"最样板"的皇帝李世民,要不是他服用婆罗门所炼长生不老药中毒死亡,驾崩时才半百年纪,来不及向自己的反面发展。要是他多活10年20年,恐怕和唐玄宗李隆基、唐德宗李适一样,是逃不脱中国帝王这种聪昏周期率的。

他的亲征高丽,无功而返;他的夺嫡之惧,宫廷不安;他的大兴土木,营建浩繁;他的猜疑排斥,冤假错案,也是已露端倪的由聪而昏的转变开始。在我国封建社会中,第一类和第二类的帝王,几乎占总数的百分之九十。第三类帝王约占剩下的百分之十。从唐德宗与陆贽关系的全过程来看,其实正是帝王聪昏周期率表现得最典型的一个例证。

应该说,当年在讨伐安禄山、史思明叛军时,李适曾为天下兵马元帅,还是相当有锐气和有朝气的。所以平乱以后,代宗因其功拜尚书令。继位之始,也曾经励精图治、革旧布新,时局为之一振。《旧唐书》对他这一阶段的表现,持非常肯定的态度:

> 德宗皇帝初总万机,励精治道。思政若渴,视民如伤。凝旒延纳于谠言,侧席思求于多士。其始也,去无名之费,罢不急之官;出永巷之嫔嫱,放文单之驯象;减太官之膳,诫服玩之奢;解鹰犬而放伶伦,止榷酤而绝贡奉。百神咸秩,五典克从,御正殿而策贤良,辍廷臣而治畿甸。此皆前王之能事,有国之大猷,率是而行,夫何敢议?

这样的英明,却没有维持多久。由于从人类学的角度来看,帝王家系的退化程度,要甚于常人是必然的。太过优渥的物质生活,太过消耗的性事活动,太过紧张的宫廷斗争,太过狭窄的精神世界,造成智商、体能、行为力、适应力的加速下降。中国出现那么众多的弱智、白痴、"呆傻儿式"的皇帝,是一点也不奇怪的。正如一块土地,肥力耗竭殆尽,还能指望长出什么好庄稼来吗?一般来说,每朝的开国之主,其聪昏周期率的间距,可能拉得时间长一点,因为那时的地力尚可,而随后的继承者,则是黄鼠狼下豆鼠子,一代不如一代,很快就会不成气候。

李适为唐第十代皇帝,试想一下,姑且把李世民视作百分之百的英主,十代以后,从公元7世纪初到8世纪末,二百多年过去。呜呼,这个源自突厥人种的陇西李氏豪强家族,那血管里的英主基因,还有几许能在李适身上残存下来?

宋朝钱易在其《南部新书》里,这样描写李适的由聪而昏的周折:"裴延龄尝放言德皇曰:'陛下自有本分钱物,用之不竭。'上惊曰:'何为本分钱?'延龄曰:'准天下贡赋,常分为三,一为乾豆,二为宾客,三为充君之庖。今奉九庙,与鸿胪,供蕃使,曾不用一分钱,而陛下御膳之余,其数极多,皆陛下本分钱也。'上曰:'此经义,人总未曾言。'自兹有意相奸邪矣。"

做天真无知状,做如梦初醒状,做头一回听说状,李适纯粹是装孙子。早在流亡逃窜期间,他这搜括民脂民膏的劣根性,就露出狐狸尾巴来了:"初,德宗仓皇出幸,府藏委弃,凝沍之际,士众多寒,服御之外,无尺缣丈帛,及贼泚解围,诸藩供奉继至,乃于奉天(即乾县)行在,储贡物于廊下,仍题曰'琼林'、'大盈'二库名。"

陆贽在巡视行宫时,发现了这种不成体统的事情,赶紧对这位皇帝进谏:臣下昨天看见行营廊下,出现"琼林"、"大盈"库名,把微臣吓了一跳。这两个库名,陛下也当了解,是玄宗皇帝当年为其藏库题写。结果,"开元盛世"毁于一旦,就败于这既失民心更失军心的私念上啊!陛下把诸道贡献的金银财宝,粮食衣料,私藏在此,供自己吃用。而您怎么不想一想,那些吃不饱、穿不暖,为您卖命打仗的将士们,看到了会做如何想?

因为那时还处于战争状态下,陆贽警告这位已经由聪转昏的德宗说:陛下不害怕军心动摇吗?不担心临阵倒戈吗?不在乎那些军官起来造您的反吗?不觉得那些士兵有可能掉转枪口对准您脑袋吗?

一提"掉脑袋"这三个字,他暂时恢复理智。所有由聪而昏的帝王,只有这句话能听得进去。即使再昏庸的君王,让他掉脑袋他还是不干的。然而,这个李适,库名给取下来了,但库藏仍旧被他所宠幸的小人把持着。

在中国,若帝王站在正直一边,则佞幸就靠边;而反过来,帝王排斥坚贞之士,则奸宄之徒必秽乱中枢,良善者执政,人民得安生,邪恶者掌权,百姓必倒霉。

帝王之由聪转昏,除了自身人种学上的缺陷,在他身边的那些小人,也在推动着、加快着他的腐朽,他的堕落,他的不可救药,他的走向灭亡。欧阳修著《新唐书》,在《德宗、顺宗、宪宗》记后感叹:"呜呼,小人之能败国也,不必愚君暗主,虽聪明圣智,苟有惑焉,未有不为患者也。"

如果整个朝廷都像陆贽这样刚正不阿、清俭廉洁、直言谠论、端庄崇实,唐德宗有可能将他的聪昏周期率拉长一点,可包围着他的却是卢杞、裴延龄,以及宦官窦文场、霍仙鸣之流,他们同流合污,沆瀣一气。一个陆贽的拒绝,哪敌得上这一群混蛋联合体的拥趸啊!

任何一个社会,像陆贽这样敢拒绝邪恶的正派力量占上风的时候,这个时代就有希望、有生气、有前景,也有未来。反之,像陆贽这样代表正义、代表公道、代表人心所向、代表真理必胜的人物,处于孤单状态,受到排斥打击,遭遇不公对待,好人步步难行,那么必然出现当时的大诗人白居易所写的组诗《秦中吟》中的场面。

诗人在前面加了序:他主说,"贞元、元和之际,予在长安,闻见之间,有足悲者,因直歌其事"。而"贞元",就是唐德宗李适的年号。其中最出名的两句:"是岁江南旱,衢州人食人。"从这十个字,我们就该想象得出这个由聪而昏的皇帝,在小人的包围下,最后昏庸聩败到什么程度。

"君上不亮其诚,群小共攻其短,欲无放逐,其可得乎?"陆贽被逐边陲十年,直到德宗死后,他儿子顺宗接位,才体会到当年陆贽对他老子的拒绝,具有多么了不起的价值和意义。他迫不及待地下诏书,让他回到长安,在朝廷任职。

可是,诏未至,陆贽已死,享年 52 岁。一代良臣,以一个拒绝邪恶的形象,长存于史册中。

另一面韩愈

韩愈(768—824)　唐朝文学家、哲学家、思想家。他曾担任要职,参与政治活动;他崇奉儒学,力排佛老。他是唐代古文运动的主要倡导者与实践者,被后人尊为"唐宋八大家"之首。

公元802年5月(唐贞元十八年),时值初夏,风光明媚,初露头角的韩愈作华山游。

那年他35岁,正是意气风发的好年纪,何况又刚刚拿到太学里的四门博士委任状,情致当然很好。虽然四门博士,约相当于今天的研究员,在冠盖满京华的长安,属较低职位,不为人待见。正如时下有的人在名片上标出"一级作家"字样,会有人因此将他或她,当作一盘菜吗?不过京师官员的身份,对一个苦熬多年的文士来说,也算讨到一个正果。做一名公务员,唐时和现时差不多,在有保障这一点上,总是值得欣慰的事。

他在公元786年(唐贞元二年),来到京师应试。那是当时的全国统考,要比当今的高考难上好多倍。他用六年工夫,一连考了三次,都以名落孙山告终。直到公元792年(唐贞元八年)第四次应试,老天保佑,他得中进士。随后,他又用了十年工夫谋官,因为中了进士不等于就可以到衙门做事,还需要参加遴选官员的考试,考上以后成为公务员,方可留京或外放。唐代的科举,一方面要有学问,一方面要靠关系,后者比前者甚至更重要一些。在后者上韩愈是个弱势考生,一无门第背景,二无要人荐举,不过他有性格倔强的一面,相信自己的本事,三次参加吏部博学鸿词科会试,结果却三次扑空。不认输的韩愈,接着上书宰相,陈述自己的能力和品格,足堪大用,求其擢拔,不知是宰相太忙,还是信未送达,写了三次信都石沉大海。看来命也运也难以强求,失望之余,他退而求其次,便设法到地方上谋一份糊口的差使。

陳言之不見序述
之投東置故乃分守名之信
夫俗妹好之為世事坦矣
之系庠之堂之依
拔齋人之弧乢是所謂
誥迴民之不校為楹
而譬涇涉以為
引年之進其俙
答也

右韓文公進
學解

>>> 一个有才华的人,不使劲儿折腾也许是出不了头的。韩愈的一生,证明这个道理。人从来就是一个矛盾体有其长处,必有其短处;有其优点,亦有其缺点。图为元朝鲜于枢《韩愈进学解》,内容是韩愈的名文《进学解》。鲜于枢用行书、草书所写,前半部以行书为主,后半部以草书为主,潇洒自然,一气呵成,刚柔顿挫,节奏分明。

正好宣武军节度使董晋赴任，需要人手，他投奔而去，在其手下任观察推官。后来董晋病故，他又转到武宁节度使张建封属下任节度推官。不久张建封也病故了，不走运的韩愈连一个小小的法官或者推事，也干不成，只好回到洛阳赋闲。从贞元二年到贞元十八年，他的遭遇恰如《将归赠孟东野房蜀客》诗中"倏忽十六年，终朝苦寒饥"写的那样无比辛酸。不过文学讲夸张，诗歌讲比兴，难免浮泛的成分，可信也不能全信，韩愈的日子不算好过，却真是事实。韩愈的一生，怕穷是出了名的，一篇《送穷文》大谈穷鬼之道。元人王若虚讽刺过他："韩退之不善处穷，哀号之语，见于文字。"还奇怪他："退之不忍须臾之穷。"韩愈发达以后，很会搂钱，渐渐富有，一直富到流油的地步。唐人刘禹锡这样形容"一字之价，辇金如山"，稿酬之高，骇人听闻。但有了钱的他，为人也好，为文也好，仍旧哭穷不止。

现在已查不到他是怎么谋到四门博士这个位置的，但可以查到"国子监四门助教欧阳詹欲率其徒伏阙下，请愈为博士"(《韩愈年谱》)这样一条花边新闻。看来，他有群众，他有声势，甚至还有舆论支持，说明他颇具能量、挺能折腾。他竟然蛊惑国子监的师生一众，聚集紫禁城下，伏阙示威，要挟最高行政当局，必让德高望重的韩先生来教诲我们，不然我们就罢课罢教。学运从来都是领导人头疼的事，也许因此，韩愈得以到太学里任四门博士一职。这说明16年他漂在长安，混得不错。穷归穷，诗归诗，苦归苦，文归文，声望日高，人气颇盛，否则众多太学生也不会成为他的"铁杆粉丝"。

一个有才华的人，不使劲儿折腾也许是出不了头的。韩愈的一生，证明这个道理。话说回来，你没有什么才华，或者，有点儿才华也不大，还是不宜大折腾，因为这要折腾出笑话来的。同样，你确有才华、确有本事，你要不折腾，对不起，你就窝囊一辈子吧！凡既得利益者，因为害怕失去，无不保守求稳、循规蹈矩，努力压住后来者脑袋，不让他们出头；凡未得利益者，因为没有什么好失去的，无不剑走偏锋、创新出奇、想尽办法，使出吃奶的劲儿踢开挡道者、搬开绊脚石。看来韩愈成功的"葵花宝典"，奥秘和他始终以先锋、新潮、斗士的姿态出现有关。

应该说，要想在政坛、文坛立定脚跟，第一是领先，走前一步；第二是创新，与人不同；第三是折腾，敢想敢干，这是生死攸关的说不上是秘诀的秘诀。哪怕用膝盖思索，用脚后跟思索，也该明白：沿续前人的衣钵，前人的影子会永远罩住你；跳出前人的老路,没准能够开辟自己的蹊径。一个人,即使对自己的亲生父母,也不会甘心一辈子扮演乖宝宝的角色,何况有头脑、有思想、有天赋,因此不安于位的人呢?

在韩愈之前,有一个名叫陈子昂、字伯玉的人,在中央政府任职,颇受武则天赏识,授麟台正字(相当于国务秘书)。因他见解睿智、能力出色、敢出奇牌、行为独特。那女皇帝用他又疑他,关过他又放了他;曾擢至右拾遗,官四品高抬重用,也曾一抹到底解职归乡,将他抛弃。最终,陈子昂竟遭到一个小小县令的构陷,瘐毙狱中。他死时只有四十多岁,实在令人惋惜。当初,他从四川射洪来到长安为官,这个慷慨任侠、风流倜傥的人,很快成为那些活跃的、时代的、风头的、逆反的、非僵尸型同行的核心人物。长安很大,比现在的西安大十倍,没有公交,而且夜禁,天一黑就实行戒严。这一伙潮人,吃喝睡住,成天厮混在他身边。陈子昂不甚有钱,但敢花钱,这与韩愈有钱还哭穷正好相反,经常邀朋聚友高谈阔论,文学派对座无虚席,或评弹文坛,或刻薄权威,或笑话同行,或索性骂娘。因为,初唐文人仍旧宗奉"梁陈宫掖之风",骈文统治文坛,而为唐高宗文胆的上官仪,以宫廷诗人身份所写的轻靡藻丽的诗篇,竟成为时人竞相仿效的"上官体"流行一时。让陈子昂相当恼火,什么东西,老爷子这种"彩丽竞繁而兴寄都绝"的玩意儿,怎么能够大行其道呢?于是他和他的文友,酒酣耳热之余,拍案乱喷狂言,对主持文学领导层面的要员表示不敬,也是可以理解的。

有一次到幽州出差,登蓟北台,朔风呼啸,山海苍茫,天高地阔,心胸豁朗,这是陈子昂在巴蜀盆地、河洛平原,绝对欣赏不到的大气派、大场面。他马上想到当时那种很不提气、很不给力的花里胡哨、空洞无物、精神萎靡、情志衰颓的文字,马上想到承继着六朝以来、骈偶浮艳、华而不实、毫无生气可言的文风,马上想到这一切与盛世王朝绝对相背的文学状况,得出"文章道弊五百年矣,汉魏风骨,晋宋莫传"的结论。在这样的大时代里,读不到震撼灵魂、振奋人心的大块文章,真是好不爽,好不爽啊!于是,脱口而出,写下四句名诗:"前不见古人,后不见来者,念天地之悠悠,独怆然而涕下。"这首诗几乎无人不知,解释者也其说不一,其实他的这首吊古伤今的《登幽州台》,并无悲天悯人之意,而是充满着诗人对于当时文学走入绝境的忧虑。有人说他呼唤时代、呼唤英雄,这就是绝对的走题了。从李世民到武则天,那是唐朝最强盛的时代,而李世民和武则天也是唐朝最杰出的英雄,用得着陈子昂在那儿迎风掉泪吗?这四句诗,是领风气之先的文学呼唤,具石破天惊的警醒意义,从此揭开了唐代文学运动的序幕。

韩愈有一首《荐士》诗,其中一句"国朝盛文章,子昂始高蹈"。他也认为陈子昂是唐代最早提倡文学改革的先锋。从陈子昂到韩愈,约一百多年间,尝试文学改革的人士络绎不绝。包括"初唐四杰"之一的王勃,他的《滕王阁序》,是多漂亮的一篇骈文啊,即使这样一位大手笔,他也认为唐代文风没有什么起色,"骨气都尽,刚健不闻",让他感到沮丧。同期还有萧颖士、李华、颜真卿、元结诸人,用散文写作,推动改革。但改骈为散的努力,一直未成气候,有什么办法呢?文学老爷的厉害,就在于他要掐死你,易如反掌;你要推动他,比撼山还难。上官婉儿的祖父,除了武后能收拾他,一帮文学小青年徒奈他何?直到韩愈打出复古旗帜,加之柳宗元、刘禹锡、白居易、元稹、李翱、皇甫湜等人志同道合,才终结了宋齐梁陈以来的软文学。

软文学并非绝对不好,要统统都是软文学的话,文学离完蛋也就不会太远。

历史的经验告诉我们,文学的发展,总是要与时代的发展同步,它俩是命运共同体,两者有时吻合一点,有时疏离一点,但背道而驰是绝不可能的。时代变了,文学也得变,辛亥革命后的五四运动,取白话文,去文言文,这一场仅仅是书面语言的改变,竟比民国后剪掉辫子更让国人震动。这也是时代变了,上层建筑势所必然的适应;同样的道理,当下中国读者为了期待与我们这个伟大时代相匹配的伟大作品,而恨铁不成钢地鞭策当代作家之不振作、不成器,痛斥那些文学瘪三制造出无数的文学垃圾,如陈子昂一样地吼出"念天地之悠悠,独怆然而涕下",他所说的话也许不甚中听,但却为催促我们这个民族的壮丽史诗产生,期待我们这个国家的鸿篇巨制出现,热忱之心,情急之意,是应该理解的。

现在来说攀登华山的韩愈本人,他生于公元768年(唐代宗大历三年),逝于公元824年(唐穆宗长庆四年),享年57岁。字退之,邓州南阳人,后迁孟津(河南省孟州市)。自谓郡望昌黎,世称韩昌黎,因谥文,又称韩文公。他还有一个不见诸典籍的响亮头衔,为"唐宋八大家"首席。唐、宋两朝,乃中国文学最为黄金的时代,文人如满天星斗,璀璨夺目;作品如大海涌涛,波澜壮阔。就在这成百上千的杰出人士之中，选了韩愈、柳宗元、"三苏"、欧阳修、王安石、曾巩这八位，为散文大家，这是何等崇高的褒誉？我们知道，诺贝尔文学奖原则上每年一个，而近八百年的唐和宋，就选了这八位，平均下来每一百年才有一位，这就意味着"八大家"的每一位，等于得了100个诺贝尔文学奖。而其中的首席韩愈，成为"百代文宗"，也就顺理成章地印刻在中国人的记忆里。

如果你问任何一个中国人，你读过古文吗？如果他点头，这就意味着他知道韩愈，知道"唐宋八大家"，这是稍通文化的中国人最起码的文学常识。如果你问任何一个外国人，你知道诺贝尔文学奖吗？如果他点头，你要是让他一口气，不查资料，不点百度，能说出八位获奖者的名字和代表作，估计张口结舌者多。"唐宋八大家"的说法始自明代，有一个叫茅坤的选家，编了一部《唐宋八大家文钞》，将韩愈名列领衔位置，一直为世人所首肯，延续至今，无人异议，这大概是真正的不朽了。近年来，追求不朽，成了某些人的心病，一些还健在的有点成就的作家、一些刚逝世的有点名望的作家，便来不及地盖庙建祠、树碑立传、香烛纸马、供奉鼓吹，以示不朽。文学史这把尺子，以数年计，以数十年计，而不是以数百年来测量不朽，往往是不准的。新时期文学三十多年，从轰轰烈烈到一蹶不振，从光芒四射到了无声息，一串一串的大师，一出一出的闹剧，一批一批的不朽，一堆一堆的泡沫，都是我们大家亲眼目睹过的。

如今已成为广东潮州的一个景点的韩祠，又称韩文公庙，却有值得人们思考的地方。唐代文学大师的庙，到隔朝宋代才修，说明古人对"不朽"一词的慎重。这座公元999年（宋真宗成平二年）兴建的庙，离韩愈逝世的公元824年（唐穆宗长庆四年），已有175年的时间跨度。是真金白银、是废铜烂铁，是骡子、是马，经过近二百年的过滤沉淀，朽或不朽，自有公论，板上钉钉，毋庸置疑。由此来看，肉眼凡胎的我们，对于同时代文人和作品的判断，难免有藕断丝连的感情因素，再加之炒作、起哄、鼓吹、抬轿，云山雾罩，扑朔迷离，薰莸不分，泥沙俱下，弄得读者无所适从，莫衷一是，远不如时间老人那样看得准、看得透。在跟班和跑腿的马屁簇拥下，在虚荣心和麻木感的微醺懵懂中，那些建纪念馆以求不朽的人，自封不朽，贻人笑柄，人捧不朽，更是笑话。再说不朽又不是小笼包子需要趁热吃，至于那么急着加冕吗！该不朽，谁也挡不住你不朽；不该不朽，你即使如明末魏宗贤盖三千生祠,最后不也土崩瓦解了嘛!

韩愈这个名字,之所以在中国历史上占有一席之地,其来有自,因他是一个具有开创意义的人物。那些活着的和死去的盖文学小庙者,可曾有创新、领先,走在时代前面,令文学面貌一变的努力? 如果回答为 NO,这种一相情愿,以为树一个牌位、挂两张旧照、放几本著作、存数册手稿,就会永远被后人记住,那也太自作多情了。

唐代的古文运动,说到底是把丢掉的东西重新捡起来,所以又称之"复古"。不过,韩愈并非全盘照搬地"复古",而是在继承古文传统的基础上,创造出全新的散文文体。虽然他主张"破骈为散",恢复两汉以来司马迁、扬雄自然质朴的文体,但他更主张"师其意而不师其辞","言贵独到","能自树立","辞必己出","文从字顺","唯陈言之务去"。然而,去陈出新,谈何容易。他在《答李翊书》里说,创新是"戛戛乎其难哉"的事情,问题还在于新生事物,不但不会得到习惯势力、保守思想的接纳,而是被抵制、被非难,甚至受嘲笑、受打击。但他坚信,只要能够"处心有道,行己有方",顶住压力,冲锋陷阵,古文运动的这场改革,在他看来,只要"用则施诸人,舍则传诸其徒,垂诸文而为后世法"地坚守阵地,倒下再起,总是能够荡涤浮华,扫尽艳丽,而奠定唐代古文基石的。

韩祠建成以后,又数十年后,对韩愈崇拜之至、褒美之至的宋人苏东坡,撰写了一篇激情洋溢的碑文,现在潮州韩文公祠里还保存着这块碑石。其中赞他"匹夫而为百世师,一言而为天下法,是皆有以参天地之化,关盛衰之运"。以及"独韩文公起布衣,谈笑而麾之,复归于正,盖三百年于此矣。文起八代之衰,道济天下之溺,忠犯人主之怒,而勇夺三军之帅。此岂非参天地,关盛衰,浩然而独存者乎?"评价之高,可以说是登峰造极。宋人司马光在其《答陈师仲司法书》中说到韩愈,有"文章自魏晋衰微,流及齐、梁、陈、隋,赢备纤靡,穷无所之。文公杰然振而起之,如雷霆列星,惊照今古"等文字,也是臻至极致的赞美。

钱钟书在《谈艺录》里,对宋代高抬韩愈的现象,有过一番讽刺:"韩昌黎之在北宋,可谓千秋万岁,名不寂寞矣……要或就学论,或就艺论,或就人品论,未尝概夺而不与也。"

北宋追捧韩愈是一种必然,北宋立国以后,到真宗、仁宗之际,适与陈子昂《登幽州台》问世时的唐代,从"贞观之治"到武后临朝,同处于盛世光景的辉煌中。对于前朝文学遗产的扬弃,对于当代新兴文学的建立,遂成迫切的要务。而北宋所承接的五代文学,除了绵软无骨的花间词,便是空泛无物的西昆体,可谓乌烟瘴气,不成气候,与前朝的"梁陈宫掖之风"、浮艳骈偶之文,有得一拼。于是,以韩愈为样板,欧阳修、尹师鲁奋起拨乱反正,加之司马光、王安石、"三苏"、"两曾"等人的创作实践,使文学重归于正道。"唐宋八大家",唐二、宋六,证明宋代散文的发展,要先进于唐。

北宋的诗文革新,也是在阻力多多、障碍重重中前行。公元1057年(嘉祐二年)欧阳修以翰林学士身份主持进士考,选了苏轼、曾巩,而将时望所归的考生除外,就是因他们的文章华而不实。欧阳修的本意是希望通过提倡什么、反对什么,来促进文风的改变。结果事与愿违,开封城里竟引发了落榜考生闹事的风潮。他们在官道上包围主考大人,兴师问罪,幸亏当时不兴扔鸡蛋、摔西红柿,否则欧阳修真得吃不了兜着走。"及试榜出,时之所推誉皆不在选。嚣薄之士候修晨朝,群聚诋斥之,至街司逻吏不能止。"(宋朝李焘《续资治通鉴长编》)

由此可以想象,北宋文人也许因为惺惺相惜之心,深感唐代韩愈进行古文运动之艰难,出于同志式的知心、战友式的敬意,笔下便情不自禁地拔高。《宋史·欧阳修传》也将韩、欧一体而论:"文章涉晋、魏而弊,至唐韩愈氏振起之。唐之文,涉五季而弊,至宋欧阳修又振起之。挽百川之颓波,息千古之邪说,使斯文之正气,可以羽翼大道,扶持人心,此两人之力也。"不过,即使在北宋,韩愈成为抢手的绩优股,溢美夸饰,不绝于口的同时,也有清醒者,既认可他、肯定他,也看到他的不足、他的欠缺。譬如司马光在《颜乐亭颂》中说:"韩子以三书抵宰相求官,如市贾然,以求朝夕刍米仆赁之资,又好悦人以铭志,而受其金,观其文,知其志,其汲汲于富贵,戚戚于贫贱如此。"譬如欧阳修在《与尹师鲁第一书》中说:"前世有名人,当论事时,感激不避诛死,真若知义者;及到贬所,则戚戚怨嗟,有不堪之穷苦,形于文字,其心欢戚,无异庸人。虽韩文公不免此累。"这就是历史的视觉差距了,历史看一个人,总是聚焦于忠奸贤愚的主要方面,而模糊其小是小非的次要方面,如同电子学上的栅极作用,年代愈久,时间愈长,光辉的部分愈被烛照,愈被强调,无关紧要的部分愈益淡化,愈益虚无。

后人只记住"千秋万岁,名不寂寞"的韩文公,而不在意"或就人品论"的其实"无异庸人"的韩昌黎。

韩愈一生,最有影响、最为风光的一件事,为"文起八代之衰"的复兴古文运动;最为英雄、最为知名的一件事,为"忠犯人主之怒"的谏迎佛骨事件。公元819年(唐元和十四年),佞佛的宪宗李纯要将法门寺的佛骨迎至长安,供人敬奉。出于捍卫道统、出于尊儒排异,或出于自我感觉良好,此前一年,"公以裴丞相请,兼御史中丞,赐三品衣,为行军司马,以功迁刑部侍郎"(见《年谱》),韩愈上《谏迎佛骨表》:"佛本夷狄之人,与中国言语不通,衣服殊制,口不道先王之法言,身不服先王之法行,不知君臣之义,父子之情。""乞以此骨付之有司,投诸水火,永绝根本,断天下之疑,绝后代之惑。"李纯阅后大怒,要付以极刑。幸亏丞相裴度为之缓颊,韩愈才保住了一条命,却被流放广东潮州。

从此,人们记住了上书"事佛求福,乃更得祸,由此观之,佛不足信,亦可知矣"的铮铮铁骨,记住了那首"一封朝奏九重天,夕贬潮阳路八千"的悲壮诗篇,然而,并不在意他反佛辟佛的同时,却与和尚们交往频密。令人不可理解的是,这位反佛人士的府邸里,老衲出入门庭,小僧趋前奔后,而且据宋人朱熹说,那都是些酒肉无赖之辈,就不知所为何来了。到了潮州以后,他又与一位名叫大颠的法师,结为莫逆之交,书来信往,甚为投契。连苏轼也认为韩愈的拒佛,"其论至于理而不精,支离荡佚,往往自叛其说而不知",所以为了他心目中一个完整的而不是人格分裂、自相矛盾的韩愈,断然声言韩愈的《与大颠书》为伪作,"退之家奴仆,亦无此语"。其实,物有优劣,人有长短,这才是一个真实的世界。虽然儒学原教旨主义者将复古重儒的韩愈,在孔庙配享的排位列于孟轲之后,等同于圣人。但圣人并非完人,他发配到潮州以后,攀附甚至巴结大颠法师,是否期待这位大德高僧影响那位佞佛的唐宪宗,而对他被贬的政治处境有所改善呢?按他当年"三书抵宰相求官"的脸皮厚度,未必会不存此心。

韩愈登华山,在其《答张彻》诗中有"洛邑得休告,华山绝穷陉"句,用他最害怕的这个"穷"字,来形容他华山之行的路径,可见对这次旅行,那想起来后怕的场面,犹耿耿于心。那天,到达华山最高峰后,他定睛环视,千峰壁立,万丈深渊,立刻头晕目眩、魂飞魄散,整个人面如死灰,像散了架似的颤抖不已,惊吓得不成个儿。上山容易下山难，上山时只看到脚前方寸之地，尚可勉为其难地行走，下山时那脚下却是命悬一线的生死之途，往下深不可测，往远看云雾缥缈。腿肚抽筋、浑身凉透、举步维艰、精神崩溃的四门博士，竟失控地放声大哭起来。据唐朝李肇的《唐国史补》："韩愈好奇，与客登华山绝峰，度不可返，乃作遗书，发狂恸哭，华阴令百计取之，乃下。"

现在传世的韩愈肖像，很是庄严肃穆的，据五代陶谷说，弄错了，那是南唐韩熙载的画像。不过，无论如何，这样一位圣人，那一脸眼泪巴岔、鼻涕横流的德行，我真是想象不出来。

人，自始至终，从来就是一个矛盾的组合体。有其长处，必有其短处，有其优点，亦有其缺点。看人，要懂一点"两分法"，尤其那些大师，则必须一分为二，千万别被他的光环唬住。

"乐天派"白居易

白居易(772—846)　唐朝现实主义诗人。他倡导新乐府运动，诗歌创作题材广泛，形式多样，语言平易通俗。他官至翰林学士、左赞善大夫。著有《白氏长庆集》名世流传。

公元789年（贞元五年），白居易18岁，随父在衢州任上。

这一年，著作顾况"坐诗语调谑，贬饶州司户"，路过此地，时为文学青年的白居易抱着一腔热诚，到他的下榻处登门求见。

顾况时为大人物，大人物就得有大人物的范儿，一个文学青年，自然不会甩他。何况，看门卫递过来的求见刺，那名字却不讨这位大牌诗人喜欢。

著作，是官名，也称著作郎，主撰国史，隶属于秘书省。官位不低，从五品上，实际却是坐冷板凳的闲差。在这个有声望、无权势，有地位、无利益的清水衙门里，混口饭吃，绰绰有余，生老病死，保证待遇。但图功名、求利禄、想发达、往上爬，可并非值得留恋的地方。

顾况认为自己"当得达官",有点不安心,有点不自在。

中国人之吃亏,多在于自我感觉良好。因为当时先后为德宗相的柳浑、李泌是他的朋友,一言九鼎,大权在握,安排一份要职应该不会有什么困难。可他疏忽了一点,这两位是政治家,而非纯粹的文学家,谈谈诗歌,怡情悦性,饮饮老酒,消食化痰,当无不可。但要让他俩向皇帝举荐,要朝廷叙用,委以重任,授以达官,就不能不心存顾忌了。

不是不相信他的才干,不是不相信他的能力,可谁能把握得住这位大牌诗人的自由主义呢?万一吊儿浪当起来,万一胡说八道起来,谁来替他擦屁股?果然,"吴人顾况,词句清绝,杂之以诙谐,尤多轻薄。为著作郎,傲毁朝列,贬死江南"(唐朝李肇《唐国史补》)。

顾况就这样被踢出长安,谪往饶州。途中经过衢州,碰上拿着自己作品求见的白居易。一般来讲,官员倒台,通常也就什么都不是了,立马可怜兮兮,一脸惶恐,只有他努力搭理人,而无人再跟以前那样巴结他了。而文人失败,哪怕失败得很惨,只要确实写过有一点影响的东西,还是会有人刮目相看的。至少那些文学后生们,才不在乎你犯过什么错误,戴过什么帽子。这一点,当过右派的我,倒是蛮有体会的。

于是,遂有了白居易受到顾况赏识的这段嘉话。

> 白乐天初举,名未振,以歌诗谒顾况。况谑之曰:"长安百物贵,居大不易。"及读至《赋得原上草送友人》,诗曰"野火烧不尽,春风吹又生",况叹之曰:"有句如此,居天下有何难,老夫前言戏之耳!"(五代王定保《唐摭言》)

> 白居易应举,初至京。以诗谒顾著作况。顾睹姓名,熟视白公:"米价方贵,居亦弗易。"乃披卷首篇曰:"咸阳原上草,一岁一枯荣。野火烧不尽,春风吹又生。"即嗟赏曰:"道得个语,居即易矣。"因为之延誉,声名大振。(五代张固《幽闲鼓吹》)

白居易这次面谒顾况，与他"初举"、"应举"，了无关系。白居易第一次来长安应进士试，是在公元799年（贞元十五年）。而顾况被贬饶州，为789年（贞元五年）间事，后来顾况隐居茅山，为793年（贞元九年）间的事，他早就受了道箓，早就隐居山林，怎么可能跑到长安去，专程为白居易鼓吹说项呢？真实的历史，应是顾况在贬官南下途中，与白居易有了这次接触。

类似的文字记载，还见诸《唐语林》《全唐诗话》《唐才子传》等书，看来顾况赏识白居易，道路传说，反响很大，才留存文人笔墨之间。那时白居易才19岁，名不见经传，而顾况乃诗界大腕、文坛掌门。尤其是在李白、王维、杜甫等顶级大师死去之后，就他独撑唐诗一片天，因此他的评价等于给白居易打开了文学之门，也等于把他推上了仕进之途。

第一，名人说话；第二，作品过硬，白居易顿时成了明日之星。这使他公元780年（贞元十六年）第四名进士及第，使他782年（贞元十八年）登书判拔萃科，使他806年（元和元年）中"才识兼茂，明于体用科"，使他808年（元和二年）任翰林学士，在仕途的大道上一路绿灯，通行无阻。唐代的科举制度，仍受九品中正制度影响，缙绅豪门的保举、名流雅士的推荐，十分要紧，干系重大。顾况那时若是有大唐全国作家协会的话，弄个主席、副主席当当，是不费吹灰之力的。他用不着那样积极、那样投入、那样奔走、那样抓耳挠腮，为捞作协这份闲职，费心费力。只要他有这个意思、这个想法，那些沐猴而冠的家伙，先就自惭形秽了。这样一位继续高举盛唐诗歌旗帜的前辈，既德高望重又声名鼎沸，出来为白居易打保票，还有哪位主考官，敢不当回事呢！

这则文坛佳话，实际意义不仅如此。顾况所说的"居大不易"，和"居天下有何难"，并非无足轻重的闲话，确实有值得所有人深思熟虑的真理。

第一，什么叫"居"，仅仅是指遮风避雨的屋子吗？若这样简单化地理解，那可就大错特错了。

第二，所谓"居"，大者，概括天下；中者，泛指人际；小者，意味周遭；实者，物质世界；虚者，精神空间。一言以蔽之，"居"即人的生存环境。我指的是那些非假冒伪劣、非投机倒把、非虚抬行市、非狗屁不是，而指那些真有才华、真有思想的人，追求既广阔又自由、无拘束、无疆界的天地，那是尤其不可或缺的"居"。

第三，关在一个笼子里的鸟，可能感到寂寞和无奈；关在一个笼子里的人，可能感到痛苦和悲哀；而关在一个笼子里的作家或诗人，那很可能就会发疯。顾况这句看似无意的戏谑之言，具有非常深刻的内涵。

那时还年轻的白居易，也许未必能够理解顾况对他姓名调侃的真意。因为这位著作郎，其实也是在长安"居大不易"，才卷铺盖走人的。所以我臆测，白居易要到 815 年（唐元和十年），才明白其中的堂奥。

那年他 44 岁，按孔夫子教导，已是过了"不惑之年"的这位诗人，仍旧改不了他那多血质、好冲动、重感情、易愤激的性格。结果，为当年六月宰相武元衡被暴徒无端刺杀、政府反应迟缓，跳出来打抱不平、伸张正义，结果碰了一鼻子灰，被贬江州，尝到他平生第一次失败的滋味。

人家告诉他，老弟，为什么要打你的屁股，因为你越位了。什么叫越位，就譬如一间屋子里有很多人，比你有发言权的多的是。你的爹、你的妈、你的娘舅、你的姨妈，还有你的大哥、二哥、表兄、表姐，轮不着你第一个抢着说话。老弟，你要记住，"居"之所以"大不易"，就因为你不是鲁滨孙，那荒岛上只你老哥一个，你怎么折腾怎么是，可你在这个屋檐底下，你要跟头巴士的话，还得注意不要碰到别人。

经过这次冒傻气、吃苦头以后，他终于懂得必须调适个人的生存环境，才能在"居大不易"的外部世界里努力顺应，才能达到"居天下有何难"的目标。这是了不起的觉悟，也是诗人此后一辈子谨行不渝的方向。

白居易活了七十多岁，在中国古人中，算是长寿者。后四十多年，他一直贯彻至终这个目标，一直身体力行这个方向。第一，努力在物质世界中，营造最为适宜的生存条件；第二，努力在精神世界中，拓展最大限度的自由空间。在唐代众多文人中间，他大概是唯一的过得最快活的聪明人了。

在中国其实聪明的人多的是，但活得不那么辛苦、不那么操劳、不那么忧心、不那么负担的聪明人，却少之又少。白居易的一首诗《吾土》中说："身心安处为吾土，岂限长安与洛阳。"这恐怕是他对于"居"这样一个大题目，最为通脱、最为豁达的诠释了。

白居易在任左拾遗、翰林学士期间，以敢言直谏、慷慨陈词著称。这是前面提到的他多血质的性格所决定了的。在 815 年（元和十年）以前，他是经常上书，面折廷争,谠言诤论,以忠诚报效自任。《旧唐书·本传》里有这样一段对这位关东汉子那有点倔、有点犟、有点拧、有点一根筋性格的描写:

> 王承宗拒命,上命神策中尉吐突承璀为招讨使,谏官上章者十七八,居易面论,辞情切至。既而又请罢河北用兵,凡数千百言,皆人之难言者,上多听纳。唯谏承璀事切,上颇不悦。谓李绛曰:"白居易小子,是朕拔擢致名位,而无礼于朕,朕实难耐。"绛对曰:"居易所以不避死亡之诛,事无巨细必言者,盖酬陛下特力拔擢耳,非轻言也。陛下欲开谏诤之路,不宜阻居易言。"上曰:"卿言是也。"

《新唐书·本传》也有类似的记载:"后对殿中,论执强鲠,帝未谕,辄进曰:'陛下误矣!'帝变色,罢,谓李绛曰:'是子我自拔擢,乃敢尔,我叵堪此,必斥之!'绛曰:'陛下启言者路,故群臣敢论得失。若黜之,是箝其口,使自为谋,非所以发扬盛德也。'帝悟,待之如初。"

白居易的一生,亲历德宗、顺宗、宪宗、穆宗、敬宗、文宗、武宗七朝,几乎目睹了唐王朝由盛而衰的转型期里的全部败象。朝政之腐败,宦官之猖獗,党争之恶斗,藩镇之割据,外族之纷扰,战乱之频乃,灾难之常至,百姓之呻吟,对诗人而言,不可能不产生感同身受的认知和触动灵魂的震撼。

因此,他早期的文学观,是属于干预生活的绝对现实主义。这也是没有办法的事,中国知识分子的忧国忧民心结,在动荡岁月里的责任意识,在危乱年代里的经世热忱,是不可遏止的。他从呈顾况披阅的《赋得原上草送友人》,到45岁这年所作的《琵琶行》,年代大约为公元788年(贞元四年)到815年(元和十年),共二十多年间,白居易是以讽谕诗为他的创作重点的。其中《秦中吟》10首、《新乐府》40首,为其代表作品。

这些诗歌中所表现出来的强烈的政治色彩、鲜明的时代气息、勇敢的批判精神、高昂的抗争意识,无不激起共鸣;所反映出来的统治者对于被统治者的残酷剥削、贪婪榨取、无尽搜括、民不聊生的惨状,无不令人义愤填膺。他的这些诗篇,满城传唱,万众吟诵,然而却触犯了既得利益阶层。正如他在《与元九书》中所说:

"权豪贵近者相目而变色","握军要者切齿矣",遂导致他第一次面临"长安居大不易"的失败,尝到了生存环境没有调适好的苦头。

反正,中国文人的脐带,系在大地母亲身上、系在民族国家身上、系在人民大众身上,你就不可能和统治者心血相通,你就不可能使统治者龙颜大悦,你就不可能不因为你的干预时政、挑战丑类、揭露败恶、批判权贵、说了些真话、道出些实情,而不遭受统治者的修理。

也许统治者日理万机,一时疏忽了你也有可能,可统治者手下的牛首马面、打手爪牙,却绝不是吃干饭的。于是过了初一,过不了十五的白居易,到底被那些嫉恨他的人,新账旧账一块儿算,只有捏着鼻子"出佐浔阳"。宋朝计有功《唐诗纪事》卷三十九载:"元和十年,秋,或言居易母堕井死,赋《新井》诗,出为刺史。王涯言其不可,乃贬江州司马。"下注:"论盗杀武元衡事,宰相嫌其出位故也。"

什么叫出位? 就是未能在此时此刻的生存环境中,调适好自己的位置。

据清朝徐松撰《唐两京城坊考》,白居易在长安的四个坊里生活过,有过自己的屋宇房舍,基本都在东市之东,约相当于今日北京城的东四环部位。公元783年(贞元十九年)春,白居易第二次来京会试,以拔萃选及第,授校书郎,才在长安正式找房子住下来,所谓"卜宅之始",住常乐坊;为主客司郎中时,住新昌坊;为左赞善大夫时,住昭国坊;为刑部尚书时,住宣平坊;其间的一些时日,还曾寄寓永崇坊的华阳观。但是,京城对他来说,仍是"居大不易"。

小的人居环境未能尽如人愿,是与大的政治气候未能周全应对,存在必然联系的。公元816年(元和十一年),他就在诗中写道:"行年四十五,两鬓半苍苍。清瘦诗成癖,粗豪酒放狂。老来尤委命,安处即为乡。或拟庐山下,来春结草堂。"这已经萌发出《吾土》诗中"岂限长安与洛阳"的不再逗留首善之区的逃避想法。

你可以责备他的退缩、他的软弱,但你不得不认同他这种聪明人的选择。做过斗士的人,不一定要永远做斗士。我们总是以完人、全人、尽善、尽美,去期待谁、要求谁、指望谁、推动谁。说到底,这其实是一种残酷、一种不堪负荷的道义承担。鲁迅的《聪明人、奴才和傻子》一文,绝对是人世间的真实写照。

在宋朝叶梦得《避暑录话》中,有一番诠释诗人远离官场纷争、跳出政治绞杀,彻底改变自己、全方位调适的精彩分析:

白乐天与杨虞卿为姻家,而不累于虞卿;与元稹、牛僧儒相厚善,而不党于元稹、僧儒;为裴晋公所爱重,而不因晋公以进;李文饶素不乐,而不为文饶所深害。处世者如是人,亦足矣。推其所由得,唯不汲汲于进,而志在于退,是以能安于去就爱憎之际,每裕然有余也。自刑部侍郎以病求分司,时年才五十八,自是盖不得出。中间一为河南尹,期年辄去;再除同州刺史,不拜。雍容无事,顺适其意而满足其欲者十有六年。方太和、开成、会昌之间,天下变故,所更不一。元稹以废黜死、李文饶以谗嫉死,虽裴晋公犹怀疑畏,而牛僧孺、李宗闵,皆不免万里之行。所谓李逢吉、令狐楚、李珏之徒,泛泛非素与游者,其冰炭低昂,未尝有虚日。顾乐天所得,岂不多哉!

要知道,对一般的中国人来说,最大的诱惑,是握权;最大的机遇,是升官。假设换一个人,这样的人际网络,这样的贪缘关系,这样的后台背景,这样的机遇门路,还不得半夜做梦都会笑出声来?这不等于阿里巴巴四十大盗的那座藏金洞吗?只消一句"芝麻开门",还有什么要求、什么欲望,不能满足的呢!

可白居易简直像有洁癖似的,远离着一切是非、逃避着所有邪恶。这就是诗人令我们钦佩的地方,因为他表现出来一种高尚的约束,可不是随便一个什么人就能够达到的境界。《新唐书·本传》赞他:"观居易以直道历,在天子前争安危,冀以立功,虽中被斥,晚益不衰。当宗闵时,权势震赫赫,终不附离为进取计,完节自高。而(元)稹中道徼险得宰相,名望㵃然。呜呼,居易其贤哉!"

佛家讲"戒",就是提倡自我约束。为了清心寡欲,为了洗却尘凡,为了进入修心炼性,为了超渡通脱,为了尔后有可能的成佛成仙,就得戒。然这对凡夫俗子而言,谈何容易,戒所以为戒,正因为不戒,若是世人都戒,也就无所谓"戒"了。唯其不成,这才有戒。大千世界,充满诱惑,芸芸众生,六根不净,欲望也就成了饮食男女几乎无法抑制的本能。因此,不戒或许更接近于人的本性,有无可指责的一面,但也有不可恣肆的一面。能戒,能约束,更多体现一种人格力量。

白居易之了不起,即在于此。前人对其卷入旋涡中、跳出是非外的洁身自好,也有很高评价。"乐天素善李绅,而不入德裕之党,素善牛僧孺、杨虞卿,而不入宗闵之党,素喜刘禹锡,而不入任、文之党。中立不倚,峻节凛然。"(宋朝葛立方《韵语阳秋》》"予按乐天尝与刘禹锡游,人谓之刘、白,而不陷司马党中。及与元稹游,人谓之元、白,而不陷北司党中。又与杨虞卿为姻家,而不陷牛、李党中。其风流高尚,进退以义,可想见矣。呜呼!叔世有如斯人之仿佛者乎?"(宋朝晁公武《郡斋读书志》)

我们还要了解到,白居易之聪明、之睿智、之不断地调适生存环境、之不停地拓展精神空间,从而延续了他的人生、他的诗歌,奠定了他在历史上的不朽价值。之所以要这样做,我们应该为白居易设身处地想一想,大环境也就是中唐残酷的党争倾轧、黑暗的政治迫害、无望的社会沉沦、深重的民族危机,所构成的这"居",使他在逃避躲让之外,别无选择。

他在《与元九书》中,曾经这样自我担承过的:"微之,古人云:'穷则独善其身,达则兼济天下。'仆虽不肖,常师此语。大丈夫所守者道,所待者时。……故仆志在兼济,行在独善。奉而始终之则为道,言而发明之则为诗。谓之讽谕诗,兼济之志也;谓之闲适诗,独善之义也。"

白居易被贬江州以后,在那里编纂了他的第一部诗集,从此诗人实际上中断了他政治性很强、现实性很浓的讽谕诗写作。倒不是完全因为这些作品,曾经给他带来了不幸。而是中唐的腐败黑暗、政治迫害、朋党倾轧、兵乱灾变,使他的兼济之志,除了无穷地碰壁、无谓地麻烦、无尽地讨伐、无聊地暗算外,弄得焦头烂额外、一无所得。于是,他在独善之义的闲适诗方面,另辟精神空间,创"元和体",别出蹊径,独树一帜,不但改变了唐代诗风,也影响着千年以来的中国文学创作。

人是要变的,作家也是要变的。不变的人,必死无疑;同样,不变的作家,总有一天,老调子已经唱完,就该找根绳子把自己勒死了。古今中外,很多真正的作家,最后采取自杀的手段结束生命,就因为这种没有出路的彷徨所致。

再没有比牵延中唐长达四十多年之久的"朋党之争",更能暴露中国知识分子那最污浊、最阴暗、最寡谦鲜耻、最见不得阳光的丑恶灵魂了。宋朝钱易在《南部新书》里,讲了一则小故事:"白傅与赞皇不协,白每有所寄文章,李缄之一筐,未尝开。刘三复或请之,曰:'见词翰,则迥吾心矣。'"看看这个李德裕是个什么东西,也就无需废话了。

>>> 白居易的一生,目睹了唐王朝由盛而衰的转型期里的全部败象。他晚年离开"居大不易"的长安后就一直住在洛阳。图为宋刘松年《香山九老图卷》,描绘他退休后在故居香山与八位耆老的集会

因此，白居易在开辟新的精神空间的同时，也在另谋新的生存环境。《旧唐书·本传》说："居易初对策高第，擢入翰林，蒙英主特达顾遇，颇欲奋厉效报，苟致身于讦谟之地，则兼济生灵。蓄意未果，望风为当路者所挤，流徙江湖。四五年间，几沦蛮瘴。自是宦情衰弱，无意于出处，唯以逍遥自得，吟咏情性为事。大和巳后，李宗闵、李德裕朋党事起，是非排陷，朝升暮黜，天子亦无如之何。杨颖士、杨虞卿与宗闵善。居易妻，颖士从父妹也。居易愈不自安，惧以党人见斥，乃求置身散地，冀以远害。凡所居官，未尝终秩，率以病免，固求分务，识者多之。"

也许，任何一个信口雌黄的人，任何一个站着说话不嫌腰痛的人，任何一个习惯于高调指责一切的人，大可以痛斥白居易的软弱、转向、后退、认输。可是，善良的人们，怎么不能替这位诗人想一想，他为什么要冲锋陷阵，为什么要慷慨就义，为什么要奋不顾身，为什么要一往直前呢？

社会在变，生活更在变。

公元835年（大和九年）"甘露事变"发生，白居易写过"彼为俎醢机上尽，此作鸾凤天外飞。去者逍遥来者死，乃知祸福非天为"（《咏史》）；"祸福茫茫不可期，大都早退似先知。当君白首同归日，是我青山独往时"（《九年十一二十一日感事而作》）。从这些诗句里，我们看到在那场血腥的政治屠杀中，他能够侥幸逃险境，虽未遭杀身之灾，却是心有余悸的。但另外一方面，我们也看到实际上他是在肯定自己：这些年来，为改变生存环境所做出的努力是值得的。

因为，大约从公元824年（长庆四年），除太子左庶子分司东都洛阳，他便基本上离开"居大不易"的长安。而从829年（大和三年）起，一直到846年（会昌六年）去世，就一直居住在洛阳外郭城东南端的履道里。他得以存在下来，得以进行创作，得以享受生活，得以安度晚年。

他写过一篇文章，题曰《池上篇》，讲述他在洛阳履道里那个精神家园里的幸福时光：

十亩之宅，五亩之园，有水一池，有竹千竿。勿谓土狭，勿谓地偏，足以容膝，足以歇肩。有堂有亭，有桥有船，有书有酒，有歌有弦，有叟其中，白须飘然，识分知足，外无求焉。如鸟择木，姑务巢安；如蛙作坎，不知海宽。灵鹊怪石,紫菱白莲,皆吾所好,尽在我前。时引一杯,或吟一篇。妻孥熙熙,优哉游哉,吾将老乎其间。

这篇得其所哉的短文,至少可以说明一点,在长安"居大不易"的白乐天,终于在洛阳、在静静的伊水边,实现了当年顾况对他"居天下有何难"的期许。

世事短暂,文学长久,聪明如斯人者,才真值得我们钦敬啊!

人间唯有杜司勋

杜牧(803—约852)　唐朝诗人、散文家。出身名门,曾任中央及地方要职,曾做司勋员外郎。他的诗英发俊爽,多切经世之物。晚年居长安樊川别墅,著有《樊川文集》。

杜司勋,即杜牧,晚唐诗人之翘楚。李商隐有一首七绝,这样写他:

高楼风雨感斯文,短翼差池不及群。
刻意伤春复伤别,人间唯有杜司勋。

(《杜司勋》)

唐代诗歌,经过了初唐的勃兴、盛唐的辉煌、中唐的赓续,到了晚期,已呈神疲力薄之势。若无杜牧、李商隐那令人耳目一新的格局,恐怕是很难画上圆满句号的。

不过,晚唐的这两位诗人,都很短命,可怜得很。

杜牧,公元803年生,852年死,活了49岁;李商隐更惨一点,公元812年生,858年死,活了46岁,都处于郁闷困顿中,愁病而逝。中国文人的命途多舛,生不逢时,这可算一对典型。

可在如此短促的生命周期里,他们却能给诗歌、给文学史、给中国历史留下来长久不衰的精彩,实在是了不起的。在中国,凡读过点古文、念过点旧诗的知识分子,几乎不假思索,即能脱口而出这两人的诗句。为什么他们的作品,能够拥有千秋万代持续相继的读者,道理很简单,因为从他们心底流出来的诗,永远洋溢着鲜活的新意。唯其"新",诗人也就伴随着读者长存下来。

作诗也许不难,创新为文学的生命,却是一件相当不易的事。鲁迅曾经感叹,他的旧体诗所以未能多作的原因,就在于前人已经把诗写尽了。一个"尽"字,道出创新者难以为继的苦衷。创新,遂成了文人的致命伤,困惑着一代又一代想写出点好东西、想写出点新东西的作家和诗人。

自唐以降,一千多年,诗人何啻千万,所写的诗、词、歌、赋,数以亿计,还有什么没想到的?还有什么没写到的?还有什么未开垦的处女地,留给文学的后来者耕耘呢?鲁迅尽量不写,这就是智者的抉择了,与其露丑,不若藏拙。而不幸的是,时下很有一些自命风雅的人,附庸风雅的官员,弄上两首顺口溜、打油诗、快板书,混充五言七律、绝句汉俳,这纯粹是有了一大把子年纪以后,还存心不怕丢人洋相百出了。

这就是中国人多、中国文人也多的后遗症了。林子大,便什么鸟儿都会有了。一般来说,树林虽大,鸟儿颇多,大致也就以下这四类。自古以来,凡耍笔杆的,都逃不脱这样的区分:

第一,把文学当成生命的。

第二,把文学看成饭碗的。

第三,拿文学当玩意儿的。

第四,拿文学找碴儿以折磨文人的。

第一类人,通常活得很苦,尤其想创新者,更苦;第二类人,大半活得很爽,只要拿起敲门砖,几乎都有成为阿里巴巴的可能,自然脸皮要有一定的厚度,手臂要有一定的长度;第三类人,不管别人如何,总是能够自得其乐;第四类人,别人开心他不开心,别人不开心他倒开心了,一副"天丧予"的面孔,最好是躲得远些为佳。

这就是既相生相克,也相辅相成的文学生物链。

但最奇怪的是无论以上第二类文人搞的功利文学,第三类文人搞的挠痒文学,第四类文人搞的整人文学,统统都要标榜自己为百分百的正宗文学。唯恐人家不认账、不买账，便借助于权力，借助于金钱，偏要挤进文学史，偏要大家向他鞠躬如仪。这大概就是鲁迅所讽刺过的，既要当婊子，又要立牌坊的行径了。

近年来，我竭力龟缩的一个很重要的原因，就是免得碰见这班人时，点头不是不点头也不是的尴尬。

有各式各样的人、多式多样的文人，也就有形形色色的文学，本是文坛的客观存在，大可不必讳言。拍马文学未必低，清高文学未必高，但鱼和熊掌不可兼得。你得了鱼，就不要再指望熊掌；你吃到熊掌，就不要再染指鱼。但文人是种很有欲望的动物，鱼也想得，熊掌也想得者，大有人在。于是就不停地写，拼命地写。声名的诱惑，功利的追求，从政的驱使，经营的用力，一个劲儿地投身于这种非文学的活动之中，就难免要有才智退化、想象干涸、情思衰竭、感觉迟钝的可能。提起笔来，也就只有蹈袭陈规、依样葫芦、驾轻就熟、因循守旧这条路可走。

于是，出现了当下文坛上的近二十年来目睹之怪现象：一是写诗的人，比读诗的人多；二是写小说的人，也快要比读小说的人多；三是写评论的人，估计不久的将来，肯定会比写作品的人多。

这似乎有点危言耸听，但看到我的同行们，如此不在意文学的创新之道，如此不介意文学的生产过剩，如此津津有味地、乐此不疲地，以一年数部长篇小说、数篇中篇小说、数篇短篇小说，为读者制造着"标准粉"式的精神食粮，不免有些杞人忧天起来。

我想，一个真正把文学当成生命的人，应该不会满足于这样的文学生产法。

从古至今的文人，稍有点出息的，不愿落入窠臼、不愿重蹈前辙、不愿嚼别人嚼过的馍、不愿尾随他人走同一条路，是文人的本能，是文人的天性，也是文人的命根子啊！

由此，你不能不对唐代诗人这种创新的执著，"语不惊人死不休"（杜甫语）的一根筋的精神赞叹不已。他们总是希望创造出"今古未尝经道"（杜牧语）、"远去笔墨畦径间"（杜牧语）的新格局，总是努力开拓出"惟陈言之务去"（韩愈语）、"作不经人道语"之"一家言"（李贺语）的新境界。唐诗之所以为唐诗，就建立在这种不断更新的宏大气象上。

我在想，唐诗由初唐的王、杨、卢、骆，到盛唐的王维、孟浩然、李白、杜甫，到中唐的白居易、元稹、韩愈、李贺,进入公元9世纪中叶,当时的文学界肯定也会有鲁迅写作时感到的被前人写尽而不得不袖手的踟蹰,这真是没有办法的事。

犹如到果园采摘,你兴冲冲地去了,可发现那些捷足先登者,已将最完好的、最甜美的、最具有市场价值的果实席卷而去,只剩下残枝败叶,一片狼藉。际此地步,老兄,你将何以堪?这种无所适从、无从下手、无法收拾的局面,也是那个时期的杜牧、李商隐、许浑、张祜等晚唐诗人所面临的现状。

唐诗有两个"李杜",一为公元6世纪的李白与杜甫,一为公元9世纪的李商隐和杜牧。对后"李杜"而言,前"李杜"已经达到的高度,其不可企及之势,实在是难以逾越的巅峰。要想与他们比肩,必须要走出自己的路,必须要写出与他们的不同来,这才能拥有绝对属于自己的世界。你要当跟屁虫,永远也不会有出息。杜牧不会这么讲,但一定也会这么想。

我是根据公元831年(文宗大和五年)十月中,杜牧为《李贺集》作的序做出这样判断的。他在文章结尾如此写道,口气之大,令人咋舌:"贺生二十七年死矣,世皆曰:'使贺且未死,少加以理,奴仆命《骚》可也!'"他对李贺的褒扬,也是对自己的期许。虽然,他在《献诗启》里说明他的创作原则:"苦心为诗,本求高绝。不务奇丽,不涉习俗。不今不古,处于中间。"他做人的一生,也许很失败;为文的一生,却有大志向、有大抱负,有决心崛起,从不甘雌伏。清朝赵翼指出:"自中唐以后,律诗盛行,竞讲声病,故多音节和谐,风调圆美。杜牧之恐流于弱,特创豪宕波峭一派,以力矫时弊。此其一生命意所在也。"

《全唐诗序》说到杜牧,也认为他:"精思独悟,不屑为苟同者,皆能殚其才力所至,沿寻风雅,以卓然自成其家。又有甚者,宁为幽僻奇谲,杂出于变风变雅之外,而绝不致有蹈袭剽窃之弊,是则唐人深造极诣之能事也。"

所以,李商隐才有发自内心的"人间唯有杜司勋"的极高评价。要知道,文人称赞文人,同行叫好同行,不是虚头巴脑,不是顺水人情,不是当面点头、背后撇嘴,不是阿附谄谀、捧场讨好,而是由衷赞美、真心褒扬,是极少有的,因而也是极难得的。

这就印证了南北朝时梁人萧子显在《南齐书·文学传论》所说过的金玉良言:"若无新变,不能代雄。"这两句话、八个字,绝对是想在文学领域中,要干出些名堂来的人的座右铭。杜牧如此,他的朋友李商隐也是如此。你要想头角峥嵘、领时代之风骚,你要想独树一帜、引文学之新潮,那就必须有这种本领,在努力传承的同时能够不断创新,在博采众长的同时表现自我。幸好后一"李杜",天降奇才,二十浪当年纪,果然创造出有别于前人的晚唐神采。

文学的命运,与国家、民族的命运,有其相通相应的内在联系。如果说前者,其恢宏开阔的气势,似乎是盛唐如日中天的映照;那么后者,其精致、典雅、秀丽、婉曲,多少也是晚唐"夕阳无限好,只是近黄昏"的写真。文学史的经验告诉我们,一个时期,大师联袂而至,满天星斗灿烂;一个时期,文人缺席失语,文学暗淡无光。这都像造物主的安排,似无必然的规律可循。

然而,老天对唐诗颇为关照,真让人嫉妒。尽管公元816年(宪宗元和十一年)李贺卒,819年(元和十四年)柳宗元卒,824年(穆宗长庆四年)韩愈卒,831年(文宗太和五年)元稹卒,842年(武宗会昌二年)刘禹锡卒,843年(会昌三年)贾岛卒,像秋风扫落叶一样,诗坛凋零,四顾苍茫,文事寂寥,一派凄凉。这时,谁也料想不到,杜牧和李商隐的出现,以枇杷晚翠的绚丽,以鲁殿灵光的晚唱,又重新将唐诗的圣火传递下去。

在一般的中国文学史上,都认为杜牧的诗,以清新俊逸、豪健峭拔、风流倜傥、余韵邈远的风格著称;李商隐的诗,以深情绵邈、沉博婉曲、华采丰赡、邃密缜思的特色闻世。这两位诗人的珠联璧合,成为一时雅望所至。加之同时代如许浑、和凝、张祜、李绅、姚合之流的团队作用,遂变革着诗坛风气,创造出时代潮流,终于一改中唐以来声绮情靡、势弱力颓的诗风。

杜牧和李商隐,应该早在公元839年(文宗开成四年)前后,就相知相识。

从性格上看,杜牧是外向的,李商隐是内敛的。从出身来看,杜牧是世家子弟,虽然到他父亲这一代,没落了,瘦死的骆驼比马大,从他的灵魂到他的诗文,无不豪爽大气,特立独行;李商隐则是从吏佐家庭中走出来的,总是仰着脸看人讨生活,因此表现出来的精神,便是小心谨慎、低调缄默、尽量收缩、放下身段。

杜牧的诗,以气胜;李商隐的诗,以情长。甚至,他俩的风流,他俩的浪漫,他俩的情感史,也迥然不同。应该说,文人有几个不风流、不浪漫的呢?也许不是所有能风流、会浪漫的人,都必然成为作家和诗人,但可以肯定,文人要不风流、要不浪漫，要想成为大文人，也难。

杜牧的风流浪漫，是张扬的、是放肆的、是泛爱的、是略无顾忌的，"十年一觉扬州梦，赢得青楼薄幸名"，大张旗鼓，引以为荣。而李商隐的风流浪漫，则是影影绰绰的、似隐似显的、钟情深沉的、浅吟慢唱的，"相见时难别亦难，东风无力百花残"，充满着无可奈何的惆怅。

可以想象，当李商隐在他所追随的恩公令狐楚的府邸中，当一名随员、见习生时，见到这位倾动长安的诗坛领袖，该是多么的倾慕和心仪。那年，杜牧37岁，风华正茂，任职左补阙，史馆修撰，膳部、比部员外郎，标准的中级文官。对历任诸镇节度使，为地方诸侯，现回来京城，在朝廷里做到尚书仆射这样极高层官位的令狐楚而言，别说平起平坐，按常礼，杜牧应该垂手侍立才是。但李商隐所看到的场面，不禁失色。却是他的恩公，反客为主，趋前迎问，倒过头来巴结讨好这位大大咧咧的诗人。

现在也弄不清杜牧是府上的常客呢，还是稀客？但据《唐诗纪事本末》，杜牧对于他的诗友张祜被逐科举，是专门跑来找令狐楚帮过忙的。"一声何满子，双泪滴君前"的张祜，少年气盛，惹恼了白居易，而白老前辈也欠雅量，认为年轻人未免嚣张，不敲打敲打，不知马王爷长几只眼，遂让在皇帝面前说话算数的元稹，在会考时取消其资格，弄得张祜一辈子未能发达。

激于义愤的杜牧，专门写诗"睫在眼前长不见，道非身外更何求。谁人得似张公子？千首诗轻万户侯"来鸣不平。由此可见杜牧的提携同志的热忱，以及对于老一辈指摘后生的抗争。据新旧《唐书》，说到杜牧的"刚直有奇节"，"敢论列大事，指陈病利万分痛切"。正如他的一首《自贻》诗所言"饰心无彩缋，到骨是风尘，自嫌如匹素，刀尺不由身"那样，事未必能做到，话一定要说到。

他在令狐府上，认识这位比他小九岁、初露头角、稍有诗名的李商隐，肯定相见恨晚。但是，两位诗人的这段友情，很快就结束了。为什么这两位诗友，参商相隔，一别十多年，直到生命的后期才重得聚首呢？

这就是尼采说过的那句名言了，上帝要让一个人灭亡，就先让他疯狂。同样，要让一个王朝灭亡、一个时代灭亡，也是先得从疯狂开始。"安史之乱"以后，李唐王朝便日渐衰弱，但似乎觉得死得还不够快，宦官之乱、方镇之乱还不够，从公元

821年起到859年止,以李德裕为一方,以牛僧孺、李宗闵为一方的"朋党之争",像两台开足马力的官场绞肉机,互相倾轧将近四十年,创中国历史上宗派斗争时间的最长纪录。这也是中国历史上,一群由二、三、四类文人组成的队伍,在政治舞台上所做的最恶心、最丑陋的一次表演。

从牛、李党争的这些主角身上,我也明白,为什么那些江郎才尽,或压根儿就不曾有过才的江郎,拼命削尖脑袋,为一顶乌纱帽而跑断腿、说破嘴、磕断头、求爷告奶的所为何来了?替他们想一想,诸公不干这个,还能做其他的什么呢?

重重压力之下,杜牧离开长安,由黄州,而池州,而睦州,跌跌撞撞,一路外放,几近家破人亡,无以存身;同样,左右排斥,怎么也不是的李商隐,由华州,而桂州,而徐州,而梓州,蝇营狗苟,碌碌谋生,越活越差,每况愈下。根本原因就在于杜牧也好,李商隐也好,虽然在这场朋党斗争的棋局上,连兵、连卒这样的棋子资格也不配。但宗派主义发展到疯狂阶段,红了眼连亲爹亲娘也不认的阶段,人人排队,个个画线,像过筛子一样,这两个诗人也不能幸免,卷入这台绞肉机内,落入了不知伊于胡底的被整肃的命运之中。

也许上帝制造天才,同时会嫉妒天才,因此,从不百分之百地成全天才。给了杜牧非凡的才分、多面的功力、超常的文笔、灵动的诗韵,也给了他一个跌宕的、多事的、不顺遂的、污言浊语的大环境,以及一群跟他过不去,看他不顺眼,总是要琢磨他,算计他的二、三、四类文人,让他气喘不匀、心展不开、路走不通、饭吃不香,最后除了短命而亡,还有其他生路吗?

李德裕、牛僧孺、李宗闵,应该说都是文人出身,《全唐诗》收有他们的诗作。当然,说不上有什么才气,更谈不到有什么创新。别看他们写诗不行、写文不灵,但搞起朋党恶斗来,株连面之广,牵涉人之多,除敌务尽的彻底,斩草除根的坚决,唯恐漏网的搜罗,不论无辜的查办,无所不用语其极。据载,连高高在上的皇帝,都被他们今天将这个人打出朝廷,明天将那个人撵出京城,被弄得烦心透顶。《资治通鉴》上说:"上(唐文宗李昂)患之,每叹曰:'去河北贼易,去朝廷朋党难。'"

随着宣宗李忱登基为帝,李德裕失势,被踢出京外,最后发配崖州,终于退出历史舞台。为党争牵累的其实不过是小不拉子的杜牧、李商隐之流,很有一点落实政策、平反改正的意思,从外放地陆续回到京城长安。大约在公元849年(宣宗大中三年)前后,这两位诗人久别之后,终于聚合。

幸好杜牧,这位具有伤时感世的智者胸怀、具有多面突出的才思风采、具有风流潇洒的感性世界、具有卓立特行的思想情操的诗人,要比淹蹇的李商隐挥洒自如一点,多姿多彩一点,能在不开心中寻找快乐,能在不顺利中谋求幸福,至少能做到一个在精神上不肯败、不想败、虽败也不倒的强者。

这两位诗坛扛鼎人物,回到长安后,杜牧为司勋员外郎,李商隐暂代京兆府法曹参军。人们习惯于"李杜"并称,除了他们共同的文学声名之外,也因为他们彼此之间的私下情谊。两人在这段日子里,肯定有过频繁的相处交游,有过密切的来往酬唱。在《全唐诗》的《李商隐卷》中,除了"人间唯有杜司勋"的《杜司勋》外,还有一首《赠司勋杜十三员外》:

> 杜牧司勋字牧之,清秋一首杜秋诗。
> 前身应是梁江总,名总还曾字总持。
> 心铁已从干镆利,鬓丝休叹雪霜垂。
> 汉江远吊西江水,羊祜韦丹尽有碑。

特别讲究曲折含蓄、隐晦奥秘的李商隐,是不愿将诗写得很白,不肯将话说得很直的诗人,但他写下如此近乎绝对的评语,说明他对杜牧诗坛领衔地位的推崇,对杜牧作品高度成就的赞誉,可谓无以复加了。

李商隐给杜牧赠诗,正是他风风光光地奉诏,为已故功臣韦丹写《遗爱碑》。

如今藏于故宫博物院的杜牧亲笔手书《张好好诗》,那《金石录补》中"潇洒流逸,深得六朝人风韵"的评价,所言非虚。他还擅画,宋人米芾称其"精彩照人",可惜后世无存。杜牧注释过《孙子兵法十三章》,所著《罪言》《原十六卫》,以及早期的《阿房宫赋》等文,都能看到这位诗人在政治上的高瞻远瞩,以及关心国事,主张削藩、强兵、固边、禁佛,以天下苍生为己任的气概。所以,李商隐对杜牧的这个"人间唯有杜司勋"的至高评价,是一种跳出文人圈子的由衷赞美。

清人纪昀在《四库全书总目提要》中,对杜牧更有很切实准确的论述:

平心而论,牧诗冶荡,甚于元、白,其风骨实出元、白上。其古文纵横奥衍,多切经世之务。《罪言》一篇,宋祁作《新唐书·藩镇传论》,实全录之。费衮《梁溪漫志》载欧阳修使其子读《新唐书》列传,卧而听之,至《藩镇传叙》,叹曰"若皆如此传,笔力亦不可及。"识曲听真,殆非偶尔。即以散体而论,亦远胜元、白。观其集中有《读韩、杜集诗》,又《冬至日寄小侄阿宜诗》曰:"经书刮根本,史书阅兴亡,高摘屈、宋艳,浓薰班、马香,李、杜泛浩浩,韩、柳摩茫茫。近者四君子,与古争强梁。"则牧于文章,具有本末,宜其睥睨长庆体矣。

读到这里,谁都会忍不住思索:上天要假以时日,多享年月,还不知他会为中国文学史做出多大贡献呢!

可是,令人无法不感叹系之的,这一年杜牧 47 岁,已进入他生命倒计时的阶段,对他来讲,丧钟即将敲响,日子已经是屈指可数了。

文人的不幸,最痛苦的莫如上帝不让他活下去,要他撒手离开这个远没有看够、远没有写尽的鲜活世界了。这也许是我们后世的读者,对那些活得很爽、活得味道好极了的二、三、四类文人切齿的理由。

风流陶学士

陶谷(903—970)　五代末宋初大臣。他自幼习学儒家经典,后以文章闻名天下。历仕后晋、后汉、后周至宋,任过数种官职。著有《清异录》六卷。

唐、宋之间的五代,是战乱不断的历史时期,也可以说是中国文学的空窗期。除了薄薄一本《花间集》外,乏善可陈,回首望去,真是可怜兮兮。

有什么办法呢?从公元 907 年,到公元 960 年,半个世纪的北中国,除了战乱,就是乱战,杀过来,砍过去,一片血风腥雨。杀红了眼的人们,就不会把心思放在文学上了。

>>> 陶谷的风流缘于明人唐伯虎的一幅画。图为明朝唐寅《陶谷赠词图》。

本着逃命第一的文人，哪里还有闲心寻章觅句呢？虽有"愤怒出诗人"一说，但真到了饥寒交迫，嗷嗷待哺，枪林弹雨、命悬一发之际，绝无诗意可言。

不过在此空窗期间，有一位能在生死夹缝之中应付裕如的文人，值得刮目相看。他就是出生于903年（唐昭宗天复三年），逝世于970年（宋太祖开宝三年）的陶谷。平心而论，作为文人的陶谷，不过中人之资而已。《旧五代史》这样说过，"时中原多难，文章之士缩影窜迹不自显"，于是，山中无老虎，猴子当大王，他就突出出来。此人虽文采不高、灵韵不足，但其记忆力堪称绝活，能记住别人因为逃难、因为奔命、因为求生、因为糊嘴而忘掉的文章故实、书本常识、经典源流、礼仪制度。赵翼在《廿二史札记》中称他"仓猝一问，即能援引故事，可见熟于典故，腹笥中无不有也"。这样，他就成为那些大字不识多少，却当上皇帝的军阀们眼中的一颗大瓣蒜。放在他朝他代，陶谷只不过属于不上不下、不高不低的泛泛之辈，可在整体平庸、无大作为的五代人之中，风流陶学士类似时下在电视上丢脸、在报纸上现眼的文化明星，由于曝光率高，遂也成为显赫人物。

陶学士之风流，缘起于明人唐寅的一幅画，画上的他正向抱着琵琶的上厅行首秦弱兰调情，这幅题名《陶谷赠词图》的画，现藏于台北故宫博物院。

后周显德年间，陶谷出使南唐，来到金陵。当时，后周强大，南唐弱小，陶谷也目中无人，不把出使国放在眼里。可实际上，自西晋南渡以来，中国传统文化的主脉，乃至正朔所在，民心所望，也都随之南移。六朝故都的金陵，绝非区区的汴梁城堪可比拟的。而李璟、李煜父子的文化软实力，不知强出后周柴荣多少倍？自南北朝起，双方互换外交使节，多选学识渊博之士充任，其中具有一点文化较量的意味。行武出身的柴荣，觉得他是块料，而浅薄的陶谷，也认为自己是块料，来到金陵，两眼朝天，凡人不理。这就是浅薄的缘故了，浅薄者往往不知自己的斤量，而不知自己的斤量者，常常妄自尊大。这位端着上国架子的陶谷，南唐君臣当然不爱搭理，让他在宾馆闲待着，且不安排接见这位大使的日程，有意识地干着他。

此人在金陵一待好几个月，直到"暮春三月，江南草长，杂花生树，群莺乱飞"之际，落寞孤寂的他，百无聊赖的他，一个秀美绝伦的身影，在他眼前一闪，虽惊鸿一瞥，却刻骨难忘，这就是唐寅画中那位自弹自唱的秦弱兰。她的真实身份，为金陵名妓，此刻乔装为宾馆里打工的寒素女子，洒扫庭院，缝补浣洗。那荆钗布裙难掩的天生丽质,那嫣然一笑即使铁石人见了也会动心的羞涩,其婉约、其妩媚、其小鸟依人、其楚楚可怜,让陶谷迷恋的同时,还不可救药地坠入情网。秦弱兰故做对陶谷仰慕已久的文学女青年状,故做抑制不住的名人崇拜状,故做豆蔻少女的情愫萌发状,故做恋恋不舍的风情万种状,这种即兴式表演,对这位欢场女子来说还不是家常便饭吗!北方来的陶谷,一个土老帽,哪经过江南女子这等温柔缠绵的情色攻势,遂亢奋到不可收拾之中。正如近些年的作家同行,在签名售书时,碰上胸脯比较高一点的年轻女读者,会情不自禁地多写上两句一样。与这样的激素冲动类似,陶谷也情不自禁地抓起笔来,给秦弱兰奉献一首情诗,这就是所谓的"陶谷赠词"了。

  这首情诗很烂,就不抄录下来,免得污君尊目。

  捉弄陶谷者,乃南唐第一玩家、李璟、李煜父子的重臣韩熙载,现在人证物证俱在,便安排元首接见了。循例,一场国宴招待,一场歌舞表演,是少不了的。宋人文莹的《玉壶清话》说他"容色凛然,崖岸高峻,燕席谈笑,未尝启齿",装得挺像那么一回事,但却想不到那袅袅嫋嫋的领舞者,竟是秦弱兰;尤其想不到象牙檀板一响,轻启歌喉的她,会唱出来自己为她写的那首《风光好》,天哪,差一点就要让陶学士心脏停跳了。这时,他看到坐在李璟身边的李煜,回过头去与韩熙载会心一笑,这才明白是人家设了个局,把自己当大头耍了,羞得无地自容的他,恨不能找个地缝顺势钻进去。

  在唐寅看来,风流重在过程,哪怕是春风一度的,然而却淋漓酣畅也就足够,何必拘泥于因果?唐解元是真正的风流文人,他不赞成陶谷怕出丑的假正经。鉴于此,他在画上题了四句诗:"一宿姻缘逆旅中,短词聊以识泥鸿。当时我作陶承旨,何必尊前面发红。"这就是唐伯虎的浪漫精神了,既然你已经风流了,而且那也是你值得风流的缱绻情缘,还用得着不好意思吗?陶谷的正经,不过是假正经;那么陶谷的风流,也不是什么真风流。正经也好,风流也好,这种性格组合中的矛盾现象,本属人之正常心态。可他偏要装蒜,偏要拿搏,风流就风流吧,他装正经;正经就正经吧,他又忍不住风流。这样一来,难免包裹不住,就会尴尬,一旦露出马脚,就会里外不是人。

  然而他却很走运,尽管出了这样一件"外交丑闻",大家等着他受柴荣收拾;甚至他为秦弱兰写的那首情歌,从金陵越江传唱到汴梁,三瓦两舍也流行不已,上了歌曲排行榜,世宗听见也只当不听见,因为陶谷出使南唐是他的主意,所以也就免于问责。大家除了羡慕他的命好之外,也只能没脾气。陶谷之名,与其风流,与其博学,无大关连,而是因为他总能化险为夷,总能遇难呈祥。尤其在朝廷不断更迭、主子经常变换的时代里,总能取得成功,总能避免失败,那就更是奇迹。

凡赌博,能没有输赢吗?凡炒股,能没有赔赚吗?可他,却是稳赢不输,稳赚不赔,不免要招人艳羡,引人物议了。陶谷这个人,说得雅点,叫做识时度世,先人一步;说得俗点,那就是抢尖卖快,投机取巧。类似冲浪运动员,站在滑板上弄潮而去,只要身手敏捷、动作迅速就行。这类成功者通常用不得多高智慧,因为高智慧者高计谋,高计谋者高审慎,而高审慎的结果,一误事,二误时。关键还在于陶谷不仅下手快,而且下手黑,在这样的风口浪尖上,却步步登高地抖了起来。

陶谷,字秀实,邠州新平人。《宋史》称:"本姓唐,避晋祖讳改焉。历北齐、隋、唐为名族。祖彦谦,历慈、绛、澧三州刺史,有诗名,自号鹿门先生。父涣,领夷州刺史。"出生于官员世家、书香门第的他,正好赶上晚唐乱世,不知什么原因,也不知什么罪名,陶谷的父亲唐涣被邠州节度使杨崇本杀害了。唐代的夷州,在今之贵州境内,估计因"黄巢之乱",陶谷的父亲无法举家赴任;所谓"领",也许就是挂个空名吃饷而已。而按《宋史》所说:"唐季之乱,为邠帅杨崇本所害,时谷尚幼,随母柳氏育崇本家。"节度使杨崇本,当然是绝对的王八蛋,不仅杀害了陶谷之父唐涣,还霸占了陶谷的母亲柳氏。

唐末的节度使,下辖若干州、若干县,拥军自重,世袭罔替,相当于一个土皇帝。陶谷之母被夺来后,不过是他拥有的众多妻妾之一,地位与奴婢无异。因此,陶谷从三岁起,就与母亲一起在帅府里艰难度日,备受熬煎。尤其是陶谷,在有杀父之仇的人家屋檐下,寄生求食,基本上过的就是谁都可以唾他一口,踹他一脚,虫豸不如的日子了。要是他不学会如何低三下四地适应,不学会如何卑鄙无耻地图存,不学会如何迎合、如何讨好、如何巴结、如何投机,在那个杀一个人如杀一只鸡,而要弄死他比捻死一只蚂蚁还容易的高风险环境里,简直就是活不成的。

杨崇本,兵痞出身,他投靠地盘更大的节度使李茂贞,认其为父,自称"假子",倚势成为邠州节度使。唐朝之亡,藩镇割据是原因之一。与李茂贞相颉颃的朱温,欲吞并邠州,用强兵压境,迫杨崇本就范。杨崇本求救于李茂贞,李茂贞无力应战,眼看着他的假子杨崇本只有请降一途。朱温假惺惺地认可他的效忠,令其改回本姓,而不再姓李茂贞的"李",继续做邠州节度使。

如果说杨崇本杀害唐浣,是为了得到陶谷的母亲,那么朱温施压邠帅,这其中也有一个女人的影子。那就是"素有姿色"的"崇本妻",她艳名远播,早在好色的朱温垂涎之中。此刻杨崇本已低头认软,朱温也就无需客气,更用不着商量,用一顶软轿到邠帅府中,直抵内室,不由分说地载着杨妻,大摇大摆地抬了回来,"嬖之于别馆"。杨崇本对朱温这种居然毫不见外、连招呼也不打一声的抢人行动,是可忍,孰不可忍,拔出刀来要拼个死活。

朱温哪里在乎他的威胁,这个老贼首不屑地说,你以为你是谁?敢朝我亮刀?你施之于唐浣的"夺妻术",我为什么不可在你身上拷贝一次?帅府里的亲信们,力劝杨崇本稍安毋躁,拔出来的那把雪亮的刀,他又怏怏地插回鞘里。这个还算是有血性的男人,心不能甘,"耻其妻见辱,因兹复贰于朱温",并与李茂贞联合,"天祐三年冬十月,崇本复领凤翔、邠、泾、秦、陇之师,会延州胡章之众,合五六万,屯于美原,列栅十五,其势甚盛,朱温命同州节度使刘俊及康怀英帅师拒之,崇本大败,复归于邠州,自是垂翅久之"。朱温总是不放心这个杨崇本,怕他有反复,私底下和杨崇本当年父子反目的儿子杨彦鲁取得联系,只要他让其父从人间蒸发的话,他爹邠州节度使的位置,就正儿八经地属于他。

于是,这一场骨肉残杀的家族悲剧,几乎都是在时已少年的陶谷眼前发生的:先是,儿子诓称救父而来,父子重修旧好,尽释前嫌;接着,帅府大庆团圆,举杯畅饮,儿子乘机下鸩,毒弑其父;然后,杨崇本的义子李保衡,心有不甘,纠集余部,团团围住帅府,将只做了五十多天邠州留后的杨彦鲁,大卸八块,枭首示众。这样,邠州节度使的豪宅里,一片刀光剑影、血风腥雨,到处乌天黑地、鬼哭狼嚎。乘人不备,陶谷拉着他的母亲,突破樊篱,摆脱羁绊,如同好莱坞动作大片那样,"逃出生天"。

陶谷的家乡邠州,即今之陕西彬县,明末诗人陈子龙有一首《渡易水》的诗,起首"并刀昨夜匣中鸣,燕赵悲歌最不平"两句,句中的"并刀",就是此地的名产。邠州出并刀,是与该郡介于漠北游牧民族与中原农耕社会之间,拥有独特的地理位置有关。邠州本为兵家必争之地,加之盛产煤铁,由于战争需求,促使锻冶制铁工艺发达。一个出兵器的地方,一个好打仗的地方,那必然也是一个杀人如麻的地方。削铁如泥、血不沾刃的并刀,便成为当地人必持的利器。陶谷从三岁起,就是在这一把把血腥并刀的杀来杀去中度过的。血淋淋的现实,令童年中的陶谷就明白了一条法则:谁手里握有利器,谁就是胜者。

当他逃出帅府,脱离魔爪,得以走自己的路,打拼自己的世界时,他才懂得,他所追求的利器,并非他家乡的名产并刀,而是他在帅府里那巴结讨好、逢迎谄媚、巧舌如簧、无廉无耻、得以保命、得以苟活下来的卑鄙。若无这一份别人做不到的卑鄙,在那虎争狼斗的环境里,他早化为齑粉,连骨头渣子都不剩了。因之,他相信卑鄙,崇拜卑鄙,只要能卑鄙,只要敢卑鄙,便无往而不利。

在五代那个乱世里,有枪便是"草头王",统治者悉皆行武出身,这班大字不识几个的篡国者,一旦登基,坐稳江山,就一定学会附庸风雅,就一定用几个文化人来装点场面。这是中国官场的流行性感冒,很具传染性。我就见识过这种抽不冷子就斯文起来、就书香起来、就秀才起来、就满腹经纶起来的人,书出好几本,诗写若干篇,毛笔字很利索,居然还有一点儒雅意味,令人讶异。陶谷是一个何等眼明手快的角色,他吃准了当权的兵爷们,忽然偃武好文的这一口,岂能错过大好良机。不用太多工夫,他便以诗名闻于乡里,在那个文化断档的年头,陶谷遂渐为人知。犹如"文化大革命"高潮期间,全中国只有一位家喻户晓的小说家一样。

凭着钻营、凭着干谒、凭着招摇撞骗、凭着三寸不烂之舌,他很快被举荐为校书郎,并委为单州军事判官。他当然不会就此满足,不安于位的他,很快巴结上后晋宰相李崧。从后晋起,历后汉、后周,直到北宋,连续四朝为官,不但官位越做越高,他的文望也越来越大。若他健在到今天,不但在官场上如鱼得水,在文坛上也会春风得意,我估计他一定是个牛哄哄的"双响炮"。

宋朝曾巩的《隆平集》称他:"博记美词翰,滑稽好大言,佛老之书,阴阳之学,亦能详究。倾险巧诋,为时论所薄。"元朝脱脱的《宋史》称他:"强记嗜学,博通经史,诸子佛老,咸所总览,多蓄法书名画,善隶书。为人隽辨宏博,然奔竞务进。闻达官有闻望者,则巧诋以排之,其多忌好名类此。"

无论"倾险巧诋",无论"奔竞务进",不过都是"卑鄙"的换一种说法罢了。

陶谷的发迹,很大程度上得益于后晋的宰相李崧。若无这位老先生的提携,他也许永无出头之日。

起家于校书郎、单州军事判官的他,此等低级职务的公务员,当然不满足其勃勃野心。若要想一步登天,而不是老死牖下,东京才是他的努力方向。他认为自己这一肚子学问,只有前进首善之区,才有发展余地,如同当下许多人偏要为"北漂一族",在北京城里求发达一样,所以他立定心思要到汴梁。但当时要想登上仕途,没有官场重要人物的保举,是难操胜券的。陶谷善投机、敢投机,对所有当权派逡巡一过,洋洋洒洒数千言的自荐书,直送当朝一品的李崧府上。

后晋天福年间,李崧、和凝二人同为宰臣。按理,陶谷的信应该送到和凝的府邸才是,从《花间集》收录和凝词20首看,为相的和凝,同时还具有诗人身份。以诗文知名的陶谷,厚厚脸皮,以"知音"二字攀附巴结,也许能够得手。若按五代孙光宪的《北梦琐言》所说,"晋相和凝少年时好为曲子词,布于汴洛。契丹人入夷门,号为'曲子相公'",那就更有共同语言了。陶谷之诗,后来能被秦弱兰唱成流行歌曲,足见在通俗化方面,与这位当朝人物堪称同好。

可陶谷很绝,舍去具有契合可能的和凝,而一门心思对不怎么搭界的李崧下功夫,走他的门子,这是精算到家的抉择,并非瞎猫碰上死耗子地乱打乱撞。

鬼精鬼精的陶谷,也算是揣摩透了:凡作家文人之类,多自善,好嫉妒,同行之间,融洽者少,常持关门拒绝,白眼相向之势。所以文坛一众,是非频繁,你长我短,纷争不断。而学者儒文之士,重传承,爱教诲,扶掖后辈,不遗余力,总是采取来者不拒,双臂欢迎之态。儒林之中,门户之分,也是有的,但前辈后辈之间,打得不可开交者少。孔子门下有七十二弟子,而屈原、司马迁跟前,连一个跟屁虫也不见,这就是文人和儒士的差别。

五代战乱,造成整个社会动荡不宁,不但读书者少,连识字者也不多,文化低下的官员甚至连一纸公文也写得不成体统。《旧五代史》载:"同光初,崧以参军从事,时推官李荛掌书。崧见其起草不工,密谓掌事吕柔曰:'令公皇子,天下瞻望,至于尺牍往来,章表论列,稍须文理合宜。李侍御起草未能尽善。'吕曰:'公试代为之。'吕得崧所作,示卢质、冯道,皆称之。由是擢为兴圣宫巡官,独掌奏记。"李崧看到陶谷的信,眼睛为之一亮。因为他不仅工于文法,精于用词,长于典故,而且善于隶书,那一笔字也让李崧叫好不迭。

且不论李崧越俎代庖,独掌书记,夺了别人官位之手段,令人不敢恭维。但他爱才这一点,值得肯定。铁心提拔陶谷,也是实情。固然陶谷的这份自荐信,其用词遣字的讲究,其为文立意之功夫,得到他的首肯。更主要的是整篇信中,除了陶谷不露声色地自我表扬外,更多的是对这位前辈老先生的仰慕啊、推崇啊,以及赞美他这些年来,从政时提倡正道、砥柱中流,为文时兴灭继绝、领袖儒林,等等,不一而足。大灌米汤而不肉麻,大肆吹捧而不下作,这就是陶谷的文字能耐了。李崧读信至此,不禁抚须呵呵,连呼好后生啊好后生!这个世界上有几个人是不吃捧的呢?又有几个人是不爱被人戴高帽的呢?

陶谷够阴,他还打探到这位当朝人物"幼而聪敏,十余岁为文"的光荣史,而他自己也恰恰是"十余岁能属文"过来的,他突出这一点,强调这一点,表明其来有自,是童子功,是家族基因,凭着你我同类项的情分上,也会取得李崧对他的信任和支持。果然,李崧兴冲冲地找到和凝,说服他,"人才难得啊老兄!"邀他共同署名,向后晋高祖石敬瑭保举,那有什么犹豫的,立被任命"著作佐郎、集贤校理"。很快改"监察御史,分司西京"。不多久,调回首都汴梁,迁"虞部员外郎、知制诰"。在此期间,李崧视他为嫡系、为股肱,关照备至;陶谷倚他为靠山、为后盾,得其所哉,从此走上坦途,一路发达。

五代时期的中国人活得艰难,活得委琐,可想而知。陶学士不但活下来,而且活得不赖,声色犬马,吃喝玩乐,极尽享受之能事。他的一部《清异录》,至今仍是具有阅读价值的博物著作。这部书里,有这样一段自诩的文字:"余家有鱼英酒琖,中陷园林美女象。又尝以沉香水喷饭,入盌清馨。左散骑常侍黄霖曰:'陶翰林甄里薰香,琖中游妓,非好事而何?'"从中可以读出他的潇洒、读出他的优裕,更能读出他质量怪不错的生活。

陶学士所以能够如此优哉游哉,不亦乐乎,确实也非易事。他必须不停地扳倒对手,消灭劲敌,荡平障碍,铲除隐患;还需要不断地摆脱危机,跳出险境,逃过劫难,免遭打击。只有这样抖擞精神,悉心投入,他才能始终保持金刚不坏之身。在那一翻两瞪眼,不是你赢就是我输的赌桌上,陶学士绝对不是一个吃素的谦谦君子,什么做人准则,什么道德底线,都是可以闭上一只眼、横下一条心,不管不顾的。

五代政权,都很短命,后梁16年(907—923)、后唐13年(923—936)、后晋11年(936—947)、后汉3年(947—950)、后周9年(951—960)。篡唐为晋的沙陀人石敬瑭是中国全部帝王中最异类的一个,因为他得帝位获契丹的帮助甚大,遂割燕云十六州为酬,成为有史以来最大的卖国贼;因为他坐稳江山必求得契丹的保护,遂拜比他小10岁的辽太宗耶律德光为父,成为有史以来"第一儿皇帝"。在这种败类政权之下,陶谷居然混得不错,"后晋天福九年(943),加仓部郎中",还能升官加爵,也就不必奇怪了。石敬瑭死了以后,其侄石崇贵继位,论辈份应该是"孙子皇帝",稍有最后一点尊严的人,也不能忍受这等难堪,他一咬牙与契丹翻脸相向。于是,自以为是"爷爷辈"的契丹君王,兴兵南下,讨伐忤逆,很快攻下开封。可辽兵辽将,难耐河洛地区的暑热,辽主下令,拔营北归,同时还裹胁着石崇贵与大批后晋官员同行。李崧和陶谷在劫难逃,成为人质,被押往北方。

石敬瑭的部将刘知远,也是一个沙陀人,篡晋为汉,当上五代时期的第四朝皇帝。现在已经无法查找出来,陶谷为什么能够很快逃出羁绊,回到汴梁,而李崧却迟至两年后才被辽国遣返?只有一个答案,过去当陶谷受到李崧庇护时,他马前鞍后趋奉恩师,半步不离左右;此刻,当李崧成为陶谷累赘时,他就要想方设法甩掉包袱,唯恐沾包了。对饿得快死的人来说,只有一个馒头,你吃你能活下来,他吃他也能活下来,但两人共吃这个馒头,谁也活不下来。李崧是宽厚长者,人称儒相,颇能体谅太现实主义的陶谷,那你就独吃这个馒头而去吧!后来,他也终于回到开封,才知道早投奔刘知远者早得利,陶谷获给事中一职,有点实权,而晚来一步的李崧,却只给了一个太子太傅的闲差。而令李崧尤感失落的是,这位前朝大臣晚回来一步,竟连立脚之地也没有了。因为他在开封的两处府邸,在洛阳的一处行馆,都被刘知远赏赐给他的宠臣苏逢吉了。

出于万般无奈的李崧,拜托陶谷为之缓颊。因为他担任的给事中,隋唐以后又称给事郎,其职责是掌驳正政令之违失。李崧以为自己还是陶谷的恩师,谁知却重演了一出中国版的《农夫与蛇》。

据说陶谷一出娘胎,瞳仁就是绿的。估计他的母亲柳氏,有可能系胡人,也许属突厥族,才会有这样人种学上的变化。因此,宋太祖赵匡胤死活看不上他,知道他有一肚子学问，不能不用他，可又不敢大用他，其理由就是这个陶谷"长有一双鬼眼"。然而正是这对鬼眼，看清形势，认准方向，顺风顺水，扶摇直上。943年（后晋天福九年），加仓部郎中，这大概是李崧作为他恩师最后一次为他卖力。然后仅仅四年，后汉因刘知远一死而完蛋，成为不仅五代，在中国历史上也是最短命的政权。开封市民一觉醒来，"城头变幻大王旗"，刘知远的部将郭威，篡汉为周，改朝换代的老戏码又重演了一回。在五代最后一朝中，陶谷继续走运，因为他对周世宗尤其巴结得紧，而贩茶出身的柴荣，文化不高，但爱好读书，因之对腹笥瞻博的陶谷颇为重视。于是陶谷也就官运亨通，越发显赫，在那走马灯似的政权里，他特强的存活力，差可与那位有名的长乐老冯道比美。

这种将夺君权的篡国行径，直到公元960年大宋王朝建立，才得以寝息。其实赵匡胤"陈桥兵变"，采取的也是郭威的一手，不过赵匡胤吸取了他老长官举事仓卒，临时裹了黄旗一面就称帝的草率和不够严肃，所以他让其弟赵光义事先准备了一件黄袍，这样他从陈桥驿进军开封城时，多少显得体面一些。篡国是兵将的事情，称帝则是文官们的工作了。篡国可以不讲规矩，什么手段都可以用。称帝必须要有仪式，这才能使其武装政变合法化。而要合法化的第一件事，这江山不是你强行夺取的，而是上一朝禅让给你的。为了要后周恭帝柴宗训和符太后，做出甘心禅让的姿态。而且按惯例，赵匡胤还要假惺惺地表示不肯接受，于是乎，这孤儿寡母还得再走一次过场。虽然这是很滑稽的游戏，但对于讲形式主义的中国人来说，不一脸严肃认真地游戏是不行的。而"陈桥兵变"事出仓促，加之，他的老弟赵光义和那个读书甚少的赵普，历史上的禅让大典究竟有哪些桥段，相当二五眼。等到大幕揭开，主角掀开门帘上场，才发现未给柴宗训和符太后准备一份礼贤退让的诏书。

其实赵匡胤明白，有这纸文书无这纸文书，对他的登基啥关系也没有。然而孔夫子说了，"言不正则名不顺"，他不能不在乎。尤其是前朝旧臣，正幸灾乐祸地等着看他的笑话呢。这时候，快手出现了，一个箭步，陶谷走上前去，从怀里掏出来锦匣装着的《禅位诏书》。丹墀上下，殿堂内外，无不大跌眼镜。在《宋全文》里，还保存着陶谷的这篇马屁奇文："天生烝民，树之司牧，二帝唯公而受禅，三王乘时而革命，其极一也。予末小子遭家不造，人心已去，天命有归，咨尔归德军节度使点检赵某,禀上圣之姿,有神武之略,佐我高祖格于皇天,逮事世宗功存纳麓,东征西怨,厥绩懋焉。天地鬼神享于有德,讴歌狱讼,归于至仁,应天顺人,法尧禅舜,如释重负,予其作宾。呜呼钦哉,祗畏天命。"

恐怕赵匡胤也不禁纳闷,他知道昨天晚间我要在陈桥驿发动兵变吗?他知道我今天黄袍加身要进城吗?他知道禅位大典上恰巧就缺这份诏书吗?这种极精准的判断水平,这种超速度的应变能量,这种高风险的投机意识,以及大手笔的豪赌精神,想想岂不后怕乎?他看了一眼他的左膀右臂——赵光义和赵普,木木呆呆;也看了一眼他的国君国母——柴宗训和符太后,懵懵懂懂。他一连串的问号出现在脑际:你们事先关照过他?布置过他?委托过他?而且,他有什么资格?他以什么身份?用逊君的口气,写这份交出江山社稷的诏书呢?《宋史》写到这里,便有了"初,太祖将受禅,未有禅文,谷在旁,出诸怀中而进之曰:'已成矣。'太祖甚薄之"的结论。

得到郭威和柴荣两代主子厚待的陶谷,956年(显德三年),迁兵部侍郎,加承旨。959年(显德六年),加吏部侍郎,作为后周重臣,一转脸间,把那孤儿寡母出卖了。连卖国都不眨眼的他,将他恩师李崧送上断头台,还不是小菜一碟嘛!948年(乾祐元年),李崧本寄希望于陶谷,在他最倒霉的时候帮他一把,谁知他为了效忠新朝新贵苏逢吉,为了切割与前朝旧员的关系,反倒狠狠地踹他两脚。"崧族子昉为秘书郎,尝往候崧。崧语昉曰:'迩来朝廷于我有何议?'昉曰:'无他闻,唯陶给事往往于稠人中厚诬叔父。'崧叹曰:'谷自单州判官,吾取为集贤校理,不数年擢掌诰命,吾何负于陶氏子哉?'"被蛇咬了的农夫,哪里知道毒性发作的厉害还在后面。不久,苏逢吉扣了李崧聚族造反的大帽子,统统加以杀害。陶谷在背后又做些什么缺德的事情,又给他的恩师加了什么莫须有的罪名,史无记载,不敢妄拟。但李"崧遇祸,昉尝因公事诣谷,谷问昉,'识李侍中否?'昉敛衽应曰:'远从叔尔。'谷曰:'李氏之祸,谷出力焉。'昉闻之汗出"。

史官在总结这个历史人物时说:"若谷之才隽,著之敏达,澹之治迹,锡之策虑,冕之敦质,咸有可观。然预成禅代之诏,见薄时君,终身不获大用。及夫险诐少检,附势希荣,构谮谋己,皆无取焉。"由此可见,在这个世界上,在人类的全部历史中,一个人无论怎样得意、神气,无论怎样风光、牛皮,应该牢记的是:谁要是得到了许多不应得到的同时,必然也会失去许多不应失去的一切。任何人,任何事,都不可能永远是加法。加法之后,必然就是减法;活着减不了,死了也得减。

这也是风流陶学士不但受到同代人藐视,至今还受到后代人鄙夷的原因。

李后主的不归路

李煜(937—978)　南唐最后一位国君,后被迫降宋,被俘至汴京,世称"李后主"。他精书法、工绘画、通音律,诗文均有一定的造诣,尤以词的成就最高。他的词对后世词坛影响深远。

"问君能有几多愁,恰似一江春水向东流。"凡是识得几个字的中国人,都能背得出这两句。尤其心绪不佳,一脑门官司的时候;尤其倒霉的事情,总缠在屁股后边的时候,读这两句诗,能起到一点纾缓的作用。因为你发现,世界上有麻烦的人,并非你一个。

记得当右派的晦暗岁月里,有时候,人之不被当人对待,挺憋闷,闷到无以复加,我就常常于无人处,将李后主这两句啸出来。山,很高,很陡,声音撞回来,也颇壮观,顿觉痛快。虽然此举很阿Q,但消解一下心头的那股气,也能得到片刻的轻松。这也是在中国许多帝王中独能记住李后主的原因,就由于他的词,其他凶的、坏的、应该千刀万剐的,死了也就死了,谁记得住他们。

李煜(937—978),五代十国时南唐国主,961—975在位,字重光,本名重嘉,世称南唐后主、李后主。如果他要是始终只做诗人,不做皇帝,或许最后的结局不至于那么悲惨。那样,他在文学史上的地位,说不上中国第一、举世无双,至少其精品佳作的数量,能与东方的李白、杜甫、苏东坡、辛弃疾,西方的拜伦、雪莱、歌德、普希金,不埒上下。可是,近人编集的《全唐五代词》,只存其词40首,其中尚有一些存疑之作,实在是太令人惋惜了。

作为皇帝,他输得最惨;作为文人,他死得最惨,真是令人悲哉哀哉的事。

那个鸩死李煜的宋太宗赵炅,极歹毒,极残忍,也极其不是东西。从文学史的角度考量,他除掉皇帝事小,除掉诗人事大。皇帝这个差使,谁都能干,"黥髡盗贩,衮冕峨巍",那么,阿猫阿狗,白痴呆虫,坐在金銮殿上,同样人模狗样,挺像回事的。而能留下璀璨篇章、千古传唱的不朽诗人,却不是随便拉一个脑袋来就能来充数的。

可惜,他死时才42岁,今天看只能算"70后"一代作家。

在中国,皇帝写诗者颇多,不过都是当上皇帝以后,附庸风雅,才作诗。李煜不然,他是先当诗人,再做皇帝。别看次序先后的颠倒,差别却是很大,先做皇帝,然后做诗人,属客串性质,不过游戏而已;先做诗人,接着再做皇帝,就不能客串,不能游戏了。可李煜一直在客串、一直在游戏,当专业诗人、做业余皇帝,最后只有亡国灭命一途。

他全部的错,就错在这里。

诗人就是诗人,诗人的最佳生存方式就是写诗,皇帝是当不得的。凡诗人,其感情特点有三:一、沸点低,容易冲动;二、脆度低,容易沮丧;三、耐力低,容易泄气。把国家交到他手里,非砸锅不可。曹操就非常明智,他的诗写得绝棒,在皇帝诗人行列中,不排第一,也排第二。可他说什么也不当皇帝,孙权蛊惑他,老兄干吧;他说,得了吧,你要把我架在火炉上烤啊!他虽然比皇帝还皇帝,硬是不上轿。李煜受命之初,也晓得自己不是这块材料,可他实在无可推托,同时,我估计此君大概也不想太推托,怎么说皇帝也是个美差,于是走上了这条不归路。

宋朝蔡涤《西清诗话》载:"艺祖云:'李煜若以作诗工夫治国事,岂为我虏乎?'"

赵匡胤的事后诸葛,看似有理,其实,这位大兵,还是不甚懂诗,不甚懂得诗人。一个真正的诗人,从头到脚,从皮到骨,甚至到骨头缝,到骨髓,都是诗人气质。这也就是王国维在《人间词话》里所说的那个"真",他认为"主观之诗人,不必多阅世,阅世愈浅,则性情愈真,李后主是也"。所以,即使按艺祖所云,李煜悉心治国,不作诗,不做诗人,可他只要血液中诗人的"真"去不掉,就当不好南唐国主。

隔岸相望的赵匡胤,虽然篡了后周帝位,但却继承周世宗柴荣的遗志,一直厉兵秣马,要将南唐灭了。可南唐国主,诗人第一,皇帝第二,不是不知道处境危殆,而是知道了也无所作为。一不积极备战,二不养精蓄锐,三不奋发图强,四不全民抵抗，"日与臣下酣饮，愁思悲歌不已"（《新五代史》），沉湎于酒中、诗中、歌舞中、脂粉气中。如此这般，诗人啊，你不完蛋，焉有他哉？

　　孔夫子认为，君子应该"放郑声，远佞人"。李煜则恰恰相反，一方面，声色犬马，骄奢淫侈，缠绵后宫，荒疏政事；一方面，吟唱酬和，品评诗词，琴棋书画，赏鉴推敲，只顾忙自己的，将国事托付给只会坐而论道的文人学士。长江天堑，从来为江南屏障，赵匡胤攻打南唐，便有了在江上架桥的构想。南唐的君臣们，听到这个传闻后，不但毫无警惧之意，竟哄然一噱，看作天大的笑话。"煜初闻朝廷作浮梁，谓其臣张洎，洎对曰：'载籍以来，长江无为梁之事。'煜曰：'吾亦以为儿戏耳！'"（《宋史》）

　　这个一块儿跟着打哈哈的文人张洎，就是十足的"害人精"了。后来，城陷，他说他要殉国，大家等着看他如何杀身成仁；一转眼，他又不打算死了，他说，我要当了烈士，谁为国主写投降书啊！就是这位投降派，"为江南国主谋，请所在坚壁以老宋师。宋师入其境，国主弗忧也，日于后苑引僧道诵经、讲《易》，不恤政事，军书告急，皆莫得通，师傅城下累月，国主犹不知"（《续资治通鉴》）。

　　李煜，作为诗人，一流，甚至超一流；作为皇帝，三流都未必够格。说是庸君，对他客气；说是昏君，也无不可。他所干过的残害忠良、屠杀直臣、宠信小人、依赖奸邪的累累恶迹，不比历史上别的混蛋皇帝差。

　　不信，抄下面几段，以做佐证：

　　　　南郡留守兼侍中林仁肇有威名，中朝忌之，潜使人画仁肇像，悬之别室。引江南使者观之，问何人，使者曰："林仁肇也。"曰："仁肇将来降，先持此为信。"又指空馆曰："将以此赐仁肇。"国主不知其间，鸩杀仁肇。

　　　　国势日削，用事者充位无所为，（江南内史舍人潘）佑愤切，上疏极论时政，历诋大臣将相，词甚激讦。后因牵连，国主疑佑之狂悖，收佑，佑即自杀。

　　　　时宿将皆前死，神卫统军都指挥使皇甫继勋者，年尚少，国主委以兵柄，继勋素贵骄，初无效死意，但欲国主速降而口不敢发，每与众云："北军强劲，谁能敌之!"闻兵败,则喜见颜色,曰:"吾固知其不胜也!"偏裨有摹敢死士欲夜出营邀战者,继勋鞭其背而拘之,由是众情愤怒。是月,国主自出巡城,见宋师立栅城外,旌旗满野,知为左右所蔽,始惊惧,乃收继勋付狱,杀之,军士争脔割其肉,顷刻都尽。

遣使召神卫军都虞侯朱全赟以上江兵入援。全赟拥十万众屯湖口,诸将请乘江涨速下,全赟曰:"我今前进,敌人必反据我后。战而捷,可也,不捷,粮道且绝,奈何?"乃以书召南都留守柴克贞使代镇湖口,克贞以病迁延不行,全赟亦不敢进,国主屡促之,全赟不从。(以上均《续资治通鉴》)

性骄侈,好声色,喜浮图,为高谈,不恤政事。(《新五代史》)

八年春,王师傅城下,煜犹不知。一日登城,见列栅在外,旌旗遍野,始大惧,知为近习所蔽,遂杀皇甫继勋。(《宋史》)

江南李主佞佛,度人为僧,不可数计。太祖既下江南,重行沙汰,其数尚多,太宗乃为之禁。(宋朝王泳《燕翼诒谋录》)

江南李氏进贡中国无虚月,十数年间,经费将竭。(《江表志》)

虽然此君为帝很糟糕,但比之历代穷凶极恶的独夫民贼,他属于既无大善也无大恶的一个。加之大家对他的诗怀有好感,对他的死抱着同情,也就不咎既往。而且,为帝之初,大概还是做了一些不庸不昏的善政。陆游在《南唐书》里说:"境内赖以少安者,十有五年。"江南这块地方,只要不打仗,就丰衣足食,也许由于短暂的偏安小康局面和拿进贡的银子买来的和平,诗人又不安生了,领导潮流,别出心裁,异想天开,匪夷所思地兴起一股缠足之风。温饱思淫欲,也真是拿这位"食色性也"的皇帝无可奈何。

据清朝钱泳在《履园丛话》中考证:"裹足之事始于何时?《道山新闻》云:'李

后主窈娘以帛绕足,令纤小屈足新月状。'唐缟有诗云:'莲中花更好,云里月常新。'因窈娘而作也。张邦基《墨庄漫录》,亦谓弓足起于南唐李后主,是为裹足之始。"由他始作俑,直到辛亥革命才终结的缠足陋习,据西方学者霭理斯认定,这是一种性虐待的变态行为。竟折磨汉族妇女达一千多年之久,这位诗人皇帝,按上海话讲,可就是真正的做孽了。中国出了三百多位皇帝,独他这个举动,是最格色的、最具其个人色彩的,称得上前无古人,后无来者。哪怕全世界的皇帝加在一起,也找不出一位用这样的方法青史留名者。

上有所好,下必甚之,故尔"越王好勇,而民多轻死,楚灵王好细腰,而国中多饿人"(《韩非子》)。中国人习惯了上面咳嗽,下面感冒。皇帝放屁,臣民就是五雷轰顶,诚惶诚恐。要是这位情圣兼诗人,不当这个国主,没有这份最高权力,会弄成举国皆小脚娘子这种蔚然可观的盛况来嘛? 所谓"群众运动",说到底,是运动群众。如果李煜仅仅是一位诗人,有这种变态心理,顶多骗骗几个没头脑的女孩。但他是至尊至贵的天子,发出史无前例的缠足号召,马屁精跟着起哄,御用文人跟着鼓吹,可怜的老百姓敢不雷厉风行么?

李煜做一个纯粹的诗人时,顶多是优哉游哉的公子哥儿,石头城中的第一情种;可一当上唯辟作威、唯辟作福的皇帝,权力使他往昏君方向发展。提倡缠足,就是他的恶的一次释放。权力这东西,很怪、很可怕,它具有一种催化剂的作用,能将人性中最本质的恶释放出来。释小恶,则斤斤其得,孜孜其欲;释中恶,则不择手段,无所不为;释大恶,则恬不知耻,倒行逆施。这公式就是:权力+诱惑=邪恶。越大的权力,越大的诱惑,也就产生越大的邪恶。私欲膨胀到了极点,野心萌发到了极点,最后就成了晚期的癌症患者,转移扩散,不可救药。老实讲,手中握有权力是了不起的,神气活现,吆五喝六,前呼后拥,屁股冒烟。对有些人来讲,是祸,是福,还得两说呢。这些年,冷眼旁观周遭的文人,当官当得八九不离十者,固然有,而当官当得声名狼藉、顶风臭四十里者,同样也有。小人得志,蝇营狗苟,欺世盗名,永无餍足,在权力催化下引发的人性畸变,哪里还有什么文人品位,一张肉脸上活生生写着"名利"二字,令人惨不忍睹。继而一想,这班人写不出东西,不捞名谋利,又能干什么呢?

李煜并非无能之辈,不过他的"能"表现在艺术的灵性上、精神的追求上、才华的绽放上、美感的颖悟上,舍此之外,他一概视为俗务,治国为其短、写诗为其长,打仗是其短、作画是其长。《珍席放谈》一书说:"江南李后主善词章,能书画,尽皆臻妙绝。"作者高晦叟为宋代人,距李后主不远,有这个评价,足见诗人风流绝世,才华绝代,并非溢美之词。反过来说,指望他能够成为明主、英主,就绝对是对牛弹琴了。

他对他自己不适宜当皇帝,更适宜当诗人,其实是很清楚的。公元962年(宋建隆二年),李煜继位之时,给赵匡胤打了个报告,表明了内心的苦衷。"臣本于诸子,实愧非才,自出胶庠,心疏利禄,被父兄之荫育,乐日月以优游,思追巢许之余尘,远慕夷齐之高义……"(《宋史》)本来,李煜毫无继位的可能,其父皇李璟之后,说好了的接班人,有两个"兄终弟及"的叔叔,还有一个立为太子的哥哥,怎么也轮不着他,他是注定要当一辈子闲云野鹤的。他思想上没有一点点储位的准备,也不存有丝毫觊觎皇位的野心,他一天到晚,美女、醇酒、吟诗、作画……享受生活,徜徉在诗和美的王国里。他排行老五,那龙椅根本轮不着他坐,他就成了金陵城内的王孙公子、风流情圣、桂冠诗人、快活神仙。但上帝爱给人开个玩笑什么的,很快,将其接位途程上的障碍物,一一请到了天国。阁下,你就等待着加冕吧!一个写长短句的闲散之人,偏要他去日理万机,"一种心思千万绪,人间没个安排处"(《蝶恋花》),只好硬着头皮,在金陵登上帝位。

他喜欢南京,不愿意到他父王的都城南昌去。宁可在南京向赵匡胤称臣15年,也不到南昌去当更独立一点的皇帝,这就是诗人的抉择,也许石头城钟灵毓秀,能给他更多诗的灵感。我记得,20世纪80年代中期,到南京去过一次。那时,作家张弦还健在,作为热情的东道主,定要陪着逛逛六朝故都,都是50年代开始写作的老朋友,也就无需礼让了。出发前,他说,客随主便,我不让你们看大家一定要去看的那些名胜风景,何况你们也都去过,我想领你们看大家几乎都不去的一个地方,如何?

我们说,反正也已经上了车,只好悉听尊便了。

车子出城,往栖霞山方向驶去。暮春三月,莺飞草长,柳枝摇曳,菜花吐黄,身后为巍巍钟山,眼前乃滚滚长江,真是好一派江南风光。我每到虎踞龙蟠的石头城,总能感受到一种生发思古幽情的"场",令我怦然心动。只要站在江水拍岸的土地上,只要稍稍掀起古老历史文化的一角,就会涌出"惆怅南朝事,长江独至今"

(刘长卿《秋日登吴公台上寺远眺》)的悲怅感。

忽然,张弦招呼停车,说到了到了。

在一片秧田中间,我们看到了一尊石马,孤零零地兀立在那里。

这是一尊南唐的石刻,张弦要我们注意,这匹马的秀美姿态、妩媚神情以及清俊婉约的风采和行云流水般的动感,他若不说出来,也就一眼掠过,经他一煽情,果然有与常见的石翁仲截然不同。这尊骏马,通体洋溢出浪漫而又多情的南人气韵。有人问,确实是李后主那时代的石刻吗?张弦说,这是经过文物专家鉴定的,但不知为什么?只有茕茕独立、形单影只的一匹,也许是一篇只写了开头,而没有写到结束的文章。清朝人沈德符在其《敝帚斋余谈》中,为李煜抱不平:"南唐李昪,固吴王恪之后也,据有江淮,垂四十年,史家何以不以正统与之?"正统不正统,由史家推敲去,姑置勿论。营造帝王家的山陵,其工程之浩伟,往往要穷毕生之力。但即位后只坐了15年江山的李煜,活着都难,遑顾死者?也就只能是这种虎头蛇尾,不了了之的结局。

事隔多年,旧事重提,难免有时光无情之叹,张弦早已作古,同行者也都垂垂老矣,但嫩绿秧苗中的那匹石马,也许就是《玉楼春》中"归时休照烛花红,待放马蹄清夜月"的那一匹吧?它却会永远兀立在那里。远游归来,夜色朦胧,挂在女墙之上那一弯浅月,犹历历在目,真是"六代绮罗成旧梦,石头城上月如钩"(鲁迅《无题》)。也许,往事总是不堪回首的,回忆那匹孤独的马,回忆那位被牵机药毒死的不幸诗人,总是禁不住对这块土地上人们的命运的思索。

从历史版图来看,充满浪漫色彩的南人,与信奉现实精神的北人交手,从来没占过优势。正如那匹孤独的江南石马,秀丽中透着柔弱、清癯中显得单薄、文雅中未免过分温良、跃动的神态中缺乏男性的雄壮。南部中国的统治者,有过多次声势浩大的北伐,几无一次是绝对胜利的。相反,金戈铁骑的北人南下,从来不曾折戟沉沙过,这也是石头城断不了在旋涡中求生图存的缘由。南人浪漫,势必多情,多情则容易把事情往好里想;北人尚实,自然作风严谨,一步一个脚印,很少感情用事。赵匡胤家住山西太原府,他的领导核心,也都是柴世宗的北周人马。他们按部就班,步步进逼,就在窈娘娉娉婷婷为李煜跳金莲舞的时候,把金陵城包围得严严实实,水泄不通。

>>> 李煜这位"皇帝诗人",被残杀的痛苦程度,大概要算头一份。什么原因?大概就是女人了,谁叫他有一个美艳绝伦的小周后呢?图为唐朝韩幹《照夜白》(局部),据传上有李煜的签名和"韩幹画照夜白"手迹。

曹彬兵临城下，李煜只好投降，举家迁往开封，大兵出身的宋太祖，封他一个谁知是抬爱还是侮辱的"违命侯"。我想，接到这纸任命状的诗人，一定啼笑皆非。

现在读李煜的作品，相隔千年，情景迥异，但他那可怜，那但求苟活、命悬一丝的可悲，那瑟缩颤抖、永远不安的心灵，在"最是仓皇辞庙日，教坊犹奏别离歌"（《破阵子》），"无言独上西楼，月如钩"（《乌夜啼》），"多少恨，昨夜梦魂中"（《望江南》），"梦里不知身是客，一晌贪欢"（《浪淘沙》）等诗句中，还是能够深切体会，感情相通的。宋太祖虽不喜欢他，还留他一条命在；等到宋太宗上台，李煜也就活到头了。42岁生日那天，送去一壶御赐的鸩酒：亲爱的诗人，Happy birthday to you，干杯吧，您啦！一口吞下，毒性立发，在长时期的痛苦熬煎以后，饮恨而毙。

中国皇帝平均文化水平较低，而且大部分出身农民，这也是中国文化人屡遭皇帝踩蹋的原因。据说，法国皇帝拿破仑败，火烧莫斯科往西撤退时，还关照副官，把从巴黎带来的诗人再带回去，免得断了法兰西诗歌的香火。副官报告，队列已经排序完毕，没有安排这班摇鹅毛笔的家伙。来自科西嘉的这个矮个子说，将他们编入骡马牲口队伍里，不就行了嘛！要遇上中国皇帝，对不起，连与骡粪马勃一起的资格都不具备。

这位诗人，被虐杀的痛苦程度，大概要算头一份了。我至今弄不懂赵炅出于什么动机，要如此狠毒地收拾他？一定要用牵机药将李煜一点一滴地耗死？想来想去，唯一的原因大概就是女人了，谁教李煜有一个美艳绝伦的小周后呢？就是那首《菩萨蛮》中"花明月暗笼轻雾，今朝好向郎边去，刬袜步香阶，手提金缕鞋"的昭惠后之妹。她太爱这位诗人了，追随到汴京后，偏偏被行伍出身的宋太宗相中了。经常一顶翠轿，将她抬进大内，一住旬日，才放回来。这也太不把人当人了。《南唐拾遗记》载："李国主小周后随后主归朝，封郑国夫人，例随命妇入宫，每一入辄数日，出必大泣，骂后主，后主多宛转避之。"一个男人，连自己心爱的女人都保护不了，还有脸活在这个世界上吗？尽管如此忍气吞声，那赵老二还不放过他，让他死于非命。

在中国历史上，有个很奇怪的现象，凡皇帝都有爱作诗的毛病，有点墨水者写，胸无点墨者也写。连还未坐稳龙椅的黄巢、李自成、张献忠、洪秀全等农民，也会写两句顺口溜。亭长刘邦，当上皇帝后，居然无师自通，吼出来"大风起兮云飞扬"，那挺胸凸肚的场面，一定很滑稽。于是，我觉得那个科西嘉小个子相当可爱，也许他只写情书，不作诗，便对诗人有了一份雅量、一份宽容，让他们跟骡马一队回来，不至冻死在西伯利亚。如果想到耶稣也是诞生在马槽里的话，说明波拿巴还是很高看这些拿着竖琴的天使的。中国皇帝患有诗癖者，都觉得自己是块料，坏就坏在赵氏兄弟，偏偏也会写两句歪诗，所以对写得比自己好的李煜，怎么看怎么不顺眼，于是遭到嫉恨的他，连违命侯也当不成了。

王铚《默记》载：徐铉原为南唐李煜臣属，归宋后任给事中职。一天，赵炅对他说，何不见见你的旧主子？于是徐铉奉太宗命往见。"顷之，李主纱帽道袍而出，铉下拜，遽下阶，引其衣以上。铉辞宾主，李主曰：'今日又安有此礼?'铉引椅稍偏，乃敢坐。李默然不语，久之，忽长吁叹曰：'当时悔杀了潘佑李平。'铉既出，有旨召对，铉不敢隐，遂有秦王赐牵机药之事。牵机药者，服之头足相就前却，有如牵机状也。又传'小楼昨夜又东风'及'一江春水向东流'之句，并坐之，故致祸云。"

诗人死在了他的诗上，这就是做皇帝的诗人和不做皇帝的诗人，都有可能遇到的下场。但是，李煜不玩政治、不握权杖、不做皇帝，多活上几年，会创作出多少绝妙好诗啊！皇帝有闲情逸致，是可以当一回诗人的。但真正的诗人，绝不能当皇帝。李煜是至"真"之性的诗人，他只能作诗，只能燃烧自己的生命，去创造人间的绝唱。虽然他活得窝囊、死得痛苦，虽然他未能给这个世界上更多的诗，但他的名字就是诗和美的同义词，他的作品就是汉语言臻于精绝的顶峰。

只要还有人类存在，李煜的诗就会被吟哦，因此从另一个层面他也不朽了。